Alexander Demandt

Vandalismus

Alexander Demandt

Vandalismus

Gewalt gegen Kultur

Siedler Verlag
1997

In Memoriam
Christoph von Saldern
Leipzig, 21. Januar 1761

Inhalt

Wer über gewisse Dinge den
Verstand nicht verliert, der
hat keinen zu verlieren.
Lessing

Vorwort

Kulturelles Schaffen bemüht sich um Leistungen, die möglichst lange Zeiten überdauern und möglichst viele Menschen erreichen sollen. Diese Sehnsucht nach innergeschichtlicher Ewigkeit ist kein Zeichen von Maßlosigkeit, sondern entspricht dem Bewußtsein, daß die Kultur, die den Menschen zum Menschen macht, sich als Lernprozeß über die Generationen hinzieht.

Die Weitergabe von Erfahrung oblag seit alters nicht zuletzt dem Historiker. Wohl wissend, daß nichts Menschliches ewig ist, nimmt er den Kampf gegen das Vergehen und Vergessen auf. Nachdem bereits der homerische Achill die Taten der Helden besang und vernahm,[1] wollte Herodot, der *pater historiae*, der Nachwelt die Erinnerung an die Taten der Perserkriege bewahren, und sein Nachfolger Thukydides[2] sah in seinem Werk eine »Errungenschaft auf ewig«, ein *ktema es aiei*. Beider Erwartung hat sich, bisher jedenfalls, erfüllt. Sie wagten nicht zu hoffen, daß der Mensch durch Erinnerung sittlich gebessert würde, sondern beschränkten sich darauf, den Menschen zu zeigen, wozu sie fähig sind – ist das wenig? Die Geschichte lehrt uns nicht, was wir tun sollen, wohl aber, womit wir rechnen müssen.

Angesichts des Willens zur Dauer ist es ein historisches Kardinalproblem, wie und warum Kulturleistungen trotzdem immer wieder verlorengehen. Erklärungen dafür finden sich in den zahlreichen Büchern zum Dekadenzproblem.[3] Seine Lösung wurde in einem naturbedingten, naturgemäßen Rhythmus des Verfalls gesucht – schon

[1] Ilias IX 189; 524; Odyssee VIII 73 [2] Thukydides I 22,4 [3] Hans Sedlmayr, Verlust der Mitte, 1948/65; Arnold Gehlen, Urmensch und Spätkultur, 1956; Hendrik de Man, Vermassung und Kulturverfall, 1951; Paul Widmer, Die unbequeme Realität, 1983; Jürgen Kuczynski, Gesellschaften im Untergang, 1984; J. Kunisch (Hg.), Spätzeit, 1990; Progrès et décadence. Mil neuf cent, Revue d'histoire intellectuelle 14, 1996; Arthur Herman, The Idea of Decline in Western History, 1997

Homer[4] gebrauchte dafür das Bild des Herbstlaubes. Der Sieg der Zeit über alles Menschenwerk wurde von den antiken Autoren oft aus der Macht der Natur abgeleitet,[5] öfter aber aus menschlichem Versagen erklärt. Seitdem findet man in allen Lebensbereichen Gründe für den Ruin: in weltfremder Religiosität, in einer sittenverderbenden Wirkung des Wohlstandes, im unvermeidlichen Machtmißbrauch, im zeitlosen Klassenkampf, in klimatischen, demographischen oder biologischen Fehlentwicklungen oder im Walten höherer Mächte. Dazu zählt auch die Lehre von der Eigengesetzlichkeit kulturgeschichtlicher Entwicklung. Als Tummelplatz diente den Dekadenztheorien stets die Spätantike mit dem Niedergang der antiken Kultur und der Auflösung des Römischen Imperiums in der Völkerwanderung.[6] Seit der jüngere Scipio 168 v. Chr. das Ende des makedonischen Reiches zum »exemplum insigne mutationis rerum humanarum« erklärt hatte,[7] bieten die Großstaaten bis heute die spektakulärste Anschauung für die Wandelbarkeit der Menschendinge. Eben erst ist wieder ein Weltreich vor unseren Augen zusammengebrochen.[8]

In der Frage nach der Ursache für den Verfall vergangener Größe neigen wir dazu, demjenigen Mißstand die größte Bedeutung beizumessen, den wir in unserer eigenen Zeit als den bedrohlichsten empfinden. Hier ist zwischen den verschiedenen Meinungen auf der allgemeinen Ebene kaum eine Einigung zu erzielen. Aus diesem Grunde habe ich beim Österreichischen Tag der Wissenschaft auf dem Semmering am 25. Oktober 1996 das mir vom Generalsekretär der Österreichischen Forschungsgemeinschaft, Gottfried Magerl, gestellte Thema: »Vom Aufgang und Niedergang der Kulturen. Das Bleibende und das Vergängliche im kulturellen Wandel« auf denjenigen Kulturverlust konzentriert, der absichtlich von identifizierbaren Menschen aus nachvollziehbaren Motiven herbeigeführt wird.[9] Aus diesem Vortrag über »Kulturvandalismus«[10] ist das vorliegende Buch erwachsen. In ihm geht es um bewußte Beschädigung und Zerstörung von Kunstwerken und Denkmälern. Ungesteuerte kollektive Dekadenzprozesse wie der Niedergang der griechischen Polis oder die Vulgarisierung des Römischen Rechts, das Ende der europäischen Adelswelt oder der seit der Aufklärung manifeste Bedeutungsverlust der Kirche werden hier nicht behandelt.

[4] Homer, Ilias VI 146ff [5] Lukrez V 305ff; Cicero, De re publica VI 21; Ausonius VI 32; Rutilius I 409ff [6] Demandt 1984 [7] Livius XLV 8, 4 [8] G. Simon, in: Demandt 1997, S. 174ff [9] Den Vortrag habe ich am 29. Oktober 1996 vor der Akademie in Prag wiederholt, beide Diskussionen waren lehrreich. [10] Erscheint in dem Sammelband G. Magerl (u. a. Hg.), Krise der Moderne, 1997, Böhlau, Wien, S. 221ff

Der noch immer nicht beendete Krieg auf dem Balkan erweist, daß sich Kulturzerstörung nicht auf die Vergangenheit beschränkt. Am 23. Oktober 1991 wurde die Altstadt von Dubrovnik, das einst venezianische Ragusa, von serbischer Artillerie unter Beschuß genommen, obschon die Stadt 1979 von der UNESCO zum Weltkulturerbe erklärt worden war. Im Kampf gegen die katholischen Kroaten und die muslimischen Bosnier haben die orthodoxen Serben allein bis zum Sommer 1993 Hunderte von Kirchen und Moscheen, Paläste und Villen, Klöster und Burgen ruiniert, namentlich in Mostar, Sarajevo und Banja Luka.[11] Landläufig bezeichnen wir ein solches Geschehen nach einem Volk, das sich in der Spätantike im Kampf gegen Rom hervorgetan hat – problematisch, aber plakativ – als Vandalismus.

Vandalismus ist ein Paradoxon der Kulturgeschichte und eine Herausforderung an die Historiker, die nicht dadurch abgewiesen werden sollte, daß dieses Phänomen zu heterogen, zu komplex, zu weit verbreitet sei, um als Ganzes darstellbar zu sein. Der gemeinsame Nenner der im folgenden betrachteten, im übrigen höchst disparaten Handlungen ist die Anwendung von Gewalt, das heißt von großer, mit Schmerz oder Schaden verbundener Kraft gegen sinnträchtige Sachen mit bewußtseinsändernder Folge. Mein Thema ist die Zerstörung von Gestaltetem, das Kunde geben soll oder geben kann. Dabei interessiert mich noch mehr als das Zerstörte die Gedankenwelt der Zerstörer, denn sie haben in den seltensten Fällen gedankenlos gehandelt. Nachdem so viel (und immer noch zu wenig!) über Verbrechen gegen die Menschlichkeit,[12] über Brutalität in der Gesellschaft[13] und über die Bedrohung der natürlichen Umwelt geschrieben wurde,[14] verdient auch die Gewalt gegen die Kultur Beachtung.

Bisher ist das Thema nur ausschnittweise ausgegangen worden.[15] Es fehlt sowohl eine Konzeption für den Komplex en gros als auch eine Zusammenstellung der Fälle en détail. Eine solide Materialbasis gibt es nur für Frankreich, das Heimatland des Begriffs »vandalisme«.[16] Weiterhin entbehren wir eine Systematik der Vorkommnisse und eine Sammlung der Gesichtspunkte zu ihrer Beurteilung. Kultur-

[11] Über die jüngeren Kultureinbußen gibt es noch keine Zusammenstellung, da alles Interesse den Menschenverlusten gilt. [12] D. J. Goldhagen, Hitlers willige Vollstrecker, 1996 [13] Gay 1993/94 [14] H. Gruhl, Ein Planet wird geplündert, 1975; Analysen und Rezepte bietet: E.U. von Weizsäcker u.a., Faktor Vier: doppelter Wohlstand, halbierter Naturverbrauch, 1995 [15] Randa 1948 gibt eine Übersicht über die wichtigsten Fälle, verzichtet jedoch auf Literatur- und Quellenangaben, auf methodische und systematische Aspekte und enthält zahlreiche Sachfehler. Er empfahl eine »neue Wissenschaft der Zerstörungskunde« (S. 277). [16] Réau 1959/94

philosophie, Geschichtswissenschaft und Kunsthistorie; Theologie, Psychologie und Jurisprudenz sind um ihren Beitrag zu diesem Problemkreis gebeten, der anthropologische Horizonte eröffnet. In dieser Lage kann eine erste weltgeschichtliche Betrachtung des Phänomens nur ein tastender Versuch sein. Meine Absicht ist es, anhand herausragender Beispiele für Vernichtung und Verlust von Kulturgütern das Gefüge der schillernden Erscheinung grob gerastert, aber flächendeckend zu erfassen, die wichtigen Facetten zu beleuchten, nicht aber alle Fakten aufzuzählen. Hier verlasse ich mich mit Lichtenberg auf jene Menschen, denen es gegeben ist, »zu allem noch etwas hinzuzufügen«.

Ich habe das Buch im vergangenen Winter geschrieben, dem letzten Semester meines Dekanats am Fachbereich Geschichte der Freien Universität Berlin. Die kurze Entstehungszeit sieht man ihm an und sehe man mir nach – das Thema ist schrecklich und zehrt am Geist, daher mußte ich es loswerden. Erst während der Arbeit wurde mir bewußt, daß mich das Problem seit meiner Marburger Kindheit verfolgt und wie ein unbemerkter Tumor gewachsen ist, bis er nun nach über fünfzigjähriger Inkubation durch einen äußeren Zufall aufbrach.

Ohne zahlreiche Hilfen von Kollegen und zahllose Gespräche mit meinen jungen Freunden in Berlin wäre dieses Buch nicht das, was es geworden ist. Ich nenne hier nur Karl Feld, Thomas Gerhardt, Udo Hartmann und Sven Kellerhoff, unermüdlich im Herausfinden von Daten und Heranschaffen von Literatur, sowie Renate Meincke, unverdrossen bei der Herstellung immer neuer, erweiterter und verbesserter Fassungen, deren vorliegende die zweiundzwanzigste ist. Alle anderen hilfreichen Geister erwähne ich *suo loco*. Die unerbittliche Textkritik meiner Frau hat zur Lesbarkeit beigesteuert. *Harena sine calce* nennt sie meinen Stil, wie Caligula den Senecas: Sand ohne Kalk, mageren Mörtel.

Ein Buch, das so viel Unrecht beschreibt wie das vorliegende, kann kaum umhin, wiederum Unrecht zu tun: Unrecht an Tätern, deren Verhalten nicht das nötige Verständnis findet; Unrecht an Opfern, die auch noch hätten genannt werden müssen; Unrecht an Autoren, von deren besserem Wissen um das Geschehen ich hätte Gebrauch machen sollen. Unfähig, allen berechtigten Anforderungen an eine solche Thematik gerecht zu werden, kommt mir ein Wort aus dem Römerbrief des Paulus (3, 23) zu Hilfe. Ich zitiere es, wie es mein Vater mich gelehrt hat: »Wir sind allzumal Sünder und mangeln des Ruhms, den wir vor Gott haben sollten.«

Lindheim, Palmsonntag 1997 *Alexander Demandt*

1. Begriff

a. Ursprung: Henri-Baptiste Grégoire
b. Barbaren
c. Völkerwanderung
d. Vandalen: Plünderung Roms
e. Rufmord?

f. Drei Spielarten:
   1. Pubertärer Vandalismus
g. Graffitomanie aus New York
h. Narrenhände in Pompeji
i. Reisende in Ägypten
j. 2. Psychopathischer Vandalismus: Jokondoklasmus
k. 3. Kulturvandalismus gegen Kunstwerke und Denkmäler, nicht gegen Gebrauchsgüter
l. Immaterielle Kultur

m. Vier Voraussetzungen
n. Kernfall Herostrat
o. Historismus oder Normenkonstanz?
p. Ästhetik: Ruhm, Weltwunder
q. Grundkonsens: Obelisken
r. Ethik: Max Weber
s. Werten und Verstehen
t. Kultur ist Gemeinbesitz: Straftat
u. Zerstörung eigener Werke: Apollodoros, Michelangelo

v. Unglücksfälle überhaupt
w. Gewalt gegen Menschen
x. Gewalt gegen belebte Natur
y. Gewalt gegen unbelebte Natur
z. Distanznahme

Definierbar ist nur das,
was keine Geschichte hat.
Nietzsche

1a. In der Geschichte der kulturhistorischen Begriffsbildung ist es selten, daß von einem in Wissenschaft und Umgangssprache gebräuchlichen Ausdruck angegeben wird, wann, wo und von wem er eingeführt wurde. Dieser Fall liegt hier vor. Am 28. August 1794 wurde im Konvent zu Paris der Bericht von Henri-Baptiste Grégoire, Bischof von Blois, verlesen, der die Zerstörung von Kunstwerken und die Bücherverbrennungen durch die Jakobiner anprangerte. Am 31. August erschien der *Rapport sur les destructions opérées par le vandalisme* im Druck.[1]

Es ist unbestritten, daß Grégoire den Begriff geprägt hat; doch trifft es nicht zu, daß dies erst damals geschah. Der Abbé verwandte ihn bereits zuvor, noch vor dem Sturz Robespierres und zwar in einem bemerkenswert anderen Sinne. Grégoire war 1789 in die *Constituante* gewählt worden, wo er den Jakobinern nahestand, hatte am 2. Januar 1791 als erster Geistlicher den Eid auf die neue Verfassung geleistet und als Mitglied des Konvents die Abschaffung des Königtums beantragt. Am 10. Januar 1794 jedoch wandte er sich gegen die ausufernde Kunstzerstörung der Sansculotten und gebrauchte dafür zum ersten Male das Wort »vandalisme«. Dahinter, so seine gewagte These, stehe die Gegenrevolution der Emigranten, die es auf eine Barbarisierung der Revolution abgesehen hätten. Im Sinne der gemäßigten Jakobiner[2] aber begrüßte er damals noch die Beseitigung aller Spuren des Königtums, den Sturz der Königsstatuen, ja die Schändung der Königsgräber von Saint-Denis.[3] Nach dem 9. Thermidor verwarf er dann die Unterscheidung zwischen politisch korrektem und moralisch verwerflichem Vandalismus – und so werde auch ich es halten.

1b. Wie kam Grégoire auf den Begriff? Schon bei den Griechen umfaßte der Begriff des Barbaren dessen Neigung zur Gewalt gegen Menschen und Sachen. Zwar ist auch das Gegenbild, der »edle Wilde«, eine alte Figur, denken wir an die Person des Weisen Ana-

[1] Grégoire 1837, I, S. 345ff; Réau 1994, S. 503ff; J. Guillaume, Grégoire et le Vandalisme, 1901 [2] s. u. 5r! [3] Sprigath 1980, S. 526ff

Der Begriff »Vandalismus« fand darum so rasch Verbreitung, weil das Bild der Germanen als Zerstörer der antiken Kultur seit der Renaissance eingeführt war. Unter den deutschen Humanisten dominierte jedoch die Vorstellung von unverdorbenen Barbaren, die eine dekadente Fremdherrschaft abwarfen. Die Befreiungskriege gegen Napoleon erschienen als Wiederholung des Sieges im Teutoburger Wald. Die heroischen Germanen brachten die Opern Richard Wagners auf die Bühne und Tausende von Postkarten unters Volk.

charsis aus dem Skythenlande oder an das Bild der Germanen bei Tacitus. Dennoch blieb die negative Seite dominant. Der *furor Teutonicus*[4] war mehr als ein literarischer Topos – er war auch ein Stück Erfahrung.

1c. Die Stämme der Völkerwanderung, die seit dem 3. Jahrhundert n. Chr. das Römische Reich heimsuchten und es schließlich im 5. Jahrhundert zerstörten,[5] waren seit der Humanistenzeit rhetorisch kanonisierte Schreckfiguren für jede Art von Barbarei. Dies gilt für Alarich und seine Goten, für Attila und seine Hunnen und insbesondere für Geiserich und seine Vandalen.[6] Sie wurden seit dem 16. Jahrhundert als Kulturzerstörer sprichwörtlich. Im Dreißigjährigen Krieg haben die Gewalttaten der Goten und Vandalen, deren Namen der schwedische König im Titel führte, die Schrecken der Völkerwanderung ins Gedächtnis gerufen. Die Inschrift von 1648 am Altstädter Torturm auf der Karlsbrücke in Prag erinnert an den »Gothorum et Vandalorum furor«. Die Germanen der Völkerwanderung als Kultursünder sind dann in der französischen Literatur, etwa bei Diderot[7] und Voltaire,[8] geläufig, auch in der Diskussion über die Attacken der Jakobiner auf die Kunst erscheinen sie als Prototypen,[9] so daß der Begriff des Bischofs von Blois rasch populär wurde.[10] Am 23. Januar 1798 verwendete Schiller ihn in einem Brief an Goethe, bald war er in allen europäischen Sprachen heimisch.

1d. Als Namenspatrone für Kultursünder hätten sich, zumal aus französischer Sicht, eher die Wikinger angeboten, die im 8. und 9. Jahrhundert alle über die Nordsee zu Wasser erreichbaren Städte und Klöster verheerten und dreimal Paris eroberten. Wenn ihnen das Odium dieser Patenschaft erspart blieb, so mag das damit zusammenhängen, daß sie als Normannen mit der Geschichte Frankreichs verwachsen sind und fortan in günstigerem Licht erschienen, oder einfach damit, daß ihre Raubzüge keine klassische Darstellung gefunden haben, wie sie Prokop von Caesarea für die Vandalen bietet.[11] Prokop beschreibt verschiedene Greueltaten,[12] insbesondere die zweiwöchige Plünderung Roms nach dem 2. Juni 455 n. Chr. durch Geiserich und berichtet, daß die Vandalen damals sogar die vergoldeten Bronzeziegel vom Tempel des Iuppiter Capitolinus mitgenommen hätten. Ein mit den Statuen beladenes Schiff sei auf dem Rückweg nach Afrika untergegangen. Die Vandalen seien vor allem am Metall

[4] Lucan I 255f [5] s. u. 4a–c! [6] Schmidt 1942 [7] Sprigath 1980, S. 513 [8] Voltaire 13. IX. 1756 an d'Argental; 26. VI. 1757 an Marschall Richelieu [9] Sprigath 1980, S. 511; 516 zu 1792 [10] Courtois 1955, S. 58ff [11] Schmidt 1942, S. 77ff [12] Prokop, Bellum Vandalicum I 5; 22; Victor von Vita I 51

interessiert gewesen. Dies mag stimmen – dennoch haben sie nicht alles eingeschmolzen. Denn der Tempelschatz, den Titus 70 n. Chr. aus Jerusalem nach Rom mitgebracht hatte, kam damals, wie es scheint, unversehrt nach Karthago und wurde 533 von Belisar dort vorgefunden. Er sandte die heiligen Geräte nach Jerusalem[13], wo sie bei der Eroberung der Stadt 614 Beute der Perser oder 637 der Araber wurden und aus der Geschichte verschwanden.

Daß die Vandalen vor allem auf Raub aus waren, bemerkt auch Cassiodor in seiner Chronik.[14] »Per Ginsericum omnibus opibus suis Roma vacuata est« – durch den König Gänserich (zeitgenössisch auch *Gensericus*) wurde Rom aller Schätze beraubt. Insbesondere der Kaiserpalast mußte herhalten; die Nachrichten über die Kirchen sind unsicher, von Feuer ist nirgends die Rede – auch nicht in der von Papst Leo nach dem Abzug der Vandalen und Mauren am 6. Juli 455 gehaltenen Dankespredigt über die »misericordia Dei, qui corda furentium barbarorum mitigare dignatus est,« – das Erbarmen Gottes, der die Herzen der wütenden Barbaren gnädig milderte.[15] Der Vandalismus der Vandalen ist mithin kein krasser Fall von Kulturzerstörung. Er ist nicht einmal kennzeichnend für Barbaren. Am 5. Juli 663 erschien der byzantinische Kaiser Constans II in der Ewigen Stadt und raubte, was noch übrig war. Wieder ging es vor allem um Metall – diesmal kamen die vergoldeten Bronzeziegel des Pantheons dran.[16]

1e. Der Begriff ›Vandalismus‹ ist somit von seinem Ursprung her problematisch. Er enthält einen pauschalen Vorwurf, der ebenso ungerecht ist wie jede andere herabsetzende Verwendung von Völkernamen. Daß es keine Nachfahren der Vandalen gibt, die sich verunglimpft fühlen könnten, war ein Irrtum von Grégoire. Denn bereits 1795 wurde in Hamburg von Gelehrten, »nés dans cette partie de l'Allemagne, d'ou sortirent jadis les Vandales,« Einspruch gegen den Ausdruck erhoben. Grégoire bedauerte, ihn nicht mehr zurücknehmen zu können – er war längst in aller Munde. Inzwischen allerdings gibt es wohl niemanden mehr, der sich von den Vandalen herleitet oder sich in pangermanischer Solidarität durch den Begriff beleidigt fühlt. Was den Verruf freilich nicht entschuldigt. Ein Zyniker würde indessen anmerken, eben der Rufmord sei der Grund, weswegen die Vandalen heute überhaupt noch einen Ruf besitzen. Der Fluch der Nachwelt sichert Erinnerung. Die wohlverdiente Rehabilitierung der

[13] Prokop, Bellum Vandalicum II 9,9 [14] Monumenta Germaniae Historica, Auctores Antiquissimi XI 1894, S. 157 [15] Migne, Patrologia Latina, Bd. 54, S. 433 [16] Gregorovius, Rom II, S. 150ff

Vandalen wird nicht erreicht, indem man den Terminus »Vandalismus« meidet,[17] sondern indem man seinen Ursprung aufdeckt. Trotz der historischen und moralischen Problematik ist der Ausdruck »Vandalismus« für die bedenkenlose Zerstörung von Wertsachen, ja schon für den erfolgreich ausgetobten Destruktionstrieb üblich und verständlich. Er findet sich in den Werken respektabler Historiker und ist schon früh ins Englische und andere europäische Sprachen eingegangen. Bisher ersetzt ihn in seiner Prägnanz kein anderer Ausdruck.

*

1f. Drei Spielarten des Begriffs, drei Vandalismen lassen sich unterscheiden: erstens verwenden ihn Psychologen und Juristen für Kraftmeierei aus »jugendlichem Frohsinn oder Ausgelassenheit«.[18] Dazu zählt die Unsitte, Denkmäler als Zielscheibe zu mißbrauchen. Als die Mamelucken Feuerwaffen erhielten, schossen sie auf den Kopf der Sphinx von Gizeh; seitdem fehlt ihre Nase. Die Soldaten Napoleons übten ihre Schießkunst 1796 erfolgreich an der bronzenen Reiterstatue des Regisole auf dem Domplatz von Pavia und an Leonardos Reiterbild von Ludovico il Moro in Mailand – »sie schossen es zusammen« (Goethe[19]). Hermann der Cherusker auf seinem Denkmal bei Detmold war das Ziel alliierter Scharfschützen nach dem letzten Weltkrieg, und serbische Tschetniks schossen 1993 den Marien- und Heiligenfiguren der kroatischen Kirchen die Köpfe vom Rumpf. In diese Kategorie gehören weiterhin die Streiche von halbstarken Hooligans, die Autos anzünden, Schaufenster einschlagen und Straßenlaternen zertrümmern. Das ist nichts Neues. Spaß am Zerstören hatten Jugendliche auch in früheren Zeiten, denken wir an den achtjährigen George Washington, der aus Übermut einen von seinem Vater gepflanzten Kirschbaum fällte, oder an die »Eulenspiegelei« des kleinen Johann Wolfgang: Er holte nach gewesenem Frankfurter Topfmarkt das ganze dort erstandene Geschirr von Frau Aja aus dem »Geräms«, warf es unter dem Beifall der Kinder aus der Nachbarschaft auf die Hirschgrabenstraße und freute sich, »daß es so lustig zerbrach«.[20] Scheppern macht Spaß: In ziviler Form gewährt uns das Kegeln dieses Vergnügen.

[17] So meinen Kleinschmidt 1875, Biehan 1940 und Feldmann 1907; 1910
[18] Kleinschmidt 1875, S. 1 [19] J.W. von Goethe, in: ders., Werke, Ausgabe letzter Hand XXIX, 1830, S. 93 [20] Ders., Ausgabe letzter Hand XXIV, 1829, S. 13. Zur Deutung durch Freud s. u. 7w!

1g. Die heute am weitesten verbreitete Form, sich trotz des damit verbundenen Schadens bemerkbar zu machen, ist die Sitte, Wände mit Graffiti zu beschmieren.[21] Graffito ist ein Fachbegriff der Kunstwissenschaft für Ritzungen auf Stein und Metall, der in jüngerer Zeit auf die Zeichen übertragen wurde, die mit Spraydosen auf Mauern und Wandflächen und mit Glasschneidern auf Fensterscheiben angebracht werden. Die Graffitomanie ist Teil einer jugendlichen Subkultur. An gut sichtbaren Flächen öffentlicher Gebäude oder Bahnwagen erscheinen verschlüsselte Autogramme, ornamentale Signaturen, wobei jeder der nächtlichen Maler seine eigene, den Eingeweihten bekannte Handschrift hat. Seine Zeichen besetzen und begrenzen ein Revier so wie die Duftmarken der Rüden an den Straßenbäumen. Die Manier hat sich in den sechziger Jahren angeblich von New York aus über die Städte der Welt verbreitet. Daß dabei der *horror vacui* auch echte Kunstwerke hervorbringen läßt, ist leider die Ausnahme.

1h. Die Erfahrung »Narrenhände beschmieren Tisch und Wände« ist freilich älter als die moderne Mauermalerei. Die Ritzungen und Farbaufschriften, die bei den Ausgrabungen von Pompeji gefunden wurden, zählen im vierten Band des *Corpus Inscriptionum Latinarum* 10.913 Nummern. Es sind lokalpolitische Wahlparolen, Huldigungen vor Gladiatoren, Suchanzeigen für entlaufene Haustiere, Beschimpfungen von Nachbarn, Naseweisheiten, Liebeserklärungen, Familiennachrichten, Zoten, Erfolgsmeldungen von Bordellbesuchen und immer wieder bloße Namen, ganz überwiegend von Männern.[22]

1i. Wohlbezeugt aus allen Zeiten sind zwei Sonderformen. Es ist zum einen die Kritzelei von Schülern aus Unmut über ihr Sitzenmüssen in Klasse oder Karzer, der sich auf Tischen und Türen, Bänken und Wänden dokumentiert. Derartiges gab es schon in mittelalterlichen Klosterschulen, ja bereits im alten Rom, denken wir an das Pädagogium auf dem Palatin, die Palastschule der römischen Kaiser mit den Kritzeleien der Absolventen und dem bekannten Spottkruzifix aus der Zeit um 80 n. Chr.[23]

Es ist zum anderen das Bedürfnis von Reisenden, sich in der Fremde zu verewigen. Einer der vier Marmorlöwen, die Morosini nach Venedig mitgebracht und 1692 vor das Arsenal gestellt hat, stammt aus dem Piräus und trägt eine 1018 von normannischen Söldnern des byzantinischen Kaisers Michael IV angebrachte Runen-

[21] Hentig 1967; Ward 1973, S. 320; Lévy-Leboyer 1984 [22] Eine Auswahl bieten zweisprachig: H. Geist, Pompeianische Wandinschriften, 1960; K. W. Weeber, Decius war hier. Das Beste aus der römischen Graffiti-Szene, 1997 [23] Carl Maria Kaufmann, Handbuch der altchristlichen Epigraphik, 1917, S. 302

inschrift;[24] und mehrere Säulen der Geburtskirche in Bethlehem zeigen die Namen und Wappen, mit denen sich die Kreuzritter dort eingeschrieben haben. Auch berühmte Reisende haben sich an Denkmälern verewigt, so Alfred Brehm, der Verfasser des *Tierlebens*, 1851 im »Kiosk« auf der Isis-Insel Philae bei Assuan,[25] Lord Byron am 23. Januar 1810 am Tempel von Sunion an der Südspitze von Attika und 130 n. Chr. Kaiser Hadrian nebst Gefolge auf dem Memnonkoloß bei Theben in Oberägypten. Die antiken Graffiti aus dem Reiseland am Nil belaufen sich auf über 4600 Namen, deren Zusatzangaben Einblicke in die Sozialgeschichte des Reisens vermitteln.[26] Beispiele bieten die Uferfelsen der Insel Sehel am ersten Nilkatarakt bei Assuan, auf denen seit frühesten Zeiten Hunderte von Besuchern ihre Namen hinterlassen haben.[27] Am Küstenpaß des Flusses Lykos (Nahr el-Kelb) im Libanon verewigten sich schon Ramses II und Asarhaddon, jener vom Nil, dieser vom Tigris kommend, es folgten Nebukadnezar, Caracalla, Napoleon III und viele andere.[28] Namen auf Felsen einzuritzen ist gewiß keine Gewalt gegen Kultur; wo hingegen Kunstwerke beschädigt werden, liegt Vandalismus vor, wenn auch – wie in den genannten, prominenten Fällen – historische Zeugnisse entstehen können, deren Beseitigung wiederum *memoria violata*, das heißt Vandalismus wäre.

Eine ähnliche Zweideutigkeit betrifft den mit Blessuren verbundenen Wunsch von Reisenden nach Andenken. Am 18. Oktober 1775 schrieb Georg Christoph Lichtenberg aus London, er sei in Stratford am Avon im Geburtshause Shakespeares gewesen. »Ich sah sein Haus und habe auf seinem Stuhl gesessen, von dem man anfängt, Stücke abzuschneiden. Ich habe mir auch etwas davon für einen Schilling abgeschnitten.« Der hier eingestandene Vandalismus ist nur ein halber, weil Erinnerung nicht behoben, sondern vertieft werden sollte, und wäre gar keiner, wenn die geschäftstüchtigen Hauswärter – wie zu hoffen und zu vermuten ist – für stets neue »originale Dichterstühle« gesorgt hätten. Daß Lichtenberg daran nicht dachte, halten wir seiner Liebe zum Schwan vom Avon zugute. Auf der Wartburg fiel den Messern der Besucher Luthers Schreibtisch zum Opfer, an dem er die Bibel übersetzt hatte. Er wurde in protestantische Reliquien verwandelt. Die meisten Andenken lieferte indes die Berliner Mauer. Nachdem sie am 9. November 1989 ihre Funktion als »antifaschistischer

[24] E. Kirsten/W. Kraiker, Griechenlandkunde, 1962, S. 96 [25] Autopsie am 16. März 1990 [26] V. A. Foertmeyer, Tourism in Graeco-Roman Egypt, 1989 [27] Lexikon der Ägyptologie V, 1984, S. 825ff mit Literatur [28] Autopsie 25. Januar 1965; René Mouterde, S. J., The Nahr el-Kelb, Beyrouth 1934

Schutzwall« verloren hatte, haben Tausende von »Mauerspechten« sie mit Hammer und Meißel in Souvenirs verwandelt und diese in alle Welt geschickt, um das schier undenkbare Ereignis stofflich zu beglaubigen.[29]

1j. »Vandalismus« nennt man zweitens die Untaten irregeführter Eigenbrötler. Der antike Prototyp, 356 v. Chr., ist Herostrat.[30] Sein gleichnamiges Gegenstuck aus der Moderne entwarf 1939 Sartre. Er hat die seelische Verfassung eines solchen Menschen im zeitgenössischen Umfeld begreiflich gemacht.[31] Derartige Charaktere sind es, die den *Höllensturz* von Rubens in München (26. Februar 1959)[32] oder den *Jakobssegen* von Rembrandt in Kassel (7. Oktober 1977)[33] ruinieren, um Aufmerksamkeit für sich oder einen der zahllosen Mißstände dieser Welt zu erringen.[34] Eines der meistattackierten Werke, Leonardos – am 21. August 1911 zum ersten Mal gestohlene – *Mona Lisa* im Louvre, hat zur Prägung des Begriffs »Jokondoklasmus« geführt.[35] Der Täter will selten den Eigentümer oder den Künstler treffen, meistens das Werk und seine Bewunderer, d.h. die Allgemeinheit. Die ihm zugeschriebene Psychopathie[36] ist nicht notwendig ein Seelenleiden, sondern oft das Sendungsbewußtsein eines Einzelgängers, der sich in aggressiven Exzessen zum Ausdruck bringen will. Sein Gewaltakt läßt sich aus einer anti- oder asozialen Haltung herleiten, aus einem Bedürfnis nach Rache für einen Tort, an dem »das System« schuld ist. In eine benachbarte Kategorie gehören Erpresser, die Gemälde lädieren, um politische Entscheidungen zu erzwingen – so die englischen Suffragetten, die am 10. März 1914 die (namentlich von Männern bewunderte) Rockeby-Venus von Velázquez in der Londoner National Gallery beschädigten[37] –, oder in der Art von Geiselnehmern Kunstwerke bedrohen, um Lösegelder zu erzwingen. Diese von gestörten oder verbrecherischen Einzeltätern verübten Anschläge sind in jüngster Zeit um eine Variante bereichert worden, die seriöse Verteidiger findet: das als Aktionskunst interpretierte Attentat auf Skulpturen oder Gemälde.[38]

1k. Gegenstand des vorliegenden Buches ist nicht der pubertäre und nicht der psychopathische Vandalismus. Ausgeschlossen bleibt

[29] Ich selbst sandte ein Sortiment auf Wunsch an den verehrten Kollegen Ernst Badian in Harvard. [30] s.u. 3j! [31] J.-P. Sartre, Herostrat, in: ders., Gesammelte Erzählungen, 1970, S. 89ff. Beschrieben wird ein Mörder, den es nach einer Tat dürstete. [32] Pickshaus 1988, S. 126ff [33] Pickshaus 1988, S. 224ff [34] Geerds 1979; Gamboni 1983; Pickshaus 1988 [35] Chartier 1989, S. 139ff [36] Tegel 1968, S. 103 [37] Végh 1915, S. 135; Andrew Rosen, Rise up, Women! The Militant Campaign of the Womens' Social and Political Union 1903–1914, 1974, S. 228 [38] s.u. 6r!

gleichfalls die Vernichtung von Gebrauchsgütern, wenn beispielsweise Maschinen gestürmt oder Brunnen vergiftet werden, wenn Ölbäume abgehackt oder Festungen geschleift werden, wenn Kaffeesäcke angezündet oder Teeballen ins Meer geworfen werden. Mich interessiert im folgenden die Beschädigung oder Beseitigung von Kunstwerken und Denkmälern in einem größeren politischen, ideologischen oder ökonomischen Kontext, in der Absicht oder mit der Folge einer Bewußtseinsänderung, d.h. der gewaltsame Versuch, Erinnerung zu beseitigen oder zu verändern. Es geht um Kulturvandalismus, negative Kulturgeschichte.

Auch wenn Definitionen und Begriffe das zu Begreifende mumifizieren, sei die Verwendung der Wörter »Kunst« und »Denkmal« erläutert. Im Sinne der Umgangssprache bezeichne ich als Kunst das mit überlegenem Können ästhetisch gestaltete Werk, das durch den gelungenen Einfall und die sorgsame Ausführung die Hand des Meisters verrät und über einen möglichen praktischen Zweck hinaus durch Schönheit oder Eindruckskraft Bewunderung verdient, den Betrachter fesselt und bereichert.

Unter Denkmal hingegen fasse ich einen Gegenstand, der von einem Ereignis oder einem Brauch, von einem Menschen oder einer Gruppe über die Zeiten hinweg öffentlich Kunde gibt, sei es, daß er zu diesem Behuf hergestellt wurde, sei es, daß er diesen Zweck erfüllt, ohne eigens dafür geschaffen zu sein. In diesem letzteren Fall muß das Denkmal nachträglich als solches erkannt und zu einem solchen erklart werden. Das Denkmal steht in einem doppelten Sinnbezug, es legt Zeugnis ab von dem Geehrten, dem es gewidmet ist, und von dem Ehrenden, der es gewidmet hat. Der historische Zeugniswert eines Denkmals ist weniger offenkundig als die Schönheit eines Kunstwerkes. Erkennbar ist er bei Gegenständen, die in der Absicht hergestellt wurden, der Nachwelt Nachricht zu geben. Der damit verbundene Anspruch auf ehrendes Gedenken freilich wird in Umbruchzeiten als Anmaßung empfunden und führt eben deswegen zum Sturz des Monuments. Gegenstande, die ohne derartige Mitteilungsabsicht angefertigt wurden und nur als mehr oder weniger zufällig erhaltene Überreste Quellenwert besitzen, gewinnen unter Umständen nachträglich Denkmalcharakter. Der Zeugniswert eines solchen Gegenstandes ist nicht ohne weiteres ersichtlich. Er hängt ab zum ersten von seiner Seltenheit, die man ihm selbst nicht ansieht, zum zweiten vom Erkenntnisinteresse der Nachwelt, die schwer vorauszusehen ist, zum dritten von der Aussagekraft, die einen feinsinnigen Interpreten verlangt, wie er nicht allzeit bereitsteht. Darum geschieht die Zerstörung von Sekundärdenkmälern unter den Grenzfällen des Vandalismus vergleichsweise häufig unfreiwillig.

Beim Kulturvandalismus handelt es sich auf seiten des Opfers um Wertsachen von ästhetischer, symbolischer oder historischer Aussagekraft, auf seiten des Täters um Angehörige einer Gruppe, Träger einer Macht. Steht die Tat im Zusammenhang mit einem politischen oder ideologischen Konflikt, so äußert sich in ihr auch bei dieser Spielart eine Destruktionslust, Demonstration von Kraft aus Spaß am Effekt. Hinter gezieltem Vandalismus steht eine missionarische Selbstermächtigung im Namen des Glaubens, des Rechts oder des Fortschritts. Hier geht es um die Tilgung von Spuren angeblicher oder wirklicher Geistesverirrungen, d.h. um Eingriffe in die gemeinsame Erinnerung. So gut wie nie liegt eine fremde Sachkultur als solche im Visier, in der Regel zielt man auf Menschen, auf eine politische oder religiöse Gruppe, deren Identitätssymbole beseitigt werden sollen. Die Wut über den Feind trifft stellvertretend dessen Werk. Denkmalsturz verleiht ein Triumphgefühl, das mit dem Gegner zugleich dessen Geschichte auslöscht, ihn sozusagen zweimal tötet.

Neben dem Kulturverderb durch Handeln gibt es den durch Gewährenlassen. Der Verlust wird nicht bewußt herbeigeführt, sondern sehenden Auges in Kauf genommen. Fahrlässiger Vandalismus ist zumeist wirtschaftlich begründet und beruht auf frevelhafter Bedenkenlosigkeit gegenüber dem verbrauchten Kulturgut.

11. Außer Betracht bleibt im folgenden die immaterielle Kultur, obschon auch sie immer wieder von radikalen Reformern und rigiden Machthabern attackiert wurde. Die literarischen Angriffe von Proudhon und Marx, von Bakunin und Nietzsche auf die sozialen, religiösen und moralischen Werte ihrer Zeit wurden mit geistigen Mitteln vorgetragen und sind daher kein Vandalismus. Aber auch Gewalt gegen Gedanken fällt nicht unter den Vandalismusbegriff, denken wir an Zensur in der Neuzeit und Inquisition im Mittelalter, an die in Hitlers und Stalins Lagern zu Tausenden umgekommenen Künstler, Dichter und Wissenschaftler, an die kaum geringere Zahl derer, die ins Exil gehen mußten, an die schon in der Antike bezeugten Vertreibungen von Rhetoren und Philosophen aus Rom[39] oder die Asebieprozesse im klassischen Athen.[40] Solons Gesetze gegen Gräberluxus haben Luxusgräber verhindert; doch wir reden nicht von Vandalismus, wenn Staatsgewalt die Kunstproduktion beschränkt.[41]

Ebenfalls außerhalb des Begriffsfeldes liegt schließlich die gewaltsame Beseitigung einer Staatsform oder einer Gesellschaftsordnung,

[39] 161 v. Chr.: Sueton, De rhetoribus 1; 155 v. Chr.: Plutarch, Cato maior 22f; Cicero, De re publica III 9ff; 92 v. Chr.: Tacitus, Dialogus 35; Gellius XV 11 [40] W. Nestle in: Reallexikon für Antike und Christentum I, 1950, S. 735ff [41] Cicero, De legibus II 64ff

eines Wirtschaftssystems oder einer Religion, so Bismarcks »Kulturkampf«, von Virchow als »Kampf für die Kultur« gegen den Katholizismus geprägt. Wenn der Sieger dem Unterlegenen verbietet, seine eigene Sprache zu sprechen, zu schreiben oder zu drucken (so die Wlachen in Griechenland), seinen angestammten Namen zu tragen (so die Kurden in der Türkei), seine alten Feste zu feiern und Gebräuche weiterzuführen (so die Juden nach ihren Aufständen gegen Antiochos IV und gegen Hadrian, in neuerer Zeit in der Sowjetunion, zumal während des Kalten Krieges), dann ist das vielleicht noch grausamer als die Vernichtung von Sachen und zielt gleichfalls auf einen Raub an kulturellem Erbe. Dennoch nennen wir dies gewöhnlich ebensowenig »Vandalismus« wie die Auflösung von Institutionen, beispielsweise von Platons Akademie 529 n. Chr., des Jesuitenordens am 21. Juli 1773 oder des Landes Preußen am 25. Februar 1947, geschweige die in Europa seit der Französischen Revolution[42] nach jedem Systemwechsel fällige Umbenennung von Orten und Straßen.[43]

Umbenennung hat Tradition: Als aus Rhakotis 331 v. Chr. Alexandria, aus Byzanz 330 n. Chr. Konstantinopel wurde, da entstanden neue Städte am alten Ort. Die meisten Neubenennungen der Römerzeit aber dienten bloß dem Größenwahn der Cäsaren – aus Rom machte Nero »Neropolis«,[44] Commodus »Colonia Commodiana«[45] – oder der Schmeichelei gegenüber dem regierenden Kaiser. Diese ideologisch motivierten Namensänderungen kennen wir auch aus jüngeren Jahren. Stalingrad hieß bis 1925 Zarizyn und heißt seit 1961 Wolgograd. Politisch korrekte Bürgermeister sorgten für Adolf-Hitler-Plätze in jedem Nest.[46] Daß nach der Wende Karl-Marx-Stadt seinen alten slawischen Namen Chemnitz (Steinbach) wiedererhalten hat, ist ebenso sinnvoll wie die Rückbenennung der populären Kaiserstraße in Frankfurt am Main (von der SPD zeitweilig in Friedrich-Ebert-Straße umbenannt) und der zum Begriff gewordenen Berliner Wilhelmstraße (vorübergehend von der SED in Otto-Grotewohl-Straße umgetauft).[47] Namensänderungen zerreißen Kontinuitäten und sollten grundsätzlich vermieden werden. Ein neuer Name ist nur für eine neue Sache gerechtfertigt und sollte diesen dann behalten.

[42] Feld 1990, S. 272 [43] Wie schnell die Namenspatrone gleichwohl vergessen werden, beweist exemplarisch G. Wanke, Berühmt – Bekannt – Vergessen. Persönlichkeiten auf Straßenschildern in Steglitz, 1987. Freundlicher Hinweis seines Sohnes, Ulrich Wanke. [44] Sueton, Nero 55 [45] Historia Augusta, Commodus 8, 6 [46] In meinem Heimatort Lindheim gab es zudem eine Horst-Wessel-Straße, die im Volksmund gleichwohl weiterhin Säugasse hieß. [47] M. Azaryahu in: Speitkamp 1997, S. 137ff. Ich danke dem Herausgeber für die Einsichtnahme in die Druckfahnen.

Namen und Symbole zu ändern ist schwer: sie kehren wieder. Berlin ist wieder Hauptstadt, das Deutschlandlied wieder Nationalhymne, Schwarz-Rot-Gold wieder Staatsflagge. Wer mit der Zeit geht, geht mit der Zeit. 1807 beantragte das bayerische General-Landeskommissariat die Änderung des Münchener Wappens. Die Fahnen des Bürgermilitärs, hieß es, zeigten ein »Simbol, das nicht nur militairisch für eine Fahne, sondern auch unschicklich für die heutigen Zeiten ist, da selbes noch zu sehr an Mönchsbarbarei erinnert«. Das Gesuch hatte Erfolg, doch erneuerte Ludwig I 1835 den Münchner Mönch, oder wie die Bierfreunde sagen: das »Münchner Kindl«.[48] Was wen woran erinnert, ist eine Zeitfrage.

Außerhalb des Wortfeldes »Vandalismus« liegen schließlich Veränderungen im Kalenderwesen. Um die christliche Tradition loszuwerden, verkündete während der Französischen Revolution der Konvent am 26. November 1793 den Republikanischen Kalender, rückwirkend mit dem 22. September 1792 als Jahr 1 beginnend. Mussolini führte gleich zwei neue Ären ein: 1922 FASCIBUS RENOVATIS und 1938 IMPERIO RENOVATO. Die NSDAP begnügte sich damit, statt »nach Christus« einfach »nach der Zeitenwende« (n. Zw.) zu schreiben, die SED bevorzugte »vor« beziehungsweise »nach unserer Zeitrechnung« (u. Z., v. u. Z.), die »Uzfuz-Ära«. Erinnerung steuert ebenso jeder positive oder negative Eingriff in den Festkalender, denken wir an die Abschaffung des Sedantages am 2. September (1870) nach dem Ersten, des Führergeburtstags am 20. April (1889) nach dem Letzten Weltkrieg,[49] an die Aufhebung des Tages der Republik am 7. Oktober (1949) und des Tages der Deutschen Einheit am 17. Juni (1953) nach der Wende. Nicht erst die Beseitigung, sondern bereits die von oben verfügte Einrichtung solcher Memoranden manipuliert Erinnerung. Wo Behörden bestimmen, daß geflaggt, gejubelt oder getrauert werde, ist (Staats-)Gewalt am Werk.

Es sei nicht bestritten, daß Erinnerungstage einem öffentlichen Bedürfnis entsprechen und insoweit als Gedächtnisstütze für historische Ereignisse sinnvoll sind.[50] Dies gibt es so wie in der Neuzeit bereits bei den antiken Juden, Griechen und Römern und fehlt auch im Mittelalter nicht ganz. Als die Kreuzritter am 15. Juli 1099 Jerusalem erobert und unter den Sarazenen ein unvorstellbares Blutbad angerichtet hatten, war der Augenzeuge und Berichterstatter Raymond

[48] Kirmeier/Treml 1991, S. 327 [49] In der Überzeugung, daß es keinen Dritten Weltkrieg geben wird, schreibe ich ›Letzter Weltkrieg‹ mit großen Anfangsbuchstaben. [50] A. Demandt, Das Jubiläum. In: Der Aquädukt 1763–1988. Ein Almanach 1988, S. 1–14

von Aguilers überwältigt von Gottes Gnade und erklärte, dieser Freudentag werde in der Christenheit ewig denkwürdig bleiben: »Haec dies celebris in omni seculo venturo.«[51]

*

1m. Wer über Vandalismus im Sinne von Gewalt gegen Kultur als weltgeschichtliches Phänomen schreibt, muß mit Angriffen auf vier seiner Voraussetzungen rechnen. Es ist zum ersten die angenommene Eindeutigkeit der beiden Ausdrücke »Gewalt« in quantitativer Hinsicht (Wie groß muß der Schaden sein, der den Vorwurf rechtfertigt?) und »Kultur« in qualitativem Sinne (Wie kostbar und aussagehaltig muß das Objekt sein?). Dabei ist zu berücksichtigen, daß Nachrichten über Zerstörungen gewöhnlich übertreiben. Weder Timur Lenk noch Arthur Harris ist es gelungen, eine Stadt »dem Erdboden gleichzumachen«. Die Aussagekraft von Kulturgütern ist im Augenblick ihrer Vernichtung gewöhnlich wesentlich geringer als nach hundert oder tausend Jahren, wenn sie rar geworden sind, so daß der Tatbestand des Vandalismus zeitabhängig ist.

Die beiden anderen Bedingungen für ihn sind die unterstellte zeitlose Gültigkeit einerseits der ästhetischen und andererseits der moralischen Normen, denn Kultur stellt einen Wert dar, dessen Beschädigung oder Vernichtung frevelhaft oder zumindest bedauerlich ist. Vandalismus ist ein Vorwurf. Die Bedenken gegen seine Faßbarkeit als Erscheinung stammen aus dem im Historismus geschärften Problembewußtsein. Sind nicht Gewalt und Kultur allenthalben verschwistert?[52] Wenn ja, dann wäre Vandalismus allgegenwärtig und keiner Klage zugänglich. Haben sich die Auffassungen vom Schönen und Guten unverändert gehalten? Wenn nein, entzieht sich der Vandalismus der Faßbarkeit. Und doch beseitigt der Verzicht auf den problematischen Ausdruck nicht die schmerzhafte Erscheinung, die er bezeichnet. Denn unklar sind nur die Randzonen des Wortfeldes mit ihren vielfältigen Zwischenformen und Grenzfallen,[53] nicht der Kern des Phänomens. Ihn fassen wir, sobald wir ein einziges Beispiel benennen können, an dem die Begriffe »Gewalt« und »Kultur« festzumachen sind, wo der Wert des Gegenstandes, das Faktum seiner Zerstörung und die Verwerflichkeit der Tat keinem Streit unterliegen. Diesem als ›Vandalismus‹ gekennzeichneten Fall lassen sich dann andere nach dem Grade ihrer Ähnlichkeit zuordnen.

[51] J.H. et L.L. Hill (edd.), Le Liber de Raymond d' Aguilers. 1969, S. 151
[52] s.u. Kap. 8! [53] s.u. Kap. 2!

1n. Einen solchen Musterfall bietet der erwähnte Herostrat. Die Einäscherung des Artemis-Tempels von Ephesos[54] war Gewalt gegen Kultur. Feuer ist die furchtbarste Form der Gewalt; und das Heiligtum war ein Kunstwerk und ein Denkmal zugleich. War diese Brandstiftung eines Hellenen Vandalismus, so waren das Tausende von ähnlichen Taten ebenfalls, und wir dürfen es der Einzelprüfung überlassen, ob ein Fall von Vandalismus vorliegt. Die Grenzen geisteswissenschaftlicher Begriffe schwanken immer, denn sie sind Elemente des tätigen Lebens. Darauf hat schon Jakob Grimm in seiner Rede »Über den Wert der ungenauen Wissenschaften« auf der Frankfurter Germanistenversammlung am 25. September 1846 hingewiesen. Was wir zählen, messen und berechnen können, gewinnt Bedeutung für uns erst in kulturgeschichtlichem Zusammenhang, der sich nur hermeneutisch über die Muttersprache erschließt und deswegen stets eine in der Individualität des Sprechenden wie des Hörenden liegende Unschärfe behält.

1o. Das im Historismus entwickelte Wissen um die Bedingtheit unserer Begriffe zwingt nicht dazu, überhaupt auf sie zu verzichten, nötigt uns aber, jeden Fall zu prüfen. So empfiehlt es sich, auch die Randzonen des Problemfeldes abzuschreiten und die Punkte zu finden, wo wir es verlassen haben. Dies gilt für den im folgenden verwendeten Kulturbegriff dort, wo er auf materielle Kultur einzuschränken[55] und wo er gegen Gebrauchsgüter abzugrenzen ist.[56] Seine im Kontext des Vandalismus wichtigsten Aspekte sind der Denkmalbegriff, der im Hinblick auf den bisweilen unklaren Zeugniswert erläutert werden muß,[57] und der Kunstcharakter, der in der Moderne bisweilen im Werk nicht mehr erkennbar ist.[58]

Die beiden wichtigsten Methodenfragen bei dem Versuch, den Vandalismusbegriff wissenschaftlich zu verwenden, lauten also: Läßt sich die dafür erforderliche ästhetische und moralische Normenkonstanz erweisen? Jahrhundertelang glaubte man, was schön sei, das sei immer schön; was gut sei, das sei immer gut. Beides ist im Zuge der Historisierung relativiert worden. Die von Nietzsche noch als Skandalon verkündete »Umwertung aller Werte« ist inzwischen eine Alltagserfahrung, die freilich nicht jeder hinzunehmen bereit ist. Bedeutet aber der Rückgriff auf stabile Normen nicht einen Rückfall hinter gewonnene Reflexionspositionen, eine Rückkehr zur Wertewelt und zum Menschenbild der Aufklärung? Letzteres ja, ersteres nein. Auch zerbrochene Maßstäbe tun ihren Dienst, der Umgang mit ihnen ist nur etwas umständlicher.

[54] s.u. 3j! [55] s.o. 1l! [56] s.o. 1h! [57] s.o. 1k! [58] s.u. 6n!

1p. Die ästhetische Komponente im Kulturbegriff geriet ins Wanken mit dem Hammelsprung des Bildungsbürgertums, als um die letzte Jahrhundertwende Sezessionen entstanden. Es öffnete sich eine Kluft der Meinungen, deren Extreme einerseits die Dadaisten, andererseits die Kunstpolitiker der totalitären Staaten darstellen.[59] Die damit geschaffene diffuse Situation ist aber kein geeignetes Paradigma für eine weltgeschichtliche Betrachtung. Die Überzeugung von der Erkennbarkeit hoher Kulturleistungen über die zeitlichen, ethnischen und sozialen Grenzen hinweg ist in Europa während der Renaissance *communis opinio* geworden. Michelangelo war ebenso auf Ruhm bei der Nachwelt begierig wie sein Mäzen Clemens VII.[60] Sie haben sich nicht verrechnet. Die Überzeugung von der Zeitlosigkeit der Kultur war aber auch damals nichts völlig Neues. Seit der Antike ist der Wunsch nach Ruhm bei fernen Menschen in fernen Zeiten eines der wirkmächtigsten Motive für künstlerisches Schaffen: bei Bildnern und Mäzenen, bei Baumeistern wie Bauherren. So wie die Literaten glaubten, für die Ewigkeit zu schreiben,[61] so waren die Künstler überzeugt, ihre Werke würden ihren Namen auf die Nachwelt bringen. Signaturen kennen wir seit archaischer Zeit. Niemand zweifelte an der zeitlosen Anerkennung hoher Kunst. Nicht Geschmacksänderungen innerhalb der kulturellen Tradition, nur barbarische Einbrüche fürchtete man. Stolz bemerkt Plutarch über die Akropolisbauten des Perikles, damals ein halbes Jahrtausend alt: »Geschaffen für ewige Zeit. Die Jahre können ihnen nichts anhaben, als atmete ewig blühendes Leben aus ihnen, eine Seele, die nicht alt wird.«[62] Ethnische, politische, religiöse Zäsuren haben die Wertschätzung nicht unterbrochen. Wir besitzen Zeugnisse für den Respekt vor heidnischen Kunstwerken auch bei mittelalterlichen Priestern[63] und stoßen in der Antike auf einen Konsens in der Wertschätzung großer Werke zwischen Griechen und Römern, aber ebenso auf Respekt gegenüber den Bauwerken der Ägypter und Perser.[64]

Zu den von Griechen in römischer Zeit kanonisierten Sieben Weltwundern[65] gehören orientalische Monumente: die Mauern Babylons, die Hängenden Gärten der Semiramis und die Pyramiden. In den Trümmern des Palastes von Persepolis, an dem auch griechische Künstler mitgebaut haben, fand sich die – allerdings beschädigte – Marmorstatue der sogenannten Penelope. Die Achämeniden würdig-

[59] s. u. 5m; 6n! [60] Vasari 1550/1910, S. 355; 371 [61] Thukydides I 22; Ovid, Metamorphosen XV 871ff; Horaz, Carmina III 30; Lucan IX 980; Justin, Praefatio 6; Dio LXXIII 23, 4 [62] Plutarch, Perikles 13 [63] s. u. 4g! [64] s. u. Kap. 3! [65] P. A. Clayton/M. J. Price, Die Sieben Weltwunder, 1990

ten griechische Kunst ebenso, wie die Etrusker, Karthager und Kelten dies taten. Der eigene Stil bestimmt die Produktion, aber nicht die Rezeption, in jedem Stile sind Meisterleistungen möglich. Die griechisch-römische Theorie des Schönen, des *kalon*, und Denkwürdigen, des *axiologon*, wußte den dauernden Kunst- vom vorübergehenden Gebrauchswert zu unterscheiden. Die besondere Sorgfalt, die schon früh auf kultisches Gerät verwendet wurde, läßt mit dem Sinn für Schönheit auch einen Begriff dafür erwarten. Bereits das Akkadische im 3. Jahrtausend vor Christus besaß ein eigenes ästhetisches Vokabular, das den rein künstlerischen Gehalt von Gegenständen zu beschreiben gestattete.[66] Seitdem ist subjektiver Vandalismus möglich. Urteilsfähigkeit in Kunstsachen ist weniger eine Frage der zeit- und gesellschaftsbedingten kollektiven Kulturstufe als eine Folge persönlicher Reife. Banausen gab es immer. Nicht zuletzt unter Intellektuellen. Herostrat war ein Intellektueller.

1q. Trotz wechselnder Wertschätzung läßt sich somit die Bestimmbarkeit von Kulturgut nicht schlechterdings bestreiten. Die Überzeugungskraft der gelungenen Form, die sich von ihrem ursprünglichen Sinn befreit und zeitenübergreifend Bewunderung findet, läßt sich exemplarisch an der Geschichte des ägyptischen Obelisken ablesen. Seine Bedeutung für den Sonnenkult war bereits hinter dem Schmuckwert zurückgetreten, als um 250 v. Chr. Ptolemaios II einen solchen »Bratspieß« (das bedeutet *obeliskos* ursprünglich) nach Alexandria schaffte.[67] Im Jahre 12 v. Chr. ließ unter Augustus der Präfekt von Ägypten, Publius Rubrius Barbarus, die – seit dem Mittelalter so genannten – »Nadeln der Kleopatra« durch den Architekten Pontius aus Heliopolis nach Alexandria bringen und vor das Caesareum stellen. Augustus selbst verwendete einen Obelisken als Zeiger für seine große Sonnenuhr auf dem Marsfeld,[68] zwei kleinere flankierten den Eingang zu seinem Mausoleum. Seine Nachfolger dekorierten die Mittelstreifen von Hippodromen mit Obelisken. In der Spätantike brachten heidnische wie christliche Kaiser Obelisken nach Rom und Konstantinopel. 1586 ließ Papst Sixtus V durch Domenico Fontana den Petersplatz mit einem im Circus Maximus gefundenen Obelisken dekorieren. Den letzten der dreizehn Obelisken brachte Mussolini 1937 aus Axum in Abessinien nach Rom. Paris erhielt seinen Obelisken aus Luxor, ein Geschenk von Mehmet Ali an Louis-Philippe, errichtet am 25. Oktober 1836 auf der Place de la Concorde, wo

[66] So die Schriften von Irene J. Winter, auf die mich Hartmut Kühne hinwies. [67] Plinius, Naturalis Historia XXXVI 67ff [68] Plinius, Naturalis Historia XXXVI 72f

während der Revolution die Guillotine stand. Eine der beiden »Nadeln der Kleopatra« kam nach London und steht seit dem 13. September 1878 am Nordufer der Themse bei der Waterloo Bridge.

New York durfte nicht zurückstehen: Gegen ein entsprechendes Bakschisch schenkte der Khedive Ismael Pascha vor seiner unvermeidlichen Abdankung die andere »Nadel« am 18. Mai 1879 dem amerikanischen Millionär William Henry Vanderbilt. Das Presse-Echo war geteilt. »We could never rise to any real moral grandeur, until we had our obelisk«, so der *New York Herald*. Dagegen schrieb die *Truth:* »Vanderbilt the Vandal despoiling the Egyptians.« Für den unter militärischem Schutz durchgeführten Abtransport zur See mußte eine Fahrrinne geschaffen werden, indem Teile des versunkenen Ptolemäerpalastes und Tempelruinen abgeräumt wurden. Am 22. Februar 1881 wurde der hinter dem Metropolitan Museum aufgestellte Obelisk eingeweiht, nachdem am 9. Oktober 1880 bei der Grundsteinlegung für das Fundament 9 000 Freimaurer paradiert hatten: Alle an der Operation Beteiligten gehörten diesem Orden an.[69] Der größte, allerdings gemauerte Obelisk wurde 1884 fertiggestellt, das Denkmal für Washington in Washington auf der Mall. Der Obelisk auf dem Münchener Karolinenplatz besteht aus dem Eisen napoleonischer Kanonen und ist den 30 000 in Rußland gefallenen Bayern gewidmet. »Auch sie starben für des Vaterlands Befreiung« – so lesen wir *par ordre de Mufti.*

Angesichts des modischen Kokettierens mit den schwankenden Maßstäben im kulturellen Bewußtsein ist an die Konstanten zu erinnern. Die Geschichte des Geschmacks oszilliert um einen Grundkonsens, ihre Schwingungen liefern keinen Freibrief für Geschmacklosigkeit. Kunst ist erkennbar. Wo sie dem Nutzen geopfert wird, wo der Utilitarismus die Ästhetik kaltstellt und der Stolz auf das Neue sich mit Rücksichtslosigkeit gegenüber dem Alten verbindet, da ist der Schritt zum Vandalismus vollzogen. Dies gilt im Frieden, wenn in der Stadtplanung Innovation auf Destruktion beruht, gilt ebenso im Kriege, wenn die Zerstörung von Kulturgütern um des raschen Sieges willen achselzuckend in Kauf genommen oder zur Demoralisierung des Gegners planmäßig eingesetzt wird.

1r. Neben der ästhetischen ist die moralische Komponente im Vandalismusbegriff Anfechtungen ausgesetzt. Vandalismus ist ein polemischer Begriff; er konstatiert und protestiert zugleich. Wer über Vandalismus schreibt, schreibt gegen ihn. Das zeigt sich bereits beim Schöpfer des Ausdrucks, der mit ihm die Sache nicht nur bezeichnen,

[69] Martina d'Alton, The New York Obelisk, 1993

sondern vor allem beseitigen wollte: »Je créai le mot, pour tuer la chose«, so Grégoire 1837.[70] Wie verträgt sich das mit Max Webers Forderung nach wertfreier Wissenschaft?[71] Ich meine: Soweit diese Forderung berechtigt ist, vorzüglich. Berechtigt ist sie, sofern sie darauf verweist, daß der Sachverstand des Fachmannes Geltung beanspruchen kann für das, was der Fall ist, aber nicht für ein Urteil darüber, was wünschenswert wäre. Das kann niemand für alle festlegen, das muß jeder für sich entscheiden. Nicht der geschulte Spezialist, sondern der mündige Bürger ist hier gefragt. In diesem Sinne sollte der Historiker sich mit den *res gestae* befassen, aber die *res gerendae* dem Politiker überlassen.

Webers Forderung enthält indessen mehrere Widersprüche. Kann man als Wissenschaftler sinnvoll fordern, daß man als Wissenschaftler nichts fordern solle? Gewiß darf der Leser sich nicht vom Autor bevormunden lassen, aber wird nicht dieser vom Methodologen bevormundet, wenn ihm seine Wertung untersagt wird? Schließlich ist der Fachmann doch außerdem noch Bürger, und in welcher Eigenschaft er urteilt, ergibt sich aus dem Inhalt seiner Aussage. Daß Tatsachenbehauptungen objektiv wahr oder falsch, Werturteile aber subjektiv und daher unverbindlich seien, läßt sich kaum vereinbaren mit der Erkenntnis, daß Objektivität in Sachaussagen ein zwar denknotwendiges, aber zugleich unerfüllbares Postulat ist, anstelle dessen wir von Intersubjektivität reden sollten, die uns jedoch ebenso zu gemeinsamen Werturteilen führt. Max Webers apodiktische These, daß es zwischen gegensätzlichen Werten nur den unerbittlichen Kampf gebe,[72] war allzu pessimistisch. Werturteile sind oft eher nachzuvollziehen als Tatsachenbehauptungen. Es ist leichter einzusehen, daß eine Tat wie die Herostrats ruchlos ist, als zu beweisen, daß sie wirklich stattgefunden hat.

Wertungen haben Appellcharakter, auch die Verurteilung des Vandalismus. Sie beruht auf der Hoffnung, daß Einsicht in den Wert bedrohter Kultur möglich ist, daß besonnen zu Werke gegangen werden möge. Wer von Vandalismus spricht, ist überzeugt, daß die damit gekennzeichneten Handlungen sich selbst verdammen. Die schärfste Verurteilung einer Kulturzerstörung ist die pure Beschreibung der Tat – übertroffen allenfalls durch die Selbstgerechtigkeit des Täters. Nebukadnezar hat Jerusalem mit demselben guten Gewissen in Brand gesteckt wie Tschingis Khan Samarkand und Sir Arthur Harris Hamburg.

[70] Grégoire, Mémoires 1837, S. 345f [71] M. Weber, Gesammelte Aufsätze zur Wissenschaftslehre, 1968, S. 489ff [72] M. Weber a.O., S. 153f

1s. Max Weber erbot sich 1919, »an den Werken unserer Historiker den Nachweis zu führen, daß, wo immer der Mann der Wissenschaft mit seinem eigenen Werturteil kommt, das volle Verstehen der Tatsachen aufhört«.[73] Das Werturteil dient als Lückenbüßer, es bezeugt Unfähigkeit zu einer befriedigenden Erklärung. Aber ist denn diese stets erreichbar? Ein »volles Verstehen« mißlingt gegenüber der böswilligen Vernichtung von Kulturgut ebenso, wie es versagt, wenn wir umgekehrt den künstlerischen Schaffensprozeß erklären wollen. Darum weichen wir in Wertungen aus – im letzteren Fall in Bewunderung, im ersteren im Abscheu. Das Gebot, jedem gerecht zu werden, enthält nicht das Verbot, jemanden gerecht zu verurteilen. Dies ist auch im Sinne von Max Weber legitim, zumal die hier zugrundegelegte Norm gerade nicht die persönlich-parteiliche Auffassung eines Einzelnen sein will.

1t. Die Prinzipien der Humanität sind über Wertewillkür erhaben. Sie werden um so klarer erkennbar, je krasser sie verletzt werden. In der Frage der moralischen Bewertbarkeit von Handlungen sind wir nicht mehr so unsicher, wie die von Historismus und Positivismus geprägte Generation vor uns es war. Die Erfahrungen des letzten Weltkriegs zeigen, wohin es führt, wenn die Grundsätze der Humanität außer Kraft gesetzt werden, die von den Besten aller Zeiten und Völker hochgehalten wurden. Zu diesen Grundsätzen gehört auch die Achtung vor den kulturellen Leistungen. Kultur ist überhaupt nur deswegen möglich, weil die Menschen sich im wesentlichen darüber einig sind, was Anerkennung verdient. Als Schaffender sucht man den Beifall der Späteren, als Betrachter gewährt man ihn den Schöpfungen der Früheren. Niemand lebt, niemand stirbt, niemand schafft für sich allein.

Während die Tiere ihre artspezifisch lebensnotwendige Information durch die Erbanlagen weitergeben, bedienen sich die Menschen bewußtseinsbildender Zeichensysteme, die von Generation zu Generation weitergereicht werden – das ist es, was wir Tradition nennen. Sie ist die Weitergabe von Dingen, die wir nicht geschaffen haben, an Menschen, die wir nicht kennen. Der Begriff des kulturellen Erbes (*héritage*) stammt ebenfalls von Grégoire.[74] Die Schuld, die wir als Nehmende gegen die Vergangenheit tragen, müssen wir als Gebende der Zukunft entgelten oder zu entgelten versuchen. Denn das, was wir der Vorwelt verdanken, ist ein Vielfaches von dem, was wir für die Nachwelt leisten können.

[73] M. Weber a.O., S. 602 [74] Sprigath 1980

In der Kultur herrscht Kommunismus: ihr ideeller Gehalt ist Gemeinbesitz. Entsprechend lautet die Haager Konvention vom 14. Mai 1954 (von den USA nicht unterschrieben): »Damage to cultural property, belonging to any people whatsoever, means damage to the cultural heritage of all mankind, since each person makes its contribution to the culture of the world.«[75] Darum beraubt, wer Kultur zerstört, die Menschheit. So schrieb schon Belisar an Totila.[76] Die Verwerflichkeit des Vandalismus ist im deutschen Strafgesetzbuch dadurch anerkannt, daß Gewalt gegenüber kirchlichen und öffentlichen Gegenständen, Grabmälern und Kunstwerken als gemeinschädliche Sachbeschädigung ein Offizialdelikt ist, mithin ein öffentliches Interesse verletzt.

So lesen wir im Strafgesetzbuch vom 1. Januar 1975 (§ 304): »Wer rechtswidrig Gegenstände der Verehrung einer im Staat bestehenden Religionsgesellschaft (sic!) oder Sachen, die dem Gottesdienst gewidmet sind, oder Grabmäler, öffentliche Denkmäler, Naturdenkmäler, Gegenstände der Kunst, der Wissenschaft oder des Gewerbes, welche in öffentlichen Sammlungen aufbewahrt werden oder öffentlich ausgestellt sind, oder Gegenstände, welche zum öffentlichen Nutzen oder zur Verschönerung öffentlicher Wege, Plätze oder Anlagen dienen, beschädigt oder zerstört, wird mit Freiheitsstrafe bis zu drei Jahren oder mit Geldstrafe bestraft. Der Versuch ist strafbar.«[77]

1u. Aus diesem Grunde kann es auch nicht angehen, wenn jemand die Kunstwerke, die ihm gehören oder die er selbst geschaffen hat, vernichtet oder zu vernichten verfügt. Das Unerhörte einer solchen Tat dient dem Dichter als Ausdrucksmittel für den Schmerz, wenn Torquato Tassos schöne Armida aus Verzweiflung darüber, daß sie mit ihren Reizen Rinaldo, den edelsten Helden im Kreuzfahrerheere, nicht halten konnte, mit eigener Hand die Fackel in ihren antiochenischen Zauberpalast wirft. Die Nachricht, daß ein japanischer Papiermagnat die von ihm 1990 ersteigerten Bilder von van Gogh und Renoir mit ins Grab nehmen wollte, erregte grundlos Befürchtungen, denn die Bilder hat er nie bezahlt.[78]

Fälle dieser Art wären allenfalls dann zu verschmerzen, wenn sie vom Ehrgeiz des Künstlers bestimmt sind. Der griechische Maler Apollodoros mit dem Beinamen »der Wahnsinnige« zerstörte seine Bilder immer wieder, um noch schönere zu schaffen;[79] Michelangelo verbrannte vor seinem Tode eine Menge von Skizzen, um die Mühe

[75] Spetzler 1956, S. 81ff; Elsen 1977 [76] s.u. 5e! [77] Vgl. Schönke/Schröder, Strafgesetzbuch, Kommentar, 24. Aufl. 1991 [78] So steht es in der Zeitschrift *Art* 7, Juli 1997, S. 3 [79] Plinius, Naturalis Historia XXXIV 81

zu verbergen, die ihn seine Meisterwerke gekostet haben.[80] Dort diente die Gewalt der Schaffung, hier der Schätzung von Kunst. Ähnliches finden wir in der Literaturgeschichte. In einem Akt der Selbstbefreiung warf Platon seine Tragödien ins Feuer, als er Sokrates kennenlernte und sich der Philosophie verschrieb.[81] Augustus aber tat gut daran, Vergils Testament zu ignorieren und die unfertig hinterlassene Äneis nicht, wie gewünscht, zu verbrennen.[82] Dieselbe »Pietätlosigkeit« beging Max Brod, der den Nachlaß Kafkas herausgab, statt ihn dem Wunsch des Autors gemäß zu vernichten. Hätte nicht auch Goethe seine in einem »großen Haupt-Autodafé« 1770 verbrannte Jugendlyrik in eine Kiste auf den Speicher stellen sollen? Oder Kleist seinen im Oktober 1803 in Paris den Flammen geopferten »Robert Guiscard«?

*

iv. Kulturfrevel unterscheidet sich von anderen Unglücksfällen der Geschichte. Diese haben irgendwo auch eine tröstliche Seite. Vulkanausbrüche, Erdbeben und Unwetterkatastrophen erinnern uns an die Naturbedingungen, unter denen wir leben. Sie ermuntern zu gegenseitiger Hilfe und fördern die wissenschaftlichen Bestrebungen, derartige Unglücksfälle hinfort zu mindern oder zu meiden. Die Natur ist keine gute Mutter, aber eine vorzügliche Lehrerin. Sind Menschenleben zu beklagen, so tröstet sich der Christ mit Gottes Gerechtigkeit am Tage des Herrn, bedenkt der Stoiker die Vergänglichkeit alles Gewordenen, sieht der Zyniker hinter den weinenden Hinterbliebenen die lachenden Erben. Geht ein Krieg verloren, wird ein Land erobert, gibt es eine Revolution – immer haben wir neben den Verlierern auch Gewinner und Nutznießer, vielfach sind das sogar die fortschrittlichen Kräfte, die ihre Kosten einfordern.

Bei Kulturkatastrophen besteht der Vorteil für den Täter, neben dem kurzfristigen Spaß am Zündeln und Zertrümmern, nur im Schaden für den Gegner. Dieser wird nicht nur als Feind, sondern zugleich als Mitbürger der Kulturwelt erniedrigt. Damit disqualifiziert sich der Sieger selbst, denn er beraubt auch die Unbeteiligten, ja die Nachwelt. Kultur stirbt nicht von selbst. Was die Venezianer unter Dandolo am 12. April 1204[83], was die Türken unter Mehmet II am 29. Mai 1453 in Konstantinopel verbrochen haben,[84] was die Normannen un-

[80] Vasari 1568/1910, S. 396 [81] Diogenes Laertius III 5 [82] E. Diehl, Die Vitae Vergilianae, 1911, S. 41 [83] s. u. 4r! [84] Steven Runciman, The Fall of Constantinople 1453, 1965, S. 145ff

ter Robert Guiscard am 28. Mai 1084[85] und der Connétable von Bourbon nach dem 6. Mai 1527[86] in Rom angerichtet haben, all das geschah weniger zum eigenen Nutzen als zu fremdem Schaden.

1w. Verluste an Kultur sind länger spürbar als Verluste an Menschen, wenn jene qualitativ, diese nur quantitativ greifbar sind. Gleichwohl ist die Brutalität gegen Menschen empörender als die gegen Sachen – wer gäbe nicht alle Dinge her, um sein Leben zu retten? So zeigt sich die im Vandalismus manifestierte Roheit krasser noch in der Vernichtung von Menschenleben, in Verfrachtung und Vertreibung von Völkern, in Grausamkeit und Zynismus gegen Feinde. Hier hat Himmlers Judenvernichtung alles Bisherige in den Schatten gestellt. Mit Rattengift wurden Millionen von Menschen wie Ungeziefer getötet. Das noch unter Kriminalität zu subsumieren wäre eine Beleidigung aller gewöhnlichen Verbrecher: aller Bankräuber, Geiselnehmer und Taschendiebe. Vergehen gegen die Menschlichkeit werden wie solche gegen Kultur als Barbarei, nicht aber als Vandalismus gekennzeichnet. Er richtet sich primär auf gegenständlich faßbare geistige Werte, nicht gegen die biologische Existenz oder das leibliche Wohl von Menschen. Von Untaten gegen die Humanität soll im folgenden nur als Begleiterscheinung die Rede sein,[87] auch wenn sie im Namen dessen, was man unter Kultur oder *civilisation* verstand, begangen wurden.

1x. Wie Gewalt gegen Menschen soll auch Gewalt gegen Natur im folgenden ausgeblendet werden, obschon sie mit unserem Thema zusammenhängt. Kultur selbst ist Gewalt gegen Natur – ihre Zähmung und Formung nach unseren Wünschen. Naturverbrauch gehört zu den Bedingungen nicht nur menschlichen Lebens, kann aber ebenso in schonender wie in bedenkenloser Form geübt werden. Sehen wir vom lebensnotwendigen Naturkonsum ab, ja selbst vom Raubbau an den Ressourcen,[88] so bleiben doch Verhaltensweisen übrig, die dem Vandalismus nahekommen. Die unnötige und unverantwortliche Zerstörung beginnt, wo die überschüssige Kraft der männlichen Jugend »Disteln köpft«. Staatlich sanktionierte Barbarei war das Abmetzeln von Tieren in der römischen Arena, wo Hunderttausende von Löwen, Bären, Panthern, Wisenten usw. zum Gaudi des *populus Romanus Quiritium* – man scheut sich hier, das Wort »Volk« zu ge-

[85] Gregorovius, Rom IV, S. 231ff [86] Gregorovius, Rom VIII, S. 522ff [87] Das Massaker als solches war Kongreßthema in Forte dei Marmi 1995, daraus: G. Ampolo, in: Quaderni di storia 44, 1996, S. 5ff; E. Carlton, Massacres. An Historical Perspective, 1994 [88] s.o. 1k!

brauchen – hingeschlachtet wurden. Der Adel fand sein Vergnügen, zumal in der Barockzeit, an den höfischen Treib- und Hetzjagden, die uns als Tierquälerei erscheinen, hoch ritualisiert wie die spanischen Stierkämpfe. Aus purer Lust am Töten wurden die Bisonherden Nordamerikas bis auf Restbestände abgeschossen, die Wandertaube, die Dronte ausgerottet. Zur Waidmannslust werden noch immer jeden Winter in Malta Abertausende von Zugvögeln mit dem Waffensegen des Bischofs – man kann nur sagen: abgeknallt. Merkantile Motive spielen mit, wo es um Elfenbein und Paradiesvogelfedern, um Geweihe und Pelze geht. Das Artensterben begleitet die Zivilisation seit dem Tode des letzten Mammuts.

1y. Gewalt gegen die unbelebte Natur wird jedoch selten als Vandalismus empfunden, zumal wenn sie im Frieden zivilisatorischen Zwecken dient. In jüngster Zeit aber hat das überhandgenommen. Die Stelzenstraßen in den Alpentälern, der Braunkohletagebau in der Lausitz, Kaliberge und Flußkanalisation haben allzuviel an Landschaft zerstört. Der Tunnel, der den Berg durchsticht, beläßt ihm sein Profil; der Straßen- oder Bahndamm durch den See jedoch zerschneidet sein Gesicht. Der letzte Weltkrieg endete in der Nordsee erst zwei Jahre nach der Kapitulation. Nachdem das menschenleere Helgoland für die Royal Air Force als Übungsziel ihren Zweck erfüllt hatte, sollte die Insel in die Luft gesprengt werden. Die Briten wollten aus ihr einen *restplace for seagulls* machen. Genau zwei Jahre nach dem Tausend-Bomber-Angriff auf die Unterseebootfestung, explodierte am 18. April 1947 eine gigantische Sprengladung, doch entgegen den Erwartungen der Militärs hat die Insel der Aktion *Big Bang* standgehalten, wenn auch sichtlich beschädigt.

1z. Die Erinnerung an Ereignisse der jüngeren Geschichte – ich entsinne mich meiner Angst um Helgoland noch sehr genau – bringt eine letzte Schwierigkeit in der Behandlung des Themas ans Licht: die Wahrung der historischen Gerechtigkeit. Angesichts der Fülle der Fälle muß ich exemplarisch verfahren, wohl wissend, daß kaum einem Leser die Auswahl, Zusammenstellung und Einschätzung der vorgeführten Beispiele ausgewogen erscheinen wird. Allein das Nebeneinander der Werkzeuge, mit denen Kultur verschandelt wurde, von Feuer und Schwert über Sprühdose, Preßlufthammer und Bulldozer bis zum Sturzkampfbomber, führt durch ein schwer erträgliches Wechselbad. Das gleiche wiederholt sich angesichts der unterschiedlichen Bewertung der Taten, die uns teils als unverzeihliche Barbarei, teils als schmerzhafte, aber heilsame Maßnahme, teils als der allergerechteste Volkszorn erscheinen mögen.

Von all diesen Unterschieden ist abzusehen. Es geht um verlorenes Kulturgut, was immer vernichtet wurde, wer immer es vernichtet hat.

Dies ausgewogen darzustellen ist wiederum fast unmöglich, weil wir die Traditionen, in denen wir stehen, genauer: in die wir uns stellen, zu langlebigen Kollektivsubjekten stilisieren, die Untaten der eigenen Gruppe beschönigen, aber den Enkeln der anderen die Sünden ihrer Ahnen vorhalten. Was »die« Christen und »die« Moslems, »die« Engländer oder »die« Russen je verschuldet haben, das wären dann immer noch unbeglichene Rechnungen, die unerwünschten Streit hervorbringen, so daß es klüger wäre, das Thema zu tabuisieren. Wer es dennoch anspricht, wird in die Rolle des Anklägers gedrängt und muß sich auf defensiv gemeinte Gegenrechnungen aus verletztem Selbstwertgefühl gefaßt machen. Nur wenn der Kritiker dem Autor zugute hält, daß sich die bei der Wahrnehmung von Kulturfrevel übliche perspektivische Verzerrung durch Distanznahme zur eigenen Tradition zwar vermindern, nie aber völlig vermeiden läßt, kann er den Versuch wagen, in weltbürgerlicher Absicht das Phänomen ›Vandalismus‹ als zeitlose Erscheinung in die Kulturgeschichte und deren Deutung einzuordnen.

2. Grenzfälle

a. Kunstraub
b. kein Kunstfrevel
c. Grab- und Kirchenraub
d. Geistiger Diebstahl
e. Kunstexport

f. Symbolischer Vandalismus: Wartburgfest
g. Satirischer Vandalismus: Mona Lisa
h. Artistischer Vandalismus: Hackert

i. Wiederbebauung von Raum
j. Lokaltradition
k. Umwidmung von Bauten
l. Wiederverwendung von Metall
m. Spolien, Gemmen
n. Palimpseste
o. Vernichtung von Dokumenten
p. Fälschung
q. Fotoretuschen

r. Antivandalismus: Ruinenwert
s. Verschönerungsvandalismus: Torso
t. Entrestaurierung: Ägineten
u. Alterungswert: Sixtina

v. Totenopfer: Hephaistion
w. Grabfrevel
x. Antike
y. Mittelalter
z. Neuzeit

Homini plurima ex homine sunt mala.
Plinius maior

2a. So eindeutig die Verwerflichkeit jeder Art von Vandalismus ist, so problematisch ist vielfach die Feststellung des Tatbestandes. Um den Kernbereich vandalistischer Akte zieht sich eine breite Grauzone von Grenzfällen, die zu jenem in naher oder ferner Verwandtschaft stehen und teils innerhalb, teils außerhalb des Bedeutungsfeldes liegen. Grenznähe ist dann gegeben, wenn Gewalt die Form ist, die Kultur durch Kultur ersetzt, wenn Zerstörung eine Voraussetzung für Neuschaffung ist.

Außerhalb liegt zunächst der reine Kunstraub.[1] Auch er ist eine zeitlose Erscheinung und bezeugt die Erkennbarkeit von Kunst über die Zeit- und Kulturgrenzen hinweg. Der Raub von Wertsachen beginnt mit dem Mythos vom Goldenen Vlies, das die Argonauten in Kolchis stahlen, und mit der von Iphigenie aus Tauris nach Attika entführten Artemis-Statue.[2] Hier sind Kult und Kunst noch nicht zu scheiden. Ästhetisch motivierter Kunstraub ist indessen historisch bereits im Alten Orient bezeugt, wo im späten zweiten vorchristlichen Jahrtausend der König von Elam, Schutruk-Nachunte, seine Hauptstadt Susa mit Standbildern aus den eroberten Nachbarländern schmückte.[3] Hier wurden sie nach der Wiederentdeckung der Stadt 1851 von französischen Archäologen ausgegraben und in den Louvre weiterverfrachtet. Darunter war die Stele mit den Gesetzen Hammurabis aus Babylon.

Am meisten beraubt wurden die Völker, die am meisten hervorbrachten: Ägypter und Griechen. Gymnasiasten kennen den Raub, den der durch Cicero in seinen *Verrinen* angeprangerte Statthalter Verres 73 bis 71 v. Chr. mit seinen »Spurhunden« in Sizilien durchführte. Er brachte alles, was ihn an griechischen Kunstwerken reizte, in seine Gewalt; er enteignete Sizilianer, Römer und Heiligtümer gleichermaßen schamlos[4] und endete in der Verbannung bei den Proskriptionen Marc Antons 43 v. Chr., dem er die Herausgabe einiger korinthischer Bronzen verweigert hatte.[5] Diese kriminelle Abart des

[1] Treue 1957; J. Rehork, Plünderer. Archäologie und Macht, 1994 [2] Apollodor IX 27 [3] Schmökel 1958, S. 99 [4] Cicero, In Verrem II 99ff, IV 30f [5] Plinius, Naturalis Historia XXXIV 6

Philhellenismus florierte noch in der Kaiserzeit: Nero brachte von seiner Griechenlandreise allein aus Delphi fünfhundert Bronzestatuen mit nach Rom.[6]

In der Neuzeit denken wir an die immense Kunstbeute, die Graf Königsmarck an der Spitze der Schweden 1648 in Prag machte,[7] und schließlich an die systematische Requisition, die Napoleon in seinem gesamten Imperium von der Schelde bis zum Nil durchführte.[8] Bereits auf dem Italienzug beauftragte das Direktorium den General, alle Kunstwerke, »die es verdienen«, nach Paris zu schaffen, um die militärischen Leistungen durch kulturellen Glanz zu krönen.[9] Am 19. Februar 1797 versprach Papst Pius VI im Frieden von Tolentino, die gewünschten Kunstwerke auszuliefern, darunter Raffaels *Transfiguration* und die beiden berühmtesten antiken Statuen: den *Apoll vom Belvedere* und den *Laokoon*. Nach dem Keltenherzog Brennus 387 v. Chr. und dem Connétable von Bourbon 1527 plünderten die »Gallier« Rom nun zum dritten Mal. 1803 erhielt der Louvre den Namen ›Musée Napoléon‹. Der Bonapartist Delavigne[10] sah demgemäß in der Auflösung der Kollektion nach dem Sturz des Korsen durch die beraubten Eigentümer einen Akt des Vandalismus. Er argumentierte zugunsten von Paris wie einst der Caesarist Flavius Josephus zugunsten von Rom: Hier sammelten sich die Kunstwerke, derenthalben man früher durch die ganze Welt reisen mußte.[11] Wie praktisch! Paris beziehungsweise Rom machen den Rest der Welt überflüssig. Hier trifft Grégoires Einwand, man möge die Glanzstücke verteilen wie die Straßenlaternen, da sich die Meisterwerke in den großen Sammlungen gegenseitig in den Schatten stellen. Jedes Museum hat etwas von einem Harem (oder einem Nonnenkloster).

Die vandalistische Seite am Kunstraub ist die häufig damit verbundene Beschädigung des Kunstwerkes. Sie wurde von Schiller in dem Brief an Goethe vom 23. Januar 1798 über Napoleons »Vandalism« beklagt. Die Transportschäden zeigten »Züge von Roheit und Leichtsinnigkeit«. Ein krasses Beispiel liefert der Marburger Elisabeth-Schrein, aus dem während der napoleonischen Zeit die Juwelen, Gemmen und Kameen herausgebrochen wurden, so daß nur noch die Fassungen erhalten sind. Schiller kommentierte Napoleons Kunstbeute 1800 in seinem Gedicht *Die Antiken zu Paris*:

[6] Pausanias X 7, 1 [7] J.G. von Meiern, Acta Pacis Executionis Publica, Band II, 1737/1969, Beilage zur Vorrede, S. 43 [8] Wescher 1976 [9] Liddell Hart 1947/80, S. 57 [10] Howald 1956; Wescher 1976 [11] Flavius Josephus, Bellum Iudaicum VII 5,7 (160); Sueton, Augustus 29

Was der Griechen Kunst erschaffen,
Mag der Franke mit den Waffen
Führen nach der Seine Strand,
Und in prangenden Museen
Zeig' er seine Siegtrophäen
Dem erstaunten Vaterland!

Ewig werden sie ihm schweigen,
Nie von den Gestellen steigen
In des Lebens frischen Reihn.
Der allein besitzt die Musen,
Der sie trägt im warmen Busen;
Dem Vandalen sind sie Stein.

2*b*. Kunstraub demonstriert die Macht des Räubers und demütigt den Beraubten, ist aber eo ipso kein Verbrechen an der Kunst, sondern immer ein Kompliment für den Künstler und oft ein Segen für das Kunstwerk, nämlich dann, wenn der Besitzer es nicht zu würdigen wußte oder gar verkommen ließ. Der juristisch-moralische Aspekt ist hier vom kulturhistorischen zu scheiden. Gewiß vier Fünftel aller Transaktionen von Kunstwerken sind illegal oder gar gewaltsam erfolgt. Soweit Kunstraub nur den Eigentümer schädigt und nicht das Kunstwerk, handelt es sich um Gewalt gegen Menschen, nicht um Gewalt gegen Kultur. Wo indessen nicht mobile Kunst geraubt wird, wie Gemälde oder Schmuck, sondern Architekturteile, die einem Bau gehören, Gemmen, die einen Schrein zieren, oder Statuen, die für einen bestimmten Ort gedacht waren, wird ein kulturelles Ensemble gestört. Als Napoleon am 8. Dezember 1806 die Schadowsche Quadriga vom Brandenburger Tor nahm, um sie, in dreizehn Kisten verpackt, nach Paris zu entführen, war das Vandalismus. Die Bedeutung eines Denkmals beruht nicht zuletzt auf seinem Aufstellungsort; wird ihm dieser genommen, so verliert es an Ausdruckskraft. Man kann sogar durch bloße Umgruppierung die Aussage von Denkmälern ins Gegenteil verkehren, so wie es nach dem Zusammenbruch der Sowjetmacht in Budapest – aus begreiflichen Gründen – mit den kraftstrotzenden Monumenten des Stalinismus geschehen ist, die auf engem Raum in einem Park zusammengerückt das Pathos der Distanz verlieren, sich gegenseitig lächerlich machen. Immerhin blieben sie erhalten und erzählen der Nachwelt vom größten Experiment in der Politik der Neuzeit.

Ein Ausgleich für den Gehaltverlust durch Ortswechsel kann in der dadurch möglichen neuartigen Wirkung liegen. Die Schiffsladungen griechischer Skulpturen, die in der Antike nach Rom gelangten, begründeten die Weltgeltung griechischer Kunst; und die Wagentransporte antiker Statuen, die in der Neuzeit über die Alpen gingen, haben bei den Völkern in unseren Breiten den Kunstsinn gefördert, mehr Nutzen im Norden als Schaden im Süden gestiftet. Ähnliches gilt für Schiebereien mit Büchern. Sie beginnen mit den Tontafeln, die von den Assyrerkönigen aus Babylon in ihre große Bibliothek von Ninive verschleppt wurden, dort in der Feuerkatastrophe bei der Erstürmung der Stadt durch die Meder und Chaldäer 612 v. Chr. unbeabsichtigt hartbrannten und so die Zeit bis zu den Ausgrabungen durch Sir Austen Henry Layard (1817–1894) überdauerten. Die in Kellern vermodernden Bücher des Aristoteles wurden von Sulla 84 v. Chr. aus Athen nach Rom verfrachtet und erst danach publiziert.[12] Jetzt kamen sie zur Wirkung, so wie seit dem 19. Jahrhundert die aus der ganzen Welt zusammengetragenen Bestände der europäischen Museen, einschließlich der Parthenonskulpturen im Britischen Museum und des Pergamonaltares in Berlin.[13] Von zweifelhafter Legalität waren viele der Büchersendungen, die seit dem 15. Jahrhundert aus allen Richtungen in die vatikanische Bibliothek gingen, aber Tausende von Texten vor dem Untergang bewahrten.[14] Sie blieben dem Publikum zugänglich. Vandalismus aber war, wie nicht nur die päpstlichen Bibliothekare ihre Besitzstempel demonstrativ auf die Buchmalerei setzten.

Wollte jemand die Wanderschaft eines Kunstwerkes zum Gegenstand eines Romans machen, so sollte er dazu die vier vergoldeten Bronze-Pferde von San Marco wählen. In einer etwas erweiterten Fassung ihrer im einzelnen unhistorischen Odyssee beim Turnvater Jahn[15] beginnt die Reise, als der »wilde römische Würger« Mummius sie 146 v. Chr. ohne Wagen und Wagenlenker von Korinth nach Rom bringt,[16] wo Nero sie später vor seinen Sonnenwagen schirren läßt. Geiserich verschleppt sie 455 nach Karthago,[17] von wo sie Belisar nach dem Sturz des Vandalenreiches 533 im Triumphzug nach Konstantinopel führt.[18] Dort fallen sie während des Vierten Kreuzzuges 1204 dem Dogen Enrico Dandolo in die Hände,[19] der sie nach Venedig verfrachtet und über das Portal der Markuskirche stellt. Inzwischen hatten, wie Goethe am 8. Oktober 1786 notierte, Metalldiebe versucht, mit eisernen Kämmen das Gold abzukratzen – die Spuren dieses Vandalismus sind noch sichtbar. 1364 bewundert Petrarca die Quadriga in einem Brief an Boccaccio. Sein Kommentar: »Nescio an

[12] Strabon XIII 1,54; Plutarch, Sulla 26 [13] s.u. 2m; 5i! [14] Gregorovius, Rom VII, S. 513ff [15] Jahn 1896, S. 22; 111 [16] s.u. 30! [17] s.o. 1d! [18] Prokop, Bellum Vandalicum II 9 [19] s.u. 4r!

terrarum orbis parem habeat.«[20] Napoleon, der Totengräber der Serenissima, nimmt die Rosse am 13. Dezember 1797 herab und transportiert sie auf der Fregatte *Diane* nach Paris. Am 27. Juli 1798 zelebriert er den Einzug der »Monuments des Sciences et Arts« in den Louvre. Die Pferde, auf Rollwagen geführt, sind darunter, flankiert von lebenden Giraffen und Kamelen, die für den Zoo von Paris bestimmt sind. Nach dem Vorbild eines römischen Triumphes kündet ein Plakat: »La Grèce les céda, Rome les a perdu. Leur sort changea deux fois. Il ne changera plus.« Das war ein Irrtum. Nach dem Wiener Kongreß wurden die Pferde am 1. Oktober 1815 unter militärischem Schutz vom Arc de Triomphe du Carrousel heruntergeholt und wieder ins – damals österreichische – Venedig expediert.[21] Im selben Jahre, abermals am 13. Dezember, kehren sie nach San Marco zurück. In unserem Jahrhundert von Luftverschmutzung bedroht, müssen sie restauriert werden und gehen vor ihrer Wiederaufstellung ein bisher letztes Mal auf Wanderschaft. Am 8. März 1982 präsentiert die Società Olivetti sie im Berliner Kunstgewerbemuseum.[22] Welch ein Ruhm ist dem unbekannten Künstler entgangen!

2c. Vandalismus ist auch der Kunstraub aus Heiligtümern. Denn zum ersten bildet die Ausstattung eines Gotteshauses ein gewachsenes Ganzes, zum anderen wird eine Gemeinschaft, ja die Öffentlichkeit geschädigt, und zum dritten dienen die sakralen Bildwerke nicht allein der ästhetischen Bewunderung, sondern vorrangig der religiösen Erbauung. Zu Recht faßte daher das Strafgesetzbuch von 1871[23] Kirchenraub als besonders schweren Diebstahl und ahndete ihn mit Zuchthaus bis zu zehn Jahren.

Als Vandalismus empfinden wir ebenso den Grabraub, wie er am ausgedehntesten im pharaonischen Ägypten geübt wurde,[24] aber überall dort begegnet, wo es üblich war, den Toten Beigaben ins Grab zu legen. Grabraub verletzt die Achtung, die wir den Toten schulden, obschon sie den Verlust nicht spüren. Dieses rationale Argument wird akzeptabel erst im »Grabraub« der Archäologen. Im Gegensatz zu den Raubgräbern geht es ihnen nicht um Gewinn, sondern um Erkenntnis. Ihre Funde wecken die Erinnerung an die vergessenen Toten und kommen der Allgemeinheit zugute, darum verzeiht diese den Ausgräbern den Eingriff in das Recht der Toten. Private Grabräuber, die den Kunstmarkt beliefern, handeln hingegen inso-

[20] F. Petrarca, Epistulae rerum senilium IV 3; Ad Petrum Bononiensem rhetorem de victoria Venetorum etc. [21] Wescher 1976, S. 76f [22] Dazu der Katalog: Die Pferde von San Marco. Staatliche Museen Preußischer Kulturbesitz, Berlin 1982 [23] § 243, Absatz 1 [24] s.u. 3b!

weit vandalistisch, als sie den Herkunftsort verschleiern und keine wissenschaftlichen Grabungsbefunde melden, damit mögliche Erinnerung zerstören.

Ähnlich wie privater Grabraub ist jener Kunstraub einzustufen, den skrupellose Genießer durch Einbrüche in Museen veranlassen, um die Kunstwerke in ihren Privatgemächern zu »begraben«. Hierzu zählen Raubakte der Nationalsozialisten,[25] vor allem in Osteuropa.[26] Während sich Hitler mit »Ankäufen« von Juden und Händlern begnügte und noch in seinem Testamentzusatz vom 29. April 1945, vier Uhr früh, beteuerte, seine Schätze nicht zum privaten Genuß, sondern für sein Museum in Linz gesammelt zu haben,[27] griff Göring auch zu Museumsbesitz. Beim Rückzug aus Neapel 1943 ließ er die kostbarsten Antiken nach Karinhall verfrachten.[28]

Stalin plünderte 1945 die deutschen, zumal die Berliner Kunstbestände. Anders als Verres und Napoleon, als Göring und Hitler hatte er kein persönliches Verhältnis zu seinem Raubgut. Der Zugriff war bloß eine Machtgeste, denn die für Stalins »Beutemuseum« vorgesehenen Werke sollten und konnten in Rußland keine kulturelle Wirkung entfalten. Sie waren oder sind noch großenteils in Kisten verpackt, in Kellern vergraben. Der von Schliemann gehobene »Schatz des Priamos« wurde am 26. Mai 1945 von der Trophäen-Kommission aus dem Zoobunker abtransportiert[29] und verschwand ein zweites Mal im Dunkel, bis er 1994 in Moskau wieder auftauchte. Am 16. Dezember 1992 hat Moskau die Rückgabe der Kunstbeute vertraglich zugesagt. Die von Polen 1946 in Besitz genommenen deutschen Kunstschätze in Schlesien wurden unter dem Stichwort »Revindikation« als Ersatz für eigene Verluste sequestriert.[30] Vorbildlich ist das von Walter Farmer verfaßte, von vierundzwanzig amerikanischen Kunstschutzoffizieren unterzeichnete »Wiesbadener Manifest« vom 7. November 1945, das sich gegen den mit »Sicherstellung« bemäntelten Abtransport von Kunstwerken aus deutschem Besitz wandte.[31]

2d. Die mildernden Umstände, die wir für den Kunstraub aufbringen müssen, verdient ebenso der geistige Diebstahl. Auch er huldigt dem Bestohlenen und dem Gestohlenen zugleich und beweist die Urteilskraft des Diebes. Die Klage über gestohlenen Geist verrät geistige Armut und ist nur da berechtigt, wo es um wirtschaftliche Armut

[25] Lynn H. Nicholas, Der Raub der Europa. Das Schicksal europäischer Kunstwerke im Dritten Reich, 1995 [26] E. Klessmann in: Art 6, 1993, S. 65ff [27] Ursachen und Folgen. Vom deutschen Zusammenbruch 1918 und 1945 bis zur staatlichen Neuordnung in der Gegenwart, 23, 1976, S. 199f [28] Speer 1969, S. 193f [29] Unverzagt 1988, S. 349 [30] Ullrich 1963 [31] Frankfurter Allgemeine, 12. Februar 1996, S. 27. Freundlicher Hinweis von Christian Scheffler.

geht. Der präkapitalistischen Zeit war die Ausdehnung des Eigentumsbegriffs auf geistige Werte unbekannt. Der geistige Diebstahl ist so alt wie das geistige Leben. Was wäre aus der Weltliteratur geworden, wenn Homer, Shakespeare und Goethe nicht auf ältere Stoffe hätten zurückgreifen dürfen? Welch ein Verlust, wenn Bach die Choräle älterer Komponisten nicht verarbeitet hätte,[32] wenn Rubens nur neue Themen hätte gestalten können![33]

2e. Kulturvandalismus liegt da vor, wo Kunstwerke höheren Gewinnes wegen verändert oder zerstückelt, nicht aber, wo sie unversehrt verkauft, verschleudert oder abgeschoben werden. In großem Stil geschah das unter Oliver Cromwell, als die königliche Gemäldesammlung nach Frankreich veräußert wurde, in größerem unter Robespierre, als nicht nur die Bilderkollektion des Herzogs von Orléans nach England ging. Die Klage der gemäßigten Jakobiner darüber war etwas wohlfeil, hatten doch die radikalen Jakobiner Unersetzliches zerstört.[34] Ebenso widersprüchlich war, daß die Kulturgüter von König, Kirche und Adel zu Nationaleigentum erklärt und dann zugunsten der leeren Staatskasse verkauft wurden, bis dem durch das Dekret vom 10. Oktober 1792 Einhalt geboten wurde.[35] In der Biedermeierzeit haben englische Sammler in Europa zu Spottpreisen mittelalterliche Kunst erworben, um damit ihre Landsitze zu schmücken.

Zur Beseitigung von Kunstwerken aus ideologischen Gründen kam es unter Hitler. Moderne Tendenzen wurden nur in der Gebrauchsgraphik akzeptiert. Im Denkmalbereich ließ er aufräumen. Prominentestes Opfer war Ernst Barlach. Hier konnte sich Goebbels gegen Rosenberg nicht behaupten. Schon am 24. September 1934 wurde Barlachs Skulptur für die Weltkriegsgefallenen aus dem Magdeburger Dom entfernt, 1937 verschwanden die von ihm geschaffenen Denkmäler aus Kiel, Hamburg und Güstrow.[36] 1938 hat Hitler »entartete Kunst« beschlagnahmt und 1939 in Luzern verhökert. Ein Restbestand, der sich nicht zu Geld machen ließ, wurde am 20. März 1939 im Hof der Berliner Feuerwache zu Asche gemacht – das war vandalistisch.[37]

Im Interesse am Kapital waren die antikapitalistischen Systeme einig. Um sich Devisen zu beschaffen, haben nach 1949 die Machthaber in Pankow enteignete Kunst aus Staats-, Kommunal- und Privat-

[32] Johann Walther, Heinrich Isaak, Hans Leo Haßler, Johann Crüger u.a.: Albert Schweitzer, J. S. Bach, 1908, S. 13ff [33] Jacob Burckhardt, Erinnerungen aus Rubens, 1928, S. 26ff [34] s.u. 5e! [35] Sprigath 1980, S. 525; 532f [36] Speitkamp 1997, S. 120 [37] M. Struwe, in: Warnke 1973, S. 135; Rafetseder 1988, S. 272

besitz im Westen versteigert – darunter Zehntausende von wertvollen antiquarischen Büchern, von denen mehr als zwei Exemplare in der Deutschen Demokratischen Republik vorhanden waren. Für die Eigentümer und das geistige Leben im abgebenden Land war dieser erzwungene Kunstexport gewiß ein Unglück, nicht für die Menschheit insgesamt, da die Objekte gewöhnlich in gute Hände kamen. Wofür man zahlt, das schätzt man auch.

*

2f. Wenn Kulturgut auf gewaltsame Weise den Besitzer wechselt, erinnert das zwar an die Taten der Vandalen in Rom,[38] ist aber dennoch Unrecht gegen Menschen, nicht Gewalt gegen Kultur, mithin kein Vandalismus in unserem Sinne. Auf der Grenze liegen sodann jene Fälle, in denen zwar Schaden an der Kultursubstanz entsteht, jedoch nur unwesentlicher, und dies im Dienste einer eigenen kulturellen Absicht: der symbolische, der satirische oder der artistische Vandalismus.

Eine *performance,* die keinen wirklichen Kulturschwund bewirkte oder bezweckte, sondern nur ein Zeichen setzen wollte und tatsächlich mehr Erinnerung geschaffen als beseitigt hat, veranstaltete der Atheist Diagoras von Melos, der 415 v. Chr. in Athen wegen Gottlosigkeit verurteilt wurde. Als er eine hölzerne Heraklesstatue in Späne hackte, anzündete und bemerkte: »Nun verbringe deine dreizehnte Heldentat, indem du mir ein Linsengericht kochst«[39], war das nicht als Aufforderung zu einem allgemeinen Ikonoklasmus gedacht; und als Alexandros von Abonuteichos in der Zeit Marc Aurels auf dem Marktplatz die Lehrsätze Epikurs mit Feigenholz verbrannte und die Asche ins Meer streute, sollte das lediglich eine publikumswirksame Absage an die »Philosophie der Freude« sein.[40] In diesem symbolischen Sinne ist auch Luthers Verbrennung der Bannbulle vor dem Elstertor in Wittenberg am 10. Dezember 1520 zu verstehen, die ihrem Inhalt erst zur Publizität verhalf, ebenso das Feuergericht der Jenenser Burschenschafter am Ende des Wartburgfestes am 19. Oktober 1817, zu dem Luther Pate stand. Ein Teilnehmer berichtet: »Achtundzwanzig Bücher, die uns gegen den Geist der Zeit gerichtet schienen, gegen den Hochsinn, der uns begeisterte, gegen die Freiheit, die ein großer Teil von uns mit Opfern, mit Blut und Wunden hatte erringen helfen, flogen in die Flammen, jedes von einem donnernden

[38] s.o. 1d!; s.u. 4a! [39] Epiphanius, Ancoratus 103, 8, 1 [40] Lukian, Alexander 47

Pereat! begleitet; ihnen folgten Zopf, Schnürleib und Korporalstock.«[41] Das war eine rituelle Abrechnung mit deutschem Absolutismus und napoleonischem Imperialismus. Ähnliche Autodafés in unserem Jahrhundert verfeuerten die Fahnen der Gegenmächte.

2*g*. Behutsam ist der Vandalismusbegriff bei Schabernack zu verwenden, wo Denkmäler geistreich verhöhnt oder verhunzt werden, ohne daß ein Sachschaden entsteht. Dies geschieht in corpore, wenn dem Engel Gabriel auf dem Dach der Kadettenanstalt in Lichterfelde vor 1914 jährlich ein Nachthemd angezogen wurde.[42] Das passiert in effigie, wenn jemand die Mona Lisa kopiert und ihr einen Schnurrbart verpaßt. Parodie und Satire mögen das Ansehen eines Kunstwerks treffen, dürfen es aber nicht selbst beschädigen. Die Handlung kann man als Scherz und Ironie, vielleicht gar als Entwürdigung deuten, Kritik an ihr aber wäre engherzig. Die Persiflage der Gioconda ist zugleich eine Huldigung an Leonardo; die bekannteste stammt von Salvador Dalí er ist über Vandalismusverdacht erhaben.

2*h*. Als artistischen Vandalismus könnte man Gewalt gegen Artefakte zugunsten der Kunst bezeichnen. Kulturfördernder Kulturverlust nahm bisweilen kuriose Form an. Dies gilt jedenfalls für das »teuerste und kostbarste Modell, was je einem Künstler gedient hat«, wie Goethe meinte.[43] Nach dem Sieg der russischen Flotte über die Türken zwischen Chios und Tschesme am 5. Juli 1770 wünschte Katharina II eine Darstellung der Schlacht durch den aus Prenzlau stammenden, in Rom ansässigen Maler Philipp Hackert. Der aber war nicht dabei gewesen, alle Berichte vermittelten ihm nur eine unvollkommene Vorstellung. Daraufhin stellte der siegreiche Admiral Graf Alexej Orlow dem Maler eine der an der Schlacht beteiligten Fregatten zur Verfügung. Sie wurde mit Pulver beladen und unter großem Andrang von Neugierigen aus ganz Italien vor Livorno Ende Mai 1772 zur Explosion gebracht. Dies erlaubte dem Künstler eine überzeugende Darstellung.[44] Hackert wurde »kaiserlich« belohnt, die zwölf Bilder kamen nach Schloß Peterhof.

*

2*i*. Anders als in den angeführten, sozusagen didaktisch motivierten Fällen sind dort Verluste zu verzeichnen, wo alte Kulturgüter be-

[41] Daniel Elster, Die Irrfahrten, 1837/1911, I, S. 102 [42] W. J. Siedler, Behauptungen, 1965, S. 120ff [43] J. W. v. Archenholtz, England und Italien II, 1785, S. 119; J.W. v. Goethe, Philipp Hackert, in: Werke, Ausgabe letzter Hand XXXVII 1830, S. 126ff [44] Eine Wiedergabe bei W. König und R. Wegner, Jakob Philipp Hackert, 1994, Tafel 103

nutzt werden, um zeitgemäße, schönere Kulturgüter zu schaffen, wo die Absicht der Wiederverwendung einen bereits besetzten Raum oder einen bereits gestalteten Stoff im Namen der Kultur fordert. Bleibt es bei der materiellen Kontinuität, so kann der Gewinn eines neuen Kulturgutes über den Verlust eines alten trösten, vielleicht nicht sofort, aber sehr wohl nach einer Frist. Gewohnheit ersetzt Recht, auch in der Kulturwelt. Wirklich entscheidbar ist die Bilanz selten, weil die Objekte nicht nebeneinander gestellt werden können. Ist die Erinnerung an den Vorgänger erkennbar oder wenigstens beabsichtigt, so liegt eine symbolische Transformation vor, die dem wiederverwendeten Gut die Beliebigkeit nimmt und es somit, wenn auch verwandelt, weiterleben läßt.

Gegenstand einer solchen Verwandlung sind Denkmäler, die Systembrüche überdauern und nur jeweils umgedeutet und umgestaltet werden. Nirgends ist dies so rasch hintereinander, so tiefgreifend erfolgt wie in Deutschland 1918, 1933, 1945 (im Osten anders als im Westen) und 1989. Aufschlußreich wäre hier die Bedeutungsgeschichte der Marienburg im Spannungsfeld geistlicher, militärischer und nationaler Inanspruchnahme, unter preußischen, deutschen und polnischen Vorzeichen.[45] Die materiellen Eingriffe, die für Vandalismus kennzeichnend sind, bleiben in dieser Form der Erinnerungspolitik vergleichsweise harmlos: eine neue Inschrift, ein neuer Kopf oder eine neue Figur auf dem alten Sockel. Das Postament der gestürzten Reiterstatue Ludwigs XV auf dem Platz, wo sein Nachfolger guillotiniert worden war, erhielt im Oktober 1792 eine Freiheitsstatue.

2j. Zunächst zum Raum. Bisweilen kommt es vor, daß Fresken nicht mehr gefallen und daher übermalt werden, wie dies Raffael in den Stanzen des Vatikans tat. Dabei verschwanden Wandbilder von Piero della Francesca, Bramantino und Luca Signorelli.[46] Häufiger ist der Platzraub in der Baukunst, die bestimmte Standorte fordert. Ebenso verbreitet wie bedauerlich ist die Auffassung, daß Neubauten dem Genius loci huldigen und daher den Vorgänger verdrängen müssen. Bauten an Orten, die durch ihre geographische Situation oder ihre kultisch-kulturelle Tradition herausragten, waren stets gefährdet, wenn ein Machtwechsel oder ein Meinungsumschwung forderte, sie aus ästhetischen oder religiösen, ökonomischen oder politischen Gründen zu beseitigen und durch »zeitgemäße« zu ersetzen.

Die Freiheit triumphierte, als 342 v. Chr. der siegreiche Timoleon den wegen seiner Schönheit und Pracht berühmten Palast des gestürz-

[45] H. Boockmann, Die Marienburg im 19. Jahrhundert, 1992 [46] Randa 1948, S. 168; Vasari 1568/1910, S. 290f

ten Tyrannen Dionysios II von Syrakus abreißen ließ, um die *vestigia servitutis* zu beseitigen. Im Zeichen der demokratischen Erneuerung errichtete er an dieser Stelle das Rathaus[47]. Der Despotismus triumphierte, als Nero 64 n. Chr. für die Domus Aurea, seinen Goldpalast in Rom, alles abreißen ließ, was dessen Anlage im Wege stand; der Tempel für seinen Adoptivvater Claudius, dem er sein Kaisertum verdankte, wurde abgebrochen zugunsten einer Brunnenarchitektur.[48] Das Christentum triumphierte, als Bonifatius 723 die Donar-Eiche bei Geismar fällte und aus dem Holz eine erste Kapelle, die Vorläuferin der Fritzlarer Peterskirche, errichtete.[49] Damit festigte er zugleich die fränkische Herrschaft über Hessen. Schon der heilige Martin (gestorben 397) pflegte an den von ihm zerstörten heidnischen Kultstätten Kirchen und Klöster zu errichten: »Ubi fana destruxerat, statim ibi aut ecclesias aut monasteria construebat.«[50] Im keltisch-germanischen Raum liegen unter vielen Kathedralen Reste heidnischer Heiligtümer, so in Speyer, in Chartres und Vienne, in Canterbury und London-Westminster[51]

Wo Kirchen heute den Platz von steinernen Tempeln einnehmen, hat man diese gewöhnlich zunächst nur umgebaut und umgewidmet und erst später durch Neubauten ersetzt, so den Apollon-Tempel auf Monte Cassino[52] und, wie der Name schon lehrt, Santa Maria sopra Minerva in Rom.[53] Papst Gregor d. Gr. wies am 10. Juli 601 die Missionare an, die Kirchen am Orte der alten Heiligtümer zu erbauen, eher um die Gewohnheiten der Heiden zu schonen, als um den Sieg der Christen zu feiern.[54] Politische und religiöse Motive gehen oft zusammen. Mehmet II hat 1456 seine fraglos großartige, von dem Griechen Christodoulos erbaute Moschee in Konstantinopel auf den Platz der dafür abgebrochenen Apostelkirche Constantins gestellt. Das war der Fuß auf dem Nacken des Gegners. Dieser hatte sich allerdings freiwillig gebeugt – der Sultan hatte den Bau dem Patriarchen überlassen, doch verzichtete der.[55]

Umgekehrt haben die Spanier nach der Reconquista Moscheen in Kirchen umgebaut, so nach 1487 in Malaga und 1523 in Córdoba. Hier wurde mitten in den Säulenwald der Großen Moschee, den großartigsten islamischen Sakralbau in Spanien, die Kathedrale – man kann nur sagen: – hineingeklotzt. 63 Säulen wurden herausge-

[47] Nepos XXII 4, 3; Plutarch, Timoleon 22 [48] Sueton, Vespasian 9, 1; Coarelli 1974, S. 182 [49] Th. Schieffer, Winfried-Bonifatius, 1954, S. 147f [50] Sulpicius Severus, Vita Sancti Martini 13, 9 [51] S. Beißel, Umwandlung heidnischer Kultstätten in christliche. In: Stimmen aus Maria Laach 69, 1905, S. 23ff; 134ff [52] Migne P. L. 66, S. 151f [53] Weiteres bei Demandt 1989, S. 428f [54] C. Mirbt 1911, Nr. 184 [55] s. u. 2j; 4k!

rissen; die äußeren Teile der Moschee liegen wie ein Kragen um den hohen Renaissancebau. Als Kaiser Karl V das Werk sah, bemerkte er: »Ihr wolltet etwas bauen, was man auch anderswo finden kann, aber ihr habt etwas zerstört, was einzig war in der Welt.« Trotzdem ließ der Kaiser 1526 seinerseits große Teile der Alhambra von Granada abtragen, um ebendort seinen Palast zu errichten.[56]

Erst im 19. Jahrhundert wurde man der Geschichte gegenüber sensibler. Historische Gründe waren zwar ausschlaggebend dafür, daß die Hauptstadt des befreiten Griechenland Athen und nicht Nauplia, des vereinten Italien Rom und nicht Florenz wurde, aber Otto von Wittelsbach verzichtete 1834 darauf, den ihm von Friedrich Schinkel entworfenen Palast auf der Akropolis[57] errichten zu lassen und baute sein Schloß am heutigen Syntagma-Platz, während in Rom Viktor Emanuel am 31. Dezember 1870 den Quirinalspalast der Päpste bezog und keinen Neubau auf dem Palatin beanspruchte, wo er die Farnese-Gärten hätte zerstören und die Kaiserpaläste überbauen müssen.

Die auch im christlichen Glauben verankerte Idee von der Heiligkeit des Ortes ist der Grund, weshalb fast alle großen Kirchen über – meist kleineren – Vorgängerbauten stehen, die man niedergelegt hat. Blieben sie stehen, so wurde die Innenausstattung modernisiert. Höhepunkte dieses Verschönerungsvandalismus brachte der Barock. 1701 fiel ihm der Hochaltar des Würzburger Domes zum Opfer, den Tilman Riemenschneider 1505 geschnitzt hatte. Den Platz brauchte man für ein Schnörkelwerk im Zeitgeschmack.[58] Die *stabilitas loci* war bestimmend, als der Fürstabt Adalbert von Schleiffras in Fulda am 4. September 1700 Johann Dientzenhofer unter Vertrag nahm, um die karolingische Ratgar-Basilika abzureißen und einen Barockbau zu errichten, der freilich seinen Vorgänger nicht in der Weise überragte wie der im Auftrag von Papst Julius II am 18. April 1506 begonnene Neubau von Sankt-Peter in Rom die zuvor durch Bramante, den »Mastro Ruinante«, abgebrochene constantinische Vatikansbasilika. Wo berechtigter Stolz auf die eigenen künstlerischen Fähigkeiten den Ausschlag dafür gibt, eher einen Neubau zu errichten, als einen Altbau wiederherzustellen, fällt den Nachgeborenen das Urteil schwer – hier haben die Zeitgenossen das Recht, abzuwägen und zu entscheiden. Als der Bayernkönig Ludwig I am 22. August 1837 den »im Geiste seines Styles« purifizierten Bamberger Dom

[56] K. Brandi, Kaiser Karl V., 1937/1961, S. 162; Baedekers Spanien und Portugal, 1912, S. 337ff; 362; 371 [57] W. Arenhövel (Hg.), Berlin und die Antike (Katalog), 1979, S. 322ff [58] Feld 1990, S. 183

wieder eröffnete, war er um achtzig Barockaltäre ärmer, deren Aufstellung aber bereits ein »vandalisme d'embellissement« war.[59]

2k. Die Frage nach Verlust und Gewinn, die bei Abriß und Neubau zu stellen ist, wiederholt sich bei der Umwidmung von Bauwerken. Oft hängt daran ihr Fortbestehen unter veränderten Umständen. Dies gilt für viele antike Tempel, die in Kirchen verwandelt wurden: den Apollon-Tempel von Syrakus, den Parthenon auf der Akropolis und das Pantheon in Rom. Dies war freilich zumeist mit Umbauten verbunden, das heißt mit einer Einbuße an Kultursubstanz. Die Form der Verwendung ändert sich bisweilen auch innerhalb derselben Religion. Die Jerusalemer Grabeskirche dient heute wie zu Zeiten Constantins dem christlichen Gottesdienst, doch wurde der Innenraum durch den Einbau einer gewaltigen Ikonostase für den griechisch-orthodoxen Ritus zerstört. Dagegen haben viele Kirchen die Verwandlung in eine Moschee ohne vergleichbare Einbußen überstanden. Die riesigen Schriftbilder an den Vierungspfeilern der Hagia Sophia in Konstantinopel demonstrieren den Triumph des Islam zwar überaus drastisch, aber der Raum hat seine innere Größe bewahrt; ebenso die Kirche für Sergios und Bakchos. Die dem Himmlischen Frieden geweihte Irenenkirche in Konstantinopel wurde paradoxerweise lange als Kanonenmuseum benutzt, hat es aber inzwischen zu einem Konzertsaal gebracht, ebenso die aus der Venezianerzeit stammende Markuskirche in Heraklion auf Kreta. In Cypern wurden die als Moscheen genutzten gotischen Kathedralen von Nikosia und Famagusta weiß getüncht und mit roten Teppichen ausgelegt, das bringt den Inneneindruck vorzüglich zur Geltung. Auch die Nutzung der Georgskirche in Famagusta als Lesesaal ist würdig.[60]

Wenn ein gotisches Zisterzienserkloster wie Haina in Hessen oder ein barockes Jagdschloß wie Hubertusburg bei Leipzig als Irrenanstalt genutzt wird, so mag dies schmerzen, ebenso die Verwendung einer Kirche als Kaserne, Tanzsaal oder Kino, ganz zu schweigen vom Umbau in ein Hallenbad (Petrikirche) oder in ein Museum für Atheismus (Kasaner Kathedrale) in Petersburg. Letzteres ist Kulturpolitik, hier soll der Gegner gedemütigt werden – ein genuines Motiv des Vandalismus. Derartiges kennen wir bereits aus der Spätantike, als Theodosius I in Konstantinopel im Artemis-Tempel einen Spielsalon und im Aphrodite-Tempel ein Altersheim für Freudenmädchen einrichtete.[61] Umgekehrt drohte sein heidnischer Gegner Arbogast, aus der Basilika in Mailand einen Pferdestall zu machen.[62] Schimpfliche

[59] Hinweis meines Sohnes Acis. [60] Autopsie 20. Oktober 1967 [61] Demandt 1989, S. 393; Malalas 345 [62] Paulinus, Vita Ambrosii 31

Die Kreuzfahrer haben im Orient nicht nur Stätten der Kultur zerstört, sondern auch Kunstwerke geschaffen, so die Kathedralen von Nikosia und Famagusta auf Cypern. Nach der Eroberung der Insel durch die Türken 1571 wurden die schwer beschädigten Hauptkirchen repariert, ihrer christlichen Symbole entkleidet, mit Minaretten versehen und in Moscheen verwandelt. Die von Famagusta heißt nach dem türkischen Feldherrn Lala Mustapha.

Kulturdenkmäler an ausgezeichneten Orten haben immer unter Umnutzung zu leiden. Die mykenische Burg auf der Akropolis in Athen verschwand bereits in archaischer Zeit zugunsten des Kultzentrums für die Stadtgöttin, die jungfräuliche Athena. Ihr Haupttempel wurde in der Spätantike in eine Marienkirche umgewandelt. Die Kreuzfahrer errichteten eine Burg mit einem stattlichen Bergfried. Nach der Eroberung durch die Osmanen residierte hier der Pascha. Das Erechtheion wurde Harem, der Parthenon Moschee. In den Kriegen mit den Venezianern nahmen die Bauten Schaden, die schönsten Skulpturen erwarb Lord Elgin. Im 19. Jahrhundert wurde der klassische Zustand wiederhergestellt. Das Projekt, hier den Königspalast für das befreite Griechenland zu errichten, blieb unausgeführt.

Umwidmungen haben zuletzt zahlreiche Kirchen und Synagogen im kommunistischen Herrschaftsbereich hinnehmen müssen, während unter Hitler aus den Domen von Braunschweig und Quedlinburg nationalsozialistische Kultorte werden sollten. Zum 1000. Todestag von Heinrich I am 2. Juli 1936 wurde sein Grab in die Obhut seines Namensvetters Himmler überführt.

2l. Wie der Wunsch nach Platz, so gefährdet der nach Material den Fortbestand von Kulturgut. Horazens Hoffnung, seine Gedichte mögen »dauerhafter als Erz«[63] sein, ist eingetreten, wenn er die Form im Sinn hatte. Denn die Bronzewerke seiner Zeit sind längst vielfach umgeschmolzen worden. Die Wiederverwendung von Metall ist dann ein Kulturschaden, wenn Bildwerke und Glocken, Altargeräte und Schmuckstücke ausgemünzt oder gar zu Waffen verarbeitet werden. Die Prospektpfeifen der Berliner Domorgel hat man 1917 zu militärischen Zwecken demontiert. In großem Stil geschah dies bei der kriegswirtschaftlich begründeten deutschen »Metallspende« von 1940 bis 1942. Damals wurden Kulturwerke zerstört, um Instrumente zur Zerstörung unter anderem von Kulturgütern herzustellen – ein potenzierter Vandalismus.[64]

So gewöhnlich ein solcher Mißbrauch der Kunst ist, so erstaunlich ist seine vorausschauende Berücksichtigung durch die antiken Athener. Als Phidias das Kultbild der Athena Parthenos schuf, konstruierte er die aus Gold bestehenden Teile im Gewicht von 44 Talenten abnehmbar, so daß man sie in Zeiten der Not einschmelzen und ausmünzen konnte in der Erwartung, sie in besseren Tagen der Göttin zurückgeben zu können.[65] Programmierter Vandalismus war auch die Sitte in Athen, das Gold im Staatsschatz nicht in gemünztem Gelde oder gar in prosaischen Barren aufzubewahren, sondern in der Gestalt von Athena-Figuren. Dem Formensinn des Atheners war es unerträglich, daß ein so edles Material wie Gold nicht in würdiger Form aufbewahrt wird – selbst dann, wenn es im dunklen Opisthodom auf der Akropolis liegt.[66]

Eine Versuchung für die Machthaber bildeten stets die Tempelschätze. Als der Tyrann Dionysios I von Syrakus seine Söldner im Krieg gegen Karthago nicht bezahlen konnte, überfiel er 384 v. Chr. den reichen Tempel von Pyrgoi an der Küste Etruriens.[67] Aus einem ähnlichen Grunde machten die Phoker 354 v. Chr. das Gold aus Delphi zu Geld; daraufhin erklärten ihnen die Griechen den »heiligen

[63] Horaz, carmina III 30 [64] Der Kirchturm meines Heimatdorfes Lindheim verlor damals die tiefe und die hohe seiner drei Glocken. [65] Diodor XII 40, 3 [66] Judeich 1931, S. 77; 267ff [67] Diodor XV 14, 3; Strabon V 2, 8

Krieg«.[68] Die Plünderung des keltischen Tempels von Tolosa (Toulouse) 106 v. Chr. durch die Römer wurde dem Feldherrn Caepio zum Verhängnis, das *aurum Tolosanum*, 279 ebenfalls in Delphi erbeutet,[69] stieg auf zum geflügelten Wort für unheilstiftenden Reichtum.[70]

Die Diskrepanz zwischen der materiellen Unzerstörbarkeit des Metalls und den unbegrenzten Möglichkeiten seiner Umgestaltung diente früh schon als Lehrbeispiel für den Wechsel der Zeiten. Herodot (II 172) berichtet von dem Pharao Amasis, verachtet wegen seiner niederen Herkunft, er habe aus einem goldenen Fußwaschbecken eine Götterstatue gießen lassen und deren Verehrern anschließend die Vorgeschichte des Kultbildes offenbart. Das ist eine Anekdote zur politischen Pädagogik[71] und darum wohl legendär. Eine historisch glaubhafte Demonstration war es, als die Athener nach dem Übergang zur Demokratie 510 v. Chr. einen Angehörigen der Tyrannenfamilie der Peisistratiden auf Hochverrat verklagten und, als sie ihn nicht fassen konnten, aus seiner Bronzestatue eine Tafel für die Namen von Staatsverbrechern machten.[72] Das hier wirksame Rachemotiv ist im Vorfeld des Vandalismus geläufig. Beispiellos jedoch ist es, wenn Augustus achtzig zu seinen Ehren in Rom aufgestellte Silberstatuen in Dreifüße umgießen ließ, die er dem Apollon weihte.[73] Ihm ging es um Popularität durch Bescheidenheit und Frömmigkeit: Er gab die Ehre weiter an den Gott. Dies ist gewiß kein Vandalismus. Anders steht es mit den Erzbildern des 31 n. Chr. von Tiberius gestürzten Prätorianerpräfekten Seianus. Aus ihnen wurden angeblich Kochkessel und Nachtgeschirre gefertigt.[74] Das Metall hatte hier weniger Material- als Symbolwert.

Wenn Schätze erzählen könnten! In christlicher Zeit wurde ziemlich alles antike Metall umgeschmolzen. Constantin konfiszierte die Weihegaben der Tempel, um Münzen zu schlagen, Justinian beraubte die Kirchen der Ketzer.[75] Während des Mittelalters wurden aus dem Colosseum in Rom, der Porta Nigra in Trier und Hunderten weiterer römischer Bauten die Maueranker und Bauklammern nebst ihren Bleibetten herausgemeißelt – ein Wunder, daß die Mauern trotzdem stehengeblieben sind. Wo bloß der Materialwert interessiert, dürfen

[68] Diodor XVI 14,6; 30 [69] Dio XXVII 90 [70] Cicero, De natura deorum III 74; Strabon IV 188; Gellius III 9,7 [71] aufgegriffen durch Aristoteles, Politika 1259 B [72] Lykurg, Leokrates, S. 117f; Thukydides VI 55 [73] Sueton, Augustus 52; Augustus, Res gestae 24 [74] Juvenal X 63ff [75] Anonymus de rebus bellicis 2,1; Firmicus Maternus, De errore profanarum religionum 28, 6; Prokop, Geheimgeschichte XI 16 ff

wir von Vandalismus reden. Als Papst Urban VIII Barberini die Bronzekapitelle aus der Vorhalle des Pantheons teils in Kanonen, teils in die von Bernini 1624 für Sankt Peter im Vatikan entworfenen Spindelsäulen seines Baldachins umgießen ließ, kommentierte Pasquino: »Quod non fecerunt barbari, fecerunt Barberini.«[76]

An das Peisistratiden-Exempel[77] gemahnt das Schicksal der ehernen Kolossalfigur Justinians zu Pferde auf hoher Säule vor der Hagia Sophia in Konstantiopel. Die Türken warfen sie herab und gossen sie um in Kanonen zum Kampf gegen die Christen.[78] Daß die Christen untereinander nicht milder verfuhren, lehrt das Ende der »schönsten Statue Italiens«. Die vier Meter hohe, 170 Zentner schwere Bronzestatue von Papst Julius II, die Michelangelo in zweijähriger Arbeit[79] für San Petronio in Bologna geschaffen hatte, wurde nach der Rückkehr der vom Papst vertriebenen Bentivogli am 30. Dezember 1511 gestürzt, zerschlagen und nach Ferrara gebracht, dort öffentlich begeifert, eingeschmolzen und in eine Kanone verwandelt, die man »Julia« nannte. Sie sollte dem Papst »etwas vorblasen«.[80] Michelangelo hatte freilich seinerseits Geschütz aus dem Palast der Bentivogli in die Statue verschmolzen.[81] Demonstrative Umarbeitung empfahl Jacques-Louis David in seinen Reden vor dem Konvent am 26. Oktober 1792 und am 17. November 1793. Aus dem Steinmaterial und der Bronze der gestürzten französischen Königsdenkmäler sollten gigantische Monumente für die Revolution werden.[82] Sie wurden nie verwirklicht. Anders das 1947 bis 1949 errichtete Ehrenmal der Russen in Berlin. Für den überdimensionalen Rotarmisten in Treptow nahmen sie die Bronze der Breker-Statuen vor der Reichskanzlei, benannt »Partei« und »Wehrmacht«. Hier lebt nicht nur der Stoff, sondern auch der martialische Geist fort.

Über die »entsetzliche Unbeständigkeit der irdischen Dinge« bemerkte Goethe am 5. Juli 1827 zu Eckermann: »Da ich in Jahrtausenden lebe, so kommt es mir immer wunderlich vor, wenn ich von Statuen und Monumenten höre. Ich kann nicht an eine Bildsäule denken, die einem verdienten Manne gesetzt wird, ohne sie im Geiste schon von künftigen Kriegern umgeworfen und zerschlagen zu sehen. Coudrays Eisenstäbe um das Wielandische Grab (zu Oßmannstedt, dies gab den Anlaß zu der Reflexion, A.D.) sehe ich schon als Hufeisen unter den Pferdefüßen einer künftigen Kavallerie blinken.«

[76] Gregorovius, Rom II, S. 106 [77] s.o. 2k! [78] Unger 1878, S. 145f [79] so Michelangelo am 24. Oktober 1542 an Aliotti, Frey 1907, S. 166 [80] Vasari 1568/1910, S. 360f; Mackowsky 1931, S. 79 [81] Frey 1907, S. 269 [82] Feld 1990, S. 274

2m. Schonender ist die Wiederverwendung von Steinen. Sie bewahren in der Regel ihre Form und verraten so ihre fremde Herkunft. Ihres selbstlosen Trägerdienstes wegen sind namentlich Säulen willkommen. Die Kuppel der Hagia Sophia in Konstantinopel wird von Säulen getragen, die von Tempeln aus Ephesos und Rom stammen;[83] Sultan Abd el-Malik baute den Felsendom auf dem Jerusalemer Tempelberg aus Säulen vom Juppiter-Heiligtum Hadrians; Karl der Große verwendete für seine Aachener Pfalzkapelle Säulen aus dem Palast Theoderichs in Ravenna. Vier Granitsäulen aus Assuan wanderten, vermutlich auf dem Wege über Rom oder Ravenna[84], in Karls Pfalz nach Ingelheim und weiter in den Heidelberger Schloßhof, wo sie heute ein Brunnendach tragen. Papst Hadrian gestattete Karl zudem den Abtransport von Marmor- und Mosaikarbeiten, sowohl vom Boden als auch von den Wänden,[85] was gewiß nicht ohne Beschädigung zu bewerkstelligen war. Antike Spolien zieren auch viele mittelalterliche Kirchen.[86] In der Architektur bedeuten alte Steine am neuen Ort soviel wie in der Literatur das Zitat: eine Reverenz vor der überlegenen Vergangenheit. Mitunter sprechen freilich auch Triumphgefühle mit, so beim sichtbaren Einbau jüdischer Grabsteine in christliche Kirchen.[87]

Wo alte Werkstücke bereits zerfallenen oder unfertigen Bauten entnommen wurden – so bei den Säulen des hellenistischen Olympieions in Athen, die Sulla nach Rom verfrachtete[88] –, kann von Vandalismus kaum die Rede sein. Anders, wenn die Söhne des Theodosius am 1. November 397 erlaubten, die Steine demolierter Tempel in Brükken, Wasserleitungen und Stadtmauern zu verbauen.[89] Das mußte zum Vandalismus ermuntern. Die Skulpturen Trajans, Hadrians und Marc Aurels am Constantinsbogen in Rom haben dort eine würdige Wiederverwendung gefunden, auch wenn sie den constantinischen Bildhauern ein Armutszeugnis ausstellen.

Als defensiver Vandalismus mag gelten, wenn kunstvoll behauene Steine in Befestigungen vermauert werden. Ein frühes Beispiel liefert Athen. Als Themistokles nach dem Abzug der Perser die Stadt im Winter 479/478 ummauerte, mußte er wegen des Widerstandes der Spartaner so schnell handeln, daß er auch auf Grabstelen und Archi-

[83] Patria S. 76f [84] Einhard, Vita Karoli 26 [85] Ph. Jaffé (Hg.), Codex Carolinus IV 1867, S. 268, ep. 89 [86] Esch 1969; Joachim Poeschke (Hg.), Antike Spolien in der Architektur des Mittelalters und der Renaissance, 1996 [87] Marion Neiss, Schändungen jüdischer Friedhöfe in Deutschland des 18. und 19. Jahrhunderts. In: Jahrbuch für Antisemitismusforschung 3, 1994, S. 68ff; Hedwig Röckelein, Die grabstein so vil tausent guldin wert sein. In: Aschkenas 5, 1995, S. 11ff [88] Plinius, Naturalis Historia XXXVI 45 [89] Codex Theodosianus XV 1, 36

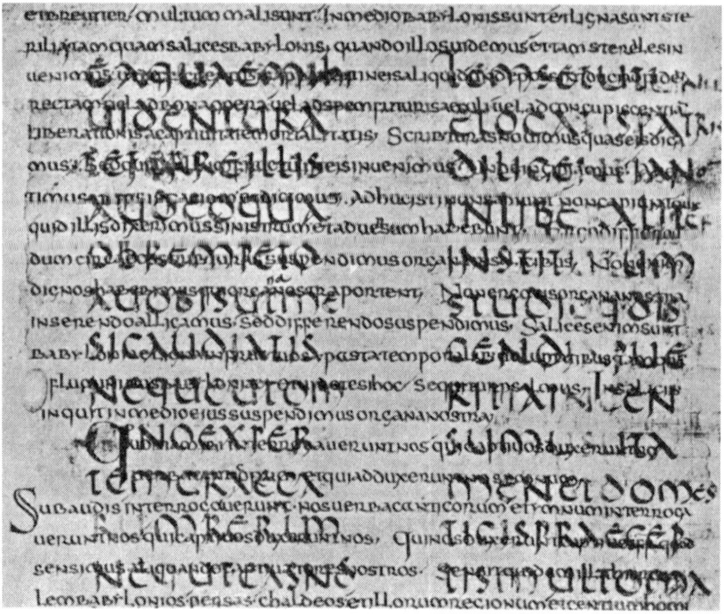

Angesichts der hohen Preise für Schreibmaterial hat man im Mittelalter vielfach bereits in der Antike beschriftete Pergamente abgewaschen und in kleinerer, raumsparender Schrift neu beschrieben. Der alte Text ist oft später wieder hervorgetreten oder durch chemische Behandlung sichtbar gemacht worden. So hat Angelo Mai 1819 unter einer mittelalterlichen Augustinhandschrift Teile von Ciceros verlorenem Dialog *De re publica* entdeckt, der für die römische Staatsauffassung von grundlegender Bedeutung ist.

tekturfragmente als Material nicht verzichten konnte.[90] Der Fall wiederholte sich, als die Stadt auf verkleinertem Raum sich 267 n. Chr. gegen den überraschenden Heruler-Einfall schützen mußte.[91] Der Besucher, der heute von der Akropolis herabkommt und über die Agora zur Stoa des Attalos wandert, sieht sie zur Rechten stehen. Gleiches wiederholte sich in der Neuzeit. Während die Venezianer 1687 die Stadt bedrohten, brachen die Türken den Nike-Tempel auf der Akropolis ab und verbauten die Steine in eine Bastion;[92] 1835 setzte Ludwig Roß den Tempel am alten Ort wieder zusammen. Aus spätantiken Befestigungen gegen die Germanen stammen die Neumagener Reliefs im Trierer Landesmuseum, aus solchen gegen die Araber die Platten vom Pergamon-Altar in Berlin. Die Zweitverwendung hat den Steinen das Überleben ermöglicht, so daß man von einem konservatorischen Vandalismus sprechen könnte.

Die gegen Vandalismus widerstandsfähigste Gattung der bildenden Kunst sind geschnittene Edelsteine. Abgesehen davon, daß jemand seinen eigenen Siegelring zerbricht, damit kein Mißbrauch mit ihm getrieben werden kann, gibt es kaum einen Grund, eine Gemme oder eine Kamee zu zerstören. Metall wird umgeschmolzen, Baustein wiederverwendet, Holz und Leinwand werden verbrannt, Glas und Keramik zerschlagen – aber wer macht schon ein Juwel kaputt, wenn er nicht gerade Kleopatra heißt und einem Marcus Antonius imponieren will? Ein Perlenohrring im Werte von zehn Millionen Sesterzen verzischte in Essig und verschaffte dem Römer einen Eindruck vom Reichtum der Gastgeberin.[93] Das fand keine Nachahmung. Von einer Pretiose geht keine Herausforderung aus, sie schmückt einen Frauenhals, ein Männersiegel, ein Reliquiar oder einen Bibeleinband – selbst wenn sie heidnische oder gar erotische Szenen zeigt.

2n. Unfreiwillige, aber unwiederbringliche Kulturverluste brachte die Palimpsest-Technik, das Abwaschen von Pergamenten zur Neubeschriftung. Der Mönch, der nicht wußte, daß er gerade das letzte Exemplar von Demokrits *Diakosmos* oder Ciceros *Hortensius* abwusch, beging unwissend Vandalismus; er hätte ihn vermutlich aber auch dann begangen, wenn er es gewußt hätte, denn der neue christliche Text war ihm wichtiger als der heidnische alte. Dabei sind viele antike Texte völlig, einige bis auf Fragmente verlorengegangen, so Ciceros Dialog *De re publica*, die Institutionen des Gaius und der Briefwechsel zwischen Fronto und Marc Aurel. Dessen *Selbstbekenntnisse* waren einmal, wie die meisten antiken Texte, nur noch in einem ein-

[90] Judeich 1931, S. 71; 124ff, a.O. [91] Judeich 1931, S. 104, a.O. [92] Judeich 1931, S. 109, a.O. [93] Plinius, Naturalis Historia IX 119ff

zigen Exemplar vorhanden, in der Abschrift des großen Humanisten Arethas aus Patras, Bischof im kappadokischen Caesarea in der Zeit um 900 n. Chr. Von diesem Archetypus stammen alle späteren Abschriften ab. Justinians *Corpus Iuris Civilis*, auf dem die europäische Rechtstradition beruht, war ebenfalls einmal bis auf ein einziges Exemplar untergegangen, den *Codex Florentinus*, der 1406 aus dem eroberten Pisa nach Florenz kam. Unausdenkbar, auf wie dünnem Eis der Fortschritt verläuft! Der Grad an Zufälligkeit in der Überlieferungsgeschichte macht rückblickend schwindelig.

20. Neben der Vernichtung von Dokumenten aus Unkenntnis gibt es die aus politischen Motiven. Belastungsmaterial soll verschwinden. Während der spätrepublikanischen Unruhen in Rom hat Publius Clodius, der radikale Anführer der Popularen, den Nymphentempel in Brand gesteckt, wo die censorischen Bürgerlisten mit der Vermögensschätzung aufbewahrt wurden.[94] Das war revolutionäre Gewalt. Caesar verbrannte nach seinen Siegen bei Pharsalos 48 v. Chr. und bei Thapsus 46 v. Chr. die Korrespondenz seiner Gegner, um diesen, ihren Angehörigen und Sympathisanten die Furcht vor Repressalien zu nehmen. Die antiken Autoren rechnen das zu den Zeugnissen für die *clementia Caesaris*;[95] selbstredend ist dies ebensowenig Vandalismus wie die Vernichtung von Schuldscheinen durch einen römischen Kaiser anläßlich seiner Thronbesteigung im Rahmen von Steuernachlässen und Amnestien. Hadrian (118 n. Chr.), Marc Aurel (161 n. Chr.) und Aurelian (270 n. Chr.) haben damit um die Volksgunst geworben.[96] Das letzte Beispiel von Aktenvernichtung lieferte die »Staatssicherheit« nach der Wende 1989. Das Motiv war diesmal Privatsicherheit: hier wurden Spuren verwischt, um Verfolgung zu vereiteln.

2p. Eingriffe in die Erinnerung erfolgen weiterhin durch Urkundenfälschung.[97] Auch dabei ist eigensüchtiges Interesse im Spiel, eine Bewußtseinsmanipulation. Ihrer Beweiskraft halber geschätzte Dokumente werden in einer Weise verändert, die dem Willen des Urhebers oder Eigentümers widerspricht, oder gar völlig neu in der alten Manier hergestellt – gewöhnlich soll jemand betrogen werden. Das wohl folgenreichste Beispiel ist das *Constitutum Constantini*, ein ums Jahr 760 von der päpstlichen Curie gefälschter Brief, in dem Kaiser Con-

[94] Mommsen, Staatsrecht II 1, S. 360 [95] Plinius, Naturalis Historia VII 94; Seneca, De ira II 23; Dio XLIII 13,2 [96] Eusebius/Hieronymus, Chronik zum Jahr 118 n. Chr.; Dio LXXII 32,2; Historia Augusta, Aurelianus 39,3 [97] Fälschungen im Mittelalter. Internationaler Kongreß der Monumenta Germaniae Historica, München 1986, I–VI 1988. Freundlicher Hinweis von Joachim Ehlers.

stantin den Päpsten die weltliche Herrschaft über das Westreich schenkt. Die Entlarvung gelang 1440 dem Humanisten Laurentius Valla.[98] Spektakulär unter den jüngsten Fällen ist das am 28. April 1983 der Öffentlichkeit vom *Stern* präsentierte ›Hitlertagebuch‹ – von einer sensationsgierigen Presse vermarktet und dann als Fälschung entlarvt. Die Folgekosten für den Verlag wecken eine gewisse Schadenfreude. Von kapitalen Fällen dieser Art abgesehen, schädigt der Urkundenfälscher in der Regel einzelne und nicht, wie im Falle eines Kulturschadens, die Allgemeinheit. Wo es um individuelle Rechte geht, ist der Vandalismusbegriff jedoch unangebracht.

Ein tragischer, an Vandalismus grenzender Fall von Fälschung betrifft das Schicksal der gemalten Heiligenfiguren im Hochchor der Lübecker Marienkirche, die am Palmsonntag, dem 28. März 1942 zerbombt und nach dem Krieg von Lothar Malskat, wie man meinte, wiederhergestellt worden waren. Tatsächlich aber hatte er auf minimalen Originalspuren eigenständig nach frühchristlichen Mustern Neues geschaffen. 1951 bewunderte Konrad Adenauer die »Restaurierungen«, die allgemein Anklang fanden. Kein Experte bemerkte den Betrug. Am 10. Mai 1952 erstattete Malskat Selbstanzeige, er wurde wegen Fälschung zu Gefängnis verurteilt. Die blamierten Klerikalbürokraten beseitigten die Bilder umgehend.[99] Bestürzung über die eigene Dummheit hinderte sie, die ästhetisch gelungenen Fresken zu bewahren und eine Tafel anzubringen: »Altkirchlichen Vorbildern nachempfunden von Lothar Malskat.« Die Besucher wären dankbar gewesen.

2q. Ähnliche Wirkungen wie beim Kulturvandalismus treten ein, wenn Text-, Sach- oder Bildurkunden verändert oder gar produziert werden, um in ideologischer, politischer oder religiöser Absicht Geschichte zu fälschen. Eingriffe in die kollektive Erinnerung stellt die Retusche von Dokumentarfotos dar, wie sie nicht nur von totalitären Systemen unseres Jahrhunderts in perfekter Form praktiziert worden ist. Alle Fotos in Geschichtsbüchern sind dessen verdächtig. Viele der bekanntesten sind nachträglich gestellte oder falsch beschriftete Aufnahmen. Im Ostblock war das Aktualisieren alter Bildquellen so weit entwickelt, daß man sich an Orwells Wahrheitsministerium erinnert. Personen, die in Ungnade gefallen waren, mußten neben dem eigenen auch den Bildertod erwarten. Dieser *damnatio memoriae*, der ebenfalls die Schriften der Verfemten unterlagen, verfielen Trotzki im Jahre 1929; Radek, Bucharin und Sinowjew nach der »großen Säube-

[98] Text des Constitutum: Mirbt 1911, Nr. 194; W. Setz (Hg.), Lorenzo Valla, De falso credita et ementita Constantini donatione, 1986 [99] K. Corino (Hg.), Gefälscht!, 1996, S. 401ff

rung« Stalins 1936/38.[100] Nach Stalins Tod verschwanden Malenkow, Molotow und Kaganowitsch 1957, im folgenden Jahre Bulganin, 1964 sodann Chruschtschow. Unter den Künstlern wurden Eisenstein und Solschenizyn totgeschwiegen. Besonders hart traf es Stalins direkten Erben Berija. Er mußte aus dem Amt, aus dem Leben und aus der Geschichte scheiden. Nach seiner Erschießung am 23. Dezember 1953 war er noch nicht tot genug. Aus allen erreichbaren Exemplaren der *Großen Sowjetischen Enzyklopädie* wurde sein Bild ausgeschnitten, seine Vita durch einen zeilengleichen Artikel »Beringstraße« ersetzt. Die mit dieser Vergangenheitsbewältigung verbundenen technischen Schwierigkeiten löste man in der Tschechoslowakei fachmännisch. Als nach dem militanten Ende des Prager Frühlings Alexander Dubček aus den älteren Aufnahmen verschwinden mußte, betraute man mit dem Retuschieren im Gefängnis einsitzende Banknotenfälscher.[101]

*

21. Die gewaltsame Umgestaltung von Kulturgut liegt deswegen auf der Grenze dessen, was Vandalismus heißen muß, weil die Bilanz zwischen dem vernichteten Alten und dem geschaffenen Neuen Schwankungen unterliegt. Dieses Problem stellt sich ebenfalls, wenn die sichtbaren Folgen von Gewalt gegen Kultur ihrerseits Denkmalwert besitzen, wenn es zum Konflikt zwischen der ästhetischen Integrität und der historischen Aussagekraft eines Befundes kommt. Die Beseitigung der Spuren von Gewaltakten ist Gewalt gegen Gewalt; man könnte sie Antivandalismus nennen, der, grundsätzlich gerechtfertigt, gleichwohl in die Substanz der Erinnerung eingreift. Antivandalismus wäre die Beseitigung des legendären Tintenflecks an der Wand von Luthers Studierstube auf der Wartburg, der entstanden sein soll, als der Reformator mit dem Tintenfaß nach dem Teufel warf.[102] Die Erinnerung an diese Geschichte wäre mehr wert als die Sauberkeit einer (wohl nie verunzierten) Kalkwand. Im Großen hat sich dieser Vorgang in der Bedeutungsgeschichte der Bastille vollzogen. Fraglos war sie ein Denkmal, ehe sie unter Ludwig XVI zum Sinnbild des Absolutismus avancierte. Ihre Zerstörung am 14. Juli 1789 war ein vandalistischer Akt. Dennoch hat diese Beseitigung eines Gegenstandes der

[100] Klaus Meyer, Die Große Säuberung. Stalins Schauprozesse 1936–1938, in: Demandt 1990, S. 235ff [101] Fabian 1976, S. 74–94 [102] Jakob und Wilhelm Grimm, Deutsche Sagen, 1891, Nr. 562. Luther bemerkte einmal, er habe den Teufel mit Tinte bekämpft.

Die Zerstörung von Kirchen ist Vandalismus. Aber auch deren Wiederherstellung ist ein Eingriff in das kulturelle Bewußtsein, insofern dabei die Ruine als Erinnerungsmal an die Zerstörung und ihren Ereigniszusammenhang entfällt. Aus diesem Grunde wurden die Berliner Gedächtniskirche und Sankt Marien in Frankfurt an der Oder als Mahnmale konserviert. Dresden hat jedoch noch nach dem Luftangriff vom 13. Februar 1945 durch den sozialistischen »Aufbau« weitere vierzehn Kirchen verloren, so daß die Wiederherstellung der Frauenkirche als Wahrzeichen der Stadt ein begreifliches Anliegen der Bürger ist.

Erinnerung selbst wieder Erinnerung gestiftet, den heutigen Denkmalwert durch die Zerstörung erst geschaffen. Derselbe Prozeß hat sich abgespielt bei jenen Denkmalstürzen, bei denen die Trümmer als Reliquien behandelt wurden, zuletzt bei den Monumenten des real existierenden Sozialismus.[103]

Delikat sind Kontroversen über den Umgang mit Ruinen. Eine zerschossene Kirche, eine lädierte Skulptur legt in diesem Zustand Zeugnis ab von der schlimmen Tat und übermittelt der Nachwelt eine Botschaft. Die Erinnerung an den Schmerz warnt vor einer Wiederholung. Aus diesem Grunde hat der Berliner Senat die am 22. November 1943 schwer beschädigte und in den letzten Kriegstagen zerschossene Kaiser-Wilhelm-Gedächtniskirche nach langer, heftiger Diskussion weder abgetragen noch erneuert, sondern als Ruine bewahrt und den Neubau von Egon Eiermann danebengestellt. Am 17. Dezember 1961 hielt Bischof Dibelius den Gottesdienst zur Einweihung. Als Gedenkstätten wurden ebenso die Ruinen von Sankt Marien in Frankfurt an der Oder und die Barfüßerkirche in Erfurt konserviert. Wenn das zerstörte Kunstwerk restauriert wird, entfällt diese Funktion als Mahnmal. Ruinen sind die sichtbarste Form von Geschichte: Sie bezeugen die Gegenwart der Vergangenheit und die Zukunft der Gegenwart.

Dennoch überwiegt in der Regel der primäre Kunstwert den sekundären Denkmalwert, zumal auch der intakte Urzustand einen solchen besitzt. Nur in Einzelfällen sollte die historische Bedeutung des fragmentarischen Zustands der ästhetischen Wirkung des geheilten Ganzen übergeordnet werden. Verunstaltungen an Kunstwerken tun weh; der Künstler verdient höheren Respekt als der Zerstörer. Die Erinnerung an vergangenes Unglück ist ebenso unerläßlich wie unerträglich, wenn sie nicht maßvoll bleibt. Schließlich gibt es genügend gegenwärtiges Unheil. Ist es nicht zu begrüßen, daß die Dresdener Frauenkirche wieder aufgebaut wird? Sinnvoll war es ebenso, als im 19. Jahrhundert die in der Spätgotik steckengebliebenen Kirchenbauten zu Ende geführt wurden. 1437 hatte Geldmangel die Arbeit am Kölner Dom beendet, unter preußischer Schirmherrschaft wurde 1842 die Fortsetzung nach den alten Plänen begonnen und am 15. Oktober 1880 die Vollendung mit großem Gepränge gefeiert. Die Fertigstellung war ein Testamentsvollzug und bereichert die Kulturlandschaft. Die unvollendeten Kathedralen Italiens hatten dieses Glück nicht. Die unfertige Fassade von San Petronio in Bologna gemahnt bis heute daran, daß die Einigung Italiens gegen den weltlichen Herrschaftsanspruch des Papstes erkämpft werden mußte.

[103] s.u. 5z!

2s. Geboten ist der Verzicht auf Fertigstellung, wo ein Torso aus der Absicht oder dem Schicksal des Künstlers zu erklären ist. Das gewollte Fragment kündet romantischen Weltschmerz, *vanitas vanitatum*, so bei Rodin, Lehmbruck und Max Klinger. In früheren Zeiten wäre zu differenzieren. Niemand wird Michelangelo dafür tadeln, daß er seinen Florentiner *David* aus einem Marmorblock gemeißelt hat, aus dem Simone da Fiesole bereits eine Kolossalstatue zu schlagen begonnen hatte. Niemand aber würde auch fordern, die von Michelangelo selbst unfertig hinterlassenen Skulpturen zu vollenden. Sie spiegeln das Ringen des Meisters mit seiner Idee, das Schicksal eines ewig mit sich unzufriedenen Künstlers.[104] Am eindrucksvollsten zeigt dies die unvollendete *Pietà* im Dom zu Florenz. Der Meister hatte sie für seine eigene Grabkapelle in Santa Maria Maggiore zu Rom bestimmt und daher, nach Vasari, der Nikodemusfigur seine eigenen Gesichtszüge verliehen. Dann aber hat er nicht nur die Arbeit eingestellt, sondern auch Teile wieder abgeschlagen. Sein Schüler Tiberio Calcagni hat dann begonnen, das Kunstwerk zu vollenden, aber ebenfalls den Versuch abgebrochen und damit gleichsam die Unvollendbarkeit des *Nonfinito Michelangiolesco* bestätigt.

Bewußten Verzicht auf Vollendung gibt es auch in der Malerei, so in zwei Werken von Adolph Menzel. Am 22. März 1848 erlebte er die Aufbahrung der Märzgefallenen auf dem Berliner Gendarmenmarkt und hielt dieses Ergebnis politischer Gewalt in einer Ölskizze fest, die er niemals fertigstellte. Beflügelt von den Idealen bürgerlicher Freiheit war er an die Arbeit gegangen, doch ließ er sie liegen, als die liberalen Illusionen zerbrachen und Aufträge des Hofes eingingen, der kein Interesse daran hatte, sich an den schwärzesten Tag im Leben Friedrich Wilhelms IV zu erinnern. Die unvollendete Darstellung verweist auf die gescheiterte Revolution und bringt in diesem Zustand mehr zum Ausdruck als es eine ausgeführte Fassung vermocht hätte.[105] Aber auch mit den Hohenzollern hatte der Künstler seine Probleme. Dies dokumentiert sein halbfertiges Riesengemälde mit der Ansprache Friedrichs des Großen vom 3. Dezember 1757 an seine Generale vor der Schlacht bei Leuthen. Friedrichs größter Sieg, mit dessen Darstellung Menzel seine Königsbilder krönen wollte, blieb ein Fragment, als er am 12. Oktober 1861 den letzten Pinselstrich tat. Verärgert über die Einmischungsversuche des Hofes wegen der nicht hinreichend zentral plazierten Figur Friedrichs und unzufrieden mit seiner Unfähigkeit, die Dramatik des Augenblicks angemessen auszu-

[104] Vasari 1568/1910, S. 347ff; 390f [105] Gisold Lammel, Adolph Menzel. Bildwelt und Bildregie, 1993, S. 60ff

Die Beziehungen des Malers Menzel zum preußischen Hof waren nicht frei von Spannungen. Während er an seinem Monumentalbild *Friedrich der Große 1757 bei der Ansprache an seine Generale vor der Schlacht bei Leuthen* malte, wurde bemängelt, daß der König nicht zentral gestellt sei, so wie Menzel dies bei seinem *Flötenkonzert* auf höheren Wunsch hin gemacht hatte. Verärgert brach er 1861 die Arbeit ab, ja er ließ den Generalen die Gesichter wieder auskratzen.

drücken, hat der Meister die Arbeit abgebrochen. Später hat der sogar einen baumlangen Modellgrenadier die Gesichter der bereits fertigen Offiziere mit dem Messer wieder auskratzen lassen. Weder König Wilhelm noch der Kronprinz Friedrich vermochten den Meister umzustimmen. Er beließ das Fragment in seinem Atelier wie eine dauernde Anklage und eine Warnung.[106] Es wurde zu einem Denkmal für den Konflikt des ambitionierten Mäzenatentums mit dem Ethos des Künstlers.

So wie unvollendete Skulpturen und Gemälde von fremder Hand nicht kunstgerecht fertiggestellt werden können, so lassen sich fertige nicht mehr verbessern. Das führt zu Verschönerungsvandalismus. Ihm fiel Michelangelos *Pietà* von San Pietro zum Opfer, als Christus einen Heiligenschein aus Bronze erhielt, die Madonna von Engeln gekrönt wurde und hinter ihrem Felsblock ein gewaltiges Marmorkreuz Aufstellung fand.[107] In griechisch-orthodoxen Kirchen werden hilfreiche Ikonen zuweilen mit Silberblech überkleidet, so daß nur noch das Gesicht oder gar nur die Augen zu sehen sind. Auch dies ist ein gutgemeinter *vandalisme d'embellissement*. War es Vandalismus, als Bernini dem Pantheon in Rom die zwei Glockentürmchen aufsetzte – oder erst, als man diese »Eselsohren« 1883 wieder abriß?

2t. Eine weitere Volte gelingt, wenn beseitigte Schäden wiederhergestellt, Kunstwerke entrestauriert werden. Die frühklassischen Skulpturen aus dem Aphaia-Tempel auf Ägina waren 1816 in Rom für den Bayern-König Ludwig I von Bertel Thorvaldsen ergänzt [108] und in einem eigens für sie durch Leo von Klenze gestalteten Saal der Münchener Glyptothek aufgestellt worden. Klenze suchte durch die reiche Raumgestaltung »den Begriff der Achtung mitzutheilen, welche die neue Kunst diesen Meisterwerken des Alterthums zollt, und den unscheinbaren Zustand, in welchem sie uns Jahrhunderte der Barbarey und Zerstörung überliefert haben, vergessen zu machen«.[109] Kritik gab es von »archäologischen Rigoristen«, die, so Klenze 1821, die Statuen »wegen zu großer Täuschung frevelhaft schön genannt haben«.[110] Die Ergänzungen Thorvaldsens, – Ludwig I nannte ihn den »nordischen Phidias« – waren archäologisch wohl überlegt und künstlerisch gelungen. Sie prägten den Klassizismus und

[106] Lammel, S. 33ff, a.O. [107] Machowsky 1931, S. 36 [108] R. Wünsche, in: Glyptothek München 1830–1980 (Ausstellungskatalog), S. 67ff [109] Leo von Klenze, Beschreibung der Glyptothek, 1833, S. 1f; Christiane Grunwald, Die Ägineten-Ergänzungen, in: Bertel Thorvaldsen, Ausstellungskatalog Köln 1977, S. 243ff [110] Lars Olof Larson, Thorvaldsens Restaurierung der Aegina-Skulpturen, in: Konsthistorisk Tidskrift, Stockholm, 38, 1969, S. 23ff

fanden 1825 den Beifall Friedrich Schlegels und 1855 Jacob Burckhardts. Er bemerkte zum Thema Wiederherstellung: »Bisweilen muß das Ganze neu gedacht und danach das Fehlende ergänzt werden, dieser Art sind z.B. Thorvaldsens unübertreffliche Restaurationen an mehrern von den äginetischen Figuren.«[111] Spätere archäologische Untersuchungen am Tempel ergaben jedoch, daß einzelne Krieger anders ausgesehen hatten und anders gruppiert waren. Damit fand man sich gleichwohl ab, bis Dieter Ohly, als Buschor-Schüler dem reinen Hellenentum verschworen, die »verschleiernde Methode« Thorvaldsens zum Anlaß nahm, 1962 bis 1964 die erneuerten Finger, Ellenbogen und Nasen wieder abmeißeln zu lassen.[112] Die Stellung der Gestalten wurde den neuen Erkenntnissen entsprechend winkelgerecht angepaßt, die von Thorvaldsen ergänzten Körperteile durch Gestänge ersetzt. Das vervollständigte Gesamtbild, das Tausende von Bewunderern entzückt hatte, ging in einem sekundären Gewaltakt verloren zugunsten eines puristischen Ensembles von Fragmenten. Ein Kunstwerk wurde der Wissenschaft geopfert. Dies sei »moralisch möglich« geworden, so lesen wir, nachdem britische Fliegerbomben am 27. November und 18. Dezember 1944 den Saal Klenzes zertrümmert hatten. Wird hier nicht ein Vandalismus mit dem anderen gerechtfertigt? Die Wirkungsgeschichte eines solchen Kunstwerkes wird unbegreiflich, wenn man ihm die Gestalt nimmt, in dem sie diese entfaltet hat. Wahrlich, das Gegenteil von »gut« ist oft »schlecht«, manchmal »böse«, meistens aber »gut gemeint«.

2u. Wird der durch die Zeitläufte bedingte Schaden durch mangelnden Schutz nicht verhindert, haben wir es mit einem Grenzfall zu tun, mit unterlassener Hilfeleistung gegen die Gewalt der Zeit. Was das aber kosten darf, wäre ad hoc zu bestimmen. Diese Rechnung wird um so schwieriger, als auch zeitbedingte Schäden bisweilen Schutz heischen. Wollten wir die Geschichte des fahrlässigen Vandalismus an einem einzigen Gemälde dokumentieren, so empfähle sich das *Abendmahl* von Leonardo da Vinci in Santa Maria delle Grazie zu Mailand. Die Leidensgeschichte des Bildes hat Goethe dargestellt und die »Restauratoren« im Wettbewerb mit Herostrat gesehen.[113] Die Bombenschäden aus dem letzten Weltkrieg lieferten ein weiteres Kapitel: Zweimal wurde das Kloster getroffen, aber Leonardos *cenacolo* blieb wie durch ein Wunder erhalten.

[111] Jacob Burckhardt, Der Cicerone, 1855/1939, S. 391 [112] D. Ohly zur Neuaufstellung der Ägineten, in: Archäologischer Anzeiger 1966, S. 515ff
[113] Goethe zu Joseph Bossi (1810), in: ders., Ausgabe letzter Hand 39, 1830, S. 104ff

In der Diskussion der Denkmalpflege um die Jahrhundertwende spielte der »Alterungswert« eine Rolle.[114] Gemeint sind die Verwitterungsspuren, die Patina, die Gebrauchsschäden an einem Gegenstand, die ihn als alt und ehrwürdig erscheinen lassen. Ist deren Beseitigung ebenfalls eine Form des Vandalismus? Am 2. Februar 1837 schrieb Victor Hugo sein Gedicht *A l'Arc de Triomphe*.[115] Darin spricht er nicht nur seine Bewunderung für das Denkmal aus, sondern vermerkt, was diesem fehle: die Würde und die Zeichen des Alters. Der Dichter versetzt sich in eine Zeit, in der Napoleon so lange tot ist wie Kyros zur Zeit des Dichters und beschreibt das Monument mit seinen dann geborstenen Mauern, bewachsen mit Efeu und Birken: »La vieillesse couronne et la ruine achève. Il faut à l'édifice un passé, dont on rêve.« Die Zeit sei die größte Künstlerin, sie verleihe dem Werk seine inspirierende Kraft romantischer Assoziation. Das aber hieße: Runzeln bewahren!

Gewiß gewinnt ein Denkmal an Interesse, wenn man ihm ansieht, daß es ein Schicksal hatte, aber der Zahn der Zeit ist nur unter bestimmten Umständen eine schutzwürdige Größe. So findet die 1990 abgeschlossene Wiederherstellung der ursprünglichen Farbigkeit bei der Decke der Sixtinischen Kapelle überwiegend Zustimmung. Die Farbenfülle der am 31. Oktober 1512 fertiggestellten Bemalung Michelangelos verdient höheren Respekt als der Kerzenruß aus Jahrhunderten. Der 1977 wieder historisch korrekt farbig gefaßte Limburger Dom aber hat den Charakter eines Riesenspielzeugs angenommen, er erscheint gewaltsam verjüngt. Feinfühlig hat man bisher davon abgesehen, den Parthenon wieder originalgetreu anzustreichen. Das unklassische Weiß der antiken Marmorwerke war eine fruchtbare Täuschung des Klassizismus, der uns entfremdet würde, wenn man die ursprüngliche bunte Pracht erneuerte. In Disneyland (California) oder Nashville (Tennessee) ist das unproblematisch. Dort wurde 1897 der Parthenon originalgetreu nachgebaut – und ist inzwischen baufälliger als das Vorbild.

Eine Burgruine, die keinen Gebrauchswert mehr besitzt, gewinnt an Eindrücklichkeit durch den verwitterten Zustand, in dem sie nun, im Gleichgewicht zwischen dem Willen der Menschen und der Macht der Natur, der Vergänglichkeit trotzt, so wie sie einstmals dem Feinde standhalten sollte. Daher wäre sie eher zu konservieren als zu restaurieren. In ursprünglicher Schönheit erneuert wirkte sie fremdartig wie eine überschminkte Greisin. Eine verfallene Kirche hingegen stimmt weniger heroisch als melancholisch, weil sie ihren Zweck als Gotteshaus noch erfüllen könnte.

[114] Riegl 1903 [115] Victor Hugo, Œuvres poétiques I, 1964, S. 936ff

Die 1633 von den Wallensteinischen und 1638 von den Schweden zerstörte und danach als Steinbruch mißbrauchte Zisterzienser-Abtei Eldena bei Greifswald wurde 1825 im Gemälde von Caspar David Friedrich zu einem romantischen Mahnmal schuldhafter Vergänglichkeit gestaltet. Peter Lenné machte sie 1827 zum Mittelpunkt eines Ruinengartens. Die Kulturverwaltung der DDR jedoch erlaubte einer Rock-Band, in der Ruine eine Bühne aufzuschlagen. Der damals als Liberalismus getarnte Atheismus hat die Wende überlebt, der Rock dröhnt fort, so daß in Eldena nunmehr kein Bild des Todes, sondern des Lebens zur Quelle von Melancholie wird: den kriegerischen Vandalismus hat der akustische abgelöst.

Die Würde des Alters hat einen schweren Stand gegen die Forderungen der Jugend, zumal wenn es um Geld geht. Moderne Aufführungen in antiken Stätten haben Snob-Appeal, auch wenn der Marmor ramponiert wird. Die Caracalla-Thermen in Rom sind ihre häßlichen Sitzgestänge glücklicherweise wieder losgeworden, aber das Amphitheater von Verona bietet ein jammervolles Bild, wenn *Aïda* gerade einmal nicht aufgeführt wird. Die Stahlsitze zwischenzeitlich abzumontieren wäre zu teuer. Auch Kirchenruinen leiden unter Verwertungswünschen. Nachdem die romanische Basilika der Reichsabtei Hersfeld 1761 durch den soeben zum Reichsfürsten geadelten Marschall Victor François de Broglie eingeäschert worden und die Stadt dem Nerobefehl Napoleons 1807 nur durch eine List entgangen war, hat man sie 1951 zum Ort für Festspiele erhoben. Die Tribüneneinbauten verschandeln sie übler als der Vandalismus der Franzosen. Wieder leidet Kultur im Frieden mehr als im Kriege.

*

2v. Der Zwang zur Entscheidung darüber, ob das Alte oder das Neue den Vorrang verdient oder verdient hätte, erübrigt sich, wenn sie vom Schöpfer vorweggenommen wurde. Dieser Fall liegt vor, wo Kunstwerke zu dem ausdrücklichen Zweck ihrer Zerstörung hergestellt werden. Das begegnet uns im Zusammenhang mit dem Totenkult, namentlich bei der Brandbestattung. Als Alexander d. Gr. seinen liebsten Freund Hephaistion verloren hatte, stiftete er zehntausend Talente (zu 37 kg) Silber für dessen Scheiterhaufen, den man sich aus edlen Materialien errichtet und von den zahlreichen Künstlern am Hofe in Babylon aufs kostbarste gestaltet und verziert denken darf. Als er brannte, war das kein Vandalismus. Anders Alexanders Attacke auf die Statue des Heilgottes Asklepios in Ekbatana, der Hephaistion nicht gerettet hatte, doch wird diese Tat von den Alexanderhistorikern als unverbürgt berichtet.[116] Den Scheiterhaufen, auf dem sich der Brahmane Kalanos verbrannte, schmückte Alexander mit Gold, Silber und kostbaren Textilien.[117] Aufwendige Scheiterhaufen erhielten zuvor griechische Tyrannen von ihren Nachfolgern und bauten hernach die Römer regelmäßig ihren Kaisern auf dem Marsfeld.[118]

Wenn Kunstwerke von ihren Besitzern aus Trauer dem Toten geopfert oder ihm von den Erben mit ins Grab gegeben werden, handelt es sich um eine hinnehmbare, dennoch bedauerliche Form von Kulturverlust. Ironischerweise aber hat die darin sich ausdrückende archaische, gleichwohl zeitlose Regung unzählbaren als Grabbeigaben verwendeten Kunstgütern das Überleben in der Erde ermöglicht. Wie viele Museumsstücke stammen nicht aus den Gräbern der Vorzeit!

Achtung gebietet schließlich der heroische Vandalismus, der vorliegt, wenn die Belagerten in freiem Entschluß angesichts der bevorstehenden Niederlage sich selbst und ihre Schätze dem Untergang weihen, um der Willkür des Siegers zu entkommen. Ein solches Selbstopfer wird aus der Antike in legendärem Kontext von Sardanapal, dem letzten Assyrerkönig in Niniveh berichtet, dessen aus allen Kostbarkeiten Asiens aufgetürmter Scheiterhaufen fünfzehn Tage lang gebrannt haben soll.[119] Wohlbezeugt indessen ist der zweimalige Untergang des freiheitsliebenden Xanthos in Kleinasien, sowohl im hoffnungslosen Kampf gegen Persien 545 v. Chr.[120] als auch gegen die Caesarmörder 42 v. Chr.,[121] ebenso das verzweifelte Ende von Karthago 146 v. Chr. gegenüber Scipio[122] und das von Norba 82 v. Chr. gegen Sulla.[123] In der Neueren Geschichte denken wird hier an das Selbstopfer der Griechen während des Freiheitskampfes gegen die Türken am 25. April 1826 in Missolunghi. Hinter dem Tode der Menschen verschwindet der Verlust ihrer Kulturgüter.

2w. Zu den immer wiederkehrenden Akten von Vandalismus gehört indes das strafweise Abräumen von Gräbern und die Verweigerung der Grablege, um die Erinnerung an den Verstorbenen zu tilgen. Die Rache am Toten vernichtet sein Fortleben im Bewußtsein der Nachwelt, indem sein Grabmal zerstört oder ihm ein solches verwehrt wird. Die Härte dieser Strafe ergibt sich daraus, daß neben der Sprachfähigkeit, dem Feuer- und Werkzeuggebrauch die Beisetzung der Toten seit der späteren Eiszeit zu den Kriterien der Menschwerdung gehört. Grabmäler sind die ältesten Denkmäler der Menschheitsgeschichte. Bereits der Neandertaler hat bestattet. Wird dem Toten dies verweigert, so wird er nicht etwa zum Unmenschen erklärt, denn auch ein solcher lebt im Gedächtnis fort, sondern er wird einem

[116] Arrian VII 14; Plutarch, Alexander 72 [117] Arrian VII 3 [118] Athenaios 206 F; Tacitus, Annalen XVI 6; Herodian IV 2 [119] Athenaios 529 BC [120] Herodot I 176 [121] Appian XVI 80 [122] s. u. 3n [123] Appian XIII 94

Tier gleichgestellt, das bei seinesgleichen vergessen wird. Solange eines Menschen gedacht wird, so lange ist es möglich, seiner ehrend zu gedenken, so lange hat auch der ärgste Verbrecher die Chance auf Rehabilitierung. Sie wird durch erzwungenes Vergessen verhindert. Das ist unmenschlich. Wo vermieden werden soll, daß ein Verbrecher zum Märtyrer erhoben wird, handelt es sich in Wahrheit um einen politischen Gegner. Jedenfalls gibt es dann keinen Konsens darüber, daß er ein Verbrecher war, und eine solche Frage löst man nicht durch Gewalt gegen Tote, sondern durch Auseinandersetzung mit Lebenden. Spurentilgung ist *damnatio historiae*, ist Vandalismus.

2x. Das Phänomen ist alt. Nach der Ansicht der Bibel ist es das größte Unglück, kein Grab zu finden: »Wenn einer gleich hundert Kinder zeugte und hätte so langes Leben, daß er viele Jahre überlebte und seine Seele sättigte sich des Guten nicht und bliebe ohne Grab, von dem spreche ich, daß eine unzeitige Geburt besser sei denn er.«[124] Salomo ließ Joab erschlagen, aber gönnte ihm ein Grab.[125] Die Strafe der Grabverweigerung kannten die Griechen: Achill verkündete dem sterbenden Hektor, er werde seinen Leichnam den Hunden und Geiern zum Fraß vorwerfen;[126] der Held schleifte ihn, an den Wagen gebunden, um Troja herum,[127] bis es selbst den Göttern zu arg wurde.[128] Die Selbstüberwindung, der Verzicht auf Rache am Toten, fiel dem Helden schwer. Bevor er dem bittflehenden Priamos schließlich den Körper seines Sohnes herausgab, bedurfte es der Fürsprache seiner eigenen Mutter.[129] Thetis wies den Weg zur Menschlichkeit.

Die Verweigerung des Grabes für den zum Staatsfeind erklärten Königssohn wurde dann in der 441 v. Chr. uraufgeführten Tragödie *Antigone* des Sophokles als Verstoß des hybriden Tyrannen gegen ewiges göttliches und menschliches Recht gebrandmarkt. Trotzdem war es Rechtspraxis in Athen, daß Staatsverbrecher nicht in heimischer Erde beigesetzt werden durften.[130] Man riß sogar die Gebeine von nachträglich Entlarvten aus dem Boden und beförderte sie über die Landesgrenze.[131] Der berühmteste Fall ist der Alkmeonidenprozeß um 630 v. Chr., bei dem die Frevler verbannt und ihre Vorfahren exhumiert wurden.[132] Ähnlich verfuhren die Griechen auch andernorts: Nach dem Sturz der Tyrannis in Syrakus 342 v. Chr. zerstörte der siegreiche Befreier Timoleon im Namen des Volkes das Mausoleum von Dionysios I und seiner Familie. Die Knochen wurden über die

[124] Prediger 6,3; vgl. Psalm 79, 2; Jesaja 34, 2ff; 5. Mose 28, 26 [125] 1. Könige 2, 31; vgl. 2. Könige 9, 34 [126] Homer, Ilias XXII 335ff [127] a. O., XXII 395ff [128] a. O., XXIV 14ff [129] a. O., XXIV 560ff [130] Xenophon, Hellenika I 7,22 [131] Lykurg, Leokrates 113ff [132] Aristoteles, Staat der Athener 1; Plutarch, Solon 12; Thukydides I 126, 12

Grenze geschafft.[133] Es gibt freilich auch rühmliche Gegenbeispiele. Solon stellte die Beschädigung von Gräbern unter Strafe.[134] Philipp von Makedonien gestattete den bei Chaironeia geschlagenen Thebanern, auf dem Schlachtfeld ein gewaltiges Löwendenkmal für ihre Gefallenen zu errichten, und sein Sohn Alexander hat seinen toten Gegner Dareios Kodomannos königlich beisetzen lassen.[135]

In Rom begegnet die Strafe am Toten in Bürgerkriegen[136] und wird ausnahmslos verurteilt. »Extinguitur crimen mortalitate«, heißt es bei Ulpian,[137] mit dem Tode des Täters verlischt sein Verbrechen. Radikale Politiker aber dachten anders. Sulla ließ die Asche des bereits beigesetzten Popularen Marius in den Anio streuen.[138] Das war ein »exemplum crudelitatis«. Hingerichtete Staatsverbrecher wurden mit Haken auf die Gemonische Treppe geschleift und dort dem Gespött preisgegeben, bevor man sie in den Tiber warf.[139] »Tiberium in Tiberim!« schrieen die Massen, als der unbeliebte Nachfolger des Augustus am 16. März 37 n. Chr. gestorben war. Doch dazu ist es nicht gekommen.[140] Immerhin: Pontius Pilatus gab den wahrscheinlich am 3. April 33 n. Chr. gekreuzigten Staatsverbrecher aus Nazareth dessen Anhängern zur Beisetzung frei.[141] Das war eine souveräne Geste. Mußte er nicht fürchten, daß aus der Verehrung des Toten eine staatsfeindliche Bewegung entstünde?

Unter Barbaren ist Grabfrevel a fortiori zu erwarten und bezeugt: Kelten fledderten die Königsgräber in Makedonien,[142] Germanen verwüsteten römische Grabstätten. Die unbestattet gebliebenen Toten der Varusschlacht von 9 n. Chr. im Teutoburger Wald wurden fünf Jahre später von Germanicus in einem Grabhügel beigesetzt, den die Cherusker nach seinem Abzug beseitigten.[143] Ihr Haß auf Rom machte auch vor den Gebeinen der Legionäre nicht halt, die sie selbst mit ihren Keulen erschlagen hatten. Der Brauch war verbreitet. Als König Alarich 410 in Italien auf der Wanderschaft seines Volkes starb, begruben ihn seine Goten im Flußbett des abgeleiteten Busento, um ihm die Ruhe zu sichern.[144] Diese Form der Grablosigkeit hat seinen Ruhm erhöht: Auch ein unsichtbares Grab kann mithin ein Andenken wahren, wenn ein Dichter wie August Graf von Platen es zum Thema einer Ballade wählt: »Nächtlich am Busento lispeln …«

[133] Plutarch, Timoleon 22; ders., Moralia 559 E [134] Cicero, De legibus II 64 [135] Pausanias IX 40, 10. Falls das Monument aus späterer Zeit stammt, so haben es die Nachfolger Philipps doch geschont; Arrian III 22, 1 [136] s. u. 3v! [137] Digesten XXXXVIII 4, 11 [138] Cicero, De legibus II 56; Valerius Maximus IX 2,1; Plinius, Naturalis Historia VII 187 [139] Tacitus, Historien III 74; 85; Juvenal X 66ff [140] Sueton, Tiberius 75 [141] Markus-Evangelium 15, 43ff [142] s. u. 3m! [143] Tacitus, Annalen I 61f; II 7 [144] Jordanes, Getica 158

2y. Entsprechend der jüdischen Tradition zeigte sich für christliches Denken Gottes Zorn darin, daß Sünder keine Grabstätte fanden. Judas Ischarioth endete auf dem Blutacker Hakeldama, wo sein Leib zerbarst, wie Lukas schreibt.[145] Den Christenverfolgern Nero, Decius und Valerian sowie dem Ketzerkaiser Valens blieb eine würdige Bestattung vorenthalten, wohlverdient nach Ansicht der Kirchenväter.[146] Die Kaiser der Spätantike jedoch erließen mehrere Gesetze gegen die Plünderung (heidnischer) Grabanlagen durch (christliche) Steinräuber. Jede Form von Grabraub galt als frevelhaft.[147] Schon damals ist von Kalköfen die Rede. Totenruhe war indes nicht nur durch Verbrecher, sondern auch durch Verehrer bedroht: Am 26. Februar 386 verbot Theodosius das Ausgraben von Märtyrern und den Verkauf ihrer Gebeine als Reliquien.[148]

Das christliche Europa hat hingerichteten Kirchensündern und Selbstmördern, Ketzern und Hexen ein ordentliches Grab verweigert. Die Gerichteten erhielten keinen Grabstein und kamen nicht in geweihte Erde. Gewalt gegen Tote war immer wieder eine Begleiterscheinung von Glaubenskämpfen. In Byzanz ließ 812 der bilderfromme Kaiser Michael I die Gebeine von Konstantin V (gestorben 775) und anderen Ikonoklasten[149] aus ihren Gräbern reißen, während eines Wagenrennens im Hippodrom mit Knütteln schlagen und verbrennen.[150] Das makaberste Beispiel dieser Art ist die Leichensynode von Anfang Januar 897 in Rom. Das Papsttum war zum Zankapfel der Adelsparteien abgesunken, der Wechsel der Tiara von Racheakten begleitet. Als Stephan VI den Stuhl Petri bestiegen hatte, ließ er den Kadaver seines vor neun Monaten, am 4. April 896, verstorbenen Vorgängers Formosus an den Füßen aus dem Grabe reißen, bekleidete ihn mit den Insignien der päpstlichen Würde und setzte ihn auf die Anklagebank des Konziliensaales. Nun wurde ihm förmlich der Prozeß gemacht, weil er rechtswidrig amtiert habe. Er wurde verurteilt und abgesetzt, dann zog man der Leiche die liturgischen Gewänder aus, hackte ihr die Schwurfinger ab, schleifte sie durch die Straßen und warf sie in den Tiber.[151]

Gedenken ist eine Form der Ehrung. Nimmt sie eine unerwünschte Form an oder gilt sie einem unwürdigen Menschen, so ist es leichter, die Erinnerung überhaupt zu tilgen, als sie so zu gestalten, wie sie es

[145] Apostelgeschichte 1, 18 [146] Lactanz, De mortibus persecutorum 2,7 (zu Nero); 4,3 (zu Decius); 5,6 (zu Valerian), Eusebius/Hieronymus, Chronik zu 378 n. Chr. (zu Valens) [147] Codex Theodosianus IX 17; Unger 1878, S. 29f [148] Codex Theodosianus IX 17, 7 [149] s. u. 4m! [150] Unger 1878, S. 168 [151] Gregorovius, Rom III, S. 219f

verdient. Dies zeigt das Schicksal zahlreicher Gräber und Denkmäler in Zeiten des Glaubenswechsels. Philipp der Großmütige, Landgraf von Hessen, hatte allen Grund, auf seine »Muhme« Elisabeth von Thüringen stolz zu sein. Sie war am 27. Mai 1235 heiliggesprochen worden, ihre Grabeskirche zu Marburg an der Lahn wurde eine berühmte Pilgerstätte. Nachdem Hessen evangelisch geworden war und die Wallfahrten praktisch aufgehört hatten, ließ Philipp am 18. Mai 1539 den wunderbaren Schrein öffnen, die Gebeine der Heiligen aufs Schloß bringen, um sie dann an verschiedenen Stellen auf dem Michaelis-Kirchhof begraben zu lassen. Damit wollte er dem »Götzendienst« der Heiligenverehrung ein Ende setzen. Nach seiner Niederlage im Schmalkaldischen Krieg 1547 mußte Philipp, was noch verfügbar war, dem Deutschen Orden zurückgeben, die Gebeine Elisabeths – oder was man dafür hielt – wurden wieder als Reliquien verehrt, aber in alle Welt verstreut.[152]

Gewalt gegen Tote begleitet Glaubenskämpfe zumal, wenn es ebenfalls oder vorrangig um Macht geht. Als der venezianische Verteidiger von Famagusta auf Cypern, Marc Antonio Bragadino, am 6. August 1571 die Waffen niederlegte, ließ ihn der Türke Lala Mustafa am 17. August lebendig schinden. Die mit Stroh ausgestopfte Haut wurde umhergetragen und dann zu Sultan Selim II nach Konstantinopel geschickt. Nach einigen Jahren kaufte sie Bragadinos Familie für teures Geld und bestattete sie zu Santi Giovanni e Paolo in Venedig.[153] Leichenschändung verband sich ebenso mit Judenverfolgungen im späten Mittelalter und in der Neuzeit. Schon die Lebenden waren vielfachen Schikanen ausgesetzt, wenn es um Bestattungsrechte und Grabstätten ging. Dies ist uns oben im Zusammenhang mit der Wiederverwendung jüdischer Grabsteine begegnet[154] und wird uns unten nochmals im Kontext der Synagogenschändung beschäftigen.[155] In der Geschichte des Christentums waren die Zeiten gesteigerter Gläubigkeit gewöhnlich auch Zeiten erhöhter Gewaltbereitschaft. Mitunter wurden indessen auch innerjüdische Auseinandersetzungen auf dem Rücken verstorbener Gemeindemitglieder ausgetragen.[156]

2z. Die Verbindung von Leichenschändung und Bildersturz begegnet uns wieder in den Kämpfen zwischen Katholiken und Hugenotten, nachdem deren Führer Coligny am 27. Oktober 1572 nachträglich in effigie rituell hingerichtet, sein Bild und sein Haus zerstört

[152] Thomas Franke, in: Sankt Elisabeth, Fürstin – Dienerin – Heilige (Katalog zur Ausstellung in Marburg), 1981, S. 167ff [153] R. Gunnis, Historic Cyprus, 1936, S. 87f [154] s.o. 2m! [155] s.u. 4r! [156] L. Jelswik in: Aschkenas 5, 1995, S. 131ff

worden waren. Seine Leiche hatten bereits die Raben zerfressen.[157] Die Rache der Hugenotten blieb nicht aus, auch sie vergriffen sich an Toten.[158] Grabzerstörung wiederholte sich dann unter Ludwig XIV in der Pfalz[159] und während der Französischen Revolution: denken wir an den *vandalisme funéraire* der Jakobiner, die auf Antrag von Barère am 1. August 1793 beschlossen, »ces effrayants souvenirs des ci-devant rois« zu vertilgen, und am 6. August 1793 die Gebeine der französischen Könige aus ihren Gräbern in Saint Denis rissen und in die Seine warfen.

Zum Grabfrevel kam es dann wiederum in den spanischen Carlistenkriegen. Die mit unerhörter Härte geführten Auseinandersetzungen zwischen den progressiv-konstitutionellen Liberalen und den königs- und kirchentreuen »Servilen« kulminierten nach dem Tode Ferdinands VII 1833 im Nordwesten der Pyrenäenhalbinsel. Dabei kam die romanische Zisterzienserabtei Poblet, genannt El Santo, bei Tarragona zu Schaden. Kirche, Kapitelsaal, Kreuzgang und die großartige Gruft der Könige von Aragon, von den Mauren nicht angetastet, wurden verwüstet, insbesondere das in der Renaissance angefertigte Grabmonument von Jakob I (gest. 1276). Die Fragmente wurden im Chor der Kathedrale von Tarragona wieder zusammengesetzt.[160] Immer wieder sind es die fortschrittlichen Kräfte, die zur Radikalität neigen und dabei Kultur als beharrenden Ballast aus dem Wege räumen. Indes: Ballast stabilisiert.

Im Deutschen Strafgesetzbuch von 1871 wurde Störung der Totenruhe unter Strafe gestellt. Gleichwohl lebte die Strafe der Grabverweigerung wieder auf. 1926 hatte Mies van der Rohe auf dem Friedhof in Berlin-Friedrichsfelde ein Denkmal für Karl Liebknecht und Rosa Luxemburg errichtet – »Den toten Helden der Revolution«. 1934 wurde es von Nationalsozialisten zerstört, die 1941 auch die Gräber einebnen ließen. Die von ihnen geschändeten Judenfriedhöfe zählen nach Hunderten.[161] Goebbels soll Weihnachten 1935 befohlen haben, die Namen der zwölftausend im Ersten Weltkrieg gefallenen jüdischen Deutschen von den Kriegerdenkmälern zu entfernen.[162] Der alte jüdische Begräbnisplatz an der Sophienkirche in Berlin verschwand mit den Grabsteinen für Moses Mendelssohn, den Philosophen, und dem für Veitel Ephraim, den Geldgeber Friedrichs d. Gr. Alle drei starben 1786. Auch Markus Herz, der 1803 ge-

157 Brückner 1966, S. 298 158 s. u. 4t! 159 s. u. 5d! 160 Autopsie 4. Oktober 1988 161 Karl-Heinz Hüter, Architektur in Berlin 1900–1933, 1988, S. 112ff; Neiss s. o. 2m!

storbene erste jüdische Professor in Preußen, Gatte der Henriette Herz, liegt hier.

1945 wendete sich das Blatt. Hitler befahl vor seinem Selbstmord am 30. April 1945, seine Leiche soweit wie möglich zu zerstören, um den Russen die Schändung zu erschweren. Zweihundert Liter Benzin schienen ihm für die Wikinger-Bestattung hinreichend, doch fanden sich im Führerbunker nur noch 180.[163] Vermutlich hätten die Sieger seinen Getreuen die Arbeit abgenommen. Nach dem Nürnberger Tribunal[164] wurden die Leichen der elf gehenkten Hauptkriegsverbrecher »entsorgt«. Unter größter Geheimhaltung wurden sie mit Strick und Montur im Krematorium des Münchner Ostfriedhofs eingeäschert, die Asche bei Solln in den Conventzbach geschüttet, damit den Toten kein »Schrein« errichtet werden könnte.[165] Während man in Deutschland einen Kult verhindern wollte, hat man jüngst in Indien die noch vorhandene Asche Mahatma Gandhis aus kultischen Gründen in den Ganges gestreut, so geschehen am 30. Januar 1997.

Ein anderes Schicksal hatte die Leiche Mussolinis. Nach seiner Erschießung am 28. April 1945 wurde sie auf der Piazzale Loreto in Mailand an den Füßen aufgehängt und dann auf dem Stadtfriedhof in einer Kiefernholzkiste an einem unbezeichneten Ort vergraben. In der Nacht des 22. April 1946 verschwand sie; Faschisten bekannten sich zur Tat und verkündeten, die Gebeine tauchten erst dann wieder auf, wenn die Zeit gekommen sei, den Duce auf dem Capitol beizusetzen.[166] Er selbst soll von einer letzten Ruhe im Mausoleum des Augustus geträumt haben.

Im Umgang mit toten Staatsmännern überwundener Systeme hat sich noch kein annehmbarer Brauch entwickelt. Historisch bedeutende Persönlichkeiten sollten, auch wenn wir sie ablehnen, ein bezeichnetes Grab bekommen und behalten. Die Nachwelt hat ein Recht darauf, zu wissen, wo sie ruhen; und wo sie liegen, sollte man sie liegen lassen. Das Gezerre um die toten Sowjetgrößen hindert die Politiker in Moskau an der Erledigung wichtigerer Aufgaben.

162 R. Koselleck, Feindbegriffe, In: Jahrbuch der deutschen Akademie für Sprache und Dichtung, 1993, S. 89. Ich fand diese unbelegte Behauptung nirgends bestätigt, wohl aber die Beseitigung jüdischer Namen auf dem Kriegerdenkmal in der Heimatstadt von Theodor Heuß: Ders., Rede im November 1952 zur Einweihung des Obelisken von Belsen, in: ders., Brüderlichkeit, 1952
163 H.R. Trevor-Roper, The Last Days of Hitler, 1950, S. 215 164 Alfred-Maurice de Zayas, Der Nürnberger Prozeß vor dem internationalen Militärtribunal 1945–1946, in: Demandt 1990, S. 249ff 165 J. Heydecker und J. Leeb, Der Nürnberger Prozeß, 1979 166 Von Hitler zu Adenauer, 1976, S. 164

Der bisher vorletzte Fall von Grabverweigerung traf Adolf Eichmann. Die Israelis streuten die Asche des am 31. Mai 1962 Gehenkten außerhalb ihres Hoheitsgebietes ins Mittelmeer. Eichmann hatte die Judentransporte in die Vernichtungslager organisiert, deren Opfer in Krematorien endeten und nicht einmal Massengräber erhielten. Das jüngste Beispiel für das erzwungene Vergessen ist die Beseitigung der prunkvollen Grabkuppel von Schah Reza Pahlevi bei Teheran. Nach der Rückkehr des Ayatollah Khomeini am 1. Februar 1979 ließ er die Erinnerung an den Schah auslöschen.[167]

Erfolglos blieb die am 22. Dezember 1985 brieflich vorgetragene Bitte von Wolfgang Harich, dem Chefideologen der SED, an den Ministerpräsidenten der DDR, Willi Stoph, das Grab Nietzsches in Röcken zu planieren. Harich fürchtete einen unliebsamen Besucherandrang zum 150. Geburtstag am 15. Oktober 1994, dreifach peinlich, weil der 25. August, Nietzsches Todestag 1900, zugleich der Geburtstag von Erich Honecker (1912) war[168] und der Sozialismus eher aus der Wirklichkeit verschwand als Nietzsche aus der Erinnerung.

Angst vor Erinnerung kennzeichnet schließlich das Ende von Rudolf Heß. Dem Stellvertreter Hitlers, am 10. Mai 1941 vom britischen Geheimdienst nach England gelockt[169] und in Nürnberg zu lebenslanger Haft verurteilt, war es untersagt, Aufzeichnungen zu machen. Seine Papiere wurden vor seinen Augen durch den Reißwolf gedreht. Dennoch erhielt er nach seinem Selbstmord 1987 auf Geheimbeschluß der vier Alliierten von 1982 eine letzte Ruhe im Familiengrab Wunsiedel. Das 1880 im Stil wilhelminischer Neo-Renaissance errichtete, bis zu 2500 Häftlinge fassende Militärgefängnis in Spandau aber, in dem er seit 1947, die letzten 20 Jahre allein, von 60 Soldaten bewacht wurde, mußte auf Wunsch der britischen Militärregierung über Nacht verschwinden. Eine der 600 Zellen, die von Heß, wurde noch von den britischen Wachsoldaten beseitigt, bevor die Abrißfirma erschien. Daß auf dem Gelände ein »Freizeit- und Erholungszentrum für die britischen Truppen« entstehen sollte, glaubte wohl auch der Berliner Senat nicht, der den Abriß des Baus aus politischen Gründen für unerläßlich erachtete. Man fürchtete die Entstehung eines »Wallfahrtsortes für Ewiggestrige«, einer »Kultstätte für Neonazis«. Die Teilnehmer an der Bestattung von Heß hießen in der Presse »Pilger«.

Die Anleihen an das sakrale Vokabular bestätigen den Eindruck, daß der Kampf gegen den Nationalsozialismus Züge eines Religions-

[167] Freundlicher Hinweis durch Hubertus von Gall [168] Manfred Riedel, Nietzsche in Weimar, 1997, S. 292 [169] Rainer F. Schmidt, Rudolf Heß, 1997

krieges trug. Ein Anachronismus aber provoziert: Hitler selber glaubte an seine »Mission« und inszenierte diese. Er wurde als Heilsbringer verehrt und sah in seiner Partei eine Art »Orden«, doch machte ihm Eisenhower mit seiner »Crusade in Europe« (1948) den Anspruch auf das Erbe der Kreuzritter, der *militia Dei*, streitig. Kreuzzüge gehen gewöhnlich in Richtung Osten, im Namen des Glaubens, der Rasse oder der Demokratie.[170] Nachdem die christliche Heilserwartung den politischen Verheißungen gewichen ist, äußern auch diese sich mitunter in sakralisierter Form. Es gibt anscheinend ein Bedürfnis nach Inbrunst, das sich in (pseudo)religiöse Gewänder hüllt und bei gleichbleibenden Gelegenheiten aufscheint, so im Abräumen von Relikten und Symbolen einer unerwünschten Vergangenheit. Die Herrschaft über die Erinnerung dient als Machtinstrument, und Mitleid ist ein zinsträchtiges Kapital, das sehr sorgfältig verwaltet wird.

So wie die antike Tragödie mit einem Satyrspiel endet, so möge es auch dieses traurige Kapitel tun. Am 27. Dezember 1977 war in Vevey am Genfer See der Komiker Charles Chaplin beerdigt worden. Am 1. März 1978 wurde sein Sarg aus dem Grab gestohlen. Man vermutete neonazistische Täter, die postum Rache am »Großen Diktator« nehmen wollten. Es handelte sich jedoch um gewöhnliche Kidnapper aus Balkanregionen. Sie verlangten telefonisch 600 000 Franken Lösegeld, wurden aber gefaßt und kamen hinter schwedische Gardinen.[171]

[170] Ein Kreuzzug nach Westen: D. Bowen, The Protestant Crusade in Ireland 1800–1870, 1978 [171] David Robinson, Chaplin. His Life and Art, 1985, S. 629ff

3. Antike

Kunstfrevel als Barbarei

a. Dominante Polaritäten
b. Ägypten: Echnaton
c. Juden: Moses
d. Sumerer und Assyrer
e. Chaldäer und Perser

f. Griechen: Städte zerstört, Tempel geschont
g. Perserkriege
h. Hermenfrevel in Athen
i. Respekt vor Kultur im 5. Jh.
j. Herostrat in Ephesos
k. Alexander in Persepolis
l. Brandkatastrophen überhaupt
m. Hellenismus

n. Römer: Karthago
o. Korinth
p. Denkmalsturz in der Republik
q. Denkmalschutz im Kaiserreich
r. Nero
s. Jerusalem und Palmyra
t. Modernisierte Denkmäler
u. Constantin und Marc Aurel
v. *Damnatio memoriae*: Kaiser
w. Sonstige
x. Ruhmstreben
y. Herrschaft durch Bilder
z. Seneca zum Brand von Lugdunum

Richtig rechnet Herostrat
mit dem Ruhm für seine Tat.
Jedem gibt man seinen Namen,
der versucht, ihn nachzuahmen.
(A.D.)

3a. Wollte man das kulturelle Selbstverständnis der Großperioden durch die vorherrschenden Polaritäten bestimmen, so wäre für die Antike der Gegensatz zwischen Kulturwelt und Barbarentum bestimmend, für das Mittelalter der zwischen Glauben und Unglauben und für die Neuzeit der zwischen Tradition und Fortschritt. Unter diesem Aspekt läßt sich auch die jeweils vorherrschende Form des Vandalismus kennzeichnen. Gewiß gilt das nur für den Eindruck aus der Ferne; aus der Nähe betrachtet finden sich alle Varianten in allen Zeiten, aber eben doch unterschiedlich dosiert.

3b. Den Vandalismus haben nicht erst die Vandalen erfunden. Die *Historia calamitatum* ist älter. In Ägypten kam es beim Zusammenbruch des Alten Reiches am Ende des 3. Jahrtausends zu einer Kulturkatastrophe. Breasted schreibt, »daß die herrlichen Grabbauten der größten Herrscher des Alten Reiches ein Opfer wahrer Zerstörungsorgien geworden und viele von ihnen ganz und gar vernichtet worden sind. Die Tempel wurden nicht nur geplündert und geschändet, sondern ihre schönsten Kunstwerke fielen einem systematischen und bewußten Vandalismus anheim.« Die als Motiv vermutete Rache am alten Regime läßt sich näher nicht fassen.[1] Die nächste Vernichtungswelle brachten um 1600 v. Chr. die aus dem Norden eingedrungenen Hyksos. Sie sind auch literarisch über Zitate aus dem Geschichtswerk des ägyptischen Priesters Manetho bei Flavius Josephus bezeugt: »Unter der Herrschaft des Toutimaios blies der Wind Gottes gegen uns, ich weiß nicht, warum. Fremde eroberten unser Land, brannten die Städte nieder, verwüsteten die Heiligtümer, töteten und versklavten die Menschen.«[2] Dies geht auf äußere Feinde, auf »Barbaren« im späteren Sinne zurück.

Eine weitere Variante der gewaltsamen Veränderung von Erinnerung ist dann die *damnatio memoriae* der Hatschepsut durch ihren Stiefsohn, Mitregenten und Nachfolger Thutmosis III seit ihrem Tode 1468 v. Chr. Als Gründe kommen Eifersucht und Neid in Betracht,

[1] Breasted 1909/36, S. 105 [2] Josephus, Contra Apionem I 75f

ebenfalls die Entrüstung darüber, daß eine Frau ihre dynastische Legitimation politisch miß- oder gebraucht hatte. Aus religiöser Überzeugung sodann ließ der Pharao Echnaton um 1350 v. Chr. zugunsten seiner neuen Sonnenreligion die Bilder, Namen und Titel der alten Götter, vor allem die des Gottes Amon-Re, zerstören. Er schonte nicht einmal den Namen seines Vaters Amenophis (III), doch setzte er selbst nach seinem Tode die Schöpfungen für seinen Gott Aton der Rache der Amunspriester aus.[3]

Im Neuen Reich wurden, nach Breasted, die großartigsten Bauten von Amenemhet wegen Platz- und Steinbedarf so beschädigt, »daß nur noch ein kleiner Bruchteil von ihrem ursprünglichen Umfang erhalten ist. Der Vandalismus der 19. Dynastie, besonders unter Ramses II, hat unschätzbare Nachrichten des Mittleren Reiches vernichtet, da die späteren Könige in rücksichtsloser Weise die alten Denkmäler zu Baumaterial verwenden ließen.«[4] Diese Unsitte zeigt zumal der aus Spolien errichtete Totentempel für den 1214 gestorbenen Merenptah.[5] Die umfangreichsten Kulturverluste des alten Ägypten beruhen indessen auf dem in der Spätzeit systematisch betriebenen Grabraub, der ausschließlich um des Materialwertes willen betrieben wurde, und zwar von den Landsleuten der Toten, wo nicht von den Grabarbeitern selbst. Somit sind alle Grundformen des Kulturvandalismus bereits im alten Ägypten bezeugt.

3c. Die gewaltsame Mission Echnatons setzt sich fort im Judentum, das früh schon Bilder im Kult ablehnte.[6] Das zweite der Zehn Gebote – nach jüdischer Zählung – beginnt: »Du sollst dir kein Bildnis noch irgendein Gleichnis machen, weder des, das oben im Himmel, noch des, das unten auf Erden, oder des, das im Wasser unter der Erde ist (sind hier einfach Gewässer gemeint oder der Grundwasserozean, sumerisch *abzu*? – A. D.). Bete sie nicht an und diene ihnen nicht.«[7] Bilderdienst kennzeichnet die Gojim; sie stehen für den »Rest der Menschheit«, so wie bei den Griechen die Barbaren. Die Propheten erklärten, in einem Gegenstand könne keine Kraft wohnen, doch finden wir den Glauben an die Macht eines Fetischs auch bei den Israeliten. Als die Philister die Bundeslade entführt und in ihrem Tempel zu Asdod aufgestellt hatten, lag das Bild ihres Gottes Dagon am nächsten Morgen zerbrochen am Boden – da fürchteten sie sich und gaben die Lade zurück. Die Kraft Jahwes wurde darin wirksam gedacht, darum nahm man die Lade mit ins Feld.[8]

[3] Breasted 1909/36, S. 180; 216; 232f; A.H. Gardiner, Geschichte des Alten Ägypten, 1965, S. 251f [4] Breasted 1909/36, S. 135, a.O. [5] Breasted 1909/36, S. 261, a.O. [6] Bernhardt 1956 [7] 2. Mose 20, 4; 3. Mose 26, 1; 5. Mose 27, 15 [8] 1. Samuel 5; 2 Samuel 11, 11

Pharao Amenophis IV (1367 bis 1350 v. Chr.), der Gemahl der Nofretete, versuchte, die polytheistische Kultur Ägyptens im Sinne eines Sonnenmonotheismus zu reformieren. Er änderte seinen Namen in *Echnaton,* baute in Amarna eine neue Hauptstadt und ließ den Namen des alten Sonnengottes *Amon-Re,* selbst in der Kartusche seines Vaters, ausmeißeln. Nach seinem Tode wurden Echnatons eigene Denkmäler und die für seinen Sonnengott Aton Opfer eines Bildersturzes. Viele der besonders naturalistischen Darstellungen seiner Zeit sind verstümmelt überliefert.

Zu Schmuckzwecken waren bildliche Figuren offenbar zunächst statthaft. Denn von Salomo wird gesagt, daß er an seinem Tempel »zween Cherubim nach der Bildner Art« machte, die Flügel hatten und vergoldet waren.[9] Menschenbilder bezeugt die Bibel nur bei Nachbarvölkern: Das Buch Daniel (Kap. 2) vergleicht im Traum Nebukadnezars das Erscheinen des Messias mit dem eines gewaltigen Steines, der, von unsichtbarer Hand geworfen, den »Koloß auf tönernen Füßen« zertrümmert. Damit sind die irdischen Reiche gemeint. Messianischer Ikonoklasmus führt in die selige Endzeit. Im Buch Exodus »zermalmte Moses das Goldene Kalb zu Pulver, zerstäubte es aufs Wasser und gab es den Kindern Israel zu trinken«.[10]

Nach der Bibel verbietet Gott den Israeliten nicht nur, Bilder zu verehren, sondern befiehlt ihnen darüber hinaus, die Heiligtümer der Heiden zu zerstören. Im Anschluß an die Erzählung von den Zehn Geboten spricht der Herr zu seinem Volke: »Hüte dich, einen Bund zu schließen mit den Bewohnern des Landes, in das du kommst ..., sondern ihre Altäre sollst du umstürzen und ihre Steinmale zerbrechen und ihre heiligen Pfähle umhauen!«[11], und im Deuteronomium[12] befiehlt Moses im Namen von Jahwe den Israeliten: »Verstöret alle Orte, da die Heiden, die ihr vertreiben werdet, ihren Göttern gedienet haben ..., reißt um ihre Altäre und zerbrecht ihre Säulen und verbrennet mit Feuer ihre Haine und die Bilder ihrer Götter zerschlaget und vertilget ihren Namen!« Hesekiel (6, 3ff) prophezeite, daß Gott die Höhen des Baalskultes zur Einöde machen, die Altäre verwüsten, die Götzen und Sonnen-Säulen zerschlagen werde. Mehrfach haben nach dem Zeugnis der Bibel die Herrscher von Israel und Juda die phönizischen, syrischen und kanaanäischen Heiligtümer zerstört, um den Kult zu vernichten.[13] Als Erbfeind betrachteten die orthodoxen Juden die Samaritaner, den »tollen Pöbel zu Sichem«.[14] Ihren Jahwe-Tempel auf dem Berge Garizim, den angeblich Alexander d. Gr. ihnen zu bauen erlaubt hatte, zerstörte Johannes Hyrkanos I im Jahre 107 v. Chr.[15] Kaiser Zenon errichtete 484 nach heftigen Kämpfen eine Marienkirche darüber, die Justinian 533 erneuerte, nachdem der Versuch, die Samaritaner zu bekehren bzw. auszurotten, gelungen schien.[16]

3d. Im Zweistromland reichen die Zeugnisse für Kulturverluste sehr weit zurück. Über die Zerstörung von Städten besitzen wir bereits in der sumerischen Literatur ergreifende Zeugnisse, so in den

[9] 2. Chronik 3, 10ff [10] 2. Mose 32, 20 [11] 2. Mose 34, 12f [12] 5. Mose 12,2f [13] Richter 6, 25ff; 2. Könige 10, 26f; 11, 18 [14] Jesus Sirach 50, 27 [15] Josephus, Antiquitates XIII 9, 1 [16] Prokop, Anekdota 11, 24; ders., Bauten, V 7

Klageliedern über die Verwüstung von Akkade und Ur.[17] Dies wurde dem unerforschlichen Willen der Götter zugeschrieben und weder dem Täter noch dem Opfer als Schuld angelastet. Als die gewalttätigste Nation im Alten Orient gelten die Assyrer. Ihre politischen Strafaktionen, die Völkerverschleppungen und das massenweise Pfählen von Gegnern lassen vermuten, daß sie auch mit den Kulturgütern ihrer Feinde brutal umgegangen seien. Tatsächlich wurden die eroberten Städte zwar zerstört, auch die Tempel nicht verschont, aber die Götterbilder nur ausnahmsweise vernichtet. In der Regel hat man sie um ihrer numinosen Kraft willen mitgenommen, so wie Iphigenie die hölzerne Artemis aus Tauris und Aeneas das Palladion aus Troja.[18] König Tukulti-Ninurta hat im 13. Jahrhundert v. Chr. nach der Plünderung Babylons die Marduk-Statue von dort nach Assur gebracht und ihr einen Kult eingerichtet. Tiglatpileser I berichtet um 1100 v. Chr., Babylons Paläste verbrannt, die Tempel aber bewahrt zu haben. Der neuassyrische König Sanherib jedoch rühmt sich nach der Eroberung Babylons 689 v. Chr., die Stadt durch Ableitung des Euphrat komplett hinweggeschwemmt zu haben, nebst ihren Tempeln und Göttern, auf daß niemand sich ihrer erinnern werde.[19] Die Götter brachte er nach Niniveh, Marduk stellte er vor ein assyrisches Göttergericht und erklärte ihn für abgesetzt.[20] Sanheribs Nachfolger, die Babylon wieder aufbauten, deuteten dies als göttliche Strafe für die Sünden der Babylonier, die den Schutz des Himmels verloren hätten. 612 aber kam die Rache: Meder und Chaldäer zerstörten Niniveh. Der Prophet Nahum aus Elkosch besang den Untergang: Weil sie Böses wider den Herrn plante, habe Gott die Stadt samt ihrer Götzen und Bildern zunichte gemacht. Xenophon fand 401 v. Chr. nur noch Reste der Ringmauer; Zeus habe »Mespila« mit dem Donnerkeil zerstört.[21]

3e. Eine missionarische Absicht lag den Assyrern ebenso fern wie dem Chaldäerkönig Nebukadnezar bei der Einnahme Jerusalems am 16. März 597 v. Chr. Nach der zweiten Eroberung im Juli 587 wurde der Tempel Salomos beraubt und mit der ganzen Stadt in Flammen gesetzt.[22] Die Bibel bezeugt keinerlei Bekehrungseifer, nur eine Strafaktion gegen den aufständischen Zedekia von Juda und Erwerbungsvandalismus, die Zerstörung von Metallobjekten für den bequemeren Transport.[23] Jeremia prophezeite (ex eventu?), Nebukadnezar

[17] A. Falkenstein und W. v. Soden, Sumerische und akkadische Hymnen und Gebete, 1953, S. 187ff [18] Bernhardt 1956, S. 48ff [19] Machinist 1984/85 [20] Schmökel 1958, S. 110; 114; 132 [21] Nahum 2f; Xenophon, Anabasis III 4, 10 [22] Jeremia 52, 13ff; Martin M. Noth, Geschichte Israels, 1966, S. 258 [23] 2. Könige 24f; 2. Chronik 36,7

werde ebenso Ägypten heimsuchen, die Gotteshäuser zerstören und die Bilder wegführen.[24] Ein Feldzug an den Nil ist für 568 überliefert.

Ein politisches Ziel verfolgte auch der Perserkönig Kambyses. Um den Widerstand der ägyptischen Priester zu brechen, tötete er angeblich 523 v. Chr. den heiligen Apis-Stier und zerstörte Tempel.[25] Religiöse Motive jedoch lagen zugrunde, als der Perserkönig Xerxes nach einem Aufstand in Babylon den dortigen Marduktempel, den bekannten Turm von Babel, ruinierte, denn er rühmt sich, Götzenheiligtümer dem Himmelsgott Ahura Mazda umgewidmet zu haben.[26] Die berühmte Toleranz der alten Perser wurde nicht immer gewahrt. Xerxes' Vater Darius war allerdings eingeschritten, als 410 v. Chr. der Jahwe-Tempel auf der Nil-Insel Elephantine von den ägyptischen Chnum-Priestern zerstört wurde. Ihnen war der von den israelitischen Söldnern des Perserkönigs – sicher auch auf Elephantine – regelmäßig geopferte Widder heilig.[27]

*

3f. Die griechisch-römische Antike, die dem Begriff »Vandalismus« Pate gestanden hat, kennt verschiedene Typen von Kulturverlust.[28] Es gab Kulturzerstörung aus Übermut, aus Geltungsdrang und immer wieder aus Rache. Das beginnt mit dem Untergang Trojas. »Haec omnia vidi inflammari, Priamo vi vitam evitari, Iovis aram sanguine turpari«, – all das sah ich brennen, Priamos gewaltsam sterben, den Zeus-Altar durch Blut entweiht werden, so Andromache bei Ennius.[29] Glauben wir der Berechnung des Eratosthenes aus hellenistischer Zeit, so geschah das im Jahre 1182 vor Christus;[30] übernehmen wir das in byzantinischer Zeit berechnete Datum, so war es der 19. Juli.[31] Der Grund für die Angabe des Tages aber ist wohl der Synchronismus mit dem Brand Roms 64 n. Chr., den Nero mit seinem Trojalied vom Turm des Maecenas aus besungen haben soll.[32] »Etiam periere ruinae – die Ruinen vergehen« und können den Ruhm nicht verkünden, nur das Lied des Sängers erreicht die Nachwelt.[33] Seit dem Ende Ilions fielen im Kampf von Griechen gegen Griechen

[24] Jeremia 43, 12f; Hesekiel 29, 17ff [25] Herodot III 29; Justin, Philippicae Historiae I 9, 2 [26] R. N. Frye, The History of Ancient Iran, 1984, S. 97 (zum Apis); 121 (zu Babylon) [27] J. von Prasek, Geschichte der Meder und Perser, II 1910, S. 177f; Peter Schäfer, Judeophobia 1997, S. 134 [28] D. Metzler, in: Warnke 1973, S. 14ff [29] Cicero, Tusculanen I 85 [30] Eusebius/Hieronymus, Chronik, ed. R. Helm 1984, S. 60 b [31] Scholien zu Lykophron, Alexandra 396f [32] s. u. 3l! [33] Lucan IX 969ff

immer wieder ganze Städte der Rache des Siegers zum Opfer:[34] Tötung der Männer, Versklavung der Frauen und Kinder und Zerstörung der Stadt erlebten nicht nur Plataiai 427,[35] Orchomenos 363[36] und Olynth 348.[37]

Dagegen fehlt der Vandalismus aus eigentlich religiösen Gründen. In missionarischer Absicht zerstörte Tempel oder Götterbilder kennt die Welt der Griechen und Römer nicht, da im polytheistischen Denken alle Religionen grundsätzlich gleichberechtigt waren, die Völker nur mit verschiedenen Namen dieselben Gottheiten bezeichneten. Wer den Tempel des Gegners beraubte oder zerstörte, mußte die Rache des Gottes fürchten. Ihm drohte das böse Los des Odysseus, dessen List mit dem hölzernen Pferd der Stadt Poseidons[38] zum Verhängnis geworden war. Den Schuldigen am Untergang Trojas verfolgte der Schutzgott der Stadt über die Meere. Doch auch andere Götter rächten, so glaubte man, den Frevel an ihren Heiligtümern.[39] Darum bemühte man sich, bei der Zerstörung einer besiegten Stadt die Tempel zu schonen.[40] Bedroht freilich blieben allzeit die durch Weihegaben berühmten Heiligtümer, deren Edelmetall zu Übergriffen reizte.[41]

3g. Die erste Woge von Vandalismus brachten die Perserkriege. Die Überlieferung ist allerdings insofern einseitig, als wir literarische Quellen nur aus griechischer Feder besitzen und die archäologisch bezeugten Zerstörungen nicht immer genau datieren können. Verläßlich scheint Herodot. Nach ihm geriet bei der Eroberung von Sardes 499 durch die aufständischen Griechen in Kleinasien der berühmte Tempel von Artemis-Kybele in Brand. Dies sei unbeabsichtigt geschehen, habe aber den Persern als Grund für ihre Rache an den griechischen Heiligtümern gedient.[42] Der Angriff des Darius wurde 490 bei Marathon zurückgeschlagen. Als aber Xerxes 480 abermals erschien und Leonidas in den Thermopylen besiegte, räumten die Athener ihre Stadt. Um den 25. September[43] nahmen die Perser die nur von einer kleinen Besatzung verteidigte Akropolis ein. Dabei verwendeten sie Brandpfeile, die den Athenatempel zerstörten.[44] Die auf hohe Temperaturen verweisenden Brandspuren an den Säulentrommeln, die heute noch weithin sichtbar in die Nordmauer der Akropolis eingebaut sind, gehören zu dem sogenannten Vorparthenon, der damals in noch unvollendetem Zustand zugrunde ging.[45] Anschließend haben die Perser den Tempelberg verwüstet; die zerbrochenen Weihegaben

[34] Gehrke 1987 [35] Thukydides III 68 [36] Diodor XV 79 [37] Demosthenes, Philippika III 117 [38] Homer, Ilias XXI 446 [39] Pausanias IX 10, 5; Plutarch, De sera numinis vindicta. [40] Pausanias IX 1, 8 [41] s. o. 2l! [42] Herodot V 101f; VII 8b [43] Judeich 1931, S. 70 [44] Herodot VIII 52 [45] Judeich 1931, S. 248f

sind nach 1835 im sogenannten Perserschutt zutage getreten und zieren heute das Akropolismuseum. Katastrophen bereichern die Archäologie.

Seltsam ist die Nachricht Herodots, daß die Perser unmittelbar nach der Zerstörung der Akropolis die in ihrem Heere befindlichen griechischen Emigranten, das heißt die aus Athen verbannten Anhänger der Tyrannen, aufgefordert hätten, auf der Burg der Stadtgöttin nach griechischer Weise zu opfern.[46] Dies zeigt, daß der Zerstörung keine religiösen Motive zugrunde lagen. Die Feldherren des Darius hatten auf dem Wege nach Marathon zwar in Naxos, das Widerstand leistete, die Stadt samt den Heiligtümern eingeäschert, aber dem Apollon von Delos ein feierliches Opfer gebracht.[47] Zu dem Sonnengott Apollon scheinen sie ein besonderes Verhältnis besessen zu haben, vielleicht sahen sie in ihm gemäß einer *interpretatio Persica* die griechische Verkörperung ihres Himmelsgottes Ahura Mazda. Insbesondere die Orakel Apollons interessierten sie,[48] und es ist nicht ganz einsichtig, daß sie Tempel zerstört haben sollen, die sie anschließend befragt haben.[49] Nach der Verwüstung des Burgbergs hielt Mardonios, der das Perserheer befehligte, zunächst inne; als aber die Athener zum Frieden nicht bereit waren, sondern im Vertrauen auf die Hilfe der Götter und Heroen, deren Häuser und Bilder von den Persern geschändet worden waren, Widerstand leisteten, da verheerte er Attika 479 systematisch.[50]

Nach dem Sieg der Griechen über die Perser in der Schlacht bei Plataiai 479 soll Perikles zu einem panhellenischen Kongreß eingeladen haben, bei dem unter anderem besprochen werden sollte, was mit den von den Persern zerstörten Heiligtümern zu geschehen habe.[51] Die Frage war insofern offen, als die jonischen Griechen Kleinasiens geschworen hatten, die von den Persern ruinierten Tempel als Zeichen der Erinnerung an die gottlose Barbarei für alle Zeiten liegen zu lassen. Man wollte die Wunden offenhalten: Wichtiger als das Verlangen nach Heilung war die Hoffnung auf Rache am Erbfeind im Osten, der nicht nur gegen Menschen, sondern zudem gegen die Weihgaben an die Götter Krieg geführt hatte.[52] Das war aber wohl eine propagandistische Legende aus der Zeit vor dem Alexanderzug. Noch später bezeugt und sicher unhistorisch ist der gleichlautende »Eid von Plataiai«, den damals alle Griechen vor der Schlacht ge-

[46] Herodot VIII 53f [47] Herodot V 96f [48] Darauf deutet der Gadatas-Brief und die perserfreundliche Haltung Delphis [49] Herodot VIII 33; vgl. 27 und 134! [50] Herodot VIII 143, IX 13 [51] Plutarch, Perikles 17 [52] Isokrates, Panegyrikos 156

Bei der Eroberung Athens durch Xerxes 480 v. Chr. geriet die Akropolis zu Athen in Brand, zahlreiche Weihegaben gingen zu Bruch. Nach den Siegen der Griechen bei Salamis (480) und Plataiai (479) wurde die Akropolis wieder aufgebaut. Die zerstörten Skulpturen hat man nicht restauriert, sondern als Füllmaterial zur Aufschüttung des Burgplateaus verwendet, dabei aber als Besitz der Göttin Athena sorgsam geschichtet.

schworen haben sollen.[53] Indem die Griechen ihre Tempel gleichwohl erneuerten, entstand die paradoxe Situation des Antivandalismus,[54] insofern die Wiederherstellung von Kulturgut Erinnerungsverlust mit sich brachte. Ausgeglichen wurde das dadurch, daß man in der Kaiserzeit jedweden ruinierten Tempel Griechenlands den bösen Persern zur Last legte.[55] Selbst das bekanntlich perserfreundliche Apollon-Heiligtum von Delphi soll von Xerxes geplündert worden sein![56]

3h. Der bekannteste antike Fall von pubertärem Vandalismus wird aus der Zeit des Peloponnesischen Krieges gemeldet. Anonyme Rowdies, vielleicht Freunde des Alkibiades, begingen 415 v. Chr. in Athen den Hermenfrevel[57]: Ohne erkennbare Absicht verstümmelten angeheiterte Jünglinge nachts die an den Straßenecken stehenden Hermenpfeiler. Diese Pfeiler trugen einen bärtigen Kopf und Geschlechtsteile.[58] Die jungen Leute, die auch sonst, wie wir hören, gelegentlich Standbilder beschädigten, wurden zudem verdächtigt, die eleusinischen Mysterien verspottet zu haben und einen Anschlag auf die demokratische Verfassung zu planen. Einige traf die Todesstrafe, dem Alkibiades wurde von seinen Gegnern in Abwesenheit der Prozeß gemacht. Er aber entwischte.[59]

3i. Zu den brutalen Maßnahmen der Griechen gibt es auch Gegenbeispiele, die Respekt vor Kultur selbst im Kriege belegen. Nach der Gefangennahme des athenischen Expeditionsheeres in Sizilien 413 v. Chr. ließen die Syrakusaner diejenigen frei, die Euripidesverse auswendig zitieren konnten – aus Achtung vor dem Dichter.[60] Ihn und seinen Vorgänger Sophokles respektierten sogar die angeblich so kulturfeindlichen Spartaner. Ihr Feldherr Lysander unterbrach die Belagerung von Athen, um den Belagerten die Bestattung ihres Dichters Sophokles zu ermöglichen.[61] Als im spartanischen Kriegsrat 405 oder 404 Korinther und Thebaner forderten, das nach fast dreißig Jahren besiegte Athen in eine Schafweide zu verwandeln, zitierte ein Phoker die Klage der Elektra aus dem Drama des Euripides. Darauf beschloß die tief ergriffene Versammlung, im Hinblick auf seine großen Männer dürfe man Athen nicht zerstören und Hellas dadurch einäugig machen.[62]

[53] Lykurg, Leokrates 81; Diodor XI 29; Pausanias X 35, 2; F. Koepp, Die Herstellung der Tempel nach den Perserkriegen. In: Jahrbuch des Deutschen Archäologischen Instituts 5, 1890. S. 268ff [54] s.o. 2r [55] Pausanias I 1,5; II 31, 6; X 35, 2 [56] Pausanias X 7, 1 [57] Thukydides VI 27 [58] Aristophanes, Lysistrate 1094 [59] Plutarch, Alkibiades 20ff [60] Plutarch, Nikias 29 [61] Plinius, Naturalis Historia VII 109; Pausanias I 21, 2. Die Chronologie ist problematisch. [62] Plutarch, Lysander 15; Scholia in Demosthenis orationem XIX 65 (Scholia Demosthenica, ed. M. R. Dilts, 1986, S. 29)

3j. Die Einzeltat eines Psychopathen war die Niederbrennung des um 560 v. Chr. von Chersiphron errichteten Tempels der Diana Multimammia (Artemis polymastos) von Ephesos angeblich am Geburtstage Alexanders d. Gr. am 21. Juli 356 v. Chr. durch Herostrat, den »Feind der Götter«,[63] der dadurch berühmt werden wollte – und es wurde. Einen Augenzeugenbericht verdanken wir dem damals 28jährigen Aristoteles. Er beobachtete ein atmosphärisches Epiphänomen, nannte aber den Brandstifter nicht namentlich.[64] Die Ephesier – später heißt es: der Landtag von Kleinasien – hatten die Nennung seines Namens verboten, und das wurde auch eingehalten, bis ihn der Geschichtsschreiber Theopomp von Chios ausplauderte. Konnte Herostrat das eingeplant haben? Oder hat Theopomp das Motiv erfunden, so daß der Archeget des Kunstfrevels eine literarische Konstruktion wäre? Die Zerstörung eines Tempels war in griechischen Augen »barbarisch«, wer immer es tat.[65]

Das Heiligtum Dianas wurde gleichwohl nicht völlig vernichtet. Denn als Alexander nach seinem Sieg am Granikos 334 Ephesos besuchte, hatten kurz zuvor die Perserfreunde die Tempelschätze geplündert, die Statue Philipps im heiligen Bezirk umgestürzt und das Grab des Befreiers der Stadt auf der Agora geschändet.[66] Für den Wiederaufbau bot Alexander die Mittel, falls die Ephesier ihn als Stifter inschriftlich verewigen würden. Sie lehnten das höflich ab mit dem Hinweis, einem Gott zieme es nicht, einer anderen Gottheit zu huldigen, und brachten das Geld durch den Verkauf der erhaltenen Säulen, durch Schmuckspenden der Frauen und angeblich auch durch die Veruntreuung eines persischen Depositums aus der Schatzkammer des Tempels zusammen. Den Neubau errichtete der Architekt Deinokrates, der Alexandria erbaut hatte, und schuf damit eines der Sieben Weltwunder.[67] Kleinausgaben des Kultbildes verkauften die Silberschmiede, einer von ihnen mit Namen Demetrios protestierte im Jahre 54 gegen die Predigt des Apostels Paulus.[68] Solange die antike Polis Ephesos bestand, wurde das Heiligtum immer wieder erneuert, so nach der Plünderung durch die Kleinasien verheerenden Goten, wahrscheinlich im Jahre 262 n. Chr.[69] 1869 entdeckte John Turtle Wood den Ort des Tempels wieder – keine Säule hatte überdauert. 406 n. Chr. hatte der Patriarch von Konstantinopel, Johannes

[63] Valerius Maximus VIII 14 ext. 5; Strabon XIV 1, 22f; Aelian, De natura animalium VI 40; Gellius II 6, 18; Solin 40, 2f; Cicero, De natura deorum II 69; ders., De divinatione I 47; Plutarch, Alexandros 3 [64] Aristoteles, Meteorologika III 1, 12–371 a 31 [65] Arrian VII 14, 5 [66] Arrian I 17, 11 [67] Vitruv II praefatio 2ff (31f); VII praefatio 16 (161); Plinius, Naturalis Historia XXXVI 95ff; s. o. 1p! [68] Apostelgeschichte 19, 23ff [69] Jordanes, Getica 107

Die von den Griechen *Persepolis,* von den Persern *Parsa* genannte Residenz war von Dareios I um 500 v. Chr. zum Zeremonialpalast der Achaimeniden ausgebaut worden. Dieses prächtigste der persischen Schlösser wurde 330 von Alexander dem Großen geplündert und möglicherweise absichtlich niedergebrannt, als Vergeltung für den Brand der Akropolis unter Xerxes. Diese Episode liegt Händels *Alexanderfest* von 1736 zugrunde.

Chrysostomos, mit der Ausschlachtung begonnen.[70] Ihm ging es nicht um den Ruhm bei Menschen, sondern um den Ruhm bei Gott. Der Erfolg Herostrats war unwiederholbar und begründet damit einen *casus sui generis* in der Weltgeschichte des Vandalismus.

3k. Als Strafaktion für Vertragsbruch ließ Alexander – wenn auch auf Bundesbeschluß der Griechen – 335 v. Chr. das perserfreundliche Theben zerstören und schonte dort nur das Haus des Dichters Pindar.[71] Aus Achtung vor der Kulturstadt Athen verzichtete er auf die Auslieferung seiner Gegner.[72] Die Überlieferung, daß er nach seinem Sieg über die Perser die heiligen Schriften Zarathustras verbrannt habe, ist spät und unglaubwürdig.[73] Ohne Gewähr wird der Brand des Palastes von Persepolis, 330 kampflos von Alexander eingenommen, als Fanal der Rache für die Einäscherung Athens 480/479 unter Xerxes bezeichnet.[74] Die *Regia totius Orientis* galt als weltberühmter Bau, seine Destruktion wird von den antiken Autoren zu den Affektausbrüchen des Makedonen gezählt und einhellig verurteilt. Selbst die Soldaten hätten das bedauert. Erst recht ungesichert ist die Überlieferung, daß Alexander im Anschluß an ein rauschendes Siegesfest, aufgestachelt von der athenischen Hetäre Thaïs, der späteren Gemahlin von Ptolemaios I, selbst die Fackel ins Zederngebälk geworfen,[75] dann die Tat bereut und zu löschen versucht habe. Das war ein idealer Stoff für die barocke Bühne: John Dryden hat zum Caecilientag, dem 22. November 1697, in seiner Ode *Alexander's Feast, or the Power of Music* im Anschluß an Diodor die begeisternde Wirkung von Wein und Weib auf die Musik verlagert. Händels Vertonung wurde am 19. Februar 1736 im Covent Garden Theatre zu London uraufgeführt. Daß Musik zu einem brutalen Racheakt inspiriert, wird bei Dryden durch eine *Caecilia ex machina* gemildert. In Kleists Novelle verhindert sie ja geradezu den Bildersturz.[76]

3l. Die Deutung des Brandes von Persepolis als Racheakt ist deswegen ungewiß, weil Brandkatastrophen grundsätzlich zur Verdächtigung von möglichen Schuldigen herhalten müssen. Man diffamiert immer jene, in deren vorgefaßtes Charakterbild die Untat sich am leichtesten einfügt. Die Beispiele beginnen mit der angeblich unter Caesar verbrannten Bibliothek von Alexandria[77] – nur am Hafen lagernde, zum Export bestimmte Rollen gingen damals in Flammen auf. Strabon arbeitete in der Zeit des Augustus fünf Jahre in der Bi-

[70] Migne PG. 65, S. 832 [71] Arrian I 9, 10 [72] Arrian I 10, 6 [73] Speyer 1981, S. 110 [74] Arrian III 18, 11f; Plutarch, Alexandros 38; Diodor XVII 70; Curtius V 22f [75] Athenaios 576 DE; Diodor XVII 72 [76] Freundlicher Hinweis von Klaus Adomeit [77] Plutarch, Caesar 49; Gellius VII 17

bliothek und spricht nirgends von Bücherverlusten.[78] Alexandria blieb die klassische Bücherstadt. Die umstrittenen Fälle führen vom Brand Roms 64 n. Chr., den das römische Volk Nero und dieser den Christen anlastete[79], zu dem am 22. Oktober 362 abgebrannten Apollon-Tempel von Daphne, den Julian Apostata den Christen vorwarf,[80] weiter zur angeblichen Verbrennung der Werke Gregors d. Gr. durch die Römer, die dadurch die Erinnerung an den 605 verstorbenen Papst auslöschen wollten,[81] und das abermalige Feuer in der alexandrinischen Bibliothek 642,[82] bis zum Brand Moskaus 1812[83] und zum Reichstagsbrand in Berlin am 27. Februar 1933, den sich Kommunisten und Nationalsozialisten gegenseitig in die Schuhe schoben, beide zu Unrecht.[84] Der Täter war ein eigensinniger Anarchist, der durch ein Zeichen zum Sturz der kapitalistischen Welt aufrufen wollte.

3m. Aus der Zeit des Hellenismus besitzen wir wiederum Zeugnisse für die Schonung von Kultur. Als der berühmte Städtebelagerer Demetrios Poliorketes im Jahre 305 die Stadt Rhodos bestürmte, verzichteten die Bewohner darauf, die Standbilder des zuvor mit ihnen befreundeten Demetrios und die seines Vaters zu stürzen. Demetrios wiederum setzte keine Brandpfeile ein, um nicht das an der schwächsten Stelle der Mauer angebrachte Gemälde zu zerstören, auf dem Protogenes von Kaunos die mythische Urgeschichte der Insel dargestellt hatte. Die Belagerung ist nach einem Jahr gescheitert. »Indem der König das Bild schonte, verspielte er den Sieg«, schreibt Plinius und berichtet vom Vertrauen des Malers, der ohne Angst vor dem Landesfeind auf seinem kleinen Gut vor der Stadt weiterarbeitete, indem er erklärte, Demetrios führe Krieg mit den Rhodiern, nicht mit der Kunst. Das vielbewunderte Werk gelangte später nach Rom und ist dort verbrannt.[85]

Der Hellenismus kennt freilich auch krassen Vandalismus. Die Athener schmolzen die Erzstatue des makedonischen Strategen Kassander ein, nachdem der genannte Demetrios 307 die Makedonen aus der Stadt vertrieben hatte[86] – ein Fall von stellvertretender Rache. Nach seinem Sieg über die Makedonen 274 v. Chr. plünderte König Pyrrhos von Epiros die Stadt Edessa-Aigai, seine keltischen Söldner beraubten die Königsgräber und verstreuten die Gebeine im Feld.[87]

[78] Sueton, Domitian 20 [79] Tacitus, Annalen XV 38ff; s.u. 3r [80] Ammian XXII 13, 1f [81] Migne PL. 75, S. 222; Speyer 1981, S. 160 [82] s.u. 4j! [83] s.u. 5f! [84] E. Jesse, in: Demandt, 1990, S. 213ff [85] Diodor XX 81ff; Plinius, Naturalis Historia XXXV 104f; Plutarch, Demetrios 22 [86] Plutarch, Moralia 559 D [87] Diodor XXII 12

Bewußt zerstört hat Philipp V von Makedonien das Apollon-Heiligtum von Thermos 218. Hier lag allerdings zugleich das politische Zentrum der mit ihm verfeindeten Aitoler, die zuvor den Tempelbezirk von Dodona geplündert hatten. Polybios rügt den Ruin von Kunstgut, denn Philipp stürzte in Thermos zweitausend Statuen um, nicht allerdings die von Göttern.[88] Sein Motiv war Rache.

Gewalt gegen Kultur begegnet uns im Makkabäer-Aufstand und seiner Vorgeschichte. Palästina gehörte in hellenistischer Zeit zum Seleukidenreich. Die Juden bewahrten ihre Bräuche und ihren Glauben, doch übernahm ein wachsender Teil der Oberschicht hellenistische Lebensformen. Um dieser Entwicklung zum Erfolg zu verhelfen, verbot König Antiochos IV Epiphanes die aus seiner Sicht archaischen, ja barbarischen Sitten der Juden, weihte am 6. Dezember 167 v. Chr. den Jerusalemer Tempel dem Zeus Olympios und ließ am 15. Dezember den Herrscherkult einführen. Diese unter militärischem Druck durchgeführten Maßnahmen lösten jene Empörung aus, die Judas Makkabäus und seine Söhne nach schweren Kämpfen zum Erfolg führten. Mit Rückendeckung durch die politische Universalmacht Rom wurde der Kulturkampf gegen die kulturelle Universalmacht Griechentum gewonnen, am 14. Dezember 164 v. Chr. war der Tempelkult wiederhergestellt.[89]

*

3n. Wie bei den Griechen so findet sich auch bei den Römern Respekt vor den Kulturwerken des Gegners, man raubt, aber zerstört nicht. Seit der Eroberung von Syrakus 212 v. Chr. nahm die Bewunderung griechischer Kunst in Rom zu. Bevor eine eroberte Stadt zerstört wurde, hat man alle Kostbarkeiten, die »ornamenta urbis, statuae et tabulae pictae et quidquid pretiosae praedae fuit« auf die Schiffe verfrachtet und nach Rom transportiert – so bei der Eroberung von Haliartos in Böotien 171 v. Chr. im dritten Makedonischen Krieg.[90] Griechische Kunst war immer die wertvollste Beute. Wie bei den Griechen fehlt bei den Römern der Sakralvandalismus. Sie missionierten nicht: Die Götter ihrer Feinde waren nicht die Feinde ihrer Götter. Im Gegenteil. In ihrer Frühzeit haben die Römer die Götter einer belagerten Stadt durch das Ritual der *evocatio* »herausgerufen«, ehe sie zum Sturme schritten. Der Juno von Veji versprachen sie 396 v. Chr. in Rom einen viel schöneren Tempel und siehe: die Göttin

[88] Polybios V 9 [89] Peter Schäfer, Geschichte der Juden in der Antike, 1983, S. 52ff [90] Livius XXV 40, 2; XLII 63

entwich in einer Wolke![91] Der Sturm gelang. Das Ritual wiederholten sie sogar, als es 146 v. Chr. gegen den Erbfeind Karthago ging.[92] Die Akropolis von Karthago mit dem reichsten Tempel der Stadt haben die Verteidiger in ihrer letzten Verzweiflung selbst in Brand gesteckt; die Frau des karthagischen Führers Hasdrubal soll es getan haben, während dieser aus Feigheit Gnade beim Sieger suchte. Scipio machte die Stadt gemäß Senatsbeschluß dem Erdboden gleich, soll aber Tränen vergossen und an den künftigen Untergang Roms gedacht haben.[93] Wenn es einem Feldherrn schon nicht freisteht, den besiegten Gegner zu schonen, beweist er immerhin ein Gran von Menschlichkeit, indem er eine Geste des Bedauerns zeigt.

3o. Als Lucius Mummius, der Sieger von Korinth, im selben Jahr ebenfalls auf Senatsbeschluß die Stadt unter Flötenklang niederbrennen ließ,[94] verhinderte er wenigstens, daß die Bilder des feindlichen Staatsgründers Philopoimen zertrümmert wurden.[95] Römische Legionäre benutzten damals berühmte Tafelbilder, um auf ihnen zu würfeln, doch beweist das nicht das Banausentum der Eroberer schlechthin. Die Kunstbeute wurde im Triumph durch Rom geführt und dann an verschiedenen Orten öffentlich aufgestellt.[96] Vier griechische Epigramme beklagen das Ende Korinths. Der Dichter Polystratos von Letopolis deutete es als Rache für Troja: Nachdem einst die Achäer das Haus des Priamos eingeäschert haben, ist nun von dessen Nachkommen, den Enkeln des Aeneas, der »Stern von Hellas« in Trümmer gelegt worden.[97] Antipatros von Sidon besang den Freitod zweier Korintherinnen, die nicht in römische Sklaverei fallen wollten,[98] und suchte vergebens nach den Türmen und Tempeln, den Schätzen, Häusern und Menschen, deren Leid nun die Okeaniden besängen.[99] Als Caesar die Stadt neu gründete, besiedelte er sie angeblich mit einem »Auswurf von Sklaven«, die eine letzte Demütigung für die Herrin der Meere bedeuteten.[100]

3p. Der Denkmalsturz in Rom selbst beginnt im Zeitalter der Bürgerkriege. Nach seinem Sieg über die popularen Politiker 82 v. Chr. ließ der *dictator* Sulla die Siegeszeichen (*tropaea*) des Marius aus den Kriegen mit dem Numidier Jugurtha, mit den Kimbern und Teutonen beseitigen. Sulla schändete das Grab seines Gegners[101] und soll, nach griechischer Überlieferung, selbst einen scheußlichen Tod gefunden haben, weil er im Krieg gegen Mithridates ganz unrömische Rache-

[91] Livius V 21 [92] Macrobius, Saturnalia III 9, 7f; Plinius, Naturalis Historia XXVIII 18 [93] Appian VIII 132 [94] Livius, Epitome 52f; Florus I 32, 5 [95] Plutarch, Philopoimen 21 [96] Strabon VIII 6, 23; Pausanias VII 16, 8 [97] Anthologia Graeca VII 297 [98] a.O., VII 493 [99] a.O., IX 151 [100] a.O., IX 284 [101] s.o. 2x!

akte an Athen, Theben und Orchomenos verübt habe.[102] Den sullafreundlichen Senatoren zum Trotz ließ der junge Caesar die *tropaea* des Marius wieder aufstellen.[103]

3q. Die Sorge für die öffentlichen Bauten oblag während der Republik den Censoren, doch schuf Augustus ein *officium* für die *cura operum publicorum*.[104] Ihm unterstand der Denkmalschutz, erforderlich wegen des Verfalls und der Brände, nicht eigentlich aufgrund von Anschlägen. Zeugnisse für die Wertschätzung von Kunstwerken in der römischen Oberschicht häufen sich seit der späten Republik; Rom »bevölkerte« sich zunehmend mit griechischen Skulpturen und Kopien von solchen.[105] Gegen den Ehrgeiz reicher Senatoren, diese in ihre Gärten zu stellen, wandte sich Marcus Agrippa, der Freund und Feldherr des Augustus mit seiner Rede »*De tabulis omnibus signisque publicandis*«, in der er forderte, daß Gemälde und Statuen als Gemeinbesitz zu betrachten und öffentlich aufzustellen seien. Dieser Versuch, die Kunstwerke samt und sonders aus ihrer »Gefängnishaft« zu befreien, scheiterte zwar,[106] bezeugt aber ein Bewußtsein davon, daß Kultur die Sache aller ist, mithin ihre Schädigung alle trifft.

3r. Die persönliche Bindung an ein Kunstwerk hat dann dieses bisweilen in das Schicksal seines Besitzers hineingerissen. Als Nero seinen »Luxusminister« (*arbiter elegantiae*)[107] Petronius Arbiter zum Tode verurteilte, zerschlug dieser sein kostbarstes Achatgefäß, das er dem Kaiser nicht gönnte. Nachdem dann Nero selbst abgesetzt worden war, zerbrach er seinerseits vor seinem Freitod am 9. Juni 68 seine größten Kostbarkeiten, zwei Becher mit Reliefs, die Szenen aus den homerischen Epen zeigten. Das Zeitalter, das einen Künstler wie ihn nicht ehre, sei auch solcher Kunstwerke nicht würdig.[108] Das Becheropfer vor dem Tode erinnert an den *König von Thule*. Der am 19. Juli 64 ausgebrochene Brand Roms, bei dem von den vierzehn Regionen der Stadt drei völlig, sieben teilweise zugrunde gingen, wurde von dem Kaiser zur Anlage seiner luxuriösen Domus Aurea genutzt, ist aber wohl weder, wie behauptet wurde, von ihm gelegt noch besungen worden.[109] Dagegen ist es glaubhaft, daß Nero, auf ewigen Ruhm versessen, die Statuen von Dichtern, die er als Konkur-

[102] Pausanias IX 33, 6 [103] Sueton, Caesar 11; Plutarch, Caesar 5 [104] Sueton, Augustus 37; Anne Kolb, Die kaiserliche Bauverwaltung in der Stadt Rom, 1993 [105] A. Demandt, Das Privatleben der römischen Kaiser, 1997, Kap. 7r, s [106] Plinius, Naturalis Historia XXXV 26 [107] Tacitus, Annalen XVI 18 [108] Plinius, Naturalis Historia XXXVII 20; 29; Sueton, Nero 47; A. Demandt, Das Privatleben der römischen Kaiser, 1997, Kap. 3m [109] Tacitus, Annalen XV 38ff; Sueton, Nero 38; Dio LXII 16ff

renten empfand, hat verstümmeln und mit Haken in die Latrinen schleifen lassen.[110]

Unter Neros Herrschaft kam es in Britannien zu einem Krieg, der Züge eines Kulturkampfes annahm. Im Jahre 61 zog der Statthalter Suetonius Paulinus gegen das Zentralheiligtum der keltischen Bevölkerung auf der Insel Mona (Anglesey), wo Menschenopfer und andere barbarische Riten vollzogen wurden. Während er dort im Namen der Humanität den Heiligen Hain verwüstete, erhob sich die Königin Boudicca, eroberte Camulodunum (Colchester) und zerstörte im Namen der Freiheit den Tempel des vergöttlichten Claudius, »quasi arx aeternae dominationis – gleichsam die Burg ewiger Fremdherrschaft«, in die sich die letzten Legionäre zurückgezogen hatten.[111]

Als die größte Kulturschande der römischen Geschichte – »facinus post conditam urbem luctuosissimum foedissimumque rei publicae populi Romani« – bezeichnet Tacitus den Brand des Capitols im Jahre 69.[112] Nach dem Tode Neros war auch die Herrschaft seines dritten Nachfolgers Vitellius bedroht, als die Truppen Vespasians anrückten. Vitellius wollte abdanken, änderte dann aber seinen Entschluß und belagerte die Anhänger Vespasians auf der Burg. Diese verrammelten in ihrer Not die Zugänge mit den Weihestatuen, den »Zierstücken der Vorfahren«. Die Angreifer aber legten Feuer an das Staatsheiligtum. Der Tempel des Juppiter Optimus Maximus brannte ab, nachdem er dieses Schicksal ohne überlieferte Ursache während des Bürgerkriegs zwischen Marius und Sulla am 6. Juli 83 v. Chr. schon einmal erlitten hatte.[113] Das war für die Römer nicht nur ein Verlust, sondern auch ein Vorzeichen. Der Anstifter Vitellius dagegen soll dem Brande während eines Festmahls im Tiberiuspalast auf dem Mons Palatinus gegenüber zugeschaut haben. Der Vandalismus des Voyeurs! Kultureinbußen beim Kampf um den Thron gab es auch später noch, so als Septimius Severus 194 n. Chr. Byzanz belagerte und die Einwohner die Skulpturen und Bronzebilder, ja ganze Pferdestatuen auf die Angreifer warfen.[114] Das war Vandalismus aus Notwehr.

35. Seit der Einnahme Alexandrias 30 v. Chr. befand sich nahezu die gesamte mediterrane Kulturwelt in römischer Hand, so daß beim Kampf gegen äußere Feinde nur noch in Persien Vandalismus geübt werden konnte. Daran fehlte es freilich nicht. So wie die Parther und die Sassaniden in den militärischen Auseinandersetzungen griechisch-

[110] Sueton, Nero 24; 55; Dio LXIII 8, 5 [111] Tacitus, Annalen XIV 30f; Dio LXII 1–12 [112] Tacitus, Historien III 71f; Sueton, Vitellius 14; Dio LXV 17, 3 [113] Plutarch, Sulla 27

römische Städte zerstört haben, so verfuhren die Römer mit den persischen Städten. Die Hauptstadt Ktesiphon südöstlich von Bagdad wurde mehrfach eingenommen, so durch Trajan 116, durch Lucius Verus 166 und durch Septimius Severus 197. Die Kulturverluste bei der Eroberung von Städten im Reich waren Begleiterscheinung von Aufständen gegen die römische Herrschaft. Zwei Fälle ragen heraus: der Fall von Jerusalem und der von Palmyra.

Unter Nero erhoben sich die Juden, sie wurden 70 n. Chr. von Titus bezwungen. Dabei ging am 29. August der Jerusalemer Tempel in Flammen auf. Dies wird von Flavius Josephus[115] als eigenmächtige Handlung eines Legionärs beschrieben, die gegen den Willen des Titus erfolgt sei. In diesem Falle könnte dem Historiker, einem auf die römische Seite übergetretenen Juden, die Sympathie zum Kaiserhause die Feder geführt haben, aber das zuverlässig überlieferte Charakterbild des Titus macht die Angabe des Josephus plausibel. Der Autor erklärt, so wie alles Leben entrinne auch kein Werk und kein Ort seinem Ende, und sucht Trost im unermeßlichen Ratschluß Gottes, der sich darin offenbare, daß der Tempel durch die Römer am selben Kalendertage zerstört worden sei wie einst durch die Chaldäer. Der Synchronismus ist fiktiv, er wird in der Antike gern zur Akzentuierung eines Vorfalls verwendet.[116]

Die reiche Oasenstadt Palmyra in Syrien stand in einem losen Abhängigkeitsverhältnis zu Rom, das sich festigte, als eine Unterwerfung durch Persien drohte. Unter Gallienus, als an allen Grenzen Barbareneinfälle abgewehrt werden mußten, errang der palmyrenische Fürst Odainathos einen großen Sieg über die Perser, der ihm und dann seiner Witwe Zenobia die Grundlage einer eigenständigen Herrschaft bot. Die Kaiserbilder wurden gestürzt, doch Aurelian besiegte die Empörer 273 und stellte das alte Vasallenverhältnis wieder her. Nach seinem Abzug erhob sich Palmyra abermals, der Kaiser kehrte um und zerstörte die Stadt. »Urbem evertit«, heißt es lakonisch in der Historia Augusta;[117] daß der Kaiser den Sonnentempel später zu erneuern befohlen habe, ist wohl eine Legende zu seinem Lobe.[118] Wieviel Aurelian von dem »Venedig der Wüste« tatsächlich zerstört hat, ist unklar – Brandschutt haben die französischen Archäologen nicht gefunden.[119] Die Reste der prachtvollen Tempel,

[114] Dio LXXV 12,4 [115] Josephus, Bellum Iudaicum VI 4,5 (249ff). Datum nach Benedictus Niese. [116] Herodot VII 166; Diodor XI 24; Aristoteles, Poetik 1459 a 25 [117] Scriptores Historiae Augustae, Aurelianus 31, 3; Zosimos I 61, 1 [118] F. Paschoud, Histoire Auguste V 1, 1996, S. 156 [119] E. Will, Les Palmyréniens. La Venise des sables, 1992, S. 195f; freundlicher Hinweis von Udo Hartmann

Totentürme und endlosen Säulenstraßen schmücken noch heute die eindrucksvollste Ruinenstadt des antiken Orients.[120] 1791 verfaßte Constantin François de Volney seine »Méditations sur les révolutions des Empires« unter dem Titel *Les ruines*, angeregt durch die gigantischen Trümmer Palmyras, das er wenige Jahre zuvor besucht hatte. Dort erscheint ihm der Geist der Geschichte und belehrt ihn über die Ungerechtigkeit jeder Klage über die Vergänglichkeit von Menschenwerk.

3t. Neben dem kriegerischen Vandalismus kennt das antike Rom auch den friedlichen. Eine verbreitete Unsitte war die Modernisierung älterer Bilder. Um deren Schmuckwert zu nutzen oder einfach um Kosten zu sparen, hat man Denkmäler umgewidmet, indem man ihnen neue Köpfe, solche von Zeitgenossen, aufsetzte. Bei vielen überlieferten Statuen ist somit der Kopf nicht ursprünglich zugehörig. Erleichtert wurde der Tausch dadurch, daß der vom Bildhauer besondere Sorgfalt erfordernde Kopf durch einen anderen Meister gearbeitet wurde als der in Serienproduktion hergestellte Körper. Der Kopf war also abnehmbar.[121] Mitunter hat man sich jedoch auch nicht gescheut, berühmte Kunstwerke auf diese Weise umzugestalten. Augustus schmückte sein Forum mit dem Gemälde des Apelles, das Alexanders Triumph über den Kriegsgott Polemos darstellte. Kaiser Claudius ließ den Kopf des Makedonen in den des Augustus verwandeln.[122] Nach dem Sturz Domitians am 18. September 96 wurde auf dessen Cancelleria-Relief, heute im Vatikan, das Gesicht des Geächteten durch das seines Nachfolgers Nerva ersetzt.[123]

3u. Als nach der Schlacht an der Milvischen Brücke am 28. Oktober 312 der Senat den Triumphbogen für Constantin errichtete, verwendete man dazu außer Statuen vom Trajansforum Reliefs von Denkmälern der Kaiser Hadrian und Marc Aurel. Deren Köpfe wurden nun durch die von Constantin und seinem Mitkaiser Licinius ersetzt. Die Aktualisierung der Kaiserköpfe war für den Senat als Bauherrn wohl unabdingbar. Man wollte doch den lebenden Kaiser ehren! Constantin nahm es sogar hin, daß sein Kopf auf eine Darstellung Hadrians beim Opfer für Diana gesetzt wurde.[124] Duldet das ein Christ? Marc Aurel selbst hatte an diesem Verfahren Anstoß genommen. Sein Gefühl für die dadurch verletzte Pietät zeigt ein inschrift-

[120] Th. Mommsen, Römische Geschichte V, 1885/1909, S. 422ff [121] H. Blanck, Wiederverwendung alter Statuen als Ehrendenkmäler bei Griechen und Römern, 1969 [122] Plinius, Naturalis Historia XXXV 93f. [123] W. Helbig, Führer durch die öffentlichen Sammlungen klassischer Denkmäler in Rom, I, 1963, S. 9 [124] A. von Gerkan/H. P. L'Orange, Der spätantike Bildschmuck des Konstantinsbogens, 1939

Wirkliche und vermeintliche Staatsverbrecher wurden im kaiserzeitlichen Rom zur *damnatio memoriae* verurteilt: Ihre Bilder und Inschriften mußten verschwinden, ihre Rechtsakte wurden ungültig. Die Söhne von Septimius Severus und Julia Domna, Caracalla und Geta, waren verfeindet. Nach dem Tode des Vaters 211 tötete Caracalla seinen Bruder, angeblich in Notwehr, und ließ sein Bild, hier unten links, auslöschen. Das heute in Berlin befindliche Holzbild stammt aus Ägypten.

lich erhaltener Brief nach seiner Thronbesteigung an den Rat von Ephesos, man möge doch bitte nicht die Silberstatuen früherer Kaiser einschmelzen, um solche für ihn und seinen Mitkaiser Lucius Verus herzustellen.[125] Das duldet kein Stoiker.

3v. Ein für Rom bezeichnender, innenpolitisch motivierter Eingriff in die Erinnerung der Zukunft war die *damnatio memoriae.*[126] Schon Sulla hatte sie gegen seine popularen Gegner, Augustus über die Caesarmörder Brutus und Cassius, sowie über seine Konkurrenten um das Erbe Caesars, über Antonius und Kleopatra verhängt. Sie werden in seinen Siegesinschriften ebensowenig erwähnt wie zuvor der in Spanien gescheiterte Populare Sertorius in denen des Pompeius.[127] Wenn der Kaiser einen Hochverräter oder das senatorische Totengericht einen Kaiser – selten eine Kaiserin wie Messalina – verurteilte, wurden nicht nur seine Gesetze aufgehoben, sondern zudem die Inschriften unter seinem Namen ausgemeißelt und Aberhunderte von Bildnissen, die über das Reich verteilt waren, beseitigt (*imagines detrahere*), das Gesicht auf Holzbildern ausgekratzt – so Geta auf dem Berliner Rundbild mit der Familie des Septimius Severus. Mitunter kam das Volk einem Senatsbeschluß zuvor und zertrümmerte die Statuen des mißliebigen Kaisers im Anschluß an seine (oder als Auftakt zu seiner) Entmachtung, so bei Vitellius am 20. Dezember 69[128] und bei Domitian nach dem 18. September 96.[129] Wir hören von Exzessen der Volkswut, die sich an den Bildern verhaßter Kaiser austobte.[130] Opfer späterer *damnationes* wurden die »schlechten« Kaiser Commodus, Geta, Maximinus Daia, Maxentius und Licinius. Auf die Literatur hatte das Verfahren keinen Einfluß.

3w. Auch ein Beamter konnte zum Staatsfeind (*hostis publicus*) erklärt werden. Unter Tiberius schleppte die *plebs Romana* schon vor dem Gerichtsurteil die Statuen des Cnaeus Calpurnius Piso, dem vorgeworfen wurde, den beliebten Germanicus vergiftet zu haben, auf die Gemonische Treppe,[131] wo die hingerichteten Staatsverbrecher ausgestellt wurden. Das Vergessen wurde vom Senat angeordnet (*oblivionem iubere*), so im Messalina-Prozeß.[132] Die Zukunft sollte von der mit dem Namen Geächteter verbundenen Schande nichts erfahren.[133] Nachdem Nero die Standbilder der Sänger, deren Ruhm er überstrahlen wollte, verunstaltet hatte,[134] traf ihn nach seinem Sturz selbst eine solche »Entstalinisierung«. Sogar die Domus Aurea, die

[125] W. Dittenberger (Hg.), Orientis Graeci Inscriptiones Selectae, 1903/05, S. 150f, Nr. 508 [126] Vittinghoff 1936; Pekary 1985, S. 134ff [127] Plinius, Naturalis Historia VII 96 [128] Dio LXV 21, 2 [129] Dio LXVIII 1,1 [130] Plinius, Panegyricus 52,4 [131] Tacitus, Annalen III 14 [132] Tacitus, Annalen XI 38, 3 [133] Codex Theodosianus IX 40, 17 [134] s.o. 3r!

alles Bisherige an Pracht überboten hatte, mußte verschwinden. Anstoß erregender Luxus war bereits für Augustus der Grund, die Stadtvilla seiner Tochter Julia und die seines Freundes Vedius Pollio abreißen zu lassen.[135]

3x. Weder der Kopftausch noch die *damnatio memoriae* wurden in Rom als Gewalt gegen Kunst verstanden und verurteilt. Im ersten Falle sah man eine bloße Modernisierung beziehungsweise eine Sparmaßnahme, im zweiten einen Akt der Reinigung [136] beziehungsweise der Gerechtigkeit. So wie der Ruhm der höchste Lohn, so war das Vergessen die schwerste Strafe für den, der Anspruch auf Ruhm erheben konnte. »Totschweigen« kann man ja nur den, der im Gedächtnis der Nachwelt überlebt und aus diesem getilgt werden soll. Achill zog ein kurzes, ruhmreiches Leben einem langen, sorgenlosen vor; Perikles sah im Ruhm den Lohn der Gefallenen; Alexander beneidete Achill um dessen Sänger Homer.[137] Das Verfahren war freilich paradox: Man hoffte, mit der Erinnerung an die gelöschte Erinnerung und die Verheißung eines guten Angedenkens spätere Kaiser zum guten Regieren zu bringen: Auch hier ist die Nachwelt der Adressat der Aktion.[138]

3y. Die Errichtung des Bildes dokumentiert die Macht des Aufstellenden und das Ansehen des Dargestellten, daher wurde Bürgerkrieg in Rom regelmäßig damit eröffnet, daß man die Bilder des Gegners herunterriß, seine Statuen kippte – er wurde in effigie getötet.[139] Auch das ist eine zeitlose Technik.[140] Als 1776 die Figur König Georgs III am Ufer des Hudson gestürzt wurde, um den Anspruch der amerikanischen Kolonien auf Unabhängigkeit zu verkünden, wußten wohl nur wenige um das Alter dieser Geste. Die Beschädigung eines Kaiserbildes war schon in Rom Majestätsbeleidigung.[141] Das Konterfei ist selbst Identitätsträger. Empfindsame Monarchen des späten 19. Jahrhunderts mochten ihr Bild nicht auf Briefmarken setzen, wo es der Stempel entstellt.[142]

3z. Im Jahre 65 n. Chr, hundert Jahre nach ihrer Erhebung zur *colonia*, wurde die Stadt Lugdunum (Lyon), die größte und schönste in Gallien, ein Raub der Flammen. Anders als bei dem Brand Roms im Jahre zuvor, für den Nero verantwortlich gemacht wurde,[143] wird für Lugdunum kein Brandstifter benannt. Der Fall ist für uns nicht darum von Interesse, weil Nero für den Wiederaufbau vier Millionen

[135] Sueton, Augustus 72; Dio LIV 23, 2 [136] Codex, a. O. [137] Homer, Ilias IX 413ff; Thukydides II 42ff; Arrian I 12, 2 [138] Diodor I 1,5; XXI 17, 1; Tacitus, Annalen IV 38 [139] A. Alföldi, Die monarchische Repräsentation im römischen Kaiserreiche, 1934/1970, S. 71 [140] Brückner 1966 [141] Digesten III. 4, 7, 4 [142] Zu ihnen zählte, wie es scheint, Kaiser Wilhelm II. [143] s. o. 2i!

Sesterzen spendete, dieselbe Summe, mit der die Bürger von Lugdunum zuvor die Römer unterstützt hatten, sondern weil er dem Erzieher und Berater Neros, dem Philosophen Seneca, die Gelegenheit gab, seinen Freund Liberalis zu trösten, der über den Untergang seiner Vaterstadt todunglücklich war. In seinem 91. Brief führt Seneca die Schicksalslehre der Stoa aus: Unser Leben ist höheren Mächten unterworfen – Krieg und Krankheit, Not und Tod. Vergänglichkeit ist das Signum nicht nur der Kultur, sondern auch der natürlichen Erscheinungen, die durch Erdbeben und Vulkanausbrüche ähnlichen Katastrophen ausgesetzt sind wie der Mensch. Er müsse sich daher auf alles gefaßt machen, solle alles erwarten, nichts aber hoffen. Müssen wir einerseits unvorhersehbares Unglück stets einkalkulieren, so können wir andererseits unerwartetes Glück nicht ausschließen. Seneca erinnert daran, daß kein Feuer eine Stadt völlig zerstöre und manche schöner wieder aufgebaut worden sei, als sie vorher war. Er zitiert den grimmigen Romfeind Timagenes aus Augusteischer Zeit, der es nur darum bedauere, wenn die Ewige Stadt heute eingeäschert würde, weil sie morgen schöner als zuvor aufs neue erstünde.

Nachdem der Gotenkönig Alarich 410 die Ewige Stadt erobert und übel zugerichtet hatte,[144] tröstete den Dichter Rutilius (I 139f) die Hoffnung auf eine Wiedergeburt Roms:

Illud te reparat, quod cetera regna resolvit,
ordo renascendi est crescere posse malis.

Dich stellt das wieder her, was andere Reiche vernichtet,
Wiedergeburt, das heißt: wachsen können in Not.

[144] s.u. 4b!

4. Mittelalter

Bildersturz im Glaubenskampf

a. Völkerwanderung
b. Westgoten
c. Ostgoten

d. Sakralvandalismus: Christen gegen Ungläubige
e. Frühchristlicher Denkmalschutz
f. Statuen in Konstantinopel
g. Statuen und Säulen in Rom
h. Textverluste: Germanen
i. Ketzerliteratur

j. Araber in Alexandria
k. Kopten und Moslems
l. Tschingis-Khan

m. Bildersturz in Byzanz
n. Bilderdienst: Kaiserin Irene
o. Theologie des Bildbegriffs
p. Mediterraner Bildbedarf
q. Frankfurter Synode

r. Kreuzzüge gegen Moslems, Ketzer, Juden

s. Reformation: Luther
t. Calvin und die Hugenotten
u. Puritaner in England
v. Wyclif, Hus, Savonarola
w. Sexualphobie in der Antike
x. Seit der Gegenreformation: Leda

y. Cortez in Mexiko
z. Pizarro in Peru

... till Goths and Vandals, a rude Northern Race,
Did all the matchless monuments deface.
Dryden

4a. »I have described the triumph of barbarism and religion«, so resümierte Edward Gibbon 1788 seine *History of the Decline and Fall of the Roman Empire.*[1] Germanen und Christen als Sieger über das Römische Reich – waren sie auch die Zerstörer der antiken Kultur? Ja und Nein. In der Völkerwanderungszeit wurde unendlich viel an Kultur vernichtet, doch geschah dies bei den Barbaren mehr aus Unverstand als aus Absicht. Die menschenreichen, kriegerischen Nordvölker – überwiegend Germanen, daneben aber auch iranische Stämme wie Sarmaten und Alanen, dazu Turkvölker und Slawen – durchbrachen die schwachen Grenzbefestigungen des Imperiums und plünderten in einer ersten Phase die unbefestigten Villen und Städte der grenznahen Provinzen, ließen sich seit dem 4. Jahrhundert dort auch nieder und durchzogen im 5. Jahrhundert die westlichen Teile des Reiches mit langen Wagenkolonnen. Mit dem römischen Besitz sind sie vielfach schonungslos verfahren, doch hatten sie keinen Grund, mit Fleiß Kulturwerke zu zerstören. Die dafür üblichen Motive Vergeltung und Mission fehlen bei ihnen, und der Kunstraub hielt sich in Grenzen, solange die Stämme unterwegs waren und all ihre Habe mitschleppen mußten.[2]

Unter den Wandervölkern waren die Hunnen besonders gefürchtet, aber das beruhte eher auf ihrer überlegenen Kampfesweise als auf ihrer Kulturfeindschaft oder ihrer besonderen Grausamkeit. Die Zerstörung Aquileias am 18. Juli 452 hat indessen Schrecken verbreitet. Die Plünderung Roms durch Geiserich und seine Vandalen 455 war kein typischer Fall von Vandalismus.[3] Vandalistische Züge traten schließlich bei den spätrömischen Griechen selbst hervor, als für Festungsbauten gegen die Barbaren die Steine vom Niketempel der Akropolis, vom Löwendenkmal in Chaironeia oder vom Großen Fries des Pergamonaltars verwendet wurden.[4]

4b. Den Germanen traute man keinen Kunstsinn zu. Anekdoten illustrieren das: Einem Gesandten der Teutonen in Rom zeigte man

[1] Ausgabe von H.H. Milman XII, 1839, S. 392 [2] Courtois 1955, S. 58ff
[3] s.o. 1d! [4] s.o. 2l!

ein kostbares Gemälde mit einem alten Hirten. Auf die Frage, wie hoch der Teutone es schätze, meinte der, einen solchen Kerl nähme er nicht geschenkt, nicht einmal lebendig.[5] In einzelnen Fällen ist uns gleichwohl der für die Zeitgenossen erstaunliche Respekt der Germanen vor antiken Kunstwerken bezeugt. Der Westgotenkönig Alarich verzichtete 396 darauf, Athen zu zerstören, als ihm, wie es heißt, die Stadtgöttin persönlich auf den Mauern wandelnd begegnete.[6] Statt dessen ließ er sich mit kleinem Gefolge in Athen baden, massieren und bewirten. Auf der Peloponnes aber hat er mehrere Städte verwüstet, so Korinth, Argos und Sparta. Die notdürftige Befestigung der Altis von Olympia bezeugt die Bedrohung des reichen Zeusheiligtums, vermutlich durch Alarich. Als er am 24. August 410 Rom einnahm, gab es einen Brand auf dem Forum. Die Basilica Aemilia ging in Flammen auf, von der Galerie stürzten die Wechseltische herab, Kupfermünzen verschmolzen mit dem Marmorboden und sind noch heute als grüne Flecken erkennbar.[7]

4c. Bei den Ostgoten war der Sinn für Kultur weiter entwickelt. Der in Konstantinopel aufgewachsene Theoderich d.Gr. bemühte sich nach der Eroberung Italiens 490 um die Erhaltung der alten römischen Bauwerke und schritt ein, als in Rom und Ravenna Synagogen zerstört wurden.[8] Der Denkmalschutz unterstand dem *comes Romae*; er war erforderlich, weil Metalldiebe nachts Statuen zu verstümmeln pflegten. Dies Los, schreibt Theoderichs Kanzler Cassiodor, hätten die Räuber eher selbst verdient. Gäbe es noch Menschlichkeit, dann müßte die Schönheit der Stadt nicht durch Nachtwächter geschützt werden, weil die *reverentia* dafür sorgte, daß der *labor mundi* nicht vergebens war. »Gothorum laus est civilitas custodita« – den Goten, so bemerkte Cassiodor, gereiche die beschützte Kultur zum Lobe.[9] Theoderich selbst schrieb einen Brief an den Grafen von Como, wo eine berühmte Bronzestatue gestohlen worden war, und drohte den Dieben schwere Strafen an, die er in einem Edikt aber widerrief, um die Rückgabe des Kunstwerks zu erreichen. Sein Motiv: »Allzu bitter ist es, wenn in unseren Zeiten die Werke der Alten verschwinden, da wir uns doch täglich darum bemühen, die Städte zu verschönern.« (Acerbum nimis est nostris temporibus antiquorum facta decrescere, qui ornatum urbium cottidie desideramus augere.)[10] Auch Theoderichs Schwestersohn und Nachfolger Theodahat wird

[5] Plinius, Naturalis Historia XXXV 25 [6] Zosimos V 6 [7] Demandt 1989, S. 145 [8] Cassiodor, Variae IV 43; Anonymus Valesianus 81ff; W. Ensslin, Theoderich d.Gr., 1959, S. 180ff [9] Cassiodor, Variae VII 13; IX 14 [10] Cassiodor, Variae II 35f

als Liebhaber der lateinischen Literatur und Anhänger Platons gekennzeichnet.[11]

Kunstopfer forderte der »Kampf um Rom« zwischen Goten und Byzantinern. Als Wittigis 537 Rom belagerte und das in eine Festung verwandelte Mausoleum Hadrians, die spätere Engelsburg, bestürmte, brachen die Verteidiger die Marmorstatuen von den Sokkeln, um sie auf die Germanen zu schleudern.[12] Nach seinem Fundort zu schließen, zerbrach dabei auch der *Barberinische Faun*, der heute die Münchener Glyptothek ziert. Wittigis' Nachfolger Totila glückte am 17. Dezember 546 die Eroberung der Ewigen Stadt.[13] Als er sich aber im folgenden Frühjahr gegen die Byzantiner nicht mehr halten konnte, soll er gedroht haben, Rom in eine Schafweide zu verwandeln. Belisar, der Heermeister Justinians, schrieb ihm darauf, dies wäre ein Verbrechen an den Römern wie an der Menschheit, an der Vergangenheit und an der Zukunft zugleich. Dies noch uns überzeugende Argument leuchtete dem Goten ein; er verzichtete auf den Erpressungsversuch und ließ die Stadt unversehrt.[14] Nach ihrem Sieg über den letzten Gotenkönig Teja am Vesuv 552[15] beseitigten die Byzantiner gleichwohl die Erinnerungen an Theoderich. In Ravenna wurde das ihn und sein Gefolge darstellende Mosaik aus San Apollinare Nuovo entfernt, sein Porphyrsarkophag zerschlagen und aus dem Mausoleum geworfen. Das Datum der Entgotisierung ist unbekannt. In Rom ließ eine *clarissima femina*, die Rache für den von Theoderich 525 hingerichteten Senator Boethius nehmen wollte, Theoderichs Statuen umstürzen.[16]

*

4d. Die umfangreichsten Kulturschändungen des Mittelalters waren religiös bedingt und beruhen auf ebenso unvereinbaren wie leidenschaftlich verfochtenen Ansichten über die Gottgefälligkeit von Bildern.[17] Die Christen standen hier in jüdischer Tradition, zu der es bereits ägyptische Vorbilder gab, stets motiviert durch den Monotheismus.[18] Dessen Sieg unter Constantin hatte fatale Folgen für die Kulturgüter der anderen Religionen.[19] Die Anschläge überzeugter Christen auf die Gotteshäuser konkurrierender Konfessionen, auf Synagogen, Heiligtümer und Götterbilder wurden von den Kirchen-

[11] Prokop, Bellum Gothicum I 3, 1 [12] a.O., I 22 [13] Gregorovius, Rom I, S. 421 [14] Prokop, Bellum Gothicum III 22 [15] Prokop, Bellum Gothicum IV 35 [16] a.O., III 20, 29 [17] Belting 1990 [18] s.o. 3c! [19] J. Geffcken, Der Ausgang des griechisch-römischen Heidentums, 1929

vätern verteidigt oder gar verherrlicht, hatte doch schon Paulus in Athen erklärt: »So wir denn göttlichen Geschlechtes sind, sollen wir nicht meinen, die Gottheit sei gleich den goldenen, silbernen und steinernen Bildern, durch menschliche Kunst und Gedanken gemacht.«[20]

391 zerstörte der Patriarch von Alexandria das dortige Serapeum,[21] das in den Augen der Zeit nach dem Capitol zu Rom schönste Bauwerk des *orbis terrarum*.[22] Die Behauptung des Kirchenhistorikers Theodoret,[23] Kaiser Theodosius habe die letzten Götzentempel beseitigt, um der Nachwelt keine Zeugnisse des beschämenden Irrglaubens zu hinterlassen, bezeugt den Versuch einer systematischen Spurentilgung. Dieser Sakralvandalismus wurde in der kaiserlichen Rechtsprechung und Gesetzgebung ambivalent behandelt und mit Verständnis für die Täter untersagt. Die Nachsicht ist beschämend, mit der christliche Kaiser derartige Übergriffe ihrer Glaubensbrüder geahndet haben, sofern sie diese nicht sogar begünstigt oder angeordnet hatten.[24] Die Raffinesse, mit der der Bischof von Gaza im Jahre 401 den Kaiser Arcadius bewog, den Tempel der noch durchweg altgläubigen Stadt durch Militär demolieren zu lassen, war ein Bubenstück an Priesterschläue. Arcadius hatte sich zunächst geweigert, weil die Stadt stets pünktlich ihre Steuern zu zahlen pflegte. Der Bischof wandte sich daraufhin an die Kaiserin, und zwar während sie in Prozession ihren Thronfolger zur Taufe brachte. Vor versammeltem Volk konnte eine solch gottgefällige Bitte nicht abgeschlagen werden, ohne den himmlischen Zorn auf das Kind zu lenken. Der Kaiser gab nach und sandte Truppen, die nach mehrtägigem Straßenkampf den Tempel eroberten und einebneten. Die Kirchenväter frohlockten.[25] Am 15. November 408 befahlen die Kaiser beider Reichsteile, sämtliche Götterbilder und Altäre zu beseitigen.[26]

Der Abriß von Synagogen wurde von den Kaisern mehrfach mißbilligt, die Kirchen von Ketzern aber fanden keine Gnade. Die Montanisten in Phrygien schlossen sich in ihre Gotteshäuser ein, zündeten diese an und gingen lieber in den Tod, als sich Justinians Befehl zum Glaubenswechsel zu beugen.[27]

Die gewaltsame Beseitigung der vorchristlichen Kultfiguren setzte sich in nachrömischer Zeit fort. »Mitis depone colla, Sigamber! –

[20] Apostelgeschichte 17, 29 [21] Socrates Scholasticus, Historia Ecclesiastica V 16, 3 [22] Ammian XXII 16, 12 [23] Theodoret, Historia Ecclesiastica V 38f; Chronica Minora I, S. 650 [24] Demandt 1989, S. 132 [25] Überliefert in der Lebensbeschreibung des Bischof Porphyrios von Gaza durch seinen Diakon Markos, übersetzt von Georg Rohde 1927; Demandt 1989, S. 160 [26] Codex Theodosianus XVI 10, 19 [27] Demandt 1989, S. 430ff; Prokop, Anekdota 11, 23

Beuge dein Haupt in Demut, Sugambrer!« rief Bischof Remigius dem Frankenkönig Chlodwig bei dessen Taufe um 498 zu. »Adora quod incendisti, incende quod adorasti! – Verehre, was du verbrannt hast, und verbrenne, was du verehrt hast!«[28] Daß Chlodwig zuvor Kirchen zerstört hätte, ist mehr als unwahrscheinlich, aber die Vernichtung heidnischer Kultstätten ging weiter. Unter der Schirmherrschaft der fränkischen und deutschen Herrscher wurden die altgermanischen und altslawischen Heiligtümer geschleift. Nach dem Fall der Donar-Eiche zerstörte Karl d. Gr. 772 die von den Sachsen auf der Eresburg verehrte Irminsul.[29] Der Sturz der Statuen wurde als Beweis für die Schwäche der Götter ausgelegt, die nicht imstande seien, ihre Kultstätten zu schützen. Das war die Logik der *sancta simplicitas*, mit der sich bereits antike Denker auseinandergesetzt hatten, wenn Atheisten Bilder zerschlugen, um die Ohnmacht der Götter zu demonstrieren.[30]

Aber Vandalismus ist kein Argument, das lehrt die Gegenprobe: Als sich 983 die Slawen erhoben, versagten die christlichen Nothelfer. Am 29. Juni 983 eroberten die Liutizen Havelberg, zerstörten die Kathedrale und errichteten auf ihrem Gelände einen Kultplatz für ihren Gott Gerovit, der noch 1128 dort verehrt wurde. Auch in Brandenburg ging 983 die Kirche zugrunde, die Obotriten zerstörten sogar Hamburg. Das Motiv der Slawen war Widerstand gegen die Germanisierung und die Christianisierung, defensiver Vandalismus.

Die christliche Mission verfügte jedoch über die besseren Waffen und über die höhere Zivilisation. Die Bekehrung gewann einen humanitären Aspekt angesichts der bei den Heiden üblichen Menschenopfer. Für die Germanen in Uppsala sind sie noch durch Adam von Bremen (gest. 1081) bezeugt.[31] Bei den Slawen hielten sie sich noch länger. Ihre Kultstätten für die Götzen Radigast und Zwantewit wurden durch Heinrich den Löwen 1170 beseitigt,[32] nachdem bereits 988 in Kiew Wladimir d. Gr. nach seiner Taufe das Bild des Gottes Perun mit dem silbernen Kopf an einen Pferdeschweif hatte binden und in den Dnjepr schleifen lassen. Der Stolz auf den gelungenen Götzensturz blieb in der christlichen Tradition lebendig und kulminierte nochmals in der Kunst der Gegenreformation, als Giulio Romano, der Maler des Vatikans, eine Papst Gregor d. Gr. (um 600) angedichtete »heroische Vernichtungsorgie« gegen heidnische Götterbilder verherrlichte.[33]

[28] Gregor von Tours, Frankengeschichte II 31. Zum Datum: E. Zöllner, Geschichte der Franken, 1970, S. 61 [29] MGH. SS Band I (1826), S. 150f; s.o. 2j! [30] s.o. 2f! [31] Adam von Bremen IV 27 [32] Helmold von Bosau I 21; 51; II 108 [33] Warnke 1973, S. 12

Die bei Giulio Romano zugrundeliegende Ideologie ist noch dieselbe, die hinter seiner Textvorlage steht. Zwei monastische Chroniken des 14. Jahrhunderts beschreiben durchaus beifällig die Zerstörung antiker Monumente durch den Papst: »Imaginibus Daemonum capita et membra fecit generaliter amputari.« Gregor habe damit einerseits die Reste des Heidentums vernichten und andererseits verhindern wollen, daß die Pilger sich mehr der Kunst als dem Gebet widmen. Eine andere, schon humanistisch gestimmte Wertung spricht aus der Nachricht bei Bartolomeo Platina Ende des 15. Jahrhunderts, Gregor sei von seinem Nachfolger beim Volke mit der Behauptung angeschwärzt worden, er habe antike Kunstwerke, Schmuckstücke der Stadt, im Tiber versenkt. Die Tatsache ist zweifelhaft, Gregorovius nimmt Gregorius, den »Konsul Gottes«,[34] in Schutz, räumt aber ein: »Den Vorwurf des Vandalismus müssen einige Päpste mit den Barbaren teilen.«[35]

4e. Die frühen Christen haben sich indessen auch um die Rettung von Kulturwerken bemüht, denn der Götzensturz der Eiferer rief Gegenbewegungen auf den Plan. Auf der um 306 in Elvira (richtig: Iliberri, Granada) abgehaltenen Synode kam es zu einer kirchlichen Selbstkritik. Im Kanon 60 wurde festgelegt, daß niemand, der beim gewaltsamen Vorgehen gegen heidnische Heiligtümer umkomme, als Märtyrer gelten könne, hatten doch die Apostel von solchen Handgreiflichkeiten Abstand genommen und allein auf die Macht des Wortes vertraut. Als dann in der Zeit von Constantin bis Theodosius dennoch mit dem Hammer missioniert wurde, haben dies die altgläubigen Autoren beklagt, so im syrischen Antiochia Libanios in seiner Rede »Pro templis« (or. 30): Man möge doch die Statuen und Bauten wenigstens um ihres Schmuckwertes willen erhalten!

Bisweilen finden wir auch bei den spätrömischen Kaisern ein Bewußtsein davon, daß ein Tempel oder eine Statue nicht nur ein Kultobjekt, sondern ebenso ein Kunstwerk ist, das einer Stadt zur Zierde gereicht und daher Schonung, gegebenenfalls Wiederherstellung verdient. Eine Reihe von Gesetzen fordert dies und verbietet die Privatisierung von Kunstwerken.[36] Für die Bischöfe waren die Tempel in den Städten ein Ärgernis, darum beschränkte sich Constantius II darauf, am 1. November 346 die ländlichen Heiligtümer unter Schutz zu stellen.[37] Mit Empörung kommentierten die Kirchenväter Julians Befehl an die Bischöfe, die von diesen ruinierten Tempel zu erneuern oder zu bezahlen.[38] Einen Mittelweg suchte der liberale Valentinian. Er be-

[34] Beda, Kirchengeschichte II 1 [35] Gregorovius, Rom II, S. 92f [36] Unger 1878, S. 27ff [37] Codex Theodosianus XVI 10, 3 [38] Sozomenos V 5; Theophanes zum Jahre 5853 nach der Erschaffung der Welt.

fahl 365, die »ornamenta urbium ac decora marmorum« (wo möglich) zu erhalten und (wo nötig) zu erneuern.[39] Die Söhne des Theodosius wiederholten dies am 29. Januar und 20. August 399: Die Heiligtümer auf dem Lande seien zu zerstören, aber die in den Städten »ad usum publicum« zu bewahren.[40] Sie wurden säkularisiert, wie dies schon unter Theodosius in Byzanz geschehen war.[41] Im Jahre 458 erließ Kaiser Maiorianus nochmals ein Gesetz zum Schutz der Denkmäler Roms, deren Material für private Bauten ver- bzw. entwendet wurde. Er drohte diesen barbarischen Räubern mit der nicht weniger barbarischen Strafe, ihnen die Hände abhacken zu lassen.[42] Von irreparablen Bauschäden ist bereits die Rede.

4f. Während der religiös motivierte Vandalismus überwiegend das Werk fanatischer Mönche war, schätzten die Gebildeten die alte Kunst wie die alte Literatur. Aberhunderte von weit her gebrachten griechischen Götterstatuen schmückten die Gärten, die Bäder und den Hippodrom in Konstantinopel.[43] »Dedicatur Constantinopolis omnium paene urbium nuditate«, schreibt der Kirchenvater Hieronymus in seiner Weltchronik zum Jahr 330: Eine Stadt ohne Kunstwerke ist für ihn »nackt«. Selbst die alte, von Justinian erneuerte Sophienkirche zierte sich mit griechischen Standbildern, einschließlich solchen von Zeus, Aphrodite und Artemis.[44] Die Aphrodite des Praxiteles aus Knidos, die Hera Lysipps aus Samos und ein von Phidias geschaffenes Sitzbild des Zeus verschönerten den Stadtpalast des Kämmerers Lausos und gingen in dem Brand von 476 zugrunde.[45] Einen abermaligen Stadtbrand verursachte der am 13. Januar 532 ausgebrochene Nika-Aufstand.[46] Der größte Verlust, die Zerstörung der Sophienkirche, bot Justinian allerdings die Gelegenheit, sie schöner wieder aufzubauen.

Die Schicksale der antiken Monumente von Konstantinopel ergäben für sich schon eine Leidensgeschichte der Kunst, wenngleich viele Überlieferungen legendär sind. So ist es kaum glaublich, daß unter Julian Apostata um 362 die mit einem Kreuz gezeichnete Statue der Tyche nebst anderen – offenbar christlichen – Kunstwerken in eine Grube geworfen worden sein soll. Wahrscheinlicher ist, daß sie um ihres heidnischen Charakters willen, wie berichtet wird, von Kaiser Maurikios um 600 zerschlagen wurde.[47] In der Folgezeit ist das an den Bosporus verschleppte Kulturgut – soweit es nicht wieder ge-

[39] Codex Theodosianus XV 1,14ff [40] a.O., XVI 10,3; 10,15; 10,18 [41] s.o. 2k! [42] Codex Theodosianus, Novella Maioriani III [43] Unger 1878 [44] Gregorovius, Athen 1889/1980, S. 44 [45] Cedrenus I, S. 616 (Bonn); Unger 1878, S. 79f [46] Prokop, Bellum Persicum I 24; Unger 1878, S. 82ff [47] Patria S. 43; 257

raubt wurde oder auf dem Grunde des Goldenen Hornes ruht – zumeist durch Brand und Krieg zugrunde gegangen.[48] Konstantinopel wurde zum Massengrab der antiken Kunst.

49. Die Einstellung gegenüber der Antike war im Mittelalter geteilt. Die Kultur wurde bisweilen bewundert, die Religion immer verteufelt. Wenn ein mittelalterlicher Christ einmal Gefallen an römischen Statuen fand und gar Geld für sie bezahlte, geriet er in theologische Beweisnot. Als Henry von Blois um 1150 aus Rom Standbilder mit nach Winchester nehmen wollte, ließ er kundtun, damit wolle er nur die – ohnedies dem Mammon verfallenen – Römer vor Idolatrie bewahren.[49] Das war Kunstexport in seelsorgender Absicht. Nicht nur in Rom[50] sind antike Marmorwerke in großer Zahl in die Kalköfen gewandert, wie Manuel Chrysoloras, Poggio Bracciolini und Aeneas Silvia Piccolomini bezeugen und beklagen, oder als Verkörperung von Dämonen und Teufelstrabanten systematisch zertrümmert worden, wie archäologische Funde bestätigen.[51] Vor Sankt Matthias in Trier z.B. stand eine zur Unkenntlichkeit verstümmelte Venusfigur, die bis zur Zeit Napoleons, bis 1811, von frommen Pilgern mit Steinen beworfen wurde.[52]

Umfangreiche Einbußen an Kulturgut gehen im Mittelalter allenthalben auf Wiederverwendung, auf fahrlässigen Vandalismus zurück. Immer und überall wurden die Säulen und Werksteine, die Dachziegel und Bauklammern demontiert. Jacob Burckhardt beschrieb dies am Beispiel des von Kaiser Hadrian persönlich entworfenen Doppeltempels für Venus und Roma am Ostrande des Forum Romanum. Er wurde 135 n.Chr. eingeweiht und war der größte Tempel, den Rom besaß.[53] Er hatte 150 Säulen, von denen nur noch wenige Bruchstücke vorhanden sind. »Wenn irgendwo«, so heißt es im *Cicerone*, »so äußert sich hier die dämonische Zerstörungskraft des mittelalterlichen Roms, von welcher sich das jetzige Rom so wenig mehr einen Begriff machen kann, daß es beharrlich die nordischen ›Barbaren‹ ob all der greulichen Verwüstungen anklagt.«[54] Einen Begriff von den mittelalterlichen Kulturverlusten vermittelt auch die spätantike *Notitia Urbis* aus dem 4. Jahrhundert n.Chr.[55] Diese Stadtstatistik verzeichnet 80 vergoldete Götterstandbilder aus Bronze, 84 aus Elfenbein (und Holz) und 23 »große Pferde«. Von diesen Monumenten ist eines erhalten, das von Marc Aurel auf dem Capitol, und dies auch

[48] Unger 1878, S. 74ff [49] MGH. SS, Band XX, S. 542 [50] Beispiele aus Athen: Judeich 1931, S. 110 [51] Mithräum in Carnuntum; Stele von Ellenberg in Kassel [52] W. Binsfeld, in: Kurtrier. Jahrbuch 22, 1982, S. 44ff [53] Coarelli 1974, S. 99f [54] Jacob Burckhardt, Der Cicerone, 1855/1939, S. 23 [55] A. Nordh, Libellus de regionibus urbis Romae, 1949, S. 104

nur, weil man es irrigerweise für ein Bild des christlichen Kaisers Constantin hielt.

4h. Die ungeheuren Verluste der heidnisch-antiken Literatur, von der ja neun Zehntel verschwunden sind – von den 123 Dramen des Sophokles haben wir sieben –, beruhen eher auf Nachlässigkeit als auf Absicht.[56] Feuer, Wasser und Mäuse vernichteten viel. Ein zusätzlicher Filter war die Umstellung vom *volumen* auf den *codex*, das heißt von der Buchrolle auf das Blätterbuch im 4. Jahrhundert n. Chr. Was damals nicht kopiert wurde, hatte kaum eine Chance zu überleben. Tatsächlich gehen die Verluste nur zum geringsten Teil auf die Bücherverbrennungen der spätantiken Germanen zurück. Einen derartigen Versuch bezeugt die Anekdote von den Herulern 269 in Athen. Nach der Eroberung der Stadt ließen die Germanen die Buchrollen auf einen Haufen werfen, um sich an den Flammen zu ergötzen. Hier handelt es sich um pubertären Vandalismus, der sich gern mit Pyromanie verbindet. Das Bücherfeuer aber fand nicht statt, da es einem alten Griechen gelang, den Herulerfürsten davon zu überzeugen, daß die Athener eben deswegen unkriegerisch seien, weil sie ihre Zeit mit dem Bücherlesen vertrödelten, anstatt sich dem Waffenwerk zu widmen. Das leuchtete dem Germanen ein.[57] Eine gezielte Büchervernichtung ist für die Germanen der Völkerwanderungszeit nicht überliefert.

4i. Erhebliche Textverluste waren indessen mit den Glaubenskämpfen verbunden. Nachdem bei den Christenverfolgungen im 3. Jahrhundert n. Chr. stets die Auslieferung der heiligen Texte gefordert wurde, die dann gewöhnlich ins Feuer wanderten, nahmen die Christen in nachconstantinischer Zeit gründlich Rache. Am 3. August 435 und am 16. Februar 448 n. Chr. verfügten die Kaiser Theodosius II und Valentinian III, alle der Orthodoxie widersprechenden Schriften zu verbrennen, namentlich die des Platonikers Porphyrios und des angeblichen Häretikers Nestorios.[58] Wir haben Berichte, daß dies auch geschah. Die Literatur der von der siegreichen Großkirche als gotteslästerlich eingestuften Häretiker und Schismatiker ging nahezu vollständig verloren. Das in der Spätantike systematisch vernichtete Schrifttum der Arianer, Gnostiker, Manichäer und der nach Hunderten zählenden »Sektierer« dokumentiert die erfolgreichste Büchervertilgung der europäischen Geschichte. In einer Zeit, als die nur von Hand vermehrbaren Texte selten und teuer waren – eine Vollbibel kostete um das Jahr 400 sechzehn Goldstücke, für deren eines man

[56] Speyer 1981, S. 4ff; Canfora 1974 [57] Petrus Patricius fr. 169 [58] Codex Theodosianus XVI 5, 66; Codex Justinianus I 1,3

zeitweise einen Sklaven bekam[59] –, konnte die Allianz von Staat und Kirche flächendeckend ausräumen.[60] Im Kampf gegen den Teufel und seine Trabanten, den die Ketzer, wo sie konnten, ihrerseits ebenso gegen die Rechtgläubigen führten, schien jedes Mittel zu milde. Kümmerliche Reste aus der nubischen Wüste am Rande des Reiches in Nag Hammadi vermitteln uns eine Ahnung von dem Vernichteten. Nach dem Ende der Glaubenskämpfe haben dann christliche Mönche – teils aus literarischem Interesse, teils zu bloßen Übungszwecken – antike Texte kopiert und uns das vermittelt, was wir überhaupt noch haben. Aus vorchristlicher Zeit blieben nur wenige Papyri, Pergamente und literarische Inschriften erhalten.

*

4j. Gewalt gegen Kultur begegnet uns wieder in den Konflikten zwischen Moslems und Christen. Anekdotisch ist das Schicksal der Bibliothek von Alexandria nach Einnahme der Stadt 642 unter Omar. Wir kennen seinen durch Gibbon[61] popularisierten Ausspruch: »Stimmen die Bücher mit den Lehren des Korans überein, sind sie überflüssig. Widersprechen sie diesem, muß man sie verbrennen. Also Feuer!« Sechs Monate habe man die Bäder mit Büchern geheizt. Die Authentizität der Episode ist mehr als dubios,[62] nicht nur wegen der mit Großbränden allzeit verbundenen Legendenbildung.[63] Vielfach haben arabische Gelehrte die antiken Texte studiert und bewahrt, lange bevor es in Europa einen Humanismus gab.[64] Die Eroberungen der Araber hinterließen freilich auch Ruinen. Die 637 eroberte persische Hauptstadt Ktesiphon ging zugrunde, der Palast wurde geplündert, der große Teppich aus dem Thronsaal mit der Darstellung des Paradieses in Stücke geschnitten, so daß er in die Zelte der Sieger paßte.[65] Die blühende Stadtkultur in den nordafrikanischen Provinzen von der Cyrenaica über Tripolis, Africa Proconsularis, Numidia bis Mauretania verödete – die Araber lebten in Dörfern. Nur Spanien erlebte unter ihnen eine Hochblüte. Beim Einfall Abd er-Rachmans ins Frankenreich 732 ging die Sankt-Hilarius-Basilika von Poitiers in Flammen auf. Vor einem ähnlichen Los wurde das Kloster des heiligen Martin in Tours durch den Sieg Karl Martells bewahrt. In der Regel wurden die Kirchen, die in den von Moslems er-

[59] Speyer 1981, S. 14; Orosius VII 37, 16 [60] Speyer 1981, S. 130ff [61] Gibbon, History IX 1838, S. 435 [62] Speyer 1981, S. 21 [63] s.o. 3l! [64] Franz Rosenthal, Das Fortleben der Antike im Islam, 1965 [65] Das erzählte mir der Teppichhändler Kashi am 28. Dezember 1964 im Basar von Bagdad, vgl. Randa 1948, S. 91

oberten Städten standen, nicht abgerissen, sondern ihrer Skulpturen beraubt, weiß getüncht, mit Teppichen ausgelegt und in Moscheen verwandelt. Die berühmtesten Beispiele bieten Damaskus (Johanneskirche) und Konstantinopel (Hagia Sophia).[66]

Im Kriege verhielten sich die türkischen Truppen nicht anders als die christlichen. Bei der Eroberung Konstantinopels am 29. Mai 1453 wurde der Blachernen-Palast ruiniert, ebenso mehrere Kirchen der Umgebung. Die von den Verteidigern in die Chora-Kirche überführte allerheiligste Ikone der Maria Hodigitria wurde in vier Stücke zerschlagen. Die sakrale Kunst ging großenteils zu Bruch, die meisten Bücher verbrannten. Dennoch wird von Mehmet überliefert, daß er einschritt, wo er pure Zerstörungswut am Werk sah. Als er den – lange verlassenen – Palast Constantins betrat, soll er den persischen Dichter Firdusi zitiert haben: »Im Kaiserpalast webt die Spinne ihr Netz und im Turm des Afrasiab singt die Eule ihr Wächterlied.« Das erinnert an Scipios Homerzitat angesichts der Ruinen Karthagos. Die zweitgrößte Kirche, die von Justinian erneuerte Apostelkirche, übergab der Sultan dem neuernannten Patriarchen Gennadios, und erst als dieser sie verließ – sie lag zu weit entfernt vom Wohnviertel der Griechen –, errichtete Mehmet an ihrer Stelle seine eigene Grabmoschee.[67]

4k. Kulturzerstörungen im nachantiken Orient beruhen ebenfalls großenteils auf religiösen und magischen Vorstellungen. Nachdem die Ägypter im 4. Jahrhundert ihre aus pharaonischer Zeit stammende, von Griechen und Römern geduldete, ja geförderte Religion aufgegeben hatten und koptische Christen geworden waren, haben sie die Zeugnisse ihrer eigenen Tradition zu vernichten versucht. Wer heute die monumentalen Tempelanlagen in Luxor, Karnak und Edfu besucht und dort die systematisch demolierten Reliefs beklagt, denkt zunächst an bilderfeindliche Moslems. Diese aber haben allenfalls zu Ende gebracht, was die Kopten zu zerstören versäumt hatten. Die Tatsache, daß die eigenen Vorfahren der Mönche die Schöpfer dieser grandiosen Kultur waren, kam gegen den Identitätswechsel nicht in Betracht. Wie die Christen aller Länder verstanden sich die Kopten als das Gottesvolk, das der Herr aus Ägyptenland geführt hatte, erklärten damit die Geschichte der vorchristlichen Juden zu ihrer eigenen und das Volk des verstockten Pharaos zu ihrem Feind.

Das Bilderverbot im Islam beruht auf der Sunna, der »heiligen Gewohnheit«, niedergelegt in der Sammlung Hadit, wurzelt aber bereits

[66] St. Runciman, The Fall of Constantinople 1453, 1965, S. 199ff; s.o. 2k!
[67] Runciman a.O., S. 148f; 204; s.o. 2j!

Der Sieg der Araber 642 über die persischen Sassaniden bedeutete einen politischen, religiösen und kulturellen Umschlag. Das Bilderverbot des Islam führte zu Zerstörungen zahlreicher Skulpturen, so zum Sturz der Statue von König Schapur I. in der Grotte Bischapur (südwestlich von Persepolis).

im Koran. Dort findet sich der Satz: »Bilder ... sind ein Greuel von Satans Werk; meidet sie!«[68] sowie die dem Midrasch entnommene Geschichte, wie Abraham die Götzenbilder zerschlägt.[69] Diese jüdische Legende berichtet, daß Abraham von seinem Vater in eine Höhle geführt wurde, in der zwölf Götter standen, die den Himmel, die Erde und die Menschen gemacht haben sollten. Abraham setzte ihnen Fleisch vor, sie aber regten sich nicht, und Abraham erkannte, daß es tote Idole waren. Er zerschlug elf mit einer Hacke, gab diese dem größten in die Hand und erklärte seinem entsetzten Vater, der große Gott habe die kleinen zerschlagen. Der Vater schleppte Abraham vor den Richterstuhl Nimrods, dieser verurteilte ihn zum Feuertod, aber die Flammen taten ihm kein Leid.[70] Abraham ist die neben Moses meistgenannte biblische Gestalt im Koran. Gemäß dem Hadit soll Mohammed erklärt haben, bei der Auferstehung forderten die Bilder von ihren Schöpfern eine Seele, und da diese nur Gott allein verleihen könnte, würden die Künstler ins ewige Höllenfeuer geworfen.[71] Der Künstler maßt sich Gottähnlichkeit an und wird bestraft; seine Werke müssen verschwinden, sofern sie sich nicht zwischen Buchdeckeln verstecken.

Nachdem bereits Mohammed vorislamische Kultbilder hatte beseitigen lassen, haben seine Anhänger in erheblichem Umfang Kulturwerke zerstört, vor allem Darstellungen von Menschen und Tieren.[72] 723 befahl der in Damaskus residierende Omaijadenkalif Jasid II, sämtliche Bilder von lebenden Wesen in seinem Reich zu vernichten, in Tempeln, Kirchen und Häusern. Mit der Durchführung wurden, so heißt es, Araber und Juden betraut. Zerstörte Fußbodenmosaike des 8. Jahrhunderts bestätigen die Überlieferung aus archäologischer Sicht.[73] Auch die Kreuze wurden zerbrochen. Angeblich hatten dem Kalifen zwei mit dem Teufel paktierende jüdische Astrologen dies eingeflüstert, die den Christen schaden wollten. Da er aber auch befohlen haben soll, alle Schweine vom Erdboden zu vertilgen, liegt ein religiöser Reinheitswahn als Motiv für den Bilderhaß näher.[74] Unverständlich aber ist, wieso er gleichfalls alle weißen Hunde, Tauben und

[68] Koran, Sure 5, 92 [69] Koran, Sure 21, 52ff [70] L. Ginzberg, The Legends of the Jews I, 1968, S. 213ff. Freundliche Auskunft von Peter Schäfer [71] Deonna 1930, S. 325 [72] O. Grabar, The Formation of Islamic Art, 1973 [73] P. Speck, Was für Bilder eigentlich? In: Le Muséon 109, 1996, S. 267ff [74] Georgios Kedrenos, in: Migne, Patrologia Graeca, Band 121, S. 863; Zonaras l.c. Band 134, S. 1322; Des Stephanos von Taron Armenische Geschichte aus dem Altarmenischen übersetzt von H. Gelzer und A. Burckhardt 1907, S. 94; Pseudo Dionysios in: Corpus Scriptorum Christianorum Orientalium, Band 507/213, 1989, S. 123. Freundliche Hinweise von Andreas Luther.

Hähne beseitigen wollte, ja sogar alle blonden Menschen.[75] Einen Bildersturm, der sozialen und religiösen Charakter besaß, erlebte die durch den Indienhandel reiche Stadt Basra – in *Tausendundeiner Nacht* »Balsora« – am Unterlauf des Tigris. 871 erhoben sich die Sandsch genannten Negersklaven; bei dem Versuch von Ali Ibn Mohammed, dem Spartacus des Islam, eine kommunistische Republik zu gründen, wurde das »Athen des Orients« nebst seinen Moscheen ein Raub der Flammen. 923 wiederholte sich die Katastrophe bei der Erhebung der streng schiitischen Karmaten unter Abu Tahir, der ebenfalls Kufa und Samarra zerstörte und den Heiligen Stein von Mekka raubte.[76]

Auch in Indien hinterließ der islamische Ikonoklasmus seine Spuren. Im Jahre 1024 demolierten die siegreichen Moslems unter Mahmud von Ghazni den berühmten Sonnen-Tempel Shivas in Somnath (Pandschab). Aus dem letzten Stein machte der Sieger eine Stufe für seine Moschee. Als Sultan Sulaiman von Bengalen Orissa eroberte, ließ er 1568 den Tempel des hinduistischen Pilgerzentrums Puri, »die Höhle des Heidentums«, zerstören und das Holzbild des Gottes Jagannatha verbrennen. Seitdem sind die Religionskriege in Indien nicht mehr zur Ruhe gekommen, Tempel und Moscheen werden abwechselnd zerstört.[77] Die großartige buddhistische Tempelpyramide des Borobudur auf Java aus dem 9. Jahrhundert entging mit ihren Tausenden von Skulpturen den Mohammedanern, die im 14. Jahrhundert die Insel bekehrten, weil sie der Aschenregen eines benachbarten Vulkans zugedeckt hatte. So schützte die Gewalt der Natur ein Kunstwerk vor der Gewalt der Menschen. Als der Stupa 1835 wiederentdeckt wurde, regierten in Java die Holländer.[78]

Neben religiösem Ikonoklasmus wirken im Orient zwei abergläubische Vorstellungen. Es ist einerseits die Angst vor Geistern, insbesondere vor dem selbst toten Bildern bisweilen nachgesagten bösen Blick, der impotent mache. Darum werden den Dargestellten gewöhnlich zuerst die Augen ausgestochen, dann immer und immer wieder die Nasen, schließlich die Köpfe abgeschlagen. Dies scheint eine anthropologische Konstante. So haben die Kommunisten im griechischen Bürgerkrieg 1946 bis 1949 den Ikonen der Meteora-Klöster systematisch die Augen ausgekratzt. Vertilgt werden sodann die auf ägyptischen Reliefs oft wiedergegebenen Geschlechtsorgane, danach die Arme und der Rumpf. Die Beine bleiben bis zuletzt. Hinzu kommt andererseits die Vermutung, daß sich im Inneren der

[75] Leone Caetani, Chronographia Islamica, 1912ff, V, S. 1284 [76] Randa 1948, S. 98f [77] H. Kulke, Ein hinduistischer Tempel unter muslimischer Herrschaft. In: Saeculum 27, 1976, S. 366ff [78] L.F.M. Schulze, Führer auf Java, 1890, S. 227

Steine Gold befinde. Dieser Verdacht wurde bis in unser Jahrhundert durch die hohen Summen gestützt, die europäische Reisende für antike Skulpturen und Inschriftensteine zahlten – für die Einheimischen unbegreiflich. Ein bekanntes Beispiel ist das Schicksal der 1868 gefundenen Mesa-Stele mit ihrer für die Geschichte des frühen Israel unschätzbaren moabitischen Inschrift aus dem 9. Jahrhundert v. Chr., von der nur Bruchstücke gerettet werden konnten.[79]

4l. Wie der Westen, so hatte auch Ostasien seine Kulturbrüche. 213 v. Chr. ließ der Kaiser von China, Shih-huang-ti, alle Bücher, »in denen das Alte erhoben und das Neue herabgesetzt wird«, verbrennen; nach seinem Tode aber wurde die Hauptstadt geplündert und umgekehrt das »neue« Schrifttum vernichtet.[80] Schlimme Verwüstungen werden den Mongolen angelastet. Tschingis-Khan glaubte als Anhänger der schamanistischen Lehre, der allwaltende Himmel habe ihm die »goldenen Zügel der Weltherrschaft« verliehen, und wer sich diesem göttlichen Mandat widersetze, den treffe die gerechte Strafe.[81] Ja, er erklärte den Bewohnern von Buchara: »Hättet ihr nicht große Sünden begangen, so hätte Gott nicht eine solche Strafe wie mich über euch gesandt.«[82] Tschingis-Khan vernichtete die Tanguten-Zivilisation und rühmte sich, neunzig chinesische Städte gebrochen zu haben, bevor er am 18. August des »Schweinejahres« 1227 zum Himmel aufstieg. In China ließ er 18 Millionen Menschen abmetzeln.[83] Auf seinem Feldzuge nach Transoxanien besetzte er im März 1220 Buchara; als er die Stadt verließ, war sie eingeebnet.[84] Am 21. April fiel Nishapur. Es folgten Taschkent und Samarkand, 1221 Merv, Herat und Ghazni. Marco Polo besuchte um 1260 den ausgebrannten Palast von Balch, wo Alexander Roxane geheiratet haben soll.[85] Die »Mutter der Städte« (Amu el Bulad) in Khorasan besaß die nach Herat schönste Moschee, die 1220 von den Tataren ruiniert worden war. Zuvor hatten sie die gesamte Bevölkerung abgeschlachtet, die ihnen mit Geschenken entgegengezogen war. Das Motiv für die Zerstörung von Kultur war schlicht, daß der Nomade keine Verwendung für sie hatte. Außerdem ging es ihm darum, Macht zu demonstrieren, und Sendungsbewußtsein zu beglaubigen, von dem Tschingis-Khan persönlich überzeugt war.[86]

[79] K. A. D. Smelik, Historische Dokumente aus dem Alten Israel, 1987, S. 31ff [80] W. Eichhorn, in: W. D. v. Barloewen, Abriß der Geschichte außereuropäischer Kulturen, 1964, S. 98ff [81] E. Haenisch, Die Geheime Geschichte der Mongolen, 1948, S. XIV [82] Spuler 1968, S. 46 [83] Cambridge Medieval History IV 1923, S. 634 [84] Spuler 1968, S. 48 [85] H. Lemke (Hg.), Die Reisen des Venezianers Marco Polo im 13. Jahrhundert, 1908, S. 116ff [86] Spuler 1968, S. 32f; 46

Seine Nachfahren und Nachfolger setzten diese Politik fort.[87] 1238 wurde Moskau, 1240 Kiew zerstört, am 24. März 1241 Krakau, um den 3. April 1241 Breslau. Hulagu nahm am 10. Februar 1258 Bagdad ein, das mit seinen Palästen, Moscheen und den Mausoleen der Abbasiden in Trümmer sank.[88] Im folgenden Jahre fiel Mossul, am 24. Januar 1260 das reiche Aleppo. Der größte Zerstörer aber war wohl Tamerlan, der »lahme« Timur Lenk (1360–1405). Die Blut- und Brandspur seiner 35 Feldzüge zieht sich durch den ganzen Vorderen Orient. 1387 traf es Isfahan, 1389 Herat, 1393 ein weiteres Mal Bagdad. 1400 erreichten die Türken Damaskus. Die Zerstörung war so gründlich, daß die Stadt ein halbes Jahrhundert wüst lag. Viele Städte haben sich nie wieder erholt, neben Bagdad auch Alt-Delhi, das 1398 in Schutt und Asche gelegt wurde. Der Übertritt schon von Timurs Vorgänger zum Islam änderte nichts an der Praxis und wenig an der Theorie der Mongolen: »Durch Allahs Willen, nicht infolge meines Wunsches und Befehls, ist Delhi zerstört worden. Allah gab den ungläubigen Bewohnern einen Geist der Widerspenstigkeit ein, so daß sie selbst ihr Schicksal über sich brachten.«[89] Nach dem Urteil Jacob Burckhardts wurde Asien »auf alle Zeiten durch die zweimalige Herrschaft der Mongolen in seiner wesentlichen Kraft geknickt«. Für Burckhardt zeigt sich hier, »mit welcher Wucht das Böse sich zu Zeiten vordrängen darf«.[90] Timur hat indessen nicht nur zerstört. Seine Residenz Samarkand ließ er prachtvoll ausbauen. Dort steht auch sein Mausoleum, in dem er am 18. Februar 1405 beigesetzt wurde.

*

4m. Innerhalb der christlichen Glaubenskämpfe kulminiert der religiöse Vandalismus dreimal. Es ist zum ersten der Bilderstreit in Byzanz, zum andern die Kreuzzugsbewegung, die sich gegen Heiden, Ketzer und Juden richtete, und zum dritten der Bildersturm in der Reformation.

Nachdem die siegreiche Großkirche alle nichtchristlichen Heiligtümer außer den jüdischen Synagogen beseitigt und zahlreiche Häresien und Schismata überwunden hatte, kam es im byzantinischen Bilderstreit zu einer Auseinandersetzung innerhalb der Orthodoxie zwischen Ikonoklasten (Bilderzerbrechern) und Ikonodulen (Bildersklaven), die eine Jahrhunderte währende Debatte auslöste.[91] Sie hatte

[87] B. Spuler, Die Mongolen in Iran, 1955 [88] Spuler 1968, S. 144ff [89] Nach Randa 1948, S. 113 [90] Burckhardt 1868/1935, S. 160; 264f [91] Ostrogorsky 1929; ders. 1963, S. 133ff; Grabar 1957; Schreiner 1976; Irmscher 1980

ihre Vorgeschichte: Einzelne Sekten wie die Paulikianer hatten die Verwendung von Bildern im Kult immer abgelehnt, die Synode von Elvira 306[92] untersagte in ihrem 36. Kanon Wandgemälde in Kirchen, und auch namhafte Kirchenväter verwarfen die bildliche Darstellung Gottes, unter ihnen Tertullian[93] und Augustinus.[94] Dennoch ist die lateinische Kirche radikalen Bilderstürmern entgegengetreten. Papst Gregor d. Gr. tadelte im Oktober des Jahres 600 den Bischof Serenus von Marseille, weil dieser Bilder von Heiligen zerstört habe, anstatt bloß deren Anbetung zu untersagen. Gregor bestreitet, daß Gewalt gegen die *imagines sanctorum* aus der Schrift oder der Geschichte gerechtfertigt werden könne, und betont den didaktischen Wert von Bildern, zumal wenn man, wie Serenus in Gallien, inmitten von Analphabeten lebe.[95]

Im griechischen Osten hingegen reicht eine bilderfeindliche Tradition weit zurück. Schon Eusebios von Caesarea hatte zur Zeit Constantins die Verwendung von Bildern im Kult verworfen,[96] und Epiphanios von Salamis ist bei seinen Reisen im Osten in der Zeit um 400 tätlich gegen gemalte Darstellungen von Christus und Heiligen in Kirchen vorgegangen.[97] Im byzantinischen Bereich machte sich offenbar der Einfluß der Juden und später der Moslems geltend, die zwar als »Ungläubige« bekämpft wurden, sich aber ebenfalls auf die Bibel mit ihrem Bilderverbot stützten, das von den Christen so sichtlich übertreten wurde. Hatten sie nicht selbst immer wieder den Heiden ihren Götzendienst vorgeworfen und deren Bilder zerschlagen?

Die Auffassung, daß Jesus weder dargestellt werden könne noch dürfe, breitete sich unter Kaiser Leon III in Kleinasien aus, zumal in Phrygien und Isaurien, wichtigen Rekrutierungsräumen der byzantinischen Armee. Nach der Legende soll der Vulkanausbruch von Thera 726 den Kaiser vor Gottes Zorn gewarnt haben, so daß er die Christusfigur von der Bronzepforte des Palastes in Konstantinopel beseitigen ließ.[98] Es folgte am 17. Januar 730 ein Edikt, das die Beseitigung der Christusbilder gebot und deren Verehrern Strafe androhte.[99] Die Einmischung des Kaisers in Glaubensfragen war seit Constantin und dem Konzil von Nicaea 325 nichts Ungewöhnliches. Der Herrscher empfand sich in jüdisch-christlicher Tradition seit König David immer in einem Immediatverhältnis zu Gott. Gegen das Bilderverbot erhob sich Protest, darum mußte der Patriarch abgesetzt

[92] s. o. 4e! [93] Tertullian, De idolatria 4 [94] Augustinus, De civitate Dei IV 31 [95] Gregor Magnus, Registrum epistularum XI 10; Mirbt 1911, Nr. 183; Feld 1990, S. 11ff [96] Feld 1990, S. 4 [97] Hieronymus, Brief 51, 9 [98] Patria S. 219 [99] G. Ostrogorsky, Les débuts de la querelle des images, in: Mélanges Charles Diehl, 1930, I, S. 235ff

und ein Aufruhr in Griechenland unterdrückt werden. Eine Fabel besagt, daß er sogar die Universität (*didaskaleion oikumenikon*) mit den bildertreuen Insassen habe verbrennen lassen.[100]

741 übernahm Leons Sohn Konstantinos V die Herrschaft. Später erhielt er den Beinamen Kopronymos – »Mistkerl«. Er verfocht den Bildersturz mit Feder und Schwert. Ein Bürgerkrieg mit einem bilderfreundlichen Nebenbuhler in Anatolien wurde siegreich beendet. Um seinen Ikonoklasmus durchzusetzen, berief der Kaiser zum 10. Februar 753 ein Konzil nach Hieria, gegenüber von Konstantinopel.[101] Auf dessen Beschluß hin begann die Entfernung der Bilder und die blutige Unterdrückung ihrer Verteidiger. Die Nachrichten über das, was wirklich vernichtet wurde, sind höchst spärlich, sehen wir von den Legenden ab. Archäologische Zeugnisse für lädierte Kreuzdarstellungen haben wir für Konstantinopel (Irenenkirche), Nicaea (Koimesiskirche) und Thessalonike (Hagia Sophia); die Schriftquellen erwähnen einzelne Buchverbrennungen und Dekorwechsel in zwei Bauten der Hauptstadt, *afta itan ola.* Auch eine hohe Dunkelziffer kann keine großräumige Bildervernichtung beweisen, wie sie etwa Otto von Freising behauptet: »(Konstantin V) befahl, die Bilder des Herrn und der Heiligen zu verbrennen und viele zu enthaupten, die sich seinem Frevel widersetzten.«[102] Was und wieviel damals zerstört wurde, verschwindet hinter den Klagen über die Gewalt gegen Menschen und in den theoretischen Beweisführungen für die Ikonen. Für sie agitierten zumal die Mönche, deren Klöster in Konstantinopel in Kasernen verwandelt oder zerstört wurden.[103] Es kam zu einer Emigration von Mönchen nach Unteritalien. Papst Gregor III verurteilte die rigoristische Bilderfeindlichkeit schon auf einer Synode am 1. November 731[104] und exkommunizierte die Zerstörer von Bildern. Papst Stephan III wiederholte dies am 12. April 769.[105] Der byzantinische Ikonoklasmus wandte sich jedoch nicht gegen die Kunst als solche. Vielmehr kam es sogar zu einem Aufschwung der profanen Malerei. Auch die Darstellung des Kaisers selbst gewann an Bedeutung.

4n. Als die Kaiserin Irene, die Witwe des dritten bilderfeindlichen Kaisers, für ihren Sohn, dem sie die Augen hatte ausstechen lassen, die Regierung übernahm, stellte sie auf dem siebenten ökumenischen Konzil, eröffnet am 24. September 787 in Nicaea, die Bilderverehrung wieder her.[106] Gleichzeitig beschlossen die versammelten Bischöfe, sämtliche bilderfeindlichen Schriften zu verbrennen. Nach

[100] Patria S. 226 [101] Hefele III 1910, S. 695 [102] Otto von Freising, Chronik V 18 [103] Theophanes anno mundi 6259; Zonaras XV 8; Cedrenus II 16 [104] Hefele III 1910, S. 678 [105] Hefele III 1910, S. 730 ff [106] Hefele III 1910, S. 760ff

dem Vandalismus gegen die Bilder nun der Vandalismus gegen die Bücher. Er war so erfolgreich, daß wir die Argumente der Bildergegner nur noch aus Zitaten der Bilderverehrer kennen. Ihr philosophischer Kopf war zunächst Johannes von Damaskus (etwa 650 bis 750), aus arabisch-christlicher Familie, der sein Lebensende in Jerusalem verbrachte, damals zum Omaijadenreich gehörig. Nach ihm hat Nikephoros I, Patriarch von Konstantinopel 806 bis 815, den Bilderdienst verteidigt. Die bildertheologischen Schriften machen klar, daß es letztlich um das alte Problem der Christologie ging: um das mysteriöse Verhältnis von Gott und Mensch in Jesus, zudem aber ebenso um das Verhältnis zwischen Darstellung und Dargestelltem und zuletzt um das Verhältnis zwischen (erlaubter) Andacht und (unerlaubter) Anbetung.

4o. Die schärfste Kontroverse betraf den Bildbegriff. Die Ikonoklasten gingen aus von einer weitgehenden, beinahe magischen Identität zwischen Bild und Abgebildetem. Liegt sie vor, dann ist die Andacht zugleich Anbetung, dann gibt es keinen wesentlichen Unterschied zwischen einer Zeusfigur und einem Christusbild, dann nötigt der Kampf gegen den heidnischen Fetisch zum Verzicht auf das christliche Heiligenbild. Für den populären Bilderglauben der Orthodoxie ist der Verdacht kaum abzuweisen, daß den berühmten Ikonen selbst gegenständliche Heiligkeit zugeschrieben wurde. Die Theoretiker der Bilderverehrung aber haben dies entschieden bestritten. Sie trennten Darstellung und Dargestelltes. Die Beziehung wird symbolisch-allegorisch ausgelegt, im Sinne der platonischen »Teilhabe« (*methexis*), die das Verhältnis zwischen Sache und Idee bezeichnet. Wenn das Bild selbst nicht heilig ist, sondern nur kraft des auf ihm Dargestellten Ehrfurcht vor dessen Heiligkeit weckt, dann ist der Vorwurf der Idolatrie unbegründet. Ein Heiligenbild fällt dann nicht unter das alttestamentliche Bilderverbot, denn es ist kein Götze, sondern ein Mittel zur Veranschaulichung und Verinnerlichung der Frohen Botschaft.[107] Theologisch legitimiert wurde das Ikonenwesen durch die paulinische These von der »Aufhebung« des bilderfeindlichen mosaischen Gesetzes im und vom Evangelium. Dem Reinen ist alles rein, »omnia munda mundis«, *panta kathara tois katharois,* heißt es im Brief an Titus (1,15), und damit kann einem reinen Gemüt kein Bild etwas anhaben – weshalb es also vernichten?

4p. Der Ausgang des Bilderstreits aber wurde nicht auf philosophischer Ebene entschieden. Indem die Ikonoklasten die Darstellbarkeit der Göttlichkeit Christi bestritten und sein Menschentum (fast im monophysitischen Sinne) verdrängten, zugleich aber die Marien- und

[107] s.u. 4s; 4t!

Heiligenverehrung ablehnten, wandten sie sich gegen jene sinnliche Form der Frömmigkeit, die in altmediterran-polytheistischer Tradition im Mittelmeerraum dominierte. Der religiöse Bildbedarf war allgemein verbreitet und verwurzelt: umdeutbar, aber nicht ausrottbar. Möglicherweise ist es eine Folge des Bilderstreits, daß die orthodoxe Kirche keine dreidimensionalen Heiligenbilder verwendet, sondern nur gemalte, denn die antiken Kultfiguren, die in der Bibel verboten werden, waren vollplastisch. Darum ist die Formulierung des zweiten Gebots im orthodoxen Katechismus sinngemäß richtig: »Du sollst Dir kein Schnitzbild von Götzen machen.« Die Verehrung von Ikonen wird ausdrücklich auf die dargestellte heilige Person, nicht auf den »toten Stoff« bezogen.[108] Unvereinbar damit ist jedoch, wenn Pilger die Farbe von Ikonen kratzten, um sie als Heilpulver zu schlucken: Auch dies ist sakraler Vandalismus.

4q. Der Westen reagierte auf den Bilderstreit gelassen. Die von den Päpsten vertretene Lehre wurde von Karl dem Großen auf der Frankfurter Synode zu Sommeranfang (21. Juni?) 794 übernommen: Man solle Bilder weder verehren noch vernichten.[109] Das Bilderverbot verschwand aus dem Dekalog der Westkirche – bis heute. In Byzanz hingegen gaben die Ikonoklasten nicht auf. Im Jahre 815 kam es unter Leon dem Armenier nochmals zu einem Bilderverbot.[110] Die Bildergegner glaubten, der militärische Erfolg der ikonoklastischen Kaiser gegen Araber und Bulgaren hinge mit deren gottgefälliger Bilderfeindlichkeit zusammen, aber das fand wenig Anklang. Das definitive Ende des Bilderstreites kam mit der Rückführung der Ikonen durch die Kaiserin Theodora in die Kirchen am 19. Februar 842.[111] Ob und wieweit in dem Konflikt unterschwellig ethnische und soziale Spannungen zum Ausdruck kamen, ist schwer zu entscheiden. Die Quellen zum Bilderstreit behandeln überwiegend die theologische Frage der Zulässigkeit, beschreiben die Gewaltmaßnahmen gegen die Bilderverehrer, aber gehen kaum ein auf Zahl und Art der tatsächlich vernichteten Kunstwerke. Sicherlich bestand auch damals keine unmittelbare Beziehung zwischen der Schönheit und der Heiligkeit eines Bildes. Legendär ist, daß lediglich eine einzige, heute in Athen befindliche Ikone, ein Marienbild des 4. Jahrhunderts aus Trapezunt, die Zerstörungswelle überdauert habe. Vorikonoklastische Ikonen besitzt das Katharinenkloster auf dem Sinai.[112]

*

[108] Orthodoxer Katechismus, hg. vom Slavischen Institut München, 1956, S. 30 [109] Hefele III 1910, S. 1045ff [110] Hefele III 1910, S. 1217ff [111] Hefele IV 1911, S. 114 [112] Freundlicher Hinweis von Reiner Haussherr.

4r. Der zweite religiös motivierte Komplex von Kulturverlusten erwuchs aus dem mittelalterlichen Kreuzzugsgedanken. Die frühchristliche Idee der *militia Christi*, die nur das Schwert des Glaubens schwang und die Siegeskrone des Martyriums erstrebte, wurde ihres metaphorischen Charakters entkleidet und als Kriegsdienst für den wahren Glauben, als Heiliger Krieg im Sinne des Alten Testaments begriffen. Die Feinde waren die Moslems, die Ketzer, einschließlich der Griechisch-Orthodoxen, und die Juden. Am 27. November 1095 rief Urban II in Clermont zur Befreiung Jerusalems auf: »In Jerusalem wird die Lehre des Teufels verkündet, die Moslems haben die Kirchen in Ställe verwandelt!« 1098 fielen Antiochia und Edessa, am 15. Juli 1099 eroberte Gottfried von Bouillon Jerusalem, die Christen wateten im Blut.[113] Aus dem Felsendom machten die Augustiner Chorherren das *Templum Domini*.

Noch größeren Kulturschaden richtete der vierte Kreuzzug in Byzanz an. Das Unternehmen drohte schon in Italien zu scheitern, weil die Franzosen den Venezianern die Überfahrt nicht bezahlen konnten. Darum wählte man einen Umweg über das reiche Konstantinopel, wo Thronwirren ausgebrochen waren. Als die Kreuzfahrer vor der Stadt lagen, zündeten die Griechen den mit dem Feind sympathisierenden ansässigen Lateinern die Häuser an und zerstörten in abergläubischer Panik das Standbild der Athena Promachos.[114] Andere Antiken fielen dem Geldmangel zum Opfer, so die Bronzen vom Constantinsforum.[115] Am 17. Juli 1203 drangen die Franken zum ersten Male in die Stadt ein und legten Feuer. Kirchen, Paläste, ja die Moschee der schon damals in Konstantinopel lebenden Sarazenen gingen am 19. August 1203 in Flammen auf.[116] Nach der zweiten Eroberung brannte die Stadt am 12. April 1204 abermals. Die Plünderung am Folgetag brachte Beute wie nie zuvor.[117] Die Berichte von Gottfried von Villehardouin auf der lateinischen Seite und von Niketas Choniates auf der griechischen ergänzen einander. Mit Erbitterung beschreibt letzterer die Schändung der Hagia Sophia, den am kostbarsten ausgestatteten Kirchenbau der Christenheit, der mit brachialer Gewalt ausgeschlachtet wurde.[118] Damit belohnte Gott nach katholischer Auffassung die Kreuzfahrer dafür, daß die Messe in Konstantinopel hinfort nach römischem Ritus zelebriert

113 Raymond d'Aguilers, ed. J.H. et L.L. Hill, 1969, S. 147ff 114 Nicetas Choniates, Historia, hg. von A. van Dieten, 1975, S. 558f (ed. Bekker S. 738f); Unger 1878, S. 147 115 Unger a.O. 116 F. Getz (Hg.), Die Eroberung von Konstantinopel durch die Kreuzfahrer im Jahre 1204 von Gottfried von Villehardouin, Marschall der Champagne, o.J. (1915), S. 62f; 73ff 117 a.O. S. 74ff 118 Unger 1878, S. 39f; 148f

wurde. Die Griechen hat das so aufgebracht, daß sie schließlich lieber den Türken ihre Freiheit als den Katholiken ihren Glauben preisgaben.

Die Kreuzzugsbewegung wirkte sich nicht nur im Osten aus. In ihren Zusammenhang gehört der Untergang der – vorwiegend literarischen – provençalischen Kultur in Okzitanien. Hier war im 12. Jahrhundert ein reiches höfisches Leben entstanden, getragen von den Troubadouren, fahrenden Minnesängern. Mittelpunkt war der Hof des Grafen Raymond VI von Toulouse. Er tolerierte die sehr erfolgreich gegen die verweltlichte Kirche missionierende gnostisch-asketische Glaubensbewegung der Albigenser (nach der Stadt Albi) oder Katharer (von griechisch *katharos* – rein), wovon unser Wort »Ketzer« abgeleitet ist.[119] Gegen sie rief Papst Innozenz III am 10. März 1208 zum Kreuzzug auf,[120] den Graf Simon IV de Montfort und die französischen Könige mit unglaublicher Härte führten. Am 22. Juli 1209 wurde Béziers ausgemordet, leergeraubt und angezündet,[121] der päpstliche Legat meldete nach Rom: »Spoliata est tota civitas et succensa, ultione divina in eam mirabiliter saeviente.«[122] – Wunderbar wütete Gottes Rache ... Die Gebeine des Predigers Almaricus Carnotensis wurden wieder ausgegraben und verbrannt.[123] Zahlreiche Städte und Burgen wurden zerstört, die Ketzer verbrannt. So lesen wir zu 1239: »Le vendredi de la semaine avant la Pentecôte fut fait un immense holocauste agréable au Seigneur.«[124] Das Wort *holocaustum* ist das bei den Kirchenvätern latinisierte griechische *holokautoma,* der Begriff der griechischen Bibel für das »ganz verbrannte« Opfer auf dem Altar des Tempels »zum süßen Geruch des Herrn«.[125] Nach dem Sieg der Krone zogen sich die Troubadoure aus dem Languedoc nach Spanien zurück.

Gleichzeitig mit der Kreuzzugsbewegung begann die militante Judenfeindschaft des europäischen Mittelalters.[126] Von Spanien über Frankreich und Deutschland bis nach Osteuropa ziehen sich die Wellen von Verfolgungen, Vertreibungen und Vernichtungen hin. Sie trafen auch jüdisches Kulturgut. Am 3. Juni 1239 forderte Papst Gregor IX die französischen Erzbischöfe auf, die Literatur der Synagogen zu kassieren. Ende September 1242 ließ König Ludwig IX der Heilige Tausende von Exemplaren des Talmud nach Paris bringen und verbrennen.[127] Der Judenhaß war immer wieder verbunden mit Aus-

[119] Arno Borst, Die Katharer, 1953 [120] Migne PL. 215, S. 1357 [121] Mirbt 1911, Nr. 274 [122] Mirbt 1911, S. 141 [123] Brückner 1966, S. 231 [124] Jean Duvernoy, Le Catharisme, 1979, S. 126 [125] 3. Mose 1, 9; Epheser 5,2 [126] S. Eidelberg, The Jews and the Crusaders, 1977 [127] H. Feld, Franziskus von Assisi und seine Bewegung, 1994, S. 326

brüchen religiöser Emphase, wie sie beispielsweise der Schwarze Tod 1348 begünstigte. Den Juden warf man Brunnenvergiftung vor, die Synagogen wurden enteignet und in Kirchen umgewandelt: 1349 in Nürnberg, Bamberg und Würzburg, 1424 in Köln, wo seit 1500 zudem eine Inschrift daran erinnert und die Juden zur Taufe aufruft. In Regensburg hat das Stadtvolk am 22. Februar 1519 die Synagoge abgerissen, um eine Marienkapelle zu errichten und den Friedhof eingeebnet, ja die Toten ausgegraben.[128]

Neben dem ideologisch verbrämten Vandalismus gegen Andersgläubige kennt das Mittelalter natürlich auch die kriegsbedingte Kulturzerstörung, wie sie zu allen Zeiten vorkommt. Das lehren die Züge der deutschen Kaiser nach Italien. Der spektakulärste Fall ist wohl der von Mailand. Nachdem Barbarossa die Stadt zum zweiten Male bezwungen hatte, ließ er sie am 26. März 1162 räumen und in Schutt verwandeln: »Mediolanum captum et funditus eversum est.«[129] Ein ähnliches Schicksal bereitete der Kaiser am 5. April 1167 der Stadt Salzburg und nach dem 24. Juli der *Città Leonina* um den Vatikan in Rom. Nur Sankt Peter wurde verschont.[130] Wenn Kirchen und andere sakrale Objekte Opfer der Kriegsfurie wurden, wie das beispielsweise im Hundertjährigen Kriege tausendmal vorgekommen ist und auch sonst im späten Mittelalter üblich war, dann ist die Sittenlosigkeit der Truppen die einfachste, aber nicht die einzige Erklärung. Die Heiligen und Heiligtümer des Gegners verstand man offenbar nicht immer als irdische Abbilder himmlischer Mächte, die jedem Frommen helfen, sondern oft als sach- und ortsgebundene Kräfte, die ihrem Besitzer, das heißt dem Feinde nützen. Hier spricht wieder ein unchristlicher Fetischismus mit, der im Bildersturm der Reformation für die Kirchenkunst verheerend wurde.[131]

*

4s. Mit der Reformation lassen wir gemeinhin die Neuzeit beginnen, doch empfiehlt sich in unserem Zusammenhang eine Anbindung an die mittelalterliche Tradition: Gewalt gegen Kultur blieb zunächst religiös motiviert. Im 16. Jahrhundert hat durch die Reformation das biblische Gebot: »Du sollst dir kein Bildnis oder Gleich-

[128] Germania Judaica II, 1968; III, 1987; Hedwig Röckelein, Marienverehrung und Judenfeindlichkeit. In: Claudia Opitz (u.a. Hgg.), Maria in der Welt, 1993, S. 279ff; s.o. 2m; 2w. Freundlicher Hinweis von Wolfram Drews. [129] Appendix zu Otto von Freising, Gesta Friderici, zu 1162 [130] Gregorovius, Rom IV, S. 551ff [131] Guy P. Marchal, Jalons pour une histoire de l'iconoclasme au Moyen Age. In Annales HSS, 1995, S. 1135ff

nis machen«[132] einen Bildersturz ausgelöst, von dem nicht nur die leeren Konsolen zahlreicher Kirchen bis heute Zeugnis ablegen.[133] Luther selbst hat sich, vielleicht mehr aus Sorge um die öffentliche Ordnung als aus theologischen Erwägungen, gegen den von dem Prediger Bodenstein alias Karlstadt und den Zwickauer Propheten entfesselten Bildersturm gewandt, nachdem der Stadtrat von Wittenberg am 24. Januar 1524 den Bildergegnern auf halbem Wege entgegengekommen war.[134] Luthers Prinzip »Sola scriptura!« richtet sich nicht gegen die *pictura,* sondern gegen die *traditio* und deren Verwalter. In seinem Katechismus fehlt das zweite Gebot, das Bilder untersagt, doch behielt er die Zehnzahl bei, indem er im Anschluß an Augustinus aus dem zehnten Gebot deren zwei machte. Nach katholischer Tradition richtete sich das Bilderverbot gegen Abgötterei, war somit innerhalb der christlichen Verkündigung gegenstandslos. Wo Luthers Lehre durchdrang, blieben die Kunstwerke erhalten, so in Nürnberg, möglicherweise nicht zuletzt aus Achtung vor Albrecht Dürer. 1525 setzte sich dieser in seiner Schrift *Unterweisung der Messung ...* mit den Bilderfeinden auseinander, gegen die er die Achtung vor der Kunst bei Griechen und Römern in Anschlag bringt. Im selben Jahr verteidigte Luther die Bilder als Mittel der Andacht, nicht der Anbetung in seiner Schrift *Wider die himmlischen Propheten, von den Bildern und Sakrament.*

Im Bauernkrieg blieb die Kulturbarbarei eine Begleiterscheinung, teils als Racheakt, teils als Götzensturz motiviert. Die Aufständischen zerstörten Klöster, Schlösser und Herrensitze am Harz und in Thüringen, im Schwarzwald (Sankt Blasien) und im Allgäu (Kempten am 3. April 1525). Der Bauer wollte nicht ruhen, so schrieb Ranke,[135] »bis es in Deutschland nichts weiter gebe als Bauernhäuser«. Gegen die besser organisierten Heere der Obrigkeit aber hatten die »mörderischen und räuberischen Rotten der Bauern« (Luther) keine Chance. Truchseß Georg von Waldburg, genannt der Bauernjörg, zwang sie als der Feldhauptmann des Schwäbischen Bundes in die Knie, indem er Weinsberg einäscherte und, entgegen dem Verbot des Bundes, die Dörfer und Höfe der Empörer niederbrannte – ein erstes Beispiel für den totalen Krieg, das sich in der Pfalz und in Georgia, in Transvaal und im Großdeutschen Reich wiederholen sollte. Am 2. Juni 1525 waren die Bauern geschlagen.

Dennoch ging der Sturz der Bilder weiter. In Konstanz fielen sie nach einer Aufforderung von Bürgermeister und Rat in Zürich vom

[132] 2. Mose 20, 4; 3. Mose 26, 1; Römer 1,23 [133] Warnke 1973, S. 65ff; Feld 1990, S. 118ff [134] Ranke, Reformation I, S. 229ff; Végh 1915, S. 23ff [135] Ranke, Reformation I, S. 318

16. Januar 1529 fünf Tage später. Holzbilder wurden »one pracht oder groß geschrey« verbrannt, Steinskulpturen in das Wollmatinger »Götzentor« vermauert, der auf die Karolingerzeit zurückgehende Domschatz ausgemünzt.[136] Ulm traf es am 20. Juni 1531: »All altar abbrochen, die taflen darab genomen, zerschlagen, erhawen; alle bultnussen, als gemel in der Kirchen und ausserthalb als hinweg und verderbt ...« Der zeitgenössische Autor meint, der Türke hätte nicht übler hausen können.[137] Der Creglinger Altar Tilman Riemenschneiders, das großartigste Schnitzwerk des Meisters, wurde glücklicherweise nur mit Brettern vernagelt, vergessen und erst 1832 wiederentdeckt.[138]

Den ärgsten Bildersturm erlebte Münster in Westfalen. Nach harten Auseinandersetzungen zwischen dem Bischof und den Bürgern zogen am 5. Januar 1534 die Wiedertäufer ein und ergriffen mit der Ratswahl vom 23. Februar die Macht. Das neue Regime nahm in mehrfacher Hinsicht Szenen der Französischen Revolution und der Commune in Paris vorweg. Klöster und Kirchen wurden purifiziert. Bilder aller Art, Glasfenster, Grabmäler, Orgeln und die große Kunstuhr ramponiert. Um den Bruch mit der Vergangenheit komplett zu machen, zerstörte man Manuskripte, Urkunden und Archivalien und zerbrach das Petschaft mit dem Stadtsiegel, das seit 1231 in Gebrauch war. Am 15. März 1534 gab es ein Autodafé auf dem Markt, das an Savonarola in Florenz erinnert,[139] alle Bücher außer der Bibel sollten in Rauch aufgehen. Der Verlust wurde auf 20 000 Gulden taxiert. Das »Neue Zion« endete mit der Eroberung Münsters durch den Bischof, der am 28. Juni 1535 einzog und die Leichen der hingerichteten Führer in Eisenkäfigen am Lambertikirchturm aufhängen ließ.[140]

4t. Der Sakralvandalismus der Wiedertäufer wirkte in milderer Form bei den Reformierten weiter. Während neben Luther auch Melanchthon im Einklang mit Erasmus die gemäßigte Haltung Papst Gregors d. Gr. aufgriff, haben Zwingli und Calvin den rigorosen Ikonoklasmus gepredigt. Pfingsten 1524, am 15. Mai, beschloß die Stadt Zürich, »Bilder und Götzen hinweg zu tun«; am 7. Februar 1528 folgte ein gleicher Beschluß in Bern.[141] Auch die Orgeln wurden dem Volkszorn geopfert. Am 27. Februar 1529 begab sich der Humanist und Reformator Vadianus mit dem Magistrat St. Gallens ins Kloster, der Pöbel belud 46 Wagen mit Kunst und verbrannte sie. Die

[136] H. Buck/E. Fabian, Konstanzer Reformationsgeschichte in ihren Grundzügen I, 1965, S. 141 [137] Feld 1990, S. 176 [138] Feld 1990, S. 183 [139] s. u. 4v! [140] Ranke, Reformation II, S. 103ff; G. Tumbült, Die Wiedertäufer, 1899; Warnke 1973 [141] Végh 1915, S. 37

Skulpturen wurden vermauert, aus Glocken Kanonen gegossen. In Basel vernichtete das Volk am 12. Februar 1529 alles, was an religiöser Kunst noch existierte, auf zwölf Scheiterhaufen vor dem Münster.[142] Hans Holbein d.J. verließ Basel und ging nach England. Zwingli erklärte in seiner *Fidei ratio ad Carolum Imperatorem* vom 3. Juli 1530 Bilder und Instrumentalmusik für unchristlich; der reformierte Heidelberger Katechismus von 1563 enthält in der Tradition Philons von Alexandrien als Zweites Gebot das mosaische Bilderverbot.[143]

Die Argumente Calvins[144] sind im wesentlichen noch diejenigen der byzantinischen Bildergegner, erweitert um Stimmen aus der antiken Literatur gegen den Fetischismus, unter denen jener Horaz-Passus hervorragt, in dem ein Feigenbaumklotz überlegt, ob der Schreiner einen Schemel oder einen Gott aus ihm machen werde, und siehe, er wurde ein Priap![145] Gott abzubilden, so Calvin, sei Sünde, das widerspreche seinem Wesen als Geist. Die Bilderadvokaten trieben faule Sophisterei; auch die antiken Heiden sahen in ihren Götterbildern nur Gleichnisse. Und waren Bilder im kindlichen Alter der Kirche einmal sinnvoll, so sei das nun doch vorbei! Selbst Symbole lehnt er ab. Calvins Argumente sind dann in zahllosen Schriften und Predigten aufgenommen und ausgebreitet worden: Göttliches dürfe man nicht vermenschlichen, Bilder von ihm widersprächen seiner Allgegenwart, Prunk in der Kirche lenke ab vom Wort, die Kosten für Kunst seien den Armen zuzuwenden.

Die These, Kunst verführe zur Diesseitigkeit, zur Weltliebe, der wahre Künstler sei Gott, und ihn nachzuahmen sei Anmaßung, erinnert an die Abwertung bildlicher Darstellung durch Platon. Indem er in allen Dingen die unvollkommene Verwirklichung einer Idee erblickte, wurde eine Wiedergabe der Dinge durch den Künstler zur Kopie der Kopie, zur Depravation.[146] So weit ging Calvin nicht. Weltliche Gemälde könnten durchaus Nutzen stiften und Freude bereiten.[147]

Der calvinistische Bildersturm wütete am 8. August 1535 in Genf und tobte sich im gesamten reformierten Europa aus. Die religiös gegen Rom, politisch gegen Habsburg demonstrierende Kulturbarbarei der seit dem 5. April 1566 so genannten Geusen in den Niederlanden hat Schiller 1788 beschrieben und dafür zusätzlich soziale Spannungen verantwortlich gemacht.[147] Es begann mit einer Bittschrift des

[142] Végh 1915, S. 42 [143] Margarete Stirm, Die Bilderfrage in der Reformation, 1977; freundlicher Hinweis von Walter Schmithals [144] Johann Calvin, Institutio Christianae Religionis (1536/1559) I 11 [145] Horaz, Satiren I 8, 1ff [146] Platon, Staat 597 B [147] Calvin, Institutio I 11, 12

Adels an Margarete von Parma in Brüssel und endete mit dem »Abfall der Vereinigten Niederlande«. Vierhundert Kirchen sollen lädiert worden sein, der Genter Altar der Brüder van Eyck entging nur knapp der Vernichtung.[149] Die größten Kulturverluste erlitt das reiche Antwerpen. Es ist schwer vorstellbar, wie Brueghel, Rembrandt und Jan Steen in dieser Atmosphäre malen konnten.

In Frankreich begann der Bildersturm der Hugenotten am 26. Dezember 1561 in der Medarduskirche von Saint Marceau bei Paris und kulminierte mit der Zerstörung der Bibliothek von Cluny 1562, zog sich aber über Jahre hin. 1567 stand die Kathedrale von Rouen in Flammen, die von Meaux, Auxerre und Bourges litten schwer. In Orléans und Albi wurden Taufbecken als Latrinen mißbraucht. Das Grab König Ludwigs XI wurde geöffnet, mit seinem Schädel spielten die Soldaten Boule. Auch die Papstgräber von Avignon wurden geschändet. Ein hugenottischer Capitain füllte den Schädel von Clemens VI mit Wein, damit jeder sich rühmen könne, aus diesem Kelch getrunken zu haben.[150] Die Schäden wurden nur von denen der Französischen Revolution übertroffen.[151] Wie die Hugenotten mit der Kunst der Katholiken sind diese dann mit den Hugenotten selbst verfahren: In der Bartholomäusnacht vom 23. zum 24. August 1572 starben Tausende. Eine Kette von Kriegen folgte. Nach der Aushungerung von La Rochelle am 29. Oktober 1628 durch Richelieu wurden in Frankreich im Namen von König und Papst Hunderte von Hugenottenkirchen zerstört.[152]

4u. Die umfangreichsten Kultureinbußen verursachte der Calvinismus in England und Schottland.[153] Seine Siege im Bilderkriege sind früh beschrieben und verherrlicht worden, so in der *History of Images and Image Worship, Shewing the Origins and Progress of Idolatry among Pagans, Jews and Christians with a Refutation of the Second Council of Nice and of other Advocates for Idolatry*. Der Autor James Owen (1654–1706) war presbyterianischer Geistlicher und empfahl sein Werk so: »The following History is recommended as an Antidote against the Intoxicating Cup of the Great Whore.« Die Kampagne gegen die Kirchenkunst begann mit der Einziehung des Klostergutes 1535 durch Heinrich VIII. Am 3. Mai 1544 erschien Graf Hertford in Schottland, um die Klöster zu zerstören; Edinburgh, Saint Andrews und viele andere Abteien brannten aus.[154] Die von

[149] Schiller, Geschichte des Abfalls der Vereinigten Niederlande, Buch IV Kap. 1, in: ders., Werke XIII 1827, S. 85ff [150] A. Lottin, Les casseurs de l'été 1566. L'iconoclasme dans le Nord, 1981 [151] Réau 1959/94, S. 107 [152] s.u. 5e! [151] D. Ligou, in: Bernard-Griffiths, 1992, S. 333ff [153] Ranke, Reformation II, S. 478ff; Phillips 1973 [154] Végh 1915, S. 60

Thomas Cromwell begonnene Politik des *dismantling* und *disgarnishing* der Kirchen erreichte unter Heinrichs neunjährig zur Herrschaft gelangtem Sohn Edward VI (1547–1553) ihren zweiten Höhepunkt. Am Hofe predigte Nicholas Ridley gegen die Bilder. Am 31. Juli 1547 erging in Edwards Namen eine von seinem Onkel, dem Lord Protector Duke of Somerset, verfaßte Proklamation gegen Bilderdienst und Aberglaube,[155] die den ikonoklastischen Ausschreitungen zumal der Unterschichten recht gab. Der Protest gegen Kunst richtet sich immer auch gegen den, der sie bezahlt, so wie umgekehrt die Bewunderung für sie auf den Stifter abfärbt. Der Adel litt, aber die Krone profitierte, als 1551 die Kirchenschätze eingezogen wurden. Schiffsladungen voller Bilder wurden nach Frankreich verkauft.[156]

Unter Maria der Blutigen (1553–1558) gab es einen Rückfall. Nun kamen die Bilderstürmer auf die Scheiterhaufen, aber unter Elisabeth (1559–1603) brannten wieder die Bilder. Die Königin suchte wenigstens die Gräber zu schonen, die ebenso wie Statuen und Reliefs, Kruzifixe und Chorgestühle, Altarbilder, Gobelins und immer wieder die bunten Glasfenster zu Bruch gingen. 1565 war angeblich die einzig unbeschädigte Kirche die königliche Hauskapelle.[157] Der Puritaner Henry Barrow forderte den Abriß der Kirchenbauten. In Schottland wurde gemäß den Predigten von John Knox Unendliches zertrümmert, nachdem das schottische Parlament am 17. August 1560 die Reformation beschlossen hatte. Wenn die Beobachtung zutrifft, daß während des religiösen Ikonoklasmus die Bilder und Symbole des Königtums aufgewertet wurden, liegt eine Parallele zum byzantinischen Bilderstreit vor. Was die Kirche verlor, gewann die Krone. Jetzt kam das absolutistischen Tendenzen zugute.

Unter den Stuarts folgte eine Gegenbewegung. Jakob I und Karl I duldeten, ja förderten die Kirchenkunst wieder, wie es ihr katholischer Glaube erwarten ließ. Die puritanische Bewegung aber blieb lebendig und gelangte mit der Besetzung Londons durch Oliver Cromwell am 6. August 1647 abermals zur Macht. Cromwell suchte allerdings die Ikonoklasten zu mäßigen. Die königlichen Kunstsammlungen freilich wurden versilbert. Aus den Bleiziegeln der Sankt-Pauls-Kathedrale wurden Wasserleitungen verfertigt, im Kirchenschiff biwakierte Kavallerie. Der im Februar 1651 im Unterhaus eingebrachte Antrag, alle Kathedralen Englands abzubrechen, erhielt keine Mehrheit.[157] Mit dem Einzug Karls II in London am 29. Mai

[155] P.L. Hughes/J.F. Larkin, Tudor Royal Proclamations I 1964, Nr. 287, S. 393 [156] Végh 1915, S. 58 [157] Phillips 1973, S. 126f [158] Phillips 1973, S. 197

1660 endet die puritanisch-calvinistische Phase des Sakralvandalismus. Der König ließ die Leichen von Cromwell und seinen Helfern ausgraben und am 12. Jahrestag der Hinrichtung Karls I, am 30. Januar 1661,[159] an den Galgen hängen.[160] Der aufgespießte Schädel des Lord Protector prangte dreißig Jahre über den Zinnen von Westminster Hall.

Es ist möglich, daß die massenhafte Vernichtung kirchlicher Kunst durch die Calvinisten die zeitgenössischen Künstler dazu bewogen hat, eher weltliche Themen zu gestalten, wie sie in der niederländischen Kunst vorherrschen. Dürers *Vier Apostel* von 1526 wirken im evangelischen Umfeld wie ein Abschiedsgruß der Malerei an die Religion. Die Kirche ohne Kunst fördert eine Kunst ohne Kirche. Aber die Säkularisierung der Bilderthemen und damit die Emanzipation der Kunst von der Kirche war ein europäischer, mit der Renaissance einsetzender Prozeß, den die Reformatoren beschleunigt, nicht verursacht haben.

4v. Der Einfluß des Calvinismus auf den Ikonoklasmus der – seit Elisabeth I so genannten – Puritaner wird nur verständlich, wenn wir weiter zurückblicken und die bodenständig englische vorreformatorische Bewegung in Betracht ziehen. Schon John Wyclif (1325–1384) und die Lollarden lehnten den Bilderdienst ab[161] und fanden auf dem Kontinent, zumal in Böhmen, damit Anklang bei Jan Hus und seinen Anhängern. Nachdem er am 6. Juli 1415 auf dem Konzil zu Konstanz als *haeresiarcha*, als Ketzerkönig, den Feuertod erlitten hatte und seine Asche in den Rhein geworfen worden war,[162] erhob sich in Böhmen nationalreligiöser Protest; in seinem Gefolge zerstörten die Hussiten im August 1420 in und um Prag Kirchen, Klöster und »hundert Städte in Sachsen und Franken«.[163] Der Kampf gegen die Verweltlichung der Kirche, gegen die Verwandlung von Kult in Kultur griff um sich. Die franziskanischen Wanderprediger Bernhardin von Siena und Johannes von Capestrano begeisterten ihre Zuhörer zu Freudenfeuern, bei denen irdischer Tand in Flammen aufging; die Männer opferten vor allem Würfel-, Brett- und Kartenspiele, die Frauen Putz und Schmuck und abgeschnittene Zöpfe: so am 28. Oktober 1425 in Perugia, zuvor in Bologna und Rom, hernach in Wien und Halle.[164]

Zur Vernichtung von Kunstwerken im Bußrausch kam es in Florenz, nachdem Lorenzo il Magnifico keinen fähigen Nachfolger ge-

[159] P. Wende, Der Prozeß gegen Karl I (1649) und die Englische Revolution, in: Demandt 1990, S. 171ff [160] Brückner 1966, S. 147 [161] Feld 1990, S. 85 [162] F. Graus, Der Ketzerprozeß gegen Magister Johannes Hus (1415), in: Demandt 1990, S. 103ff [163] Randa 1948, S. 124 [164] Feld 1990, S. 98f; 281

funden hatte und eine demokratische Verfassung nach dem Vorbild Venedigs eingeführt worden war. Zu Karneval, am 7. Februar 1497 und ebenso im Jahre darauf, ließ der redegewaltige dominikanische Bußprediger Girolamo Savonarola auf dem Signorenplatz die zu Pyramiden getürmten Zeichen irdischer Eitelkeit unter Glockengeläut öffentlich verbrennen, darunter Masken und Kostüme, Schmuck und Kosmetik, Spiele und Musikinstrumente, Bücher (unter anderem die Schriften von Petrarca und Boccaccio), Bilder (namentlich solche von schönen Frauen) und andere Kunstwerke. Einzelne Maler wie Fra Bartolommeo, dem wir das Bildnis Savonarolas verdanken, und Lorenzo di Credi opferten ihre eigenen Aktstudien.[165] Ein venezianischer Kaufmann bot für all das 22 000 Goldstücke, wurde aber mit Hohn abgewiesen.[166] Die neben der religiösen Motivation wirksame moralische Emphase dieser »bruciamenti delle vanità« bestätigt sich darin, daß den Bilderstürmern namentlich »unzüchtige« Werke aus der Kunst und Literatur zum Opfer fielen. In diesem Punkt war der *Profeta serafico* kein Häretiker, als der er selbst auf Betreiben von Papst Alexander VI am 23. Mai 1498 auf dem Scheiterhaufen endete.[167]

4w. Sexualphobie begegnet in der christlichen Tradition wiederholt, sie stammt aus dem jüdischen Erbe, wie die Legende von Hams Blick lehrt.[168] Im Neuen Testament vertrat sie der Apostel Paulus.[169] Zu den Geboten christlicher Askese gehört sexuelle Enthaltsamkeit. Unter den ersten von Constantin zerstörten Tempeln befand sich das Heiligtum der Aphrodite von Aphaka auf dem Libanon, das mit Tempelprostitution verbunden war.[170] Nach dem Kirchenvater Hieronymus[171] beherrscht der Teufel den Menschen über dessen Geschlechtslust. Christus wurde mit bekleidetem Unterleib dargestellt, sowohl bei der Taufe[172] als auch bei der Kreuzigung, obschon Gekreuzigte nackt waren.[173] Adam und Eva zeigt man seit ihrer Darstellung in der Synagoge von Dura Europas am Euphrat um 200 n. Chr. gewöhnlich nach dem Sündenfall, d.h. mit verhüllter Scham.

Schamhaftigkeit begegnet uns indes nicht nur in der jüdisch-christlichen Tradition, sondern ebenfalls bei Platon und seiner Schule, die ja in manchen Punkten mit der biblischen Lehre übereinstimmt. So verbannte Platon Epen und Komödien aus seinem Idealstaat, nicht

[165] Vasari 1568/1910, S. 274 [166] Burckhardt, Renaissance, S. 453; H. Bredekamp, in: Warnke 1973, S. 41ff [167] Gregorovius, Rom VII, S. 413; D. Weinstein, Savonarola and Florence, 1970, S. 288 [168] 1. Mose 9, 21ff [169] 1. Korinther 7,9 [170] Eusebius, Vita Constantini III 55ff [171] Hieronymus, Brief 22, 11 [172] Ausnahme: Kuppelmosaik im Baptisterium der Arianer zu Ravenna [173] Matthäus 27, 37; Artemidor von Daldis, Traumbuch II 53

zuletzt wegen der unanständigen Stellen. Aristoteles folgte ihm darin, er empfahl ein Verbot obszöner Bilder, und dieser Haltung schloß sich unter den späteren Platonikern Plutarch an.[174] Wenn schon Martial (I 35, 14) darum bat, man möge seine Gedichte beim Abschreiben nicht »kastrieren«, dann deutet dies darauf hin, daß die *ad usum Delphini* von anstößigen Stellen befreiten antiken Texte nicht notwendig auf prüde Mönche zurückgehen. Gleichwohl ist die Liste der im Mittelalter vernichteten erotischen Literatur eindrucksvoll.[175] Asketische Dezenz kennzeichnet zumal die spätmittelalterliche Geisteshaltung.

4x. Die in der Renaissance wiedergewonnene Unbefangenheit – Poggio berief sich in seinen schlüpfrigen *Facetiae* auf die Antike – ging in der Gegenreformation abermals verloren. Auf seiner letzten Sitzung am 3. Dezember 1563 beschloß das Tridentiner Konzil, ungehörige Darstellungen aus Kirchen zu entfernen, und erließ den *Index librorum prohibitorum* – abgeschafft auf dem Zweiten Vaticanum am 15. November 1966 – mit dem Verbot lasziver Literatur im Paragraphen 7: »Libri, qui res lascivas seu obscoenas ex professo tractant ... omnino prohibentur.« Erwachsenen sei jedoch die antikheidnische Liebesliteratur wegen des guten Lateins erlaubt.[176] Papst Pius IV ließ in der Sixtinischen Kapelle durch den Maler und Bildhauer Daniele Ricciarello da Volterra, genannt »der Hosenmacher« (il brachettone), die Scham der Gestalten Michelangelos, die schon der Zeremonienmeister Pauls III für eine »Badestube oder eine Kneipe« passend erklärt hatte, überpinseln[177] und den zahlreichen antiken Idealfiguren der vatikanischen Sammlung Weinblätter (»Feigenblätter«) anstelle der amputierten Geschlechtsteile einsetzen. Diese selbst wurden jedoch nicht zerschlagen, sondern numeriert und in den Kellern der vatikanischen Museen magaziniert. Rechnete der Papst mit einer künftigen Bekehrung zur antiken Unbefangenheit?

Diese Wende trat mit gewisser Verspätung in München ein. Um 1890 wurden die Ägineten und die anderen antiken Idealfiguren – vermutlich auf Anraten des königlichen Beichtvaters – mit Feigenblättern aus grünem Blech verkleidet, die an Lendenschurzen aus Draht befestigt waren und glücklicherweise ohne Amputation auskamen. Christian Morgenstern kommentierte das am 1. Oktober 1894[178] in offenem Brief an eine kunstsinnige Dame: »Wenn ich mir überall ein Blatt vor den Mund nehme, so nehme ich mir doch in der

174 Platon, Staat 606 D; Aristoteles, Politik 1336 B; Plutarch, Moralia 14 B; 18 F [175] Speyer 1981, S. 104ff; S. 134ff [176] Mirbt 1911, Nr. 385 [177] Vasari 1910, S. 384; Mackowsky 1931, S. 248 [178] Ch. Morgenstern, Werke und Briefe VI, 1987, S. 43ff

Sache von den Feigenblättern kein Blatt vor den Mund, zumal ein solches Blatt mein ganzes Gesicht bedecken würde: den Mund als Blatt, die Augen als Binde, die Stirn als Brett.« Morgenstern begrüßt den doppelten Triumph, daß die höchste Schönheit endlich mit der höchsten Sittlichkeit vermählt worden sei, daß der modern-christliche Anstand die heidnische Antike bezwungen habe und man hoffen könne, die Venus von Milo mit schwarz verschleiertem Busen und den Apoll von Belvedere mit Hosen in Bügelfalten zu erleben. Die Feigenblätter seien derart üppig verstreut, »als hätte ein Orkan in einem Sykomorenwalde gewütet«. Die Glyptothek sei zur Kryptothek geworden. Erst in den zwanziger Jahren wurden die Antiken wieder antikisiert.

Bezeichnend ist die Motivgeschichte Ledas mit dem Schwan. Während Filarete sie 1445 noch auf den Bronzetüren von Sankt Peter abbilden durfte,[179] wurde das in der Gegenreformation als anstößig empfunden. Die Darstellung durch Michelangelo, eines seiner wenigen Gemälde, soll Ludwig XIII von Frankreich zu verbrennen befohlen haben, doch kam es, zerstört und übermalt, nach England.[180] Die Berliner Leda von Correggio, für Kaiser Karl V gemalt, erlitt ein ähnliches Schicksal. Sie gelangte nach langer Irrfahrt 1721 in die Sammlung des Regenten von Frankreich, des Herzogs Philippe Orléans. Sein Sohn Ludwig (1703–1752) empörte sich über den widernatürlichen Akt und attackierte das Gemälde in einem Anfall religiösen Wahns. Dabei ging der Kopf Ledas verloren, der heutige stammt aus dem Jahre 1830.[181] Die Narben des Bildes sind am Original unverkennbar.[182] Das Ärgernis wirkte weiter. Im Januar 1965 versetzte ein Unbekannter der Leda mit dem Schwan von Pontormo in den Uffizien zu Florenz Stiche in den Unterleib, auch zahlreichen anderen Figuren durchstach er Augen und Genitalien.[183] Der Triebverzicht, den die Gesellschaft verlangt und im Grundsatz auch verlangen muß, überfordert den Täter – was seiner Natur verweigert wird, das rächt er an der Kultur. Zwei Tabus prallen aufeinander: Verletzte Scham verletzt die Kunst.

*

[179] Helen Roeder, The Borders of Filarete's Bronze Doors to St. Peter in: Journal of the Warburg and Courtauld Institutes 10, 1947, S. 150ff [180] Herman Grimm, Das Leben Michelangelos, 1940, S. 566; Mackowsky 1931, S. 273f [181] Egon Verheyen, Corregio's Amori di Giove', in: Journal of the Warburg and Courtauld Institutes 29, 1966, S. 160ff; Gemäldegalerie Staatliche Museen Preußischer Kulturbesitz, Katalog 1975, S. 112f. Hinweis meines Sohnes Philipp. [182] Autopsie 25. Januar 1997 [183] Pickshaus 1988, S. 400

4y. Religiös begründete oder wenigstens verbrämte Kulturzerstörungen in großem Umfang waren mit den Eroberungen der Spanier in Mittel- und Südamerika verbunden. Die Motivation bestand in einem schwer auflösbaren Gemenge von Gier nach Gold und Macht, von Abenteuergeist und missionarischem Eifer, dem allerchristlichsten Kaiser im fernen Kastilien gläubige Untertanen zu gewinnen. Dies zeigt sich bereits bei Hernando Cortez, als er 1519 bis 1521 das Reich der Azteken mit ihrer Hauptstadt Mexiko in Besitz nahm.[184] Er konnte sich dabei auf deren Gegner im Lande stützen, die sich zuvor einer Zwangsbekehrung durch den Pater Olmedo unterwerfen mußten. Die Götterbilder wurden zerschlagen, die Tempel in Kirchen verwandelt.[185] Der Kampf gegen die »heidnischen Greuel« war indessen nicht nur christlich, sondern auch humanitär motiviert, da der Kult mit Menschenopfern verbunden war, nach Form und Zahl in der Religionsgeschichte ohne Beispiel. Den Opfern wurden mit steinernen Messern die Herzen herausgerissen und noch zuckend der Sonne dargebracht. Die Köpfe bewahrte man auf. Wir hören von einem Beinhaus mit 136 000 Schädeln.

Die politische Unterwerfung der Azteken gelang leichter als die Abschaffung ihrer Religion. Der große Tempel von Mexiko wurde verzweifelt verteidigt, aber am 13. August 1521 genommen und zerstört. Um den Widerstand vollends zu brechen, hat Cortez ganz gezielt Kulturwerke vor den Augen ihrer Schöpfer vernichtet. »Mit einer Freudigkeit gleich der, welche der französische Pöbel bei der Zerstörung der Bastille empfunden haben mag«, verwandelten die Spanier die Paläste Montezumas in Feuer und Asche, darunter auch das vielbewunderte Vogelhaus, dessen befiederte Bewohner teils verbrannten, teils in die Freiheit entkamen.[186] Vor die Wahl gestellt, die Hauptstadt zu erobern oder zu verschonen, entschied sich Cortez für ersteres. Um die Durchbrüche der Dammwege aufzufüllen, ließ er Häuser, Tempel und Paläste einreißen und vertilgte so »die schönste Sache in der Welt«, wie er Mexiko selbst nannte.[187] Es ist begreiflich, daß die Erinnerung an den Conquistador in Mexiko finster blieb. 1823 mußte sein Sarkophag vor der Volkswut nach Spanien gerettet werden.[188] Die Annahme des Christentums hat die Verbundenheit mit dem aztekischen Erbe nicht brechen können.

Nur unvollkommen gelang die Christianisierung der Maya, der »Griechen Amerikas«. Dabei hat sich der spanische Franziskaner

[184] W. Prescott, Die Eroberung von Mexiko, 1843/1927 [185] Prescott a.O., S. 105ff [186] Prescott a.O., S. 302f; S. 546ff [187] Prescott a.O., S. 577 [188] Schurig 1923

Diego de Landa, späterer Bischof von Merida in Mexiko, durch Grausamkeit hervorgetan. Sein 1566 in apologetischer Absicht verfaßter Bericht über Yucatán ist als Quelle für die von ihm und seinen Glaubensbrüdern vernichtete Schriftkultur bedeutsam. »Wir fanden eine große Menge von Büchern, und da sie nichts als Aberglauben und teuflische Lügen enthielten, verbrannten wir sie alle.« Erhalten blieben lediglich drei Handschriften.[189] Die letzte Maya-Stadt auf der Insel Tayasal im Petén-See wurde erst 1697 erobert.

4z. Ein ähnliches Bild zeigt sich bei der Eroberung des Inkareiches von Peru durch Francisco Pizarro.[190] Auch hier ging es um Gott und Gold, nicht aber um Humanität, da Menschenopfer in der Art der Azteken unüblich waren. Die Spanier nutzten wiederum einen inneren Konflikt, setzten am 16. November 1532 den König Atahualpa in Caxamalca gefangen und forderten Lösegeld.[191] Die aus den Heiligtümern entwendeten Edelmetallgeräte wurden von indianischen Goldschmieden in Barren umgeschmolzen. Zeitweiliger Eisenmangel nötigte die Spanier, Hufeisen aus Silber schmieden zu lassen.[192] Atahualpa wurde am 29. August 1533 erdrosselt, als man ihn nicht mehr brauchte. Um nicht lebendig verbrannt zu werden, hatte er sich von Pater Valverde taufen lassen.[193] Die Tempel wurden teils zerstört, teils in Ställe verwandelt,[194] über den Ruinen des Sonnentempels der Hauptstadt Cuzco entstand ein Dominikanerkloster, in den Palästen nahm die Soldateska Quartier.[195] Endgültig zugrunde ging Cuzco 1536 bei dem Versuch der Peruaner, ihre Hauptstadt zurückzugewinnen.[196]

Mit der Eroberung von Mexiko und Peru wurden nicht einzelne Kulturdenkmäler zerstört, sondern ganze Kultursysteme, ohne daß dies in der eigentlichen Absicht der Spanier gelegen hätte. Wieviel aber bleibt davon übrig, wenn ein Volk seine Freiheit und seine Literatur, seine Religion und seine Schätze verliert? Die zeitgenössische Kritik am Vorgehen der Europäer, vertreten durch den Dominikaner Las Casas, diente nicht dem Schutz der indianischen Kulturen, sondern war teils humanitär, teils ökonomisch motiviert. Für die schwere Arbeit auf den Pflanzungen importierte man auf seinen Rat fortan widerstandsfähigere Neger.

[189] R. Krusche, Schrift- und Buchmalerei der Maya-Indianer, 1965, S. 28ff; Diego de Landa, Relación de las cosas de Yucatán, Madrid 1881 [190] W. Prescott, Die Eroberung von Peru. Kultur und Untergang der Inkas, 1847/1937 [191] a.O., S. 193 [192] a.O., S. 207; 230f; 201 [193] a.O., S. 215 [194] a.O., S. 200; S. 203; S. 222 [195] a.O., S. 234; S. 249 [196] a.O., S. 254

5. Neuzeit

Kulturopfer für den Fortschritt

a. Renaissance in Rom: Denkmalschutz
b. Colosseum als Steinbruch
c. Lorenzino gegen Constantin
d. Magdeburg 1631, Heidelberg 1693, Hubertusburg 1761

e. Französische Revolution
f. Napoleon: Säkularisierung
g. Kriegsvandalismus im 19. Jahrhundert, Commune
h. Sommerpalast von Peking 1860
i. Historismus: Kunstpflege
j. Biedermeier: Modernisierung

k. Haager Friedenskonferenzen
l. Erster Weltkrieg
m. Drittes Reich
n. Douhet 1921 zum Luftkrieg
o. Stuka-Vandalismus
p. Spaight und Harris
q. Churchills »indiscriminate bombing«
r. 13. Februar 1945 Dresden
s. »Ethics of bombing«
t. Feuerwehr: Hans Rumpf
u. Kriegsende: Befreiungsvandalismus
v. Hiroshima

w. Marx und Mao
x. Kultur im Klassenkampf
y. Entnazifizierung
z. Entstalinisierung

Denn alles, was entsteht, ist wert,
daß es zu Grunde geht;
drum besser wär's, daß nichts entstünde.
Mephisto

5a. »O seculum! O literae! Iuvat vivere – O Jahrhundert! O Wissenschaften! Es ist eine Lust zu leben!« Dieser Ausruf Ulrich von Huttens vom 25. Oktober 1518[1] spiegelt die Stimmung einer neuen Zeit, die sich als Morgenröte, als Zeitenfrühling empfunden hat und dies auch war. Zum Neuen an der Neuzeit gehört das Bewußtsein von der Neuheit und der Stolz darauf. Die Zeit, die überwunden scheint, ist aber nicht die gesamte Vergangenheit, sondern nur das von und seit Petrarca so genannte »finstere Mittelalter«.[2] Das ihm vorangegangene Altertum hingegen erstrahlte damals in neuem Glanz. Es entstand ein Respekt vor der Würde der antiken Denkmäler, die trotz ihrer heidnischen Herkunft und ihrer verlorenen Zweckbestimmung als ästhetische und historische Kulturzeugnisse anerkannt und bewundert wurden. Huttens *literae* schließen die antiken Autoren ein.

Ganz so neu war die Antikenbegeisterung der Renaissance-Humanisten freilich nicht. Ein frühes Zeugnis für das ihn beflügelnde Kulturbewußtsein ist der Senatsbeschluß vom 27. März 1162, der die Trajansäule unter Denkmalschutz stellte.[3] Das war ein Anfang. Um 1200 entstanden die *Mirabilia Urbis Romae*, ein Text, der die Ehrfurcht vor den Ruinen bezeugt. Im folgenden Jahrhundert wurden die »magistri aedificiorum et viarum almae urbis« eingerichtet, die für Ordnung im Stadtbild zuständig waren. Dante stand somit nicht allein, als er in seinem *Convivium* (IV 5) aus dem *anno santo* 1300 erklärte, die Steine Roms »siano degne di reverenzia«.

Denselben Geist atmen die großen Stadtbeschreibungen der Humanisten, Poggio Bracciolini mit seiner *Ruinarum urbis Romae descriptio* von 1430 und die *Roma instaurata* des Flavius Blondus von 1446. Der Respekt vor den Ruinen hat sich jedoch nur langsam durchgesetzt. Das Volk brannte ohne Bedenken Kalk aus römischen Marmorwerken: Ein Epigramm von Aeneas Silvius Piccolomini, dem

[1] Brief an Pirkheimer, in: Hutten, Opera, ed E. Böcking I, 1859, S. 217 [2] L. Varga, Das Schlagwort vom »finsteren Mittelalter«, 1932 [3] Gregorovius, Rom IV, S. 648; Leisching 1979

am 19. August 1458 zum Papst geweihten Humanisten Pius II, beklagte dies:

Oblectat me, Roma, tuas spectare ruinas,
ex cuius lapsu gloria prisca patet.
Sed tuus hic populus, muris defossa vetustis
calcis in obsequium marmora dura coquit.
Impia ter centum si sic gens egerit annos,
nullum hic indicium nobilitatis erit.[4]

»Mich freut es, Rom, deine Ruinen zu sehen, aus deren Sturz der alte Ruhm hervortritt. Aber dieses, dein Volk kocht zum Gewinn von Kalk harten Marmor, der aus alten Mauern gebrochen wird. Wenn das pietätlose Volk dreihundert Jahre so fortfährt, bleibt kein Zeugnis des alten Stolzes erhalten.« Der Adel hat das Volk jedoch übertroffen: Gregorovius sprach von dem »schonungslosen Vandalismus«, mit dem die Päpste der Renaissance die Stadt Rom behandelt haben, allen voran Nikolaus V (1447–1455). Während das Mittelalter in den römischen Theatern, Gräbern und Tempeln seine Burgen und Klöster errichtete, ließen humanistisch gebildete Päpste diese materialiter abreißen, um sie idealiter nachzuahmen. Man baute nach den Büchern des Vitruv mit den Steinen von Bauten des Augustus.

Die päpstliche Antikenpolitik ist ein Wechselbad. Am 28. April 1462 erließ Pius II wieder ein Denkmalschutzgesetz, an das er sich aber selbst nicht hielt. Alexander VI verpachtete die Monumente an Steinbruchunternehmer. Leo X ernannte am 27. August 1515 Raffael zum Präfekten über Marmor und Mauern, doch ging es ihm weniger um Bewahrung als um Verwertung. Wir hören von Kalkmaterial aus zerschlagenen Inschriften, von Fundamenten aus zerbrochenen Standbildern.[5] Einen neuen, wieder halbherzigen Versuch unternahm Paul III, als er Latino Giovenale Manetti zum Kommissar für die Altertümer erhob: »Nicht ohne tiefen Schmerz«, heißt es in dem vom 28. November 1534 datierten Ernennungsbreve, »bekennen wir, daß nicht bloß Goten, Vandalen und andere Barbaren, nicht bloß Kriege und die Unbilden der Zeit, sondern unsere eigene Fahrlässigkeit und Schuld, List und Habsucht die altehrwürdigen Zierden der Quiriten niedergerissen, zerstört und verschleudert haben. Uns selber ist es zur Last zu legen, daß Gestrüpp, Efeu und andere Pflanzen sich in die alten Bauten eingenistet und das Mauerwerk gesprengt, kleine Behausungen und Schenken sich den Monumenten angeklebt und deren Schönheit beeinträchtigt haben, daß endlich, was weit verwerflicher ist, Statuen, Bildwerke, eherne und marmorne Tafeln, Gegenstände von Por-

[4] Kytzler 1972, S. 464 [5] Gregorovius, Rom VII, S. 554ff

phyr und numidischen wie anderen Steinarten aus der Stadt entwendet und in die Fremde geschafft worden sind.« Standbildschändern drohte er mit Todesstrafe. Manetti, ein großer Freund der Antike, sollte die Kalköfen überwachen, doch ging die Suche nach Quadern und Säulen selbst für die Peterskirche weiter, nachdem der Papst das am 22. Juli 1540 wieder genehmigt hatte. Eine glückliche Ausnahme bildeten die 1546 gefundenen und bewahrten Konsular- und Triumphalfasten, die heute die *Sala della Lupa* im Konservatorenpalast zieren – eine unersetzliche Quelle für die Geschichte der römischen Republik.[6] Zehn Jahre darauf erneuerte Pius IV das Schutzgesetz und regelte die Ausnahmen: für Materialwünsche und Bauplätze war hinfort der Kardinal *Camerlengo,* der päpstliche Kammerherr, zuständig.

Überraschend ist die förmliche Annullierung der Schutzgesetze durch Pius V am 10. April und 3. Juli 1571. Der Papst erklärte die Zeugnisse »äußerer Pracht« aus heidnischer Zeit für nicht erhaltenswert. Gregor XIII aber kehrte mit seinem Erlaß vom 1. Oktober 1574 wieder zum Denkmalschutz zurück. Sie wurde bereichert um ein am 5. Oktober 1624 erlassenes Ausfuhrverbot Urbans VIII für antike Kunstwerke, wiederholt am 29. Januar 1646 durch Innozenz X und am 30. August 1655 durch Alexander VII. All diese Maßnahmen bezeugen subjektives Kulturbewußtsein und objektiven Kulturverschleiß. Der Name Rom blieb mit dem Begriff Vandalismus verbunden.

5b. Roms größter Steinbruch war und blieb das Colosseum. Es wurde bis zum Abrißverbot im Heiligen Jahr 1750, erlassen von Benedikt XIV am 13. Dezember 1749,[7] zu zwei Dritteln abgetragen, die Travertinblöcke wanderten unter anderem in den Palazzo Venezia, die Cancelleria, den Tiberhafen Ripetta, in den Palazzo Barberini und San Pietro in Vaticano. Der Abriß des Septizodiums 1589 – ein von Septimius Severus erbautes monumentales Nymphäum, dessen Steine der »eiserne Papst« Sixtus V für seine Kapelle bei Santa Maria Maggiore benötigte – und des Minervatempels, der servianischen Mauer am Aventin und des Hercules-Tempels am Forum Boarium sind nur vier von vielen Fällen der Beseitigung antiken Kulturgutes. Die Lage besserte sich wirklich erst, als Johann Joachim Winckelmann am 16. April 1763 *Commissario delle Antichità* wurde. Ihm lagen die Antiken am Herzen, ebenso seinem Nachfolger Antonio Canova, seit dem 10. August 1802 *Ispettore generale delle Antichità e Belle Arti.* Vom 2. Oktober dieses Jahres stammt die Lex Doria Pamfili, die wesentliche Vorarbeit bot für das maßgebende Denkmalschutzgesetz, die Lex Pacca vom 7. April 1820.[8]

[6] L. v. Pastor, Geschichte der Päpste V, 1909, S. 750f. Freundlicher Hinweis von Thomas Gerhardt. [7] L.v. Pastor, a.O. XVI, 1931, S. 122 [8] Leisching 1979

5c. Nachzutragen bleibt eine Episode, die kennzeichnend ist für das Nebeneinander von Bewunderung und Zerstörung der Antike. Es ist das Schicksal des Lorenzino di Pierfrancesco de' Medici. Er gehörte dem jüngeren Zweig dieser bedeutenden Familie an, der sich dem Reformprediger Savonarola[9] angeschlossen hatte und mit den Popolani republikanische Ideale verfocht. 1530 war Florenz, durch kaiserliche und päpstliche Truppen bezwungen, wieder in die Gewalt des Hauptzweiges der Medici geraten. Papst Clemens VII, selbst ein Medici, erhob Alessandro Medici zum Herzog der Stadt. »Mit Florenz erlosch«, schreibt Gregorovius, »wie die Freiheit Italiens, so die glänzende Epoche der italienischen Kultur.«[10] Alessandros Neffe Lorenzino, ein glühender Republikaner, forderte vom Papst nun eine ältere Geldschuld zurück, die dieser nur teilweise beglich. Darauf plante der »neue Brutus«, wie er sich selbst nannte, den Papst zu ermorden; und als das nicht möglich schien, rächte er sich durch eine Attacke auf die Skulpturen des Constantinsbogens am Forum Romanum. In einer nächtlichen Aktion wurden sämtliche erreichbaren Figuren des Kaisers zerschlagen, die Köpfe, die Extremitäten, wenigstens die Nasen. Die Schäden verschandeln das Denkmal bis heute.[11] Der Dichter Francesco Maria Molza deutete 1535 in einer Rede vor der Accademia Romana den Gewaltakt als symbolischen Angriff auf Staat und Religion, hatte doch Constantin das Christentum anerkannt und – so glaubte man – den Kirchenstaat begründet.[12] Lorenzino habe den Sacco di Roma im kleinen wiederholt. Der Papst verurteilte ihn zum Tode, begnadigte ihn aber als Nepoten zu Verbannung. Bevor Lorenzino selbst zwei Jahre darauf Opfer eines Anschlags wurde, ermordete er 1537 seinen Onkel Alessandro, den »Tyrannen« von Florenz. In einer unerklärten Kehre feierte nun Molza den Attentäter, der nicht einmal den Anblick der »Tyrannen aus Marmor« ertragen habe. Eine Medaille, die der Freiheitsmünze der Caesarmörder nachgebildet ist, verherrlicht den »toskanischen Brutus«; vielleicht dachte auch Michelangelo an Lorenzino, als er seinen Brutuskopf meißelte.[13]

5d. Die nächste große Kulturzerstörung erfolgte im Dreißigjährigen Krieg, überwiegend in Deutschland. Der beklagenswerteste Einzelfall ist vielleicht die Beschießung und Eroberung von Magdeburg durch

[9] s.o. 4v! [10] Gregorovius, Rom VIII, 1908, S. 644 [11] Restaurationen von 1732 vertuschen den Schaden. A. v. Gerkan und H. P. L'Orange, Der spätantike Bildschmuck des Konstantinsbogens, 1939 [12] s.o. 2p! [13] Verneint von Mackowsky 1931, S. 237, bejaht von Horst Bredekamp, Lorenzinos de'Medici Angriff auf den Konstantinsbogen als »Schlacht von Cannae«, in: XXVIIe congrès international d'histoire de l'Art, Straßburg 1989, S. 95ff. Freundlicher Hinweis von Sebastian Schütze, Rom.

Die Zerstörung von Kulturdenkmälern hat bei den Verantwortlichen oft Triumphgefühle ausgelöst. Während Liselotte von der Pfalz die Verwüstung ihrer Heimat beklagte, ließ Ludwig XIV zum Gedenken an die Zerstörung Heidelbergs durch seine Truppen (1689 und 1693) in Paris ein Tedeum singen und eine Medaille prägen. Sie zeigt im Vordergrund links den Flußgott Neckar, eine Wasserurne ausleerend, rechts die auf den Trümmern trauernde Stadtgöttin Heidelberg. Ludwigs Politik der verbrannten Erde im Pfälzischen Krieg brachte ihm bei Jacob Burckhardt die Bezeichnung eines »mehr mongolischen als abendländischen Ungetüms« ein.

den »deutschen Tamerlan« (F.L. Jahn) Tilly am 20. Mai 1631. Nach wochenlanger Bombardierung brachen die Tore. »Die Würgeszene fing jetzt an«, schrieb Schiller, »für welche die Geschichte keine Sprache und die Dichtkunst keinen Pinsel hat.« Sie endete, als das Feuer selbst die Eroberer zwang, in ihr Lager zu flüchten. »In weniger als zwölf Stunden lag diese volkreiche feste große Stadt, eine der schönsten Deutschlands, in der Asche, zwei Kirchen und einige Hütten ausgenommen.«[14] Fast 30000 Zivilpersonen mußten sterben. Kurz zuvor hatten die Schweden Frankfurt an der Oder malträtiert.

Eine weitere, nun aber bewußt inszenierte Kulturtragödie entwickelte sich aus den Reunionsansprüchen Ludwigs XIV auf das linksrheinische Gebiet im Pfälzischen Krieg. Als Schwager der Liselotte von der Pfalz[15] beanspruchte der Sonnenkönig entgegen der im Reich gültigen Erbfolge das Territorium ihres verstorbenen Bruders und schickte den *Maréchal de Camp* Mélac mit einer Armee nach Deutschland. Als eine dauerhafte Eroberung undurchführbar erschien, hieß die Losung: »brûler le Palatinat«. Die Pfalz wurde systematisch verwüstet. Liselotte protestierte am 26. September 1688 »qu'on se serve de mon nom pour ruiner ma pauvre patrie«. Ihre Briefe bezeugen ein blutendes Herz über das »erschreckliche und erbärmliche ellendt in der armen pfaltz«, beginnend mit der Zerstörung von Mannheim.[16] Pfingsten (29. Mai) 1689 brannte Speyer; der Dom mit den Kaisergräbern und der Dombibliothek, mit den Domherrenhöfen und der Königspfalz, drei Stiftskirchen, fünf Pfarrkirchen, fünf Klöster, fünfundzwanzig Kapellen, das Deutschordenshaus, der Stadthof, die Zunfthäuser, der Ratshof und über achthundert Bürgerhäuser gingen zugrunde. Neun Jahre blieb die Stadt wüst. Am 15. Oktober 1689 erlag Bonn den französischen Kanonen. Ebenso wurden Bingen, Oppenheim und Worms zerstört. Am traurigsten war das Schicksal von Heidelberg. Am 2. März 1689 stand die Stadt ein erstes Mal, am 22. Mai 1693 ein zweites Mal in Flammen. Der kommandierende Herzog de Lorge berichtete dem Sonnenkönig, das Feuer sei durch die in der Heiliggeistkirche gefangenen Heidelberger selbst gelegt worden – nicht sehr überzeugend. Die Grabmäler der Pfalzgrafen gingen zu Bruch, die Gebeine wurden aus den Grüften gerissen. Am folgenden Tage kapitulierte das Schloß, am 6. September wurde es gesprengt. Liselotte beklagte am 24. Juni 1693: »L'orible cruauté qu'on a faite en dernier lieu à Heidelberg«, nachdem »dies mehr mongolische als abendländische Ungetüm, welches Ludwig XIV

[14] Schiller, Werke XIV 1823, S. 260 [15] Briefe der Herzogin Elisabeth Charlotte von Orléans, hg. v. H.F. Helmolt, 1908 [16] Briefe: 10. November 1688; 20. März, 14. April, 5. Juni 1689

heißt« (Jacob Burckhardt[17]) am 27. Mai in Notre-Dame ein Tedeum hatte singen lassen. Er prägte eine Denkmünze mit der von Boileau formulierten Umschrift HEIDELBERGA DELETA.[18]

Dem Sonnenkönig wird gern Friedrich der Große gegenübergestellt. Dazu bietet auch der Umgang mit Kultur Gelegenheit. Im Siebenjährigen Krieg, am 19. Mai 1757, ließ Friedrich Prag mit glühenden Kugeln beschießen, Neustadt und Judenstadt gingen in Flammen auf.[19] Am 14. Juli 1760 begann der König das Bombardement auf Dresden, »in der Hoffnung, daß die Gefahr der Einäscherung einer Königlichen Residenz ... auf die Österreicher wirken würde«. Um sie zum Abzug zu zwingen, drohte Friedrich, Elbflorenz in einen Schutthaufen zu verwandeln. Er erwartete von seinen Feinden den Respekt vor der Kultur, den er selber vermissen ließ. »Prächtige Paläste, die jede Stadt Europas würden geziert haben, wurden ein Raub der Flammen«, so schreibt einer seiner Offiziere. Die »Kreuzkirche, eine der ältesten und schönsten Kirchen in Sachsen«, sank am 19. Juli zusammen. Eine »gefühllose Verheerung ohne weitere Rücksicht« ruinierte sechs Kirchen, 416 Häuser und Paläste sowie den Großen Garten, auch diese »Zierde Deutschlands« war in die »schrecklichste Einöde verwandelt«. Noch jetzt, nach dreißig Jahren, schreibt Archenholtz, seien die Schäden zu sehen.[20] Friedrichs Versuch, »durch Feuerqualen denn! die bombardierten königlichen Hoheiten« und den Kommandanten Maguire zu erpressen, schlug fehl. Der König schämte sich und bemerkte am 26. Juli zu Prinz Heinrich: »Dresden ist in Asche gelegt, der dritte Teil der Altstadt liegt verbrannt da; – gegen meine Absicht. Meine Befehle waren, die Stadt zu schonen und die Artillerie gegen die Befestigungswerke spielen zu lassen.«[21]

Daß es im Offizierskorps Friedrichs Männer mit Rückgrat gab, beweist sein Gespräch mit Christoph von Saldern im Apelschen Hause zu Leipzig, Neumarkt 16, am Mittwoch, den 21. Januar 1761. Im Herbst 1760 hatten sächsische Dragoner die Residenzen Friedrichsfelde, und Schönhausen, namentlich aber Charlottenburg verwüstet, Möbel zerschlagen, Bilder zersäbelt und die Polignacsche Antikensammlung zertrümmert. Darauf entschied Friedrich, an dem Jagdschloß Hubertusburg bei Leipzig, dem »Herzblatt des Königs von Polen« Vergeltung zu üben. Man müsse die hohen Herren an ihrer empfindlichsten Stelle treffen. Der König wollte Saldern etwas zugute

[17] Burckhardt 1868/1935, S. 94 [18] A.v. Oechelhäuser, Das Heidelberger Schloß, 1902, S. 38ff; R. Vetter, Heidelberga deleta, 1989 [19] Joh. Wilh. v. Archenholtz, Geschichte des Siebenjährigen Krieges in Deutschland ,1793/1904, S. 53; 56 [20] a.O. S. 292ff [21] Th. Carlyle, Friedrich d. Gr., 1865/1929, S. 622; 626; 664ff

tun und erteilte ihm den Befehl, auszuräumen und das Inventar zugunsten des Lazarettes zu verkaufen. »Euer Majestät halten zu Gnaden, das ist gegen meine Ehre und Eid!« Der König bestand auf seinem Befehl, aber der Exerziermeister verweigerte den Gehorsam. »Saldern, Er will nicht reich werden!« Der General nahm seinen Abschied, Friedrich übertrug die Aufgabe dem Obersten Guichard alias Quintus Icilius. Der besorgte sie.[22]

*

5e. Die erste durch eine säkulare Kulturideologie motivierte Woge der Kunstvernichtung brachte die Französische Revolution, die den Begriff »Vandalisme« geschaffen hat.[23] Sie übertraf noch die durch den Calvinismus angerichtete Verwüstung.[24] War der Bildersturm der Hugenotten noch ganz im Geiste des Mittelalters aus der Sorge um das Seelenheil erfolgt, so ging es nun um den Sieg des Fortschritts. Nicht die Hoffnung auf das himmlische Paradies, sondern die auf irdisches Glück forderte Opfer an Kultur. Die Erstürmung der Bastille am 14. Juli 1789 war ein Akt der Volkswut, die späteren Kulturbarbareien aber beruhen auf behördlicher Anordnung. Auf Antrag von Talleyrand, ehemals Bischof von Autun, wurde am 4. und 5. August 1789 das Kirchengut säkularisiert und damit der Verfügung des Staates unterstellt. Die *Constituante* beschloß am 19. Juni 1790 nicht nur die Abschaffung der Standesprivilegien, sondern ebenso die Beseitigung der »signes de la féodalité«. Der Ruhm der Nation mache es erforderlich, daß kein Monument an die Sklaverei der Vergangenheit erinnere.[25] Nachdem die Bürger den Bildersturz begonnen hatten, wurde er durch das Gesetz vom 20. April 1791 legalisiert, am 11. August 1792 von der *Assemblée Nationale Législative* bestätigt und in den Fünf Artikeln vom 14. August zum Programm erhoben.[26] »Les armes, fleurs de lys, statues et bustes« müßten verschwinden, forderte die Kommune am 20. August – Ehre verdiene allein der *peuple français* als Ganzes.

Ein Dekret vom 6. Juni, das bestimmte: »il importe de préserver des chefs-d'œuvre des arts«, und ein weiteres vom 16. September, das zwischen Relikten der Despotie und schutzwürdigen Kunstwerken zu unterscheiden befahl, blieb wirkungslos, weil diese wie alle anderen

[22] Kurt von Priesdorff, Saldern, der Exerziermeister des Großen Königs, 1943, S. 54f; Randa 1948, S. 185; Gustav Mendelssohn Bartholdy, Der König Friedrich der Große etc., 1912, S. 369 [23] Sprigath 1980; Bernard-Griffiths 1992; Réau 1994, S. 233ff; G. Lottes, in: Speitkamp 1997, S. 22ff [24] Réau 1959/94 [25] Sprigath 1980, S. 517 [26] Sprigath 1980, S. 515ff; Feld 1990, S. 269

Die Französische Revolution versuchte nicht nur, die politischen und sozialen Verhältnisse des Ancien Régime zu überwinden, sondern auch, jede Erinnerung daran zu beseitigen. Bereits 1790 wurde die Tilgung der Symbole von Kirche und Königtum beschlossen. Zu den kostbarsten Kulturopfern gehören die Skulpturen von Notre Dame, insbesondere die Statuen der biblischen Könige, die man für Franken hielt. Von den im Jahre 1793 zerstörten Kunstwerken wurden 1977 Fragmente wiedergefunden. Sie sind heute im Cluny-Museum ausgestellt.

einschlägigen Verlautbarungen damit begann, daß »les emblèmes et les signes proscrits« des Königtums natürlich verschwinden müßten. Gehörten die Marmorskulpturen der Tuilerien dazu oder nicht? Die Diskussion begann, als sie bereits übel zugerichtet waren. Die Plädoyers einsichtiger Jakobiner wie Grégoire und Romme klingen verzweifelt: Hinter den als Vandalen bezeichneten Kunstschlächtern stünde die Gegenrevolution in Gestalt der Emigranten, die, ohne Hoffnung auf Rückkehr, nun ihre Schätze der Nation nicht gönnten. Auch die Engländer wurden verdächtigt, sich an den französischen Kunstschätzen bereichern zu wollen, ja durch die von ihnen lancierten Bücherverbrennungen die Franzosen in die Unwissenheit und die Barbarei zurückzuwerfen. Mußte man denn die Werke Rousseaus verlodern lassen, nur weil sie dem Prinzen von Oranien gewidmet waren?

Im Januar 1793 befahl der Innenminister die Beseitigung der Symbole der »Despotie, des Aberglaubens und des Fanatismus«. Allem, was an Kultur mit Königtum, Adel und Kirche zusammenhing – und was hing damit nicht zusammen? –, wurde der Krieg erklärt. Wir haben den Versuch vor uns, die Geschichte auszulöschen. Eine ganze Schicht von Intellektuellen verfiel ins Delirium einer kollektiven Euphorie, in einen rauschhaften Taumel der Zerstörung, für den der Jubel eines Prudhomme vom 25. August 1793 in den *Révolutions de Paris* über die Rache an den Denkmälern bezeichnend ist. Die Frage, wie sich ein solcher Haß hat aufstauen können, ist vielleicht falsch gestellt. Er muß nicht langsam entstanden sein, sondern wuchert im revolutionären Klima. Sebastian Mercier, gewiß ein Exzentriker, aber vielleicht doch kein Einzelfall, hatte im Ancien régime mit hohem Respekt von den Kunstwerken gesprochen, deren Zerstörung er nun als die atmende Posaune des Vandalismus emphatisch begrüßte.

Die Jakobiner arbeiteten gründlich. Sie ließen die Archive anzünden, die Textilien zerreißen, die Statuen stürzen, die Kirchenfenster einschlagen, goldene Kelche und silberne Reliquiare einschmelzen. Dabei gingen auch die Skulpturen der Kirchen von Saint-Germain-des-Prés und Saint-Denis, von Sens, Vézelay und Antwerpen zu Bruch, weil der Pöbel in den biblischen Königen Feudalherren erblickte. Der Turm von Sainte-Chapelle wurde »geköpft«, die Sansculotten forderten die Niederlegung der Türme von Chartres und Straßburg, denn diese widersprächen der *égalité*. Mit dem Einschmelzen der Monstranzen, Reliquiare und Leuchter hatte man schon seit 1790 dem Geldmangel abzuhelfen versucht. Selbst der Schrein Genovevas, der Schutzheiligen von Paris, endete 1793 im Schmelzofen.

An Bereitschaft zum Kulturfrevel fehlte es auch auf der Gegenseite nicht, wie die verheerende Beschießung des zu Frankreich übergegangenen Mainz 1793 durch die Reichstruppen lehrt.[27] Das war nicht der erste Fall. Für die befürchtete und am 10. August 1792 erfolgte Erstürmung der Tuilerien kündigte Karl Wilhelm Ferdinand von Braunschweig, der Oberkommandierende der Invasionsarmee, in seinem Koblenzer Manifest vom 25. Juli 1792 etwas vorschnell die Vernichtung von Paris an. Dieser *vandalisme proclamateur* scheiterte am 20. September 1792 bei Valmy. Bronze für die französischen Kanonen hatten die Reiterstatuen geliefert, unter ihnen die von Ludwig XIII, XIV und XV, namentlich aber die von Heinrich IV auf dem Pont Neuf, ein Wahrzeichen von Paris. An ihrer Stelle sollte – das forderte Jacques Louis David am 17. November 1793 – ein kolossaler Herkules das französische Volk repräsentieren, der den Augiasstall des Ancien régime ausmisten sollte.

Die größte Kulturschande widerfuhr der Kathedrale Notre-Dame nach ihrer Umwandlung in den »Tempel der Vernunft«. Nachdem Ludwig XVI am 21. Januar 1793 geköpft worden war und auf Antrag von Barère der Konvent am 1. August 1793 beschlossen hatte, die Erinnerung an die Monarchie auszulöschen, ja sogar die Königsgräber zu beseitigen, mußten auch die steinernen Könige, nicht von Frankreich, sondern die von Juda, hingerichtet werden. Zwischen dem 10. September und dem 4. Oktober 1793 wurden den Statuen der Kirche die Kronen abgemeißelt, und am 23. Oktober beschloß die Bezirksverwaltung des Magistrats, die »gothiques simulacres des rois de France« überhaupt abzubrechen. Von den 109 Statuen zertrümmerte der Architekt Varin auf Kosten der Republik 90. Aus den Fragmenten errichtete man eine »revolutionäre Latrine«. Als der Gestank unerträglich wurde, versteigerte man die Skulpturen am 15. Juni 1796 als Baumaterial, die 17 Kubikmeter erbrachten 380 Livres. Die besser erhaltenen wurden als Grenzsteine kopfüber eingegraben, der Rest wanderte in die Fundamente. Bei Ausschachtungen im Hof des Hotel Moreau kamen im April 1977 insgesamt 360 Fragmente wieder ans Licht. 21 arg verstümmelte Königsköpfe wurden am 2. Mai jenes Jahres im Fernsehen präsentiert.[28]

Seinen zeremoniellen Höhepunkt fand der revolutionäre Ikonoklasmus in der Feier zu Ehren des von Charlotte Corday ermordeten Jakobiners Marat,[29] veranstaltet von der *Société Populaire* von Fontainebleau am 27. Oktober 1793. Vor der Büste des »Märtyrers der Revolution« wurde ein Scheiterhaufen aus den Gemälden der könig-

[27] Georg Forster am 13. Juli 1793 an seine Frau, in: Kurz 1923, S. 251 [28] M. Fleury, Geschichte eines Verbrechens, in: Die Könige von Notre Dame, Biel 1977, S. 14ff [29] Th. Gaehtgens, Davids Marat (1793) oder die Dialektik des Opfers, in: Demandt 1996, S. 187ff

lichen Galerie errichtet, um einen *holocauste patriotique* zu vollziehen. Das war ein Rache- oder Sühneopfer *(sacrifice vengeur ou expiatoire)*. Künftig sollten die Künste nicht mehr durch den Despotismus mißbraucht werden; die Manen Marats wurden beruhigt, als der Wind den »Weihrauch« der lodernden Bilder der Büste entgegenblies.[30] Antike und christliche Elemente verschmolzen in dieser Zeremonie, die an Savonarola erinnert.[31] Sakraler und säkularer Vandalismus gebärden sich in gleicher Form.

Vandalismus aus Rache war am Werk bei der Verwüstung von Lyon, der zweiten Stadt Frankreichs nach deren Kapitulation am 9. Oktober 1793.[32] Lyon hatte sich Robespierre entgegengestellt und mußte es büßen. Sogar der Name der Stadt wurde verboten, jetzt hieß sie *Commune affranchie*. »Die Lyoner Nachrichten mögen leider wahr sein!« schrieb der deutsche Jakobiner Georg Forster am 28. Dezember aus Paris an seine Frau. »Die Revolution ist ein Orkan, wer kann ihn hemmen? Ein Mensch, durch sie in Tätigkeit gesetzt, kann Dinge tun, die man in der Nachwelt nicht begreift vor Entsetzlichkeit.«[33] Nachdem 1794 die aufständische Vendée in eine Wüste von Blut und Asche verwandelt worden war, meldete Forster: »Wir haben die Vendée nun ausgerottet, und so werden wir ausrotten, was sich uns widersetzt ... Die Lava der Revolution fließt majestätisch.«[34]

Einen ganz anderen Kommentar lieferte Friedrich Schlegel, der auf seiner Reise nach Frankreich 1804/5 die Spuren der Schreckensherrschaft sah. Er beklagte den Zustand von Notre-Dame, dem »wichtigsten Gebäude in Paris für die Kunst«. In St. Denis fand er nackte Mauern, Krähen und Dohlen und »aufgerissene Gräber der Könige«. Was sich »ohne allzu große Mühe zerstören ließ, ist zerstört worden«. Die Glasfenster seien nach England verkauft worden. Die Kathedrale von Cambrai, zum Volkseigentum erklärt, hatte ein Privatmann gegen Assignaten zum Materialwert erworben. In Reims waren die Skulpturen zerschlagen, »vielleicht der größte Schaden, welchen die Revolution in Frankreich selbst der Kunst zugefügt hat«. Aber ihre Wirkung reichte über die Grenzen hinaus. Schlegel beschreibt die Verwüstungen in Brüssel, Löwen, Lüttich und Straßburg und kommt aus dem Mitleid mit der mißhandelten Kunst zu deren ästhetischer Würdigung. Die mittelalterliche Architektur, für die er »von Theoderich bis auf die moderne Zeit« den Stilbegriff »gotisch« verteidigt, bewundert er zumal in Köln, wo noch am meisten zu sehen war. Ähnlich wie Chateaubriand und Madame de Staël verbindet sich bei Schlegel ein Kunstsinn mit einem politischen Urteil. Er fürchtete, daß

[30] Feld 1990, S. 271f [31] s.o. 4v! [32] W.D. Edmonds, Jacobinism and the Revolt of Lyon 1789–1793, 1990 [33] Kurz 1923, S. 271 [34] a.O., S. 267

nach der revolutionären Wut das kalte, »flache Streben nach Antikischem« mit den alten Werken weiter aufräume, und hoffte, daß jemand eine Geschichte der gotischen Baukunst schriebe, »ehe die jetzt herrschende Barbarei und geldgierige Zerstörungssucht vollends alle alten Denkmale verwüstet hat«.[35]

5f. Nach »Antikischem« strebte Napoleon. Er hat die Kunstbarbarei der Revolution in mancher Hinsicht fortgesetzt. »Unbenutzbare« Kirchen ließ er zerstören. Das traurigste Einzelbeispiel ist vielleicht der unter ihm vollendete Abriß der für die mittelalterliche Ordensgeschichte hoch bedeutsamen Klosterkirche von Cluny mit ihren fünf Schiffen und acht Türmen. In Genua ließ Napoleon die goldenen Adelsbücher und die Büsten der Potentaten vernichten, nach Venedig beorderte er am 16. Mai 1797 fünftausend Soldaten auf den Markusplatz; das prunkvolle Staatsschiff der Dogen, der Bucintoro im Arsenal der Serenissima wurde demontiert.[36] Außerhalb Frankreichs ist der Korse als der größte Kunsträuber der europäischen Geschichte aufgetreten.[37] Der Brand von Moskau vom 15. bis 20. September 1812, der Napoleon zum Rückzug zwang, gilt als Werk des Widerstandes durch den Stadtkommandanten Rostoptschin. Er habe die Stadt mit ihren Hunderten von Kirchen und Palästen geopfert, um den Franzosen das Winterquartier zu nehmen. Selbst hat er diesen heroischen Vandalismus allerdings bestritten.[38] Falls er dennoch den Befehl gegeben haben sollte, liegt der Fall vor, daß kriegsbedingten Vandalismus nicht unmittelbar der verantworten muß, den die Kriegsschuld trifft. Den Kreml soll sogar die französische Garde vor den russischen Brandstiftern gerettet haben. Das wäre Vandalismus mit verkehrten Fronten. Freilich wird den Franzosen angelastet, vor dem Verlassen des Kreml Pulverfässer in den Kellern angezündet zu haben, so der Auftrag des Kaisers an Marschall Mortier am 19. Oktober 1812. Ähnlich in Spanien: Als Napoleon 1812 das Land räumen mußte, versuchten seine Soldaten, die Alhambra von Granada zu sprengen, doch konnte der schlimmste Schaden verhindert werden, weil – so meldet wenigstens der Baedeker[39] – ein spanischer Soldat die Zündschnur durchschnitt. Die Marmorbilder des Korsen in den Brüchen von Carrara wurden 1813 zerschlagen.

Anlaß eher als Ursache war Napoleon für die Säkularisierung und Mediatisierung der geistlichen Landesherrschaft im rechtsrheinischen

[35] F. Schlegel, Vom romantischen Geist, 1946, S. 215ff, aus: ders., Grundzüge der gotischen Baukunst, in: ders., Sämtliche Werke IV, 1823, S. 221ff [36] Randa 1948, S. 194 [37] s.o. 2a; 2b! [38] Graf Rostoptschin, La vérité sur l'incendie de Moscou, 1823 [39] Karl Baedeker, Spanien und Portugal, 1912, S. 338

Deutschland. Die dabei gebrachten Kulturopfer sind mit dem Gewinn für den Fortschritt besonders schwer zu verrechnen. Die in Frankreich während der Revolution kataraktartige Auflösung der mittelalterlichen Sonderrechte der Kirche vollzog sich in Deutschland in mehreren Stufen seit der Reformation. Auch in den katholischen Ländern untergrub die Aufklärung die weltlichen Privilegien der Kirche, wie die Aufhebung der Klöster durch Joseph II in den habsburgischen Landen 1782 zeigt. Nachdem Napoleon das linke Rheinufer annektiert hatte, wurde in Regensburg durch den Reichsdeputationshauptschluß vom 25. Februar 1803, ratifiziert durch Kaiser Franz am 24. März, die Entschädigung der Fürsten durch die geistlichen Territorien beschlossen.

Bayern hatte unter dem reformfreudigen Minister Maximilian von Montgelas, Mitglied im Illuminatenorden, bereits am 25. Januar 1802 die Bettelmönche enteignet, am 11. März 1803 folgten die landständischen Klöster. Insgesamt dreihundert Abteien waren betroffen. Der Versuch der Regierung, den ungeheuer angewachsenen Kirchenbesitz, soweit er für den Staat nicht selbst von Interesse war, so schnell, so umfassend, so teuer wie möglich zu verkaufen, führte zu einer Kulturrevolution. Kirchenschätze wurden als Metallwert gehandelt, Altargerät zum bequemeren Transport flachgetreten. Tausende von Kelchen, Monstranzen und Reliquiaren wanderten in die Münze, die Hälfte aller Glocken in die Schmelzöfen, die Paramente wurden – wie zuvor in der Französischen Revolution – ausgebrannt, um das Edelmetall der Brokate freizusetzen. Gemälde von vaterländischem Gehalt kamen in staatliche Museen, der Rest wurde verkauft oder, sofern er wegen abergläubischer Darstellungen volksschädlich schien, vernichtet – so in Fürstenfeld. Dieses Schicksal teilte auch die Masse der Weihegaben, die nicht als Volkskunst, sondern als Manifestation des Aberglaubens galten.[40]

Ein Problem waren die Bauten der »Aussterbeklöster«. Sie wurden ausgeschlachtet und dann zu beliebiger Nutzung oder gar auf Abbruch verkauft. Dieses Schicksal traf unter anderem die Abteien Steingaden, Tegernsee, Polling und Weihenstephan. Die prominentesten Opfer waren die beiden Benediktinerabteien Wessobrunn, 744 von Bonifatius gegründet, und Münsterschwarzach mit der 1743 von Balthasar Neumann vollendeten Kirche. Niemand wollte die Baulasten tragen. Die Wieskirche wurde durch die Anwohner, die Stiftskirche von Berchtesgaden und der Freisinger Dom durch den Kronprinzen Ludwig gerettet, damals Student in Göttingen. In Freising

[40] A. Kraus, Geschichte Bayerns, 1983, S. 374ff; Grimm 1991; Weis 1983; freundlicher Hinweis von Uwe Puschner.

war ein französischer Offizier eingeschritten, als die Staatskommissare die Baufälligkeit behaupteten. Er ließ während eines Napoleonfestes auf dem Domplatz Geschütze Salut schießen, was die Mauern wider Erwarten nicht erschütterte.[41]

Die Klosterbibliotheken wurden aufgelöst. Von den Büchern übernahm der bayerische Staat ein Zehntel. Der größte Teil endete in Papiermühlen. Am 21. Februar 1804 nahmen 95 Zentner Literatur aus dem Stift Rottenbuch auf acht vierspännigen Wagen diesen Weg.[42] Der für die Sortierung der Bücher zuständige GeneralLandesdirektionsrat Freiherr Johann Christoph von Aretin kommentierte seine Aufgabe in einem Brief vom 1. April 1803, dem Tag, der »der bürgerlichen Existenz der Klöster ein Ende machte«. Darin heißt es: »Zwischen gestern und heute stand eine Kluft von tausend Jahren ... von heute an datiert sich eine Epoche der bayerischen Geschichte, so wichtig, als in derselben bisher noch keine zu finden war. Von heute an wird die sittliche, geistliche und physische Kultur des Landes eine ganz veränderte Gestalt gewinnen. Nach tausend Jahren noch wird man die Folgen dieses Schrittes empfinden. Die philosophischen Geschichtsschreiber werden von der Auflösung der Klöster, wie sie es von der Aufhebung des Faustrechts taten, eine neue Zeitrechnung anfangen, und man wird sich dann den Ruinen der Abteien ungefähr mit eben dem gemischten Gefühle nähern, mit welchem wir jetzt die Trümmer der alten Raubschlösser betrachten.«[43]

An die Stelle altererbter klerikaler und feudaler Privilegien trat die flächendeckende Staatsverwaltung. Sie übernahm die kulturellen Aufgaben der Kirche im Schulwesen, in den Museen und Bibliotheken. Bei den Visitationen wurden vergrabene und vergessene Kostbarkeiten ans Licht gefördert. Aretin verdanken wir die erste Entdeckung der *Carmina Burana*, die er 1803 in Benediktbeuren fand. Die zweite Entdeckung ist das Verdienst von Jakob Grimm, als er für die Veröffentlichung der Lieder durch Johann Andreas Schmeller 1847 sorgte. Die dritte Entdeckung war mehr als eine solche: als Carl Orff sie vertonte und 1937 zur Uraufführung brachte.

5g. Das 19. Jahrhundert wird bisweilen »das historische« zubenannt.[44] Auf eine Rückwendung zur Vergangenheit verweist der Historismus in der Kunst, die Romantik in der Literatur und die Entwicklung der Geschichtswissenschaft als akademischer Disziplin.[45] Dennoch lassen wie die Reformen so die Kriege im Zeitalter des Historismus wenig Respekt vor den Denkmälern der Geschichte erkennen. Zahlreiche Verluste hängen mit der verbesserten Artillerie, ins-

[41] Weis 1983, S. 7 [42] Grimm 1991, S. 78 [43] Weis 1983, S. 8 [44] Riegl 1903/1929, S. 155 [45] Burckhardt 1868/1955, S. 14ff

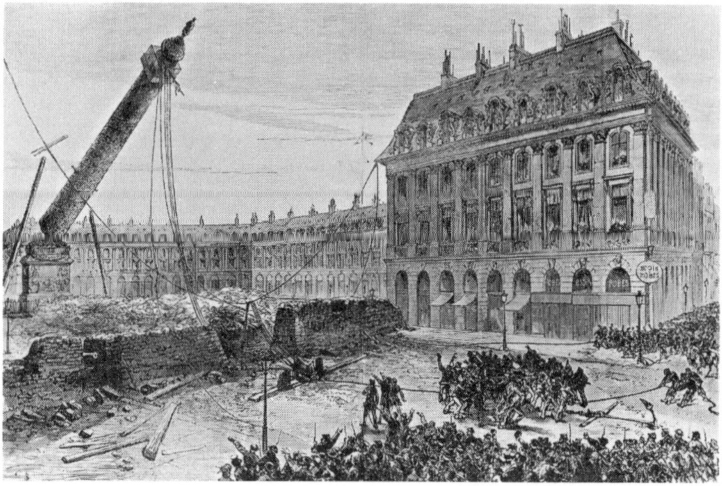

Unter der Herrschaft der Commune wiederholte sich der Bildersturz der Jakobiner. Während die Deutschen Paris belagerten, wurde im Mai 1871 die von Napoleon für die Große Armee errichtete, von der Trajanssäule in Rom inspirierte Vendôme-Säule im Rahmen eines Volksfestes gestürzt. Den Antrag hatte der Maler Gustave Courbet als Präsident der Kunstkommission gestellt. Er wurde 1875 zu sechs Monaten Gefängnis und einem Schadensersatz von 329 091 Franc verurteilt. Daraufhin floh er in die Schweiz.

besondere mit der Seekriegsführung zusammen. Während die kontinentale Landkriegstheorie einen Beschuß von Städten nur vorsah, um sie sturmreif zu machen, mithin taktische Ziele verfolgte, setzten die Briten, die keine nennenswerte Infanterie besaßen, ihre überlegene Feuerkraft zur See in strategischer Absicht ein, das heißt, sie bombardierten Küstenstädte, um den Feind zu schädigen, Revanche zu üben oder den Sieg zu erzwingen. Als flankierende Maßnahme bei der Entführung der neutralen dänischen Flotte, die Napoleon nicht in die Hände fallen sollte, wurde vom 2. bis 5. September 1807 Kopenhagen beschossen. Die Frauenkirche aus dem 12. Jahrhundert, das bedeutendste Gotteshaus der Stadt und des Landes, wurde nebst ihrem Turm und vierhundert weiteren Gebäuden völlig zerstört. Im Krieg von 1812 gegen die Vereinigten Staaten landeten die Briten am 24. August 1814 im unbefestigten Washington und setzten die Stadt in Brand. Das Capitol ging zugrunde, beide Flügel mußten neu errichtet werden. Das wurde als Rache für die Brandstiftung in York, dem späteren Toronto, gerechtfertigt. Als der Amtssitz des Präsidenten wiederhergestellt wurde, hat man die rußgeschwärzten Wände weiß getüncht – seitdem gibt es das Weiße Haus. Im September 1814 bombardierte die Royal Navy dreißig Stunden Baltimore und das Fort McHenry, ebenfalls ohne militärischen Erfolg. Während der Beschießung dichtete Francis Scott Key die Nationalhymne *The Star-Spangled Banner*.

Das strategische Bombardement wurde von den Briten während des ganzen 19. Jahrhunderts praktiziert. Im Krimkrieg traf es Städte an der Schwarzmeerküste und an der Ostsee. Ähnlich in Asien: Kanton in Südchina wurde im Opiumkrieg 1841, 1847 und im Lorchakrieg 1856 beschossen; Kagoshima in Südjapan wurde 1863 zerstört, nachdem ein Engländer ermordet worden war.[46] Ebenso in Afrika: Als Ägypten sich von der türkischen Marionettenregierung des Khedive befreien wollte, erschien die Royal Navy am 11. Juli 1882 vor Alexandria, nahm die Stadt am folgenden Tage unter Feuer und besetzte sie am 14. Juli. Eine Woche später schrieb Jacob Burckhardt an Friedrich von Preen: »Daneben wallt bisweilen noch mein Blut auf, wenn ich den verlogenen hochmütigen Humanitätsschwätzer Gladstone eine Stadt wie Alexandria bombardieren sehe. Gott besser's!«[47]

In dieser Tradition steht schließlich die Beschießung Athens durch die Franzosen am 2. Dezember 1916. König Konstantin hatte sich geweigert, auf seiten der Entente in den Krieg einzutreten. Darauf verhängten England und Frankreich eine »friedliche Seeblockade« über

[46] Liddell Hart 1947/80, S. 74f [47] Burckhardt, Briefe 21. VII. 1882

die Hauptstadt des neutralen Landes, forderten eine Verfassungsreform und die Herausgabe der Geschützbatterien. Als der König dem nicht schnell genug nachkam, gingen französische Seesoldaten an Land, um die strategisch wichtigsten Punkte zu besetzen. Die Griechen schossen. Darauf eröffnete Admiral Dartige du Fournet mit seinen Schiffsgeschützen das Feuer auf Athen. Als die ersten schweren Granaten des Linienschiffes *Provence* in der Nähe des Palastes explodiert waren, gab der König, um seine Stadt zu retten, den Widerstand auf.[48]

Die Kriege des 19. Jahrhunderts bieten Beispiele sowohl für Achtung vor Kultur als auch für bewußte Zerstörung. An die Standesehre der Offiziere im Absolutismus gemahnt das Abkommen zwischen dem Verteidiger Antwerpens, dem holländischen General Chassé, und dem französischen Marschall Gérard von 1832, beim Kampf die Stadt zu schonen, die bereits durch die Kanonen Hollands 1830 gelitten hatte. Als die Franzosen am 23. Dezember einzogen, lag dennoch mehr in Trümmern als die Zitadelle.[49]

Die Härte der Jakobiner lebte auf im amerikanischen Sezessionskrieg. Hier war es die moralische Emphase der demokratischen Kräfte, die bedenkenloser zu Werke ging. William Tecumseh Sherman verkündete: »I am going into the very bowels of the Confederacy and propose leaving a trail, that will be recognized fifty years hence.«[50] Er eroberte Atlanta, ließ die Stadt plündern und am 15. November 1864 niederbrennen. »Atlanta was turned into a Carthago.« Am Abend zuvor besuchte er ein Abschiedskonzert im Theater, ein Augenzeuge verglich ihn mit dem singenden Nero angesichts der brennenden Stadt Rom,[51] Shermans Gesang war *John Brown's soul goes marching on.*[52] Sein eigener alles verheerender Marsch durch Georgia, wo er am 22. Dezember 1864 in Savannah einzog, und Philip Henry Sheridans Verwüstungen im Tal des Shenandoah sollten die Konföderierten in die Knie zwingen, indem deren Höfe und Familien die Kriegsfurie zu spüren bekamen. Als er abzog, fanden nicht einmal die Krähen mehr etwas zu fressen. »Reduction to poverty brings prayers for peace«, so Sheridans Begründung für »unlimited warfare«, das heißt für den totalen Krieg.[53] Shermans goldene Reiterstatue, geleitet durch eine ebenso goldene *Pax Americana*, steht auf der Grand Army Plaza in New York, gestiftet von der Chamber of Commerce.

[48] Jean Pierre Cartier, Der Erste Weltkrieg, 1984, S. 457f [49] Liddell Hart 1947/80, S. 64 [50] Stanley P. Hirshson, The White Tecumseh. A Biography of General William T. Sherman, 1997, S. 258 [51] s.o. 3r! [52] Hirshson a.O., S. 252 [53] Liddell Hart 1947/80, S. 72

Europa stand nicht zurück. Die Begleiterscheinungen der Französischen Revolution wiederholten sich, auf Paris beschränkt, in den – von Bert Brecht 1949 verherrlichten[54] – Tagen der Commune 1871. Sie ergriff die Macht am 18. März, der später in der Sowjetunion Staatsfeiertag wurde. Was das für die Kultur bedeutete, zeigte sich, als – gemäß der Prophezeiung von Karl Marx[55] – auf Antrag des Malers Courbet am 15. Mai unter Fanfarenklängen vor 20 000 Zuschauern die 1809 aus russischen und österreichischen Kanonen umgegossene Colonne Vendôme fiel, als am 23. Mai die Tuilerien geplündert und gesprengt wurden, als der Palast der Ehrenlegion, die Bibliothek des Louvre, die Cour des Comptes und das Hôtel de Ville abgefackelt wurden und der Palais du Luxembourg nur mit knapper Not diesem Schicksal entging. Wenn wir dem *Journal* der Brüder Goncourt trauen dürfen, hat Paul Verlaine am 4. Mai den Beschluß zur Zerstörung von Notre-Dame verhindert.[56] All dies vollzog sich, während die Preußen vor der Stadt »unter strikter Wahrung der Neutralität« abwarteten, bis die Regierungstruppen unter Thiers die Erhebung in vier Tagen und fünf Nächten unglaublich blutig niedergeworfen hatten. Schon in seinem Brief vom 12. April 1871 an Kugler ahnte Marx, daß seine »heroischen Pariser Parteigenossen« den »Wölfen, Schweinen und gemeinen Hunden der alten Gesellschaft« unterliegen würden, doch bemerkte er: »Die Geschichte hat kein ähnliches Beispiel ähnlicher Größe.«

Die Preußen waren auch nicht zimperlich. Sie hatten vom 27. August bis zum 27. September 1870 Straßburg beschossen und dabei auch im Innern der Stadt bedeutende Verwüstungen angerichtet. Ausgebrannt waren das Museum mit der Gemaldesammlung, Stadthaus und Theater, das Gymnasium und vor allem die unschätzbare Dominikanerbibliothek im Temple Neuf mit 200 000 Büchern und Manuskripten.[57] Die von Bismarck und Roon geforderte Beschießung von Paris hat Helmuth von Moltke indessen verweigert. Bismarck unterstellte ihm ein sentimentales Mitleid mit dem »Mekka der Zivilisation« und eine unmännliche Rücksicht auf die englische Presse, während Moltke plausibel zu machen sucht, daß ihm das geeignete

[54] Bertolt Brecht, Werke VIII, 1992, S. 243ff [55] »Aber wenn der Kaisermantel endlich auf die (sic) Schultern des Louis Bonaparte fällt, wird das eherne Standbild Napoleons von der Höhe der Vendômesäule herabstürzen«, K. Marx, Der 18. Brumaire des Louis Napoleon, 1852/1927, S. 127 [56] Edmond et Jules de Goncourt, Journal. Mémoires de la vie littéraire IX 1956, S. 227 [57] Der deutsch-französische Krieg 1870–71, redigiert von der Kriegsgeschichtlichen Abteilung des Großen Generalstabes, 1876 III, S. 142; Gregorovius, Tagebücher, S. 294ff

Geschütz gefehlt habe.[58] Das am 27. Dezember 1870 eröffnete Bombardement richtete sich gegen die Vorwerke. Müssen wir Moltke die Weigerung nicht hoch anrechnen, obwohl er dadurch einige Tausende von zusätzlich Gefallenen in Kauf nahm, die Bismarck durch eine Beschleunigung des Sieges retten wollte?

5h. Der kriegsbedingte Vandalismus im 19. Jahrhundert traf nicht nur Europa und die europaisierten Länder: Die Kolonialmächte forderten ihre Kulturopfer für den Fortschritt auf der ganzen Welt. Eine ihrer größten Barbareien war die Verwüstung des Sommerpalastes Yuan Ming Yuan von Peking im Jahre 1860. Während des christlich-kommunistischen Taiping-Aufstandes in China soll eine Lorcha-Dschunke unberechtigt die englische Flagge geführt haben, worauf England und Frankreich in China den »Lorcha-Krieg« eröffneten. Als die Geschütze vor Peking standen, ergab sich der Kaiser am 23. Oktober. Im Zuge der als Revanche für Gefangenenmißhandlung motivierten Repressalien erhielten zweitausend britische und französische Soldaten unter dem Befehl von James Bruce, dem Sohn des Marble-Elgin, den Auftrag, im Park des Palastes mit seinen dreißig prachtvollen Pavillons und Pagoden zwei Wochen lang alles kurz und klein zu schlagen, was asiatischer Kunstsinn dort aus Bronze und Jade, Marmor, Porzellan und vergoldetem Zedernholz zustande gebracht hatte. Charles Gordon, der spätere Verteidiger von Khartum, war beteiligt und meldete nach Hause: »Eine der kostbarsten Stätten wurde auf eine geradezu vandalische Weise zerstört ... Wie schön und großartig die in Brand gesetzten Gebäude gewesen sind, davon kannst Du Dir kaum einen Begriff machen. Es tat einem im innersten Herzen weh, all die Herrlichkeit den Flammen zu überliefern.«[59] Zuvor hatte sich Gordon, wenn auch bescheidener als andere, Schätze gesichert, die ein Vermögen ausmachten.[60] Spätere Reiseberichte beschreiben die Wüstenei.[61] Sieben Jahre zuvor hatten die Taiping-Rebellen ihrerseits ähnlich in Nanking gewütet.

Die Aktion wiederholte sich, als das internationale Expeditionskorps unter dem »Weltmarschall« Waldersee im Boxeraufstand Peking eroberte und die Stadt am 14. und 15. August 1900 plünderte. Abermals ging vieles an Kunst zugrunde. Den obersten Kriegsherrn hat das kaum in der von ihm propagierten »europäischen Kulturmis-

[58] Bismarck, Briefe 7.XII.70; Moltke, Briefe 22.XII.70 [59] M. Goos (Hg.), Briefe und Tagebuchblätter des Generals Charles Gordon of Khartum, 1908, S. 171 [60] Randa 1948, S. 1166 [61] J.M. v. Radowitz, Briefe aus Ostasien, 1926, S. 110ff (Brief vom 6. Mai 1864); J. Scheibert, Der Krieg in China, 1901, S. 99ff; J.G. Andersson, Der Drache und die fremden Teufel, 1927, S. 145

sion« beirrt. Am 16. Dezember 1897 hatte der Kaiser den Prinzen Heinrich auf dem Wege nach Ostasien mit der Mahnung verabschiedet: »Sollte es aber je irgendeiner unternehmen, uns an unserem guten Recht zu kränken oder schädigen zu wollen, dann fahre darein mit gepanzerter Faust!«

5i. All diesen Kulturbarbareien zum Trotz entwickelte sich im 19. Jahrhundert ein Geschichtsbewußtsein, das den Historismus zum Zeichen der Zeit erhob. In erklärter Frontstellung gegen den Bildersturz der Jakobiner und den universalen Herrschaftsanspruch Napoleons entstand ein neuartiges Verständnis für den Denkmalwert sowohl der nationalen Kulturen als auch der Hinterlassenschaft anderer Zeiten und Völker. Die Publikation von Quellenwerken und der Aufbau von Museumsbeständen waren nicht mehr allein an der künstlerischen Qualität, dem Interesse an Kuriositäten oder der patriotischen Selbstbestätigung ausgerichtet, sondern um enzyklopädische Systematik bemüht. Eine führende Rolle in Preußen spielte dabei Karl Friedrich Schinkel. Er beantragte am 17. August 1815 die »Erhaltung aller Denkmäler und Altertümer unseres Landes«, sie seien Volksgut und müßten am Standort konserviert werden. Am 4. Oktober erließ König Friedrich Wilhelm III in Paris die Kabinettsorder, daß vor wesentlichen Veränderungen an öffentlichen Gebäuden oder Denkmälern die OberBauDeputation zu befragen sei, der Schinkel angehörte. Als der Umbau von Schlössern in Kasernen anstand, befahl der König am 9. November 1817, wenigstens das Äußere zu bewahren. Am 26. Oktober 1821 baten ihn Schatzminister von Bülow und Unterrrichtsminister von Altenstein, einen Fonds für die Erhaltung der Monumente seit der Römerzeit bereitzustellen, dies sei »eine sehr angelegentliche Pflicht des Staates«. Auch Schinkel bemühte sich weiter, so daß am 15. Dezember 1823 eine Verfügung an alle preußischen Regierungen zum Schutz der Denkmäler erging. Die Wirkung ließ zu wünschen übrig, wie der Erlaß des Königs vom 20. Juni 1830 zugunsten der mittelalterlichen Stadtbefestigungen bezeugt. Militärische Interessen allerdings gingen konservatorischen Bemühungen vor, als Friedrich Wilhelm III am 7. März 1835 dem Ministerium der geistlichen, Unterrichts- und Medizinal-Angelegenheiten die Sorge für die historischen Bauten übertrug.[62]

So wie das Frankreich der Restauration der Bewahrung von Kultur große Aufmerksamkeit widmete, hat der Romantiker auf dem Throne, Friedrich Wilhelm IV, sich seit seinem Schreiben vom

[62] P.O. Rave, Die Anfänge der Denkmalpflege in Preußen, in: Deutsche Kunst- und Denkmalpflege, 9, 1935, S. 34ff

15. Januar 1842 für die Verbesserung der Denkmalpflege eingesetzt. Schon als Kronprinz hatte er für die Erhaltung von Berg und Burg Drachenfels im Siebengebirge gesorgt, den Steinbrucharbeiten für die Fertigstellung des Kölner Doms abzuräumen drohten. Prinz Friedrich warnte in einem Schreiben vom 8. Januar 1828 an den Oberpräsidenten der Rheinprovinz[63] vor der Gefahr der Ruine, »durch Speculations-Geist dem Vandalismus des 19ten Jahrhunderts zu verfallen«. Es kam zu Prügeleien zwischen Steinhauern und Patrioten, Gewalt gegen Menschen sollte Gewalt gegen Kultur verhindern. Das Problem löste der preußische Fiskus, indem er 1863 den Berg kaufte.[64] Am 1. Juli 1843 ernannte der König auf Empfehlung von Hofarchitekt Stüler und Staatsminister Eichhorn den zum Baurat beförderten Architekten Ferdinand von Quast zum ersten Konservator der Kunstdenkmäler mit einem Jahresgehalt von tausend Talern. Damit war die Denkmalpflege in Preußen institutionalisiert.[65] Die revolutionären Bewegungen nach 1790, 1830 und 1848 in Deutschland haben keine Denkmäler gestürzt: Das widersprach dem deutschen Ordnungssinn. Nur das Schloß in Braunschweig erlebte am 7. September 1830 einen Bastillesturm.

Entsprechend dem wachsenden Bewußtsein für den Wert des Traditionsgutes war die europäische Kulturpolitik durch eine vielseitige Sammelleidenschaft geprägt. Führend war England, doch gab es auch Proteste. Lord Byron richtete im *Childe Harold* vernichtende Strophen gegen Lord Elgin, der in die Tradition der Barbarenräuber eingereiht ward. Die von ihm 1802/03 erworbenen Parthenon-Skulpturen des Phidias gelten als der Höhepunkt der klassischen Skulptur. Sie wurden für wenig Geld und mit großen Gewissensbissen am 7. Juni 1816 vom britischen Parlament erworben.[66] Elgins Demontage, der *elginisme*, ging nicht ganz ohne Bruch vonstatten. Der Raub aber erwies sich unverhofft als konservatorischer Vandalismus: die Tempel wurden ihrer Skulpturen beraubt, diese aber im *British Museum* in einer Qualität erhalten, die den in Athen verbliebenen Stükken verlorenging. Wer heute eine attische Kore vom Erechtheion studieren will, gehe nicht nach Athen, sondern nach London.

5j. Aus dem Geiste des Historismus sollte man folgern, daß Akte der Kulturzerstörung zurückgehen. Dies aber gilt nur für den religiös motivierten Vandalismus. Alle anderen Formen bleiben erhalten, zu-

[63] W. Biesing, Drachenfelser Chronik, 1980, S. 184 [64] R.P. Sieferle, Fortschrittsfeinde? Opposition gegen Technik und Industrie von der Romantik bis zu Gegenwart, 1984, S. 59f. Freundlicher Hinweis von H.D. Schultz. [65] Rave a.O. [66] A.H. Smith, Lord Elgin and his Collection, Journal of Hellenic Studies 36, 1916, S. 163ff

mal der aktive durch die Politik und der permissive durch die Zivilisation. Die Kulturverluste des 19. Jahrhunderts sind großenteils Opfer der Modernisierung. In der Biedermeierzeit verloren die meisten deutschen Städte ihre Mauern, Türme und Tore. Man verstand sie damals als inzwischen hinderliche, lästige Zweckbauten; angesichts der fortgeschrittenen Artillerie sinnlos, für den wachsenden Verkehr störend. Im Zeitalter des Historismus fand die historische Substanz keine Gnade vor dem »vandalisme édilitaire«. Zugleich fehlte es an Verständnis: Als die Friedberger 1824 für ein Sängerfest ihre Stadtkirche räumten, verkauften sie deren spätgotische Ausstattung einem durchreisenden englischen Lord. Die Nürnberger verlangten für die von Peter Vischer gegossenen Rathaustüren nur den Materialwert in Bronze.

Eine erhebliche Umgestaltung erlebten auch außerdeutsche Städte. In Paris hat Baron Georges-Eugène Haussmann, am 23. Juni 1853 von Napoleon III zum Seine-Präfekten ernannt, den mittelalterlichen Stadtkern »ausgeweidet«. Zwanzigtausend Häuser fielen zugunsten der neuen Prachtstraßen.[67] Als Rom am 20. September 1870 von Garibaldi erobert und 1871 Hauptstadt Italiens geworden war, protestierten Bewunderer der Stadt[68] vergebens gegen deren Umgestaltung. Die Villa Ludovisi, die »schönste Gartenanlage der Welt«[69], wich Hotels und Ministerien, im einstigen Zentrum der Villa liegt heute eine Tiefgarage. Die *Orti Farnesiani* schrumpften zugunsten von Ausgrabungszonen auf dem Forum und dem Palatin; das Aracoelikloster mit dem Turm Pauls III, die Krone Roms, mußte dem bombastischen Marmormonument für Victor Emanuel weichen.

*

5k. Die Fortschritte der Kriegstechnik im Zeitalter der Industrialisierung haben den Staatsmännern die wachsenden Möglichkeiten unerwünschter und unvertretbarer Zerstörungen im Kriege bewußt gemacht. Dem entgegenzuwirken war das Ziel der Haager Friedenskonferenzen. Auf der von Theodor Roosevelt und Zar Nikolaus II einberufenen zweiten Tagung[70] wurde am 18. Oktober 1907 untersagt, Waffen, Geschosse oder Stoffe zu verwenden, die unnötige Leiden verursachen (Artikel 23 e), und gefordert, bei Beschießungen alle

[67] Henri Malet, Le Baron Haussmann et la rénovation de Paris, 1973, S. 103ff; David Jordan, Die Neuerschaffung von Paris. Baron Haussmann und seine Stadt, 1996 [68] Herman Grimm 1886; Gregorovius 1886 [69] Herman Grimm 1886, S. 259 [70] Spetzler 1956, S. 33ff; 80ff. Den Hinweis auf dieses Buch verdanke ich Andreas Naumann

erforderlichen Vorkehrungen zu treffen, um die dem Gottesdienste, der Kunst, der Wissenschaft und der Wohltätigkeit gewidmeten Bauten sowie die geschichtlichen Denkmäler zu schonen, sofern diese nicht militärisch genutzt werden (Artikel 27). »Jede Beschlagnahme, jede absichtliche Zerstörung oder Beschädigung ... von geschichtlichen Denkmälern oder von Werken der Kunst und Wissenschaft ist untersagt und soll geahndet werden« (Artikel 56).[71] Die für den Landkrieg gedachten Bestimmungen waren unschwer sinngemäß auf den Luftkrieg übertragbar. Eine internationale Juristenkommission unter J.B. Moore erarbeitete vom 11. Dezember 1922 bis 6. Februar 1923 die Haager Luftkriegsregeln, doch wurden sie nicht ratifiziert, nachdem die französische Regierung erklärt hatte, die Land- und Seekriegsrechte regelten sinngemäß auch den Luftkrieg. Gegen welche internationale Bestimmung ist von den Signatarmächten in der Folgezeit krasser verstoßen worden? Die Klimax zieht sich über ein halbes Jahrhundert.

5l. Die Zerstörung von Kulturdenkmälern im Ersten Weltkrieg war in Einzelfällen symbolisch gemeint – so die Verwüstung des deutschen Botschafterpalais in Petersburg mit der Kunstsammlung des Grafen Pourtalès 1914 und die Verbrennung deutscher Bücher unter Absingen patriotischer Lieder in den Vereinigten Staaten[72] – im Regelfall aber unbeabsichtigte Nebenfolge von Kämpfen. Der von England und Frankreich gegen Deutschland erhobene Vorwurf, am 22. August 1914 die Bibliothek von Löwen und am 3. September 1914 die Kathedrale von Reims[73] zerstört zu haben[74] – in Löwen vermutete man »Francs-tireurs« hinter den Fenstern, in Reims Späher auf dem Turm –, wurde zynisch zurückgewiesen, gemäß der Devise: Die Blume, die auf dem Wege blüht, hat ihre Unschuld verloren.[75] Der Vertrag von Versailles forderte dann Wiedergutmachung: für die Bauschäden in Reims Geld, für die Verluste in Löwen mußten die verbrannten Handschriften, Inkunabeln, Karten, Bücher und Sammlungen Stück für Stück vom Deutschen Reich durch gleichwertige ersetzt werden.[76] Die ersten Fliegerbomben auf Städte blieben vergleichsweise harmlos. Die französische Bomberattacke auf Freiburg am 4. Dezember 1914 blieb eine Episode. Im Januar 1915 gestattete Wilhelm II den Luftangriff auf London,[77] am 26. Mai gab es dort sieben

[71] Martens, Nouveau recueil général de traités, 3ième série, tome 3, vgl. Reichsgesetzblatt 1910! [72] Végh 1915, S. IX; Rafetseder 1988, S. 267 [73] Réau 1994, S. 843ff [74] A. Masson, L'invasion des Barbares en 1914, I/II, 1915 [75] P. Schöller, Der Fall Löwen etc. 1958; L. Wieland, Belgien 1914 etc., 1983 [76] Artikel 247 des Vertrags von Versailles [77] R.H. Fredette, The Sky on Fire, 1966

Tote. Am 4. September 1917 beschädigte eine deutsche Bombe die Basis von »Cleopatra's Needle«,[78] das Loch wurde demonstrativ bewahrt. Die zunächst eingesetzten Zeppeline waren von der britischen Abwehr leicht zu treffen, daher traten die sogenannten Riesenflugzeuge vom Typ Gotha an ihre Stelle, sie aber kamen nicht bis London. Englische Bomben fielen auf Köln, Koblenz, Mainz und Frankfurt.

Kulturpolitik bezweckten die Maßnahmen, mit denen nach 1918 in Lothringen, zumal in Metz, in geringerem Maße im Elsaß, die sichtbare Erinnerung an die Reichslandzeit ausgelöscht wurde. Während die deutsche Verwaltung, um einen Modus regendi zu finden, die Marschälle Napoleons auf ihren Sockeln belassen hatte, wurden nach dem Abzug der Deutschen und deutsch Optierenden im Dienste der »Entpreußung« Hunderte von Monumenten gestürzt, eingeschmolzen oder umbenannt. Das Reiterstandbild Wilhelms I in Metz fiel am 18. November 1918, aus dem Bronzematerial wurden Ehrenmedaillen geprägt, die Poincaré an französische Patrioten verteilte. Im Elsaß oblag der Denkmalsturz französischem Militär und stieß auf Widerstand.[79] Entsprechendes vollzog sich in allen 1918 von Deutschen und Österreichern verlorenen Gebieten, in Westpreußen und Böhmen, in Südslawien und Norditalien. Vielfach handelt es sich freilich um Monumente, die den deutschen und österreichischen Herrschaftsanspruch demonstrierten – so der Prophet Daniel mit dem Schnurrbart Wilhelms II an der Neuen Pforte der Kathedrale von Metz. Ihm wurde im November 1918 ein Marmeladeneimer über den Kopf gestülpt, eine Kette um die Hände und ein Schild vor die Brust gehängt: SIC TRANSIT GLORIA MUNDI.[80] Eine freundliche Geste war es, daß man dem Kaiser schließlich die Lächerlichkeit dieser frivolen Rolle ersparte, indem man das Tor entwilhelmisierte.

5m. Die totalitären Systeme unseres Jahrhunderts haben das Ihre zur schwarzen Chronik des Vandalismus beigetragen. Auch wenn heute niemand mehr im Bildersturz der Hitlerzeit ein progressives Element suchen wird, wurde das in der Kunstpropaganda des Dritten Reiches gleichwohl behauptet. Am 19. Juli 1937 öffnete die Wanderausstellung »Entartete Kunst« in München ihre Tore. Die Ausstellung »will am Beginn eines neuen Zeitalters für das Deutsche Volk anhand von Originaldokumenten allgemeinen Einblick geben in das grauenhafte Schlußkapitel des Kulturzerfalles der letzten Jahrzehnte vor der großen Wende«, so der Ausstellungsführer. Die Aktionen hatten bald

[78] s.o. 1q! [79] Annette Maas, in: Speitkamp 1997, S. 79ff [80] Maas, a.O., S. 104

nach der Machtergreifung begonnen, das Stichwort lieferte der Maler Wolfgang Willrich mit seinem Buch *Säuberung des Kunsttempels* (1937), frei nach Matthäus 21, Vers 12. Schon am 28. März 1933 erfolgte der Abbruch des Düsseldorfer Ehrenmals für die Gefallenen des 39er Regiments, weil man dem Künstler »bolschewistische Kulturtendenzen« nachsagte.[81] Am 10. Mai 1933 wurden »undeutsche« Schriften den Flammen übergeben; auf dem Berliner Opernplatz verloderten 20000 Bände.[82] Barlachs Skulpturen verschwanden aus der Öffentlichkeit.[83] Ein Novum in der Weltgeschichte des Vandalismus brachte die vom Rassenhaß diktierte »Reichskristallnacht«. Am 9. November 1938 hat Hitlers Sturmabteilung in Deutschland 280, in Österreich 56 Synagogen und eine Unzahl von jüdischen Geschäften, Kaufhäusern, Schulen und Friedhofsgebäuden geplündert und niedergebrannt – und das, nachdem infolge des Reichstagsbrandes am 27. Februar 1933 auf Brandstiftung der Tod durch den Strang verhängt worden war. Die Erinnerung an jüdische Kultur wurde ebenso ausgetilgt wie die Beiträge von Juden zur deutschen Kultur: In der Nacht des 9. November 1936 verschwand das Denkmal für Felix Mendelssohn Bartholdy vor dem Leipziger Gewandhaus. Daraufhin legte Carl Goerdeler sein Amt als Oberbürgermeister nieder. Die während der deutschen Besatzung in Osteuropa zerstörten Synagogen gehen in die Tausende. Auch die Monumente politischer Selbstdarstellung der Weimarer Zeit wurden abgetragen, so das Liebknecht-Denkmal von Mies van der Rohe in Berlin[84] und der *Steinerne Blitz* für die Opfer des Kapp-Putsches im März 1920 von Walter Gropius in Weimar.[85] Am 20. Mai 1936 und nochmals am 20. März 1939 wurden in Berlin unverkäufliche Werke der »entarteten Kunst« verbrannt: 1004 Ölbilder und Skulpturen, 3825 Aquarelle und Zeichnungen.[86] Otto Dix malte damals (1939) das Bild *Lot und seine Töchter* und wählte als Hintergrund das brennende Dresden.

5n. Von bisher beispiellosem Ausmaß waren die Kulturzerstörungen im Letzten Weltkrieg. »Das Ausradieren von Städten durch Bomben« nannte General Fuller den »härtesten Schlag, der jemals gegen die Zivilisation gerichtet wurde«.[87] Die Bombenschäden stehen in der Diskussion über die Opfer, die vor allem der Millionen erschossener und vergaster Juden gedenkt, begreiflicherweise zurück, bieten gleichwohl zu diesem Tiefpunkt in der Historie der Humanität eine Entsprechung in der Geschichte der Kultur. Der Theoretiker des Bom-

[81] H.V. Thamer, in: Speitkamp 1997, S. 114 [82] Rafetseder 1988, S. 271. Heute erinnert daran ein Denkmal im Boden mit leeren Bücherregalen. [83] s.o. 2e! [84] s.o. 2z! [85] Deutsche Nationaldenkmale 1790 bis 1990, 1993, S. 120ff [86] s.o. 2e! [87] Fuller 1947/50, S. 480

benkrieges ist der italienische General Giulio Douhet (1869–1930).[88] Sein Buch *Il dominio dell' aria* erschien zuerst 1921,[89] die deutsche Ausgabe 1935.[90] Douhet forderte und prophezeite die Entscheidung künftiger Kriege durch die Luftüberlegenheit. Die technische Entwicklung hebe den Unterschied zwischen Front und Heimat ebenso auf wie den zwischen Soldaten und Zivilisten. Die »Zerstörungsarbeit« werde von oben nach unten geführt, Ziel sei die möglichst rasche und möglichst gründliche Vernichtung der Lebenszentren des Feindes durch Spreng-, Brand- und Gasbomben, die das Löschen verhindern und Kerngebiete auf Jahre hinaus verseuchen sollen. Die »Kunst des Luftkrieges« sei die »Zerschmetterung aller materiellen und moralischen Kräfte eines Volkes«. Gerade die Moral müsse getroffen werden. Eine Unterscheidung »zwischen menschlichen und unmenschlichen Kriegsmitteln« sei illusorisch. Wer ums Überleben seines Volkes kämpft, »hat das heilige Recht, alle vorhandenen Mittel zu benutzen«. Die Einschränkung von »sogenannten barbarischen und verbrecherischen Kriegsmitteln« sei nur eine »Lüge internationalen Charakters«, papierne Konvention. Entscheidend sei der Erstschlag, er habe tunlichst vor der Kriegserklärung zu erfolgen. Verteidigung nach oben sei nicht möglich, Jäger richteten gegen den Masseneinsatz von Bomberflotten nichts aus. Douhet malt sich die Wirkung von Tausendbomberangriffen aus, in denen beispielsweise die Zivilbevölkerung von Berlin, dem »Gehirn« Deutschlands, restlos ausgelöscht werde. Das führe zu Panik, Revolution und Ergebung. Die neue Form des Krieges, für den General eine »Offenbarung«, sei trotz allem vergleichsweise human, denn der nächste Krieg sei kurz.[91]

An diesen Theorieteil schließt Douhet ein Gedankenspiel, in dem er den kommenden Krieg Deutschlands gegen Frankreich und Belgien beschreibt. Kriegsursache sei der »Diktatfrieden von Versailles«, die »Diktatoren am Versailler Verhandlungstisch« hätten ihn vermeiden können. Für den Kriegsausbruch denkt er an 1939. Die Luftkämpfe und Bombardierungen werden detailliert dargestellt. Entgegen seiner Theorie verzichten die Deutschen trotz ihrer Luftüberlegenheit auf ein Bombardement der Pariser Innenstadt und veranlassen durch abgeworfene Flugblätter die Räumung von Namur, Soissons, Châlons und Troyes, bevor die Städte zerstört werden. Die Deutschen verlieren selbst in Köln, Koblenz, Mainz und Frankfurt vier ihrer »blühenden

[88] Zur Person: G. Rochat in: Dizionario Biografico degli Italiani, Bd. 41, 1992, S. 561ff [89] erweiterte Fassung: 1927; 1932; 1955. Französisch »La guerre de l'air« 1932; englisch »Command of the Air« 1943. [90] unter dem Titel »Luftherrschaft«, übersetzt von R.E. Strunk; danach zitiere ich. [91] Douhet 1921/35, S. 24; 50ff; 72; 67; 26; 79; 23; 44f; 49; 69; 24

Nachdem schon im Ersten Weltkrieg deutsche Fliegerbomben London getroffen hatten, wurde die Stadt 1940/41 von der Luftwaffe mehrfach bombardiert. Viele historische Bauten wurden beschädigt: so die Umgebung von St. Paul's, die unser von Cecil Beaton aufgenommenes Bild zeigt, Guildhall, Westminster Hall und Christ Church New Gate.

Städte«. Nur hier kommt der Gedanke an Kultur auf. Die wechselseitige Zermürbung geht weiter, der zu erwartende Sieg Deutschlands, dem Douhet vorbeugen will, wird nicht mehr dargestellt.[92]

Die Bedeutung von Douhet liegt weniger in seinem Einfluß auf die Luftstrategie der Westmächte[93] als in der theoretischen Darstellung der Möglichkeiten eines Krieges von oben. Nachdem Anfang 1909 in London die *Aerial League* gegründet worden war, die Britannien neben der See- auch die Luftherrschaft sichern sollte, wurde am 1. April 1918 die Royal Air Force als unabhängige Waffengattung geschaffen. Fortan verfocht Generalmajor Hugh Trenchard den Bau von Bombergeschwadern und fand in Amerika enthusiastische Unterstützung bei dem Brigadegeneral William Mitchell. Als Angriffsziele wurden neben militärischen und ökonomischen Zielen auch Wohngebiete ins Auge gefaßt; Verlusten unter der Zivilbevölkerung des Gegners wurde große »moralische Wirkung« zugetraut. Dies galt ebenso für Kulturschätze und lag auf der Linie von Douhet.[94]

5o. Die Prognosen Douhets sind weitgehend eingetroffen. Hitlers Anfangserfolge waren wesentlich seiner Luftwaffe zu danken. Was sie im taktischen Einsatz leisten konnte, bewies der Bombenangriff der Legion Condor am 26. April 1937 auf Guernica, die heilige Stadt der Basken, drei Tage bevor Franco sie besetzte. 37 deutsche und italienische Bomber verheerten sie gründlich. Guernica verkörpert die gesamte Bandbreite dessen, was wir Vandalismus nennen: Die Zerstörung wählte Picasso zum Thema seines nach der Stadt benannten, gegen jede Form von Brutalität protestierenden Bildes, das seinerseits Opfer eines ästhetischen Vandalismus wurde, als es am 28. Februar 1974 in New York von einem persischen Maler übersprüht wurde.[95] Der Täter gab den Anschlag als künstlerischen Akt aus, so daß man in der Beseitigung des aufgesprühten Spruches Vandalismus dritten Grades sehen könnte.[96]

Hitler hat seine Drohung gegenüber dem tschechischen Staatspräsidenten Emil Hácha am 14. März 1939, im Falle von Widerstand die Stadt Prag zu zerstören,[97] zwar nicht verwirklicht, aber beglaubigt. Nach seinem Bombensturz auf Warschau, der am 27. September 1939 zur Übergabe führte, und dem militärisch und politisch überflüssigen Drei-Stunden-Angriff auf Rotterdam am 14. Mai 1940 – die Kapitulation der Regierung war zwanzig Minuten nach dem Start der Maschinen eingegangen[98] – zerbombte er, der am 19. Juli 1940 sei-

[92] Douhet 1921/35, a.O., S. 88; 132; 157; 182; Spetzler 1956, S. 195ff [93] anders Rochat, S. 565f; s.u. 5q–s! [94] Liddell Hart 1972, S. 732ff [95] Pickshaus 1988, S. 42ff [96] s.u. 6r–v! [97] Blackett 1948/50, S. 22f [98] Spetzler 1956, S. 246f

nen Feinden »Herostratennatur« vorgeworfen hatte, am 14. November in Coventry nicht nur die Flugzeugmotorenwerke, sondern zugleich die Innenstadt, nachdem Berlin am 25. August den ersten britischen Luftangriff erlebt hatte.[99]

Nach dem sechsten britischen Nachtangriff auf Berlin[100] ging Hitler am 2. September daran, London zu »coventrieren«. Saint Paul's Cathedral wurde umringt von Feuer, konnte aber gerettet werden. Schwere Schäden nahm die Guildhall, das Nelson-Denkmal, Saint Giles Cripplegate mit dem Milton-Monument, der Middle Temple, Westminster Hall, Saint Bride's, Saint Lawrence Jewry und Christ Church New Gate. Insgesamt zehn Kirchen von Christopher Wren wurden getroffen. Die Fotos von Cecil Beaton erinnern an die *Carceri d'invenzione* von Piranesi.[101] Goebbels schwärmte von »Feuermeeren« über englischen Städten.[102] Die Bomben auf Moskau seit dem 21. Juli 1941 sollten Schrecken verbreiten – das, was man beiderseits des Kanals später »Terror« nannte. Nach Hitlers Reichstagsrede vom 19. Juli 1940 war es Zweck Nr. 4 der deutschen Luftkriegsführung, »die feindliche Moral und Widerstandskraft zu zermürben und zu brechen«. Er forderte von England Frieden, weil »die Fortführung dieses Kampfes nur mit der vollständigen Zertrümmerung des einen der beiden Kämpfenden enden« werde. Am 9. September drohte er den Briten für den Fall fortgesetzter Luftangriffe: »Wir werden ihre Städte ausradieren.«[103] Am 8. Juli 1941 und am 23. August 1942 verhieß er dieses Schicksal ebenso Leningrad.

Nach – im Frühjahr 1944 – nochmals kurzfristigen Überraschungserfolgen mit der V-Flügelbombe (das V ist die Abkürzung für »Vergeltungswaffe«) fehlten die Raketen und Flugzeuge, um diese Angriffe wirksam fortführen zu können. Genügend Jagdflugzeuge zur Abwehr der Bomberflotten zu bauen, weigerte sich Hitler – dafür hätte er sich auf Douhet berufen können. Er wollte Gleiches mit Schlimmerem vergelten und dachte mehr an die Front als an die Heimat.[104] Am 4. Mai 1941 verhieß er für die Kulturschäden hundertfache Vergeltung, wenn die Briten weiterbombten.

5p. Den britischen Bombenkrieg gegen die deutschen Städte hatte der am 10. Mai 1940 zum britischen Premierminister gekürte Winston Churchill einen Tag nach seiner Wahl eröffnet.[105] Das strategi-

[99] Macmillan IV, 1950, S. 100 [100] Liddell Hart 1947/80, S. 92; Unverzagt 1988, S. 318 [101] Cecil Beaton, History under Fire, 1941 [102] Rumpf 1952, S. 65 [103] Spetzler 1956, S. 262 [104] Spaight 1944, S. 44; Speer 1969, S. 291ff [105] Ch. Webster/N. Frankland, The Strategic Air Offensive against Germany 1939–1945, I–IV, 1961; O. Groehler, Bombenkrieg gegen Deutschland, 1990; Boog 1993

sche Konzept entsprach wiederum weitgehend dem von Douhet,[106] wenn wir die 1943 verfaßte, 1944 erschienene Rechtfertigung *Bombing Vindicated* des *Principal Assistant Secretary* des *Air Ministry*, James Spaight, zugrunde legen dürfen. Sein erstes Kapitel heißt »The bomber saves civilisation«. Einerseits sei ohne Luftangriffe der Sieg nicht zu erringen und andererseits halte der dadurch angerichtete Schaden künftige Politiker davon ab, Kriege zu beginnen. Hitler habe mit dem Verzicht auf den Bau einer strategischen Bomberflotte seine militärische Unfähigkeit erwiesen. Seine 1935 und 1936 vorgeschlagene Vereinbarung über bombenfreie Zonen habe London wohlüberlegt abgelehnt, denn Hitler habe damit nur seine Verwundbarkeit schützen wollen. Gleichwohl zitiert Spaight eine Erklärung der britischen und französischen Regierung vom 2. September 1939, der sich auch die deutsche Regierung angeschlossen habe, »that only ›strictly military objectives in the narrowest sense of the word‹ would be bombarded«.[107] Er verurteilt die Vernichtung von Kulturgut durch *Baedeker-raids*. »Do not descend to vandalism!« Er bedauert die Zerstörung der Berliner Hedwigskathedrale am 1. März 1943, der Altstadt von Nürnberg am 8. März, der Münchner Museen am 9. März. »Indiscriminate bombing is not justifiable«, aber ein solches finde nicht statt. Bombardiert würden nur militärische Ziele; in einem totalen Krieg aber gehörten dazu auch die Wohnungen der Arbeiter in den Waffenfabriken. Darum müßten die Innenstädte brennen. Den Status des Nichtkombattanten verweigert Spaight den Rettungsdiensten und der Feuerwehr. Ihre Erfolge verlängerten den Krieg. Krieg sei nun einmal Mord und müsse mit aller Härte geführt werden. Das höchste Ziel des Bombenkrieges sei nicht *the doom of Germany*, sondern *our national honour*.[108]

Aufschlußreicher noch sind die 1947 erschienenen Memoiren von Sir Arthur Travers Harris, Marshal of the Royal Air Force.[109] In ihrem Titel *Bomber Offensive* spiegelt sich sein Widerwille gegen den Begriff »Verteidigung«: »I do not like the term ›defence‹. ›Defence‹ is a gesture not of war, but of inferiority.« Harris begann seine Karriere in den frühen zwanziger Jahren beim »police bombing« im Irak. London hatte den Arabern für den Abfall vom Sultan im Ersten Weltkrieg die Selbständigkeit versprochen, es dann aber vorgezogen, wenigstens im Ölgebiet ein Kolonialregime zu etablieren. Die Ortschaften, die sich dagegen auflehnten, wurden auf Anord-

[106] Rochat, a. O., S. 566 [107] Boog 1993, S. 436 [108] Spaight 1944, S. 30ff; 64; 73; 90f; 106; 112; 148 [109] Zur Person: D. Saward, Bomber-Harris. The Story of Marshal of the Royal Air Force Sir Arthur Harris, 1984

nung Churchills flachgebombt. Auf dieselbe Weise sicherte London die *Pax Britannica* auch im Yemen, in Somaliland und Afghanistan.[110]

Zu Beginn des Krieges erhielt Harris den Befehl über eine der fünf *operational groups* des Bomber Command, wurde am 23. Februar 1942 dessen Commander-in-Chief und mußte sein Amt nur während der Invasion, von April bis September 1944, an Eisenhower abtreten. Dann durfte er wieder bomben. Sein Bericht ist überwiegend technisch gehalten, es geht um die Frage, welche Waffen welche Wirkung erzeugen. Für die *few successes* der deutschen Luftwaffe, selbst für den »Blitz« über London zeigt Harris fachmännische Verachtung. Das war *small scale bombing*, verbunden mit *disastrous mistakes* auf deutscher Seite. Die kriegswichtigen Schäden in Coventry seien in zwei Monaten behoben gewesen. Hitlers V-Waffe erscheint ihm ein avantgardistischer Anachronismus: »It is as if someone had attempted the experimental development and production of the rifle in the very middle of the Battle of Azincourt.«[111]

5q. Die Absicht, den Krieg aus der Luft zu gewinnen – »bombing the enemy out of the war« –, geht zurück auf Churchill. Er verkündete gemäß dem Kabinettsbeschluß vom 11. Mai 1940[112] am 8. Juli »an absolutely devastating, exterminating attack by very heavy bombers from this country upon the Nazi homeland«. Um diese Formulierung beneidete Harris den Premier noch in einem Gespräch mit dem Churchill-Biographen Martin Gilbert am 21. Oktober 1982.[113] Die Direktive für Nachtangriffe auf deutsche Städte gab Churchill am 30. Oktober 1940, am 20. Dezember 1940 gingen die ersten Bomben auf die Berliner Museumsinsel nieder. Nach dem deutschen Angriff auf Rußland verhieß Churchill am 22. Juni 1941 die Zerstörung der deutschen Städte aus der Luft, doch kam es erst im dritten Kriegsjahr zu großen Stadtbränden. Es begann mit den Küstenstädten. Die Vernichtung der alten Hansestadt Lübeck – am 28. März 1942 brannte die Marienkirche aus – diente als *terror raid* und Experiment,[114] der Brand von Rostock während der Nachtangriffe vom 23. bis 26. April lieferte das notwendige Licht, um die außerhalb liegenden Heinkel-Werke zu treffen. Den dabei entstandenen Kulturschaden beantwortete Hitler im April und Mai 1942 mit Angriffen auf die Altstädte von Bath, Canterbury, Exeter, Norwich und York.[115]

[110] Harris 1947, S. 278; 22 [111] Harris 1947, S. 85ff; S. 70. Harris meint den Sieg der Engländer über die Franzosen 1415 [112] Spetzler 1956, S. 252 [113] Gilbert VI 1983, S. 655f [114] Macmillan IV, 1950, S. 87 [115] Spetzler 1956, S. 298

Die Eskalation blieb nicht aus. Der erste Tausend-Bomber-Angriff auf die historische Altstadt von Köln am 31. Mai 1942, die »Operation Millennium«, zerstörte soviel wie alle Fliegerbomben zuvor; »the world's greatest air attack«[116] beglaubigte den immer noch umstrittenen Sinn des strategischen Bombenkrieges. Am 25. Mai 1943 erzielte Harris eine 7 000 Meter hohe Rauchwolke über Düsseldorf; mit dem Dreitausend-Bomber-Angriff auf die Hansestadt Hamburg vom 27. Juli bis 3. August 1943[117] erzeugte er einen Feuer-Taifun, »(which) must have been even more cataclysmic than the bursting of the two atom bombs over Japanese cities« (so Harris). In einer »unimaginable devastation« wurde die zweitgrößte Stadt Deutschlands ausgewischt. »No city in the world has ever endured such a colossal concentrated battering«, bemerkte Spaight. Das war die »Operation Gomorrha«. Im Dezember 1944 glaubte Harris, achtzig Prozent aller deutschen Großstädte zerstört zu haben. Den in Coventry angerichteten Schaden beziffert er auf 100 *acres*, den in Hamburg auf 6 200, den in Berlin auf 64 27. Im letzten Quartal von 1944 konnte er ebensoviel Bomben werfen wie im ganzen Jahr 1943. Die Zerstörung von 70 Städten sei sein Werk.[118]

5r. Harris setzt sich in seinen Memoiren mit seinen innenpolitischen Kritikern auseinander, die ihm die Verluste an Piloten und Maschinen vorwarfen. Es gab aber auch Grundsatzkritik: daß er den Massenmord an Frauen und Kindern aus der Luft erfunden habe. Nur ganz am Rande erscheint das Vandalismusproblem: Bischof George Bell von Chichester protestierte am 14. Februar 1944 im Unterhaus gegen die Zerstörung der europäischen Kultur in Deutschland, und Lord Addison griff Harris im House of Lords an. Kritik übten ebenso die Zeitungen »Economist« und »Daily Worker«. »There was much opposition to the whole idea of a bomber offensive«, schreibt Harris, aber der »Daily Telegraph« habe ihn in England, Arthur Salzberger in der »New York Times« unterstützt. Mit Interviews hatte er viel Ärger, daher begrüßte er das neu errichtete Public Relations Department. Stolz war Harris auf sein stetes Einvernehmen mit Churchill: »He did not want the destruction of German cities in and for itself or in any spirit of revenge« – er wolle nur den Sieg beschleunigen und die Moral der Deutschen brechen.[119] »It may well be«, so vermutete Churchill selbst während des Bombenkrieges, »that German morale will crack.«[120]

[116] Macmillan IV, 1950, S. 90 [117] H. Brunswig, Feuersturm über Hamburg, 1983 [118] Spaight 1944, S. 89; Harris 1947, S. 105ff; 111ff; 160; 175f; 261ff [119] Harris 1947, S. 89; 115; 155ff; 106; 88; 109; 113 [120] Gilbert VI 1983, S. 1206

Auf der Casablanca-Konferenz im Januar 1943 bestätigten Roosevelt und Churchill »the undermining of the morale of the German people« durch die Bombenangriffe. Damit sollte der Widerstand der Truppe im Felde gebrochen werden.[121] In dieser Zielsetzung waren sie sich mit Hitler einig.[122] Roosevelts Gattin Eleanor antwortete auf die Frage, ob es moralisch vertretbar sei, Berlin zu zerstören: »Berlin has little that can be considered a world heritage.«[123] Churchill erklärte am 30. Juni 1943 in der – neben St. Paul's und dem Parlament vom »Blitz« getroffenen – Londoner Guildhall, die deutschen Zerstörungen in England um das 35fache übertroffen zu haben.[124] Als besondere moralische Erfolge wertet Harris seine Angriffe auf Genua, Turin und Mailand. Dagegen bedauert er die versehentliche Bombardierung derjenigen französischen Städte, die weder Kriegsindustrie noch deutsche Besatzung hatten, doch sieht er die höchste Verantwortung überhaupt beim War Cabinet.[125]

Der heikelste Punkt im britischen Air War Fare war die Vernichtung der Barockstadt Dresden am 13. Februar 1945, angeordnet von Eisenhower, gebilligt von Stalin. Die Stadt war überfüllt mit Verwundeten und Flüchtlingen aus Schlesien, die größtenteils in Zelten auf den Elb-Auen campierten.[126] Harris ging es um die Vernichtung von Menschen und Bauten, es wurden weder Industrie- noch Verkehrsanlagen bombardiert.[127] »I know, that the destruction of so large and splendid a city at this stage of the war was considered unnecessary.« Das Wort »splendid« ist das einzige Mal, daß Sir Arthur ein Bewußtsein davon aufdämmert, daß seine Bomber auch Kultur ramponiert haben. General Fuller rechnete ihm dies vor: »Harris gibt ja zu, daß die Ziele seiner Flächenbombardierungen gewöhnlich im Zentrum der Städte lagen, und gerade dort befinden sich normalerweise die Bibliotheken, die Museen, die Hauptkirchen, Kunstgalerien und historischen Denkmäler, welche, wenn sie einmal zerstört sind, für immer verloren sind.«[128] Harris aber war unbeirrt, selbst im Fall von Dresden. Die Fürsprecher der Stadt, so erklärt er, irren: »The effect on German morale, not only in Dresden, but in far distant parts of the country was extremely serious.«[129] Harris argumentiert hier aus einer gewissen Zwangslage. Hätte er eingeräumt, daß man den letzten Angriff hätte unterlassen können, so würde man auch über den vorletzten nachdenken und wäre irgendwann beim ersten.

[121] Blackett 1948/50, S. 29; S. 32 [122] s.o. 50! [123] Ladies Home Journal 61, 3. März 1944, S. 41. Freundlicher Hinweis von Astrid Eckert. [124] Rumpf 1952, S. 155 [125] Harris 1947; S. 140f; 89; 137; 238 [126] A. Rodenberger, Der Tod von Dresden, 1951/95; G. Bergander, Dresden im Luftkrieg, 1995 [127] Groehler 1990, S. 414 [128] Fuller 1947/50, S. 480 [129] Harris 1947, S. 242

Die Zerstörung der Innenstadt von Dresden, »so large and splendid a city« (Harris), am 13. Februar 1945 durch die Royal Air Force wurde von Bomber-Harris als moralischer Erfolg verbucht, war aber militärisch unnötig. Churchill sah darin »a serious query against the conduct of Allied bombing«, und Ronald Schaffer urteilte: »Along with the Nazi extermination camps Dresden became one of the moral causes célèbres of World War II.« Die Aufnahme zeigt den Blick von dem zerstörten Rathausturm.

Churchill schwankte, wo nicht in seiner Politik, so doch in seiner Ansicht. Am 28. März 1945 kommentierte er das Ende von Dresden folgendermaßen: »It seems to me, that the moment has come, when the question of bombing of German cities simply for the sake of increasing the terror, though under other pretexts, should be reviewed.« Der Premier warnte vor »mere acts of terror and wanton destruction, however impressive«. Er hielt es für töricht, die schon griffnahe Beute zu vernichten und fürchtete einen bleibenden Vorwurf: »The destruction of Dresden remains a serious query against the conduct of Allied bombing.« Diese Äußerungen waren »top secret«; in den publizierten Verlautbarungen wurde das Wort »terror« regelmäßig gestrichen.[130] Die offizielle Gesamtdarstellung des anglo-amerikanischen Luftkriegs von Craven und Cate erwähnt das Ende von Dresden nicht.[131] »Along with the Nazi extermination camps ... Dresden became one of the moral *causes célèbres* of World War II.«[132]

5s. Über »the ethics of bombing« – so seine Formulierung – äußerte sich Marschall Harris grundsätzlich angesichts seiner größten Tat: »In spite of all that happened at Hamburg, bombing proved a comparable human method.« Vergleichsweise menschlich: seien doch allein durch die britische Blockade im Ersten Weltkrieg 800 000 Deutsche verhungert. Dagegen wurde die Zahl der deutschen Bombentoten nur auf 600 000 geschätzt. Zu allen Zeiten habe man feindliche Städte beschossen: »The bombardement of a city as a whole is still a normal practice.« Das ist Douhetismus. Indem Harris das Haager Abkommen von 1907[133] übersieht, bestreitet er die Existenz irgendwelcher internationaler Vereinbarungen, die Zivilpersonen und Kulturgut schützen – mit Ausnahme der Belagerung von Paris 1870, als beide Seiten darauf verzichteten, Bomben aus Ballons zu werfen. Harris betont das gute Einvernehmen mit den Amerikanern, die jedoch statt der Flächenbombardierungen der Innenstädte es gezielt auf Industrieanlagen und Verkehrsknotenpunkte abgesehen hatten und erst später dem britischen Vorbild folgten.[134] Er ignoriert die Einsicht, die Churchill schon am 27. September 1941 formuliert hatte: »It is very disputable, whether bombing by itself will be a decisive factor in the present war.« Im Gegenteil: wären doch auch die Briten durch die deutschen Stukas weniger eingeschüchtert als aufgebracht

[130] Gilbert VII 1986, S. 1257f [131] David MacIsaac, Strategic Bombing in World War Two. The Story of the United States Strategic Bombing Survey, 1976, S. 196 [132] Ronald Schaffer, Wings of Judgement. American Bombing in World War II, 1985, S. 97 [133] s.o. 5k! [134] Harris 1947, S. 6; 165; 177; 88; Groehler 1990, S. 390

worden! Was die Royal Air Force erreichen könne, wäre allenfalls ein »ernsthaft wachsendes Ärgernis, a seriously increasing annoyance«. Auf die Städte komme es nicht an. »(Even if) all the towns of Germany were rendered largely inhabitable, it does not follow that the military control would be weakened or even that war industry could not be carried on.«[135] Vor dem Nürnberger Tribunal hat Albert Speer dies bestätigt. Kriegswichtig und angreifbar waren die Verkehrswege und das Mineralöl. Hätte sich die allierte Luftstrategie auf militärische Ziele konzentriert, hätte das den Sieg beschleunigt. Indem die Mehrzahl seiner Bomber bloß Innenstädte in Brand setzte, hat Harris den Krieg eher verlängert.

Harris wehrt sich gegen die Behauptung im *US Strategic Bombing Survey*, das »area bombing« der Briten sei vergleichsweise unwesentlich für den Kriegsausgang gewesen. Das gelte nur für Japan, wo die beiden Atombomben »only added three percent to the already existing devastation«. Zugleich beschwert er sich, daß die Regierung ihm zu wenig Lancaster-Maschinen, zu wenig Bomben und zu wenig Victoria-Kreuze für seine tapferen Piloten zur Verfügung gestellt habe. Das Bomberkommando habe die Invasion ermöglicht »and saved the world from Nazidom«. Die Alternative lautet: »The Nazis would have ruled Europe – if not the world for centuries.«[136]

Nach der Vergangenheit betrachtet Harris die Zukunft. Gibt es keine »world federation«, dann kommen Atomkriege mit Massenvernichtungsmitteln, im Gepäck von Diplomaten und Touristen ins Feindland geschmuggelt. In Stunden müsse die Industrie des Gegners vernichtet werden, die Wissenschaft entwickle Radarstrahlen »against the population of large cities«. Der nächste Krieg werde die zivilisierte Menschheit vernichten. »That may be the best solution.«[137] Ob er sich selbst ernsthaft zu den künftigen Opfern zählte, ist ungewiß, denn er schrieb seine Memoiren weitab vom vermuteten Kriegsschauplatz: in seiner Heimat Kapstadt, die er 1914 unwillentlich, aber als Freiwilliger verlassen hat, »dragged into war by accident, an accident made in Germany«.

Am 15. Mai 1953 wurde das von Ossip Zadkine geschaffene Denkmal *Die zerstörte Stadt* für Rotterdam eingeweiht.[138] Es war der Jahrestag der Zerstörung. Die eindrucksvolle Figur erinnert an Laokoon und seine Klage über das Ende von Troja. In London jedoch ehrte man den Rächer. 1992 erhielt Arthur Harris ein Monument auf ho-

[135] Gilbert VI 1983, S. 1205 [136] Harris 1947, S. 259; 263; 269; 142; 277 [137] Harris 147, S. 279f [138] J. Langner, Ossip Zadkine, Mahnmal für Rotterdam, 1963; Christa Lichtenstern, Ossip Zadkine (1890–1967), 1980, S. 187ff

Um die Eroberung Hollands zu beschleunigen, ließ Hitler am 14. Mai 1940 Rotterdam durch vierzig Bomber angreifen. Innerhalb dreier Stunden war die Stadt verwüstet. Zur Erinnerung daran schuf Ossip Zadkine das Mahnmal *Die zerstörte Stadt*. Es wurde am 15. Mai 1953 eingeweiht und darf als mahnendes Symbol gegen Kulturfrevel überhaupt gelten.

hem Sockel. Es steht vor der Kirche der Royal Air Force *St. Clement Danes* am *Strand* und wurde – angeblich zufällig – am 50. Jahrestag der Tausendbombernacht von Köln, am 31. Mai, von der Königin-Mutter mit Gesang und Gebeten enthüllt. Margret Thatcher – inzwischen außer Dienst – und der Lord Mayor waren erschienen, nicht aber Vertreter von Regierung und Episkopat. Das Denkmal für den Denkmalzerstörer war auch in England umstritten. Veteranenverbände hatten das Geld gesammelt, enttäuscht darüber, daß dem 1984 verstorbenen Harris als einzigem Marschall die Peerage verweigert worden war. Die Presse stritt darüber, ob sein Beiname »The Butcher« im positiven Sinne auf seine Entschlossenheit anspielte oder im negativen auf die von ihm geopferten Bomberpiloten. Ratlos bemerkt Macmillan, daß ihnen keine Ehrung in der Westminster-Abtei gewährt wurde. »One knows not why.«[139]

Harris erweist sich in seinen Memoiren als visuell sensibler Charakter. Das ästhetische Vokabular, mit dem er die von ihm erzeugten Feuerstürme und Rauchsäulen beschreibt, zeigen Faszinierung, ja, eine Art Zerstörungsrausch, neben dem die strategischen Überlegungen als bloße Pflichtleistung erscheinen und keine innere Verbindung mit der emotionalen Emphase eingehen, in der er seine Vernichtungserfolge feiert. Harris ist beeindruckt und will beeindrucken. Dies zeigt auch sein zweites Buch, ein Denkmal, das er sich selbst gesetzt hat – ein bibliophiles Unikat: *The Blue Book of Bombing*. Es handelt sich um ein großes, in blaues Leder gebundenes Buch, ähnlich einem luxuriösen Photoalbum. Dieses *Blue Book of Bombing* ziert ein Deckblatt, das Coventry nach dem Angriff der Luftwaffe zeigt. Es folgen Blätter für alle wichtigen deutschen Städte. Sobald er wieder eine von ihnen hohl gebombt hatte, klebte Harris die entsprechenden Photos ein und schrieb die Zahlen der zerstörten Bauten und der getöteten Menschen daneben. Damit imponierte er nicht nur sich selbst: »This graphic pictorial record of the bombing of Germany grew into an imposing record of the war of Bomber Command.« Stalin hat es bewundert, aber als militärische Leistung an der »dritten Front« nicht ernst genommen.[140]

5t. Das Gegenstück zu den Memoiren von Harris sind die des Generalinspektors der deutschen Feuerwehr, Hans Rumpf. Nach der Sicht von oben nun die von unten. Es war das Duell zwischen Goliath und David mit normalisiertem Ausgang. Rumpf beschreibt seine Tätigkeit unter vorrangig feuerschutztechnischen Aspekten, betont seine Bemühungen um die französischen Dome, namentlich Rouen

[139] Macmillan IV, 1950, S. 129 [140] Macmillan IV, 1950, S. 87f

und Amiens,[141] und warnt – wie Harris und Fuller[142] – vor dem Glauben an Opferzahlen. Wie es scheint, zu Recht. Wenn man deren wissenschaftsgeschichtliche Genese verfolgt, erscheint der Punkt, auf den sich die zunächst kontroverse Literatur inzwischen eingependelt hat, als Gewöhnung ohne Gewähr: Die Forschung verliert die Lust am Nachrechnen und verlegt sich aufs Nachbeten. Die deutschen Standesämter nahmen 1943 keine Todesmeldungen mehr entgegen, die Angaben in den Handbüchern sind geschätzt und wurden dann, wie die anderen Kriegsverluste, je nach Interessenlage vorsichtig nach unten oder großzügig oben abgerundet und festgeschrieben.

Berechnet wurden die auf Deutschland abgeworfenen anglo-amerikanischen Bomben (die *Encyclopedia Britannica* beziffert sie auf 2,7 Millionen Tonnen)[143] und die Kubikmeter erzeugten Schuttes (311 Millionen auf dem Boden der Bundesrepublik[144]). Gesichert scheint zudem, daß beide Seiten während des Krieges ihre erzielten Schäden beim Gegner übertrieben und die selbst erlittenen Verluste verkleinerten, während nach dem Krieg der Stolz auf den Erfolg vor dem Anspruch auf Mitleid verblaßte, der die umgekehrte Verformung nahelegte. Jetzt hielt man die Opfer hoch und korrigierte diese nach oben. Ebenso deutlich ist die Stilisierung der Taten: Hüben wie drüben sprach man von »Vergeltungsschlägen« und betonte, lediglich militärische Ziele getroffen zu haben. Schließlich besteht Einigkeit darin, daß nicht Spreng- sondern Brandbomben die größte Wirkung besaßen. Die schlimmsten Verluste verursachten die Phosphorbomben (Elektron-Thermit-Brandbomben) in den Städten. Diese verwandelten sich in Krematorien Lebender.

Die Kulturverluste sind aufgearbeitet für die Architektur. Bombardiert wurden etwa 880 Orte in der alten Bundesrepublik[145], 560 in der ehemaligen Deutschen Demokratischen Republik[146] sowie 130 in den früher deutschen Ostgebieten.[147] Viele Städte wurden mehrfach angegriffen, Berlin etwa vierhundertmal, siebzehnmal mit tausend und mehr Maschinen.[148] Das »obliterating bombing« traf Kirchen und Klöster, Rathäuser und Residenzen, Museen und Monumente und immer zuerst die Fachwerkbauten, »easy burning«. Den Brand von Frankfurt am 22. März 1944 überlebte ein einziger Holzbau – leider nicht das Goethehaus am Hirschgraben. Auch Dörfer, Ein-

141 Rumpf 1952, S. 31f 142 Fuller 1947/50, S. 8 143 Blackett 1948/50, S. 258ff; Encyclopedia Britannica s.v. Air War Fare, Bd. 1, 1959, S. 476 144 Beseler/Gutschow 1988 145 Beseler/Gutschow 1988, Register 146 Eckardt 1978, Register 147 Ullrich 1963; Dokumente 1958, S. 446ff 148 Rumpf 1952, S. 134

zelhöfe, Landsitze, ja Windmühlen wurden zerbombt. Vernichtet wurde zudem ein Drittel aller Bücher aus öffentlichem Besitz.[149] Über 300 öffentliche Bibliotheken mit 15 bis 20 Millionen Bänden gingen zugrunde.[150] Über Skulpturen und Kleinkunst scheinen keine überregionalen Zusammenstellungen vorzuliegen. Die Verluste an Gemälden sind registriert;[151] Dresden verlor über zweihundert Bilder, zumeist aus der frühen Neuzeit.[152] Beim Berliner Flakbunkerbrand am 5. und 6. Mai 1945 wurden vierhundert Bilder und achthundert Skulpturen alter Meister vernichtet.[153] Die geplante Dokumentation der Verluste der Berliner Gemäldegalerie soll über dreißig Bände umfassen.[154]

Die deutschen Maßnahmen zum Kulturschutz setzen bereits mit der Anlage zur Luftwaffen-Dienstvorschrift Nr. 755 vom 26. August 1939 ein.[155] Daß hier Gefahr im Verzuge war, blieb kein Geheimnis – aber auf Hitlers Entschluß zum Kriege hatte die Sorge um Kultur nicht den geringsten Einfluß. Während die Staats- und Parteiorgane nur zögernd halfen, haben sich die Leiter der Sammlungen früh um Sicherung gekümmert, so im Appell des Berliner Denkmalschutzes vom 26. September 1938 an Albert Speer, wenige Stunden nachdem Hitler den Einmarsch ins Sudetenland angekündigt hatte. Zugleich begann die längst vorbereitete Verpackung der wichtigsten Kunstschätze und der »Bereitschaftsdienst« in den Museen. Am 27. September folgte die erste Luftschutzkonferenz der Berliner Museumsdirektoren.[156] Speer beschwichtigte sie am 3. November. Am 18. März 1941 erfolgte jedoch ein Erlaß über den Luftschutz für Kunst. Auf den Befehl Hitlers vom 17. Mai 1942 zur Sicherstellung sämtlicher Kulturgüter[157] begann die Auslagerung, seit dem 28. Oktober 1943 in Bergwerksschächte. Die Evakuierung der Stadtbewohner aber hatte Vorrang. Vielsagend war der Führerbefehl vom 9. April 1943, die Kunstbestände systematisch durch Fotos zu dokumentieren – gegen das Feuer vom Himmel gab es keine Rettung. Am 20. Juli 1944 (sic) verbot Hitler, beschädigte Kulturdenkmäler wegen Einsturzgefahr abzureißen, er versprach den Wieder-

[149] Chronik und Statistik: Rumpf 1952, S. 144ff [150] Dokumente 1958, S. 454ff [151] K.P. Rogner/M. Bernhard, Verlorene Werke der Malerei. In Deutschland in der Zeit von 1939 bis 1945 zerstörte und verschollene Gemälde aus Museen und Galerien, 1965 [152] H. Ebert, Kriegsverluste der Dresdener Gemäldegalerie, 1963 [153] Randa 1948, S. 214 [154] Erschienen ist Band I 1995, hg. von den Staatlichen Museen Preußischer Kulturbesitz. [155] H. Kohlhausen, Der Kampf des deutschen Kunstschutzes etc. 1944; Groehler 1990, S. 306ff [156] Unverzagt 1988, S. 317 [157] Unverzagt 1988, S. 323

aufbau. Sein Befehl vom 6. März 1945, alle Kunstschätze aus Berlin abzutransportieren,[158] zeigt, daß er die Hauptstadt verloren gab.

Das Ziel des seit März 1942 durchgeführten »carpet bombing« der deutschen Altstädte war nicht primär die Vernichtung von Kulturgütern, sondern eine pauschale Schadensmaximierung durch hocheffiziente Flächenbrände.[159] Die Städte wurden nach ihrer Brandanfälligkeit eingestuft, die bei der Zielwahl berücksichtigt wurde. Berlin – hier begannen am 6. März 1944 die Tagesangriffe der Amerikaner[160] – galt als schwer entflammbar, aber zu Bremen findet sich in den englischen Unterlagen die Glosse »altes Stadtzentrum, brennt gut«.[161] Es scheint unbestritten, daß diese Form der Kriegführung in Deutschland eher zu einer Verhärtung geführt hat und bei den Alliierten von Skrupeln begleitet war. Auf den Kriegsverlauf blieben die Flächenbombardements ohne entscheidenden Einfluß. Der britische Physiker und Nobelpreisträger Blackett, Mitglied des von der Regierung eingesetzten *Advisory Committee on Atomic Energy*, spricht von einem »strategischen Mißerfolg«.[162]

5u. Sollte ich die Frage beantworten, welches die schrecklichsten Jahre in der Geschichte der Menschheit gewesen seien, so würde mancher mit mir die Zeit von der Wannseekonferenz am 20. Januar 1942 bis zum Untergang von Nagasaki am 9. August 1945 nennen. Was damals an Menschen, Gütern und Idealen gezielt vernichtet wurde, ist ohne Beispiel. Das gilt auch für die Kulturverluste. Während Hitler unhaltbare Städte zu »Festungen« erklärte und damit deren Ruin provozierte und legitimierte – den überhaupt schwersten Luftangriff erlitt Berlin am 3. Februar 1945; Schlösser, Kirchen und Museen wurden zertrümmert[163] –, haben die Alliierten noch die letzten, militärisch bedeutungslosen Kulturdenkmäler niedergebombt: Die Domstadt Merseburg (22. November 1944), die kirchenreiche Residenzstadt Würzburg (16. März 1945), die Fachwerkstadt Hildesheim (22. März 1945), das mittelalterliche Rothenburg ob der Tauber (31. März 1945), das barocke Potsdam sowie die Wagner-Stadt Bayreuth (beide am 14. April 1945). Die an Sternchen orientierten »Baedeker-Bombardierungen« folgten dem von Lord Mottisone in Anlehnung an Vergils Aeneis (IX 641) gewählten Motto der Royal Air

[158] Unverzagt 1988, S. 335 [159] Macmillan IV, 1950, S. 90 [160] Unverzagt 1988, S. 329 [161] Groehler 1990, S. 28f [162] Blackett 1948/50, S. 38ff; S. 50. Auch Harris hat das offenbar, allerdings nur mündlich, eingeräumt. Paget im Nürnberger Prozeß gegen Manstein, Rumpf 1952, S. 134 [163] Unverzagt 1988, S. 332; zu den »Festungen« s.u. 6c!

Force »Per ardua ad astra!«[164] Der Stern war allzeit ein Sinnbild des Ruhmes.

Harris vollstreckte in grausamer Ironie in Monaten, was Hitler in Jahrhunderten oder Jahrtausenden erwartet hatte: die Verwandlung einer Kultur in eine Ruinenlandschaft. Mit der Vorstellung von Deutschland in Trümmern war Hitler seit langem vertraut. Bereits in *Mein Kampf* spekuliert er: »Würde das Schicksal Roms Berlin treffen, so könnten die Nachkommen als gewaltigste Werke unserer Zeit dereinst die Warenhäuser einiger Juden und die Hotels einiger Gesellschaften als charakteristischen Ausdruck der Kultur unserer Tage bewundern.«[165] Das wäre beschämend. Er forderte Monumentalbauten zu heroischen Inspirationen. Albert Speer fand daher offene Ohren bei seinem Bauherrn, als er diesem seine »Theorie vom Ruinenwert« vortrug. Die nationalsozialistische Architektur sollte auch noch im Verfallszustand die von Hitler geforderte »Traditionsbrücke« darstellen und, so Speer, »nach Hunderten oder (so rechneten wir) Tausenden von Jahren etwa den römischen Vorbildern gleichen« und heroische Inspirationen wecken.[166] Den Anblick der selbstbeschleunigten Ruinierung scheute der Führer jedoch. Sooft er mit seinem Mercedes durch die zerbombten Städte fuhr, zog er die Vorhänge zu, während sein Stellvertreter Hermann Göring erklärte: »Selbst wenn sämtliche Städte dem Erdboden gleichgemacht werden, lebt das deutsche Volk immer noch. Das ist schlimm, aber es hat ja vorher auch gelebt, ehe es Städte gab – und wenn wir in Erdhöhlen wohnen müssen!«[167]

Hitler und Göring haben die Kulturverluste in Deutschland ignoriert und bagatellisiert. Ob sie aber selbst solche angeordnet haben, ist zweifelhaft. Den Leitartikel im »Völkischen Beobachter« vom 7. September 1944 verstand Speer als »Explosion des Vandalismus«,[168] doch war darin nur die Rede vom Widerstand gegen eine Invasion, der dem Feind jede Möglichkeit, sich zu versorgen und zu bewegen, nehmen sollte. Nicht mehr besagt auch die Anweisung vom 19. März 1945. Darin ordnete Hitler an, alle kriegsdienlichen Sach-

[164] Spaight 1944, S. 148; Macmillan I, 1942, S 10. Die verworfene, ebenfalls humanistische Alternative lautete »altiora petamus, laßt uns Höheres anstreben«. Die aus der genannten Vergil-Stelle abgeleitete Devise lautet sinngleich gewöhnlich: »Per aspera ad astra!« Die klassische Bildung der Briten zeigt sich auch darin, daß ihre Kriegsannalen vermerken, wann sie bei der Eroberung Italiens den Rubico überschritten haben: am 25. September 1944. [165] A. Hitler, Mein Kampf, 1927/39, S. 291 [166] A. Speer 1969, S. 69 [167] Rumpf 1952, S. 94 [168] Speer 1969, S. 412

güter vor dem Rückzug zu vernichten.[169] Unverbürgt ist der Nerobefehl vom 30. April, seinem Todestag.[170] Wenn Speer schreibt: »Selbst von den Werken der Kunst, die die Fliegerangriffe überstanden hatten, sollte nichts erhalten bleiben: Die Baudenkmäler, die Schlösser, Burgen und Kirchen, die Theater und Opernhäuser waren ebenfalls zur Zerstörung vorgesehen«,[171] dann war das eher Interpretation durch untergeordnete Funktionäre als Wille Hitlers. Sein politischer Wahnsinn war darum so verderblich, weil er Methode hatte, aber ein Befehl zur Vernichtung deutscher Kultur durch deutsche Soldaten widerspräche nicht nur der Sorge um seine Gemälde in seinem Testament,[172] sondern auch der inneren Logik seines Weltbildes und müßte daher authentisch dokumentiert sein, um plausibel zu erscheinen. Eine Politik der »Verbrannten Erde« hat Hitler am 19. März 1945 von den Alliierten erwartet, aber im Gespräch mit Speer als Abwehrmaßnahme verworfen.[173]

Psychologisch unproblematisch hingegen sind Hitlers Maßnahmen gegen die Kultur seiner Feinde. Die härtesten trafen den Osten. Als Stalin am 27. Januar 1944 die Heeresgruppe Nord zum Rückzug zwang, hinterließ diese die Schlösser um Sankt Petersburg als rauchende Ruinen, so Pawlowsk, das Große Palais von Peterhof und das Schloß Zarskoje Selo. Während der Belagerung waren namentlich das Winterpalais und die Admiralität getroffen worden. Als die Russen am 20. Januar 1944 Nowgorod zurückeroberten, fanden sie schwer beschädigte Kulturdenkmäler vor: die Verklärungskirche, das Jurjewkloster, den Granowity-Palast und den dortigen Kreml. Warschau hatte bereits 1939 beim deutschen Angriff gelitten. Nach dem am 2. Oktober 1944 niedergeschlagenen zweiten Aufstand ließ Himmler den barocken Stadtkern flachbomben.[174] Vier Fünftel der historischen Bausubstanz gingen verloren. Hier begegnet Gewalt gegen Kultur in der bevorzugten Himmelsrichtung von Westen nach Osten.

Als präventiver Vandalismus ist die Zerstörung des Tannenberg-Denkmals in Hohenstein zu werten. Das 1928 eingeweihte Nationalmonument erinnerte an Hindenburgs Sieg von 1914 über die Russen, der die Niederlage des Deutschen Ordens 1410 gegen Polen und Litauer sozusagen wettmachte. Hier wurde Hindenburg selbst 1934 beigesetzt. Beim Anrücken der Roten Armee ließ sein Sohn, Generalleutnant Oskar von Hindenburg, die Särge seiner Eltern abtranspor-

[169] W. Hubatsch, Hitlers Weisungen für die Kriegsführung 1939–1945, 1962, S. 303ff [170] Rumpf 1952, S. 141 [171] Speer 1969, a.O. [172] s.o. 2c! [173] Speer 1969, S. 461 [174] Randa 1948, S. 239ff

tieren – sie kamen in die Elisabethkirche Marburg – und die monumentale Anlage am 20./21. Januar 1945 durch Pioniere sprengen.[175] Man rechnete damit, daß die Russen dies tun würden, und wollte ihnen die damit verbundene Arbeit abnehmen bzw. Genugtuung vorenthalten.

An anderen Fronten konnte das Schlimmste verhindert werden. Als die französische Hauptstadt unhaltbar geworden war, befahl Hitler: »Paris ist in ein Trümmerfeld zu verwandeln.« Das hatte er schon gemäß den Erwartungen im Westen 1940 erwogen, doch war er davon abgerückt in der Absicht, die in seinen Augen schönste Stadt Europas durch die von ihm geplante Reichshauptstadt »Germania« auf dem Territorium von Berlin in den Schatten zu stellen.[176] Auf den nun doch ergangenen Zerstörungsbefehl hin erklärte der örtliche Befehlshaber, General von Choltitz am 23. August 1944, zwei Tage vor dem Einrücken der Alliierten, dem Stabs-Chef der Heeresgruppe, Hans Speidel, er habe »drei Tonnen Sprengstoff nach Notre-Dame bringen lassen, zwei Tonnen in den Invalidendom, eine Tonne unter die Deputiertenkammer« und fügte hinzu: »Ich bin gerade dabei, den Arc de Triomphe wegen des Schußfeldes sprengen zu lassen.« Speidel durchschaute die grimmige Ironie erst, als Choltitz ankündigte, er werde den Eiffelturm als Drahthindernis vor die (noch nicht) zerstörten Brücken legen. Speidel akzeptierte die Befehlsverweigerung im Geiste Salderns.[177]

So wie Paris war auch Athen bedroht, als sich die deutschen Truppen nicht mehr halten konnten. Um Zerstörungen zu vermeiden, erklärte General Helmuth Felmy Athen am 10. Oktober 1944 zur »offenen Stadt«, bevor er am 12. Oktober abrückte. Britische Fallschirmspringer waren bereits gelandet, während unter den Griechen Kommunisten und Nationalisten einander bekampften. Die Kais und das Elektrizitätswerk im Piräus wurden von der Wehrmacht gesprengt, der Kampf um die Akropolis zwischen Briten und Kommunisten im Dezember hinterließ keine gravierenden Schäden.[178] Ein karger Trost in der Geschichte des Vandalismus ist immer die Vorstellung, was alles auch noch hätte verlorengehen können!

Ein ungewöhnliches Phänomen der letzten Kriegsjahre ist der Befreiungsvandalismus. Er vollzog sich in zwei Formen: seltener als Kulturvernichtung nach erfolgter Befreiung in Deutschland, häufiger

[175] Von Hitler zu Adenauer, 1976, S. 215f [176] Speer 1969, S. 187f [177] H.-A. Jacobsen, 1939–1945. Der Zweite Weltkrieg in Chronik und Dokumenten. Percy Ernst Schramm zum 65. Geburtstag, 1959, S. 452f [178] Roland Hampe, Die Rettung Athens im Oktober 1944, 1955

als »vandalisme secourable« (Réau) gegen die von Deutschen besetzten oder beherrschten Städte, die es zu befreien galt. Die erste Variante ist mit dem Vormarsch der Roten Armee verbunden, die auch nach Abschluß der Kampfhandlungen in den besetzten Gebieten die Zerstörung fortgesetzt hat. Als Beispiel diene der »große Brand von Prenzlau«. Die Hauptstadt der Uckermark mit ihren ziegelgotischen Klöstern und Kirchen – der Flügelaltar des Lübecker Meisters in Sankt Marien von 1512 hatte die reiche Stadt 1500 Gulden gekostet war in ihren wohlerhaltenen mittelalterlichen Mauern am 25. April 1945 von russischen Pilotinnen bombardiert und am Folgetag nach Artilleriebeschuß von der 70. Armee unter Generaloberst Popow kampflos besetzt worden. Diese schon durch ihr Vorgehen in Thorn, Bütow, Graudenz, Zoppot und Danzig gefürchtete, aus Innerasien rekrutierte Truppe brannte sodann die Stadt in zehntägigem Einsatz nieder, knapp neun Zehntel aller Bauwerke gingen zugrunde. Während in den Memoiren des Oberbefehlshabers Rokossowski,[179] ähnlich wie bei Harris, diese Zerstörungen als ruhmreiche Leistungen erscheinen, wurden sie von den DDR-Machthabern teils amerikanischen oder faschistischen Urhebern zugesprochen, teils mit angeblichen Werwolf-Aktionen in Verbindung gebracht. Zwei der an der Brandlegung beteiligten russischen Offiziere erhielten am 30. Jahrestag der Befreiung Prenzlaus vom Faschismus 1975 durch die SED-Kreisleitung das Ehrenbürgerrecht der Stadt, doch wurde ihnen das nach der Wende wieder aberkannt.[180]

Befreiungsvandalismus an Verbündeten gab es im Letzten Weltkrieg an allen Fronten. Die Russen bombardierten am 3. April 1944 Budapest, die Westmächte am 17. August und am 5. September 1942, sowie am 8. März 1943 Rouen, das Zentrum der Spätgotik, und am 7. Juli 1944 Caen, das »normannische Athen«. In Chartres wurde die Bibliothek, in Angers das Museum, in Toulon am 29. April 1944 das Rathaus, in Orléans, Tours und Arras die Kathedrale das Opfer alliierter Fliegerbomben. Am 14. Mai 1943 wurde Antwerpen bombardiert. In der Schlußphase des Krieges vollzog sich die Vernichtungsmaschinerie sozusagen eigenläufig. Als Harris die deutschen Raketenbasen bei Den Haag nicht fand, luden seine *boys* ihre Bombenlast am 3. März 1945 über dem Wohn- und Regierungsviertel der holländischen Hauptstadt ab.[181] Alles, was im deutschen Machtbe-

179 K. Rokossowski, Soldatenpflicht, 1973, S. 409ff 180 Wilhelm Zimmermann, Zehn Tage im April 1945. Die Zerstörung der Stadt Prenzlau im Zweiten Weltkrieg. Sonderheft der Arbeitsgemeinschaft für uckermärkische Geschichte in Buchholz und des Uckermärkischen Geschichtsvereins zu Prenzlau, 1992 181 Gilbert VII 1986, S. 1256

reich lag, war einen Bombenteppich wert. Navigationsfehler tangierten die neutralen Länder: am 23. Februar 1944 erlebte Stockholm einen Luftangriff, am 1. April Schaffhausen, wo über tausend Bauten getroffen wurden, namentlich das Allerheiligenkloster.

Die größten Verluste aber erlitt Italien.[182] In Genua wurden am 9. Februar 1941 siebzig Kirchen und die doppelte Anzahl an historischen Profanbauten ruiniert, ähnlich schwere Schäden erlitt die Altstadt von Turin durch »bombardimenti massici e indiscriminati« 1943. Die Zerstörungen in Palermo gehen auf den Angriff vom 1. März 1943 zurück. Mailand wurde erst von den Briten allein, ab 24. Oktober 1942 gemeinsam mit den Amerikanern bombardiert, am schwersten im August 1943, nach der Verhaftung Mussolinis, mit 500 Maschinen.[183] Zertrümmert wurde Santa Maria delle Grazie mit der Bramante-Kuppel und dem Cenacolo (nur die Wand mit dem Abendmahl von Leonardo da Vinci blieb stehen), die romanische Kirche des Stadtheiligen Sant'Ambrogio, die Oper La Scala, die Palazzi Brera, Marino und Reale. Harris war zufrieden; sein Kommentar: »The effect on Italian morale was enormous.« Am 4. Dezember 1942 und am 17. Juli 1943 erfolgten die Bombardierungen von Neapel und am 19. Juli 1943 die von Rom, die San Lorenzo fuori le Mura traf. Papst Pius XII verkündete daraufhin, daß die Luftangreifer, wenn sie die Ehre ihrer Waffen hochhalten wollten, die Unverletzlichkeit friedlicher Bürger und der Denkmäler des Glaubens und der Kultur respektieren müßten,[184] aber das beeindruckte die Strategen der Alliierten wenig. Am 4. August 1943 wurde Neapel ein weiteres Mal angegriffen, wobei die gotische Grabeskirche der Anjou, Santa Chiara, ausbrannte. Am 11. März 1944 lag Padua unter Feuer, das traf die Kirche der Augustiner-Eremiten mit dem großen Freskenzyklus Mantegnas, der in »minutissimi frammenti« verwandelt wurde. Dies war der größte Verlust, den die italienische Malerei im Letzten Weltkrieg erlitt.

Abgesehen von dem durch Schiffsartillerie beschädigten Palazzo Colonna Barberini im Heiligtum der Fortuna Primigenia oberhalb von Palestrina und den Fliegerbomben auf Venedig am 19. April 1944 ist besonders zu beklagen die Zerstörung des ältesten Klosters Europas, Monte Cassino. Am 15. Februar 1944, während der Frühmesse der Benediktiner, begann der Angriff. In wenigen Stunden war es völlig vernichtet. Weil es wegen seiner exponierten Höhenlage

[182] Verluste aus Italien: L'opera da ritrovare. Repertorio del Patrimonio artistico Italiano disperso all' epoca della Seconda Guerra mondiale, 1996.
[183] Spaight 1944, S. 99ff; Spetzler 1956, S. 306 [184] Rumpf 1952, S. 94

leicht zu finden war, bot es den Amerikanern ein dankbares Ziel, war aber eben deswegen von deutschen Truppen nicht besetzt worden.[185] 1962 rechtfertigte der verantwortliche amerikanische General Harold Alexander seinen Entschluß militärisch und moralisch. Er übernahm nicht die These der alliierten Propaganda, das Kloster sei von den Deutschen in eine Festung verwandelt worden.[186] Seine Apologie ist bescheidener: Man habe den Deutschen die Gelegenheit nehmen müssen, die Höhe zu besetzen, und sei der Truppe ein Zeichen schuldig gewesen, daß in einem gerechten Kriege, wenn Soldatenleben auf dem Spiele stehen, Mauern nicht geschont werden dürften: »Bricks and mortar no matter how venerable cannot be allowed to weigh against human lives.« Der Chef der Fünften Armee dachte jedoch auch an die Mönche. Flugblätter vom 14. Februar hatten sie zum Verlassen des Klosters aufgefordert. Sie trugen die Überschrift: »Amici Italiani, Attenzione!« Nach der Zerstörung, als es nichts mehr zu retten gab, gruben sich die Deutschen in den Ruinen ein und hielten den Vormarsch der Alliierten drei Monate lang auf. [187] Erst am 17. Mai verließen die Deutschen den Berg.

Die Äußerungen der kriegführenden Militärs lassen unterschiedliche Auffassungen zum Umgang mit Kultur erkennen. Sie gründen in unvereinbaren Vorstellungen vom Wesen des Konflikts. Während auf deutscher Seite – wohl im Bewußtsein der unvermeidlichen Niederlage – an einen Comment der Ritterlichkeit appelliert wurde und einiges zum Schutz von Kultur geschah,[188] suchten die Alliierten ihren schon zum Greifen nahen Sieg mit allen Mitteln zu beschleunigen. Die Forderung nach bedingungsloser Ergebung ließ keinen Verhandlungsspielraum. Eine kulturschonende Kriegsführung hätte den Deutschen bei ihrem Rückzug militärische Vorteile verschafft, und dies war mit dem Ziel eines möglichst raschen, möglichst vollständigen Sieges nicht zu vereinbaren. Im Bewußtsein ihres moralischen Rechts spielten kulturelle Kosten für die Alliierten keine erkennbare Rolle. Bezeichnenderweise taucht der Punkt in den Nürnberger Kriegsverbrecherprozessen nicht auf.

So wurde, nach Churchill, »der Feuerrechen des Krieges«[189] durch Italien nach Norden gezogen. Rom suchte Albert Kesselring zu schonen, indem er es einseitig zur »offenen Stadt« erklärte. Als die Alliier-

[185] Spetzler 1956, S. 336f; Liddell Hart 1972, S. 660 [186] So Spaight 1947, in: Spetzler 1956, S. 336 [187] Herbert Bloch, The Bombardment of Monte Cassino, 1979, S. 26f = Separatdruck aus: Benedictina 20, 1973, S. 383ff; David Hapgood/David Richardson, Monte Cassino, 1984 [188] Entmilitarisierung von Anagni, Assisi, Bologna, Certosa di Pavia, Padua, Ravenna, Siena, Tivoli u.a.: Spetzler 1956, S. 85 [189] Spetzler 1956, S. 333

ten am 4. Juni 1944 einzogen, standen die Tiberbrücken noch.[190] Die Arnobrücken in Florenz wurden jedoch auf der Flucht gesprengt, nur an den Ponte Vecchio traute man sich nicht, als die Stadt am 4. August geräumt wurde. Zuvor jedoch hatte sie unter Artilleriebeschuß und durch die Bomberangriffe vom 25. September 1943, 23. März und 2. Mai 1944 zu leiden. In Pisa wurde die Südstadt verwüstet, der Dachstuhl des Campo Santo, der berühmten Grablege toskanischer Gotik, fing Feuer, und die grandiosen Fresken von Benozzo Gozzoli gingen zugrunde. Die Deutschen wiederum sprengten auf ihrem Rückzug die zehn Etschbrücken Veronas, einschließlich des zinnengekrönten Ponte Scaligero, während alliierte Bomber die knappe Hälfte der Stadt zerstörten. Zwei schwere Luftangriffe erlitt Vicenza, die Stadt Palladios, am 14. Mai 1944 und noch am 18. März 1945. Im März 1945 bombardierten die Alliierten in Italien 628 Orte.[191]

Der vielbändige, höchst präzise *Guida d'Italia del Touring Club Italiano* unterscheidet zwischen Kulturzerstörung »durch die Deutschen« und solchen »im Kriege«. Letztere, bisweilen als »tragisch« bezeichnet, gehen auf die Alliierten zurück, die in der Regel nicht genannt werden. Hinter dieser Asymmetrie steht Kompensationsmathematik. Die kulturellen Verluste werden den Kosten zugerechnet, die für die Befreiung vom Militarismus und die demokratische Erneuerung nun einmal zu zahlen waren, das ist »vandalisme libérateur« (Réau). Die gutgemeinte Bombardierung durch Freunde hat als delegiertes Selbstopfer etwas Heroisches, ähnlich der Preisgabe eigener Kultur bei der Räumung Athens 480,[192] beim Untergang Karthagos 146[193] und beim Brand von Moskau 1812, wenn er denn beabsichtigt war.[194] Der eigene Schaden zählt nicht, sofern er auch die Feinde trifft.

5v. Dem Krieg in Europa glich das Bild in Fernost. Zu Beginn bombardierten die Japaner: am 4. und 5. Mai 1938 Kanton, am 3. und 4. Mai 1939 Tsching Kiang – am Ende wurden sie bombardiert. Als die Atombomben am 6. August 1945 auf Hiroshima und am 9. August auf Nagasaki fielen[195] – am 8. August war das Londoner Abkommen über Verbrechen gegen die Menschlichkeit unterzeichnet worden –, da war die Hälfte der japanischen Städte bereits eingeäschert, am 10. März hatte es Tokio getroffen.[196] Eine Atombombe auf die Hauptstadt lohnte nicht mehr. All das in den letzten fünf Monaten des

[190] Liddell Hart 1972, S. 668 [191] Spetzler 1956, S. 306 [192] s.o. 3g! [193] s.o. 3n! [194] s.o. 3l; 5f! [195] Einzelheiten bei Kinnaird 1946, S. 127ff; William Craig, Als Japans Sonne unterging. Das Ende des Krieges im Pazifik 1945, 1970 [196] ein Foto: Kinnaird 1946, S. 414

Krieges.[197] Durch die Vernichtung der japanischen Seemacht war nach der Besetzung Okinawas das »Inselspringen« nicht mehr aufzuhalten und der Zusammenbruch Japans sicher.[198] In der Diskussion über die Atombombe erscheint das Vandalenargument bei Trumans Berater Admiral Leahy. Er fürchtete, durch den Abwurf »auf den ethischen Standard der Barbaren aus finsterer Vorzeit zurückzufallen«. Mit diesem Argument hatte er keine Chance. Wie Truman aber sah Churchill in der Bombe ein »barmherziges Mittel zur Abkürzung des Blutbades im Osten und eine Chance für eine glücklichere Zukunft in Europa«. Später indessen erklärte er es für einen »Fehler anzunehmen, daß das Schicksal Japans von der Atombombe entschieden wurde«. Ihr Einsatz folgte einer Eigendynamik: das Manhattan District Project hatte bereits zwei Milliarden Dollar verschlungen und forderte ein Resultat. Truman zu Hiroshima: »Dies ist das größte Ereignis in der Geschichte«.[199]

Ein in Deutschland verbreitetes Gerücht besagt, daß den Bomberpiloten von Hiroshima die Reue ergriffen habe. Damit befaßt sich ein Gedicht von Marie Luise Kaschnitz aus dem Jahre 1951:

Der den Tod auf Hiroshima warf
Ging ins Kloster, läutet dort die Glocken.
Der den Tod auf Hiroshima warf
Sprang vom Stuhl in die Schlinge, erwürgte sich.
Der den Tod von Hiroshima warf
Fiel in Wahnsinn, wehrt Gespenster ab.
Hunderttausend, die ihn angehen nächtlich
Auferstandene aus Staub für ihn.

Die Dichterin weiß, daß dies moralische Romantik ist. Sie fährt fort »Nichts von alledem ist wahr« und schildert den Veteranen als glücklichen Familienvater im Rosengarten seiner Vorstadt-Villa. Tatsächlich gab es bei ihm, der lange auf seine Aufgabe vorbereitet worden war, für schlechtes Gewissen ebensowenig Anlaß wie bei Harris oder Rokossowski. Colonel Paul W. Tibbets jun., der Chefpilot des B 29-Bombers, den er selbst nach seiner Mutter *Enola Gay* getauft hatte, war stolz auf seine technisch perfekte Leistung. Am 8. Juni 1946 zeigte er sich in der *Saturday Evening Post* »unreservedly proud of his own crew accuracy over Hiroshima«, gestand jedoch den Irr-

[197] Toru Yuge, in: A. Demandt (Hg.), Das Ende der Weltreiche, 1997, S. 129ff
[198] United States Strategic Bombing Survey V; Blackett 1948/50, S. 53
[199] Liddell Hart 1972, S. 856ff

tum ein, daß Japan bereits nach zwei Bomben kapitulierte und nicht, wie er geglaubt hatte, erst nach fünf.[200]

Einen ebenso durch Sachkenntnis wie durch Menschlichkeit herausragenden Kommentar zum Bombenkrieg lieferte der britische Offizier und Militärschriftsteller Basil Henry Liddell Hart 1947. Er hatte selbst an der Mechanisierung des Kriegswesens mitgearbeitet, beurteilte nun aber die *Revolution of Warfare*, den Übergang vom Gefecht zur Verwüstung höchst kritisch. Die Lehren eines Douhet seien schon lange vor dessen Buch für die Royal Air Force selbstverständlich gewesen.[201] Der Autor erinnert an die britische Seekriegsführung im 19. Jahrhundert.[202] Als nächster Schritt, nun zu Lande, wird die Taktik von Lord Kitchener im Burenkrieg angeführt, der die Siedlungen der Holländer niederbrannte und die Familien in »concentration camps« sperrte, wo 25 000 Gefangene gestorben seien.[203]

Liddell Hart gehört zu den wenigen Militärs, die auf die Folgen des Kriegs für die Kultur und auf die Bedeutung der Kulturzerstörung für den Kriegserfolg eingehen. Der Autor folgt J.M. Spaight, der 1930 moniert hatte, daß Amerika und England sich für den Kriegsfall ausdrücklich die Zerstörung privater und öffentlicher Bauten des Feindes vorbehalten hatten.[204] Im Gegensatz zu Harris bestreitet Liddell Hart, daß die »air massacres« des »inter-city bombing« den Sieg nennenswert beschleunigt hätten.[205] In der strategisch motivierten Bombardierung Deutschlands seit 1940, so schreibt Liddell Hart, sei mehr an Menschen und unersetzlicher Baukunst vernichtet worden als irgendwann und irgendwo zuvor. Das »wholesale massacring of civilians« habe sich von ähnlichen Aktionen in barbarischen Zeiten nur durch den Grad an Kaltblütigkeit und die technische Perfektion unterschieden. In künftigen Zeiten werde dieses sprichwörtlich, anstelle der Taten der Vandalen und Goten.[206] Seit den Kriegen der Mongolen sei ein derartiger Angriff auf die Grundlagen eines zivilisierten Lebens nicht mehr vorgekommen.

Eine gleichartige Einschätzung lesen wir bei Generalmajor Fuller. Am Ende seines Buches über den Zweiten Weltkrieg vermeldet er die »vielleicht wichtigste Tatsache«: »Die verwüsteten Städte Deutschlands werden fünfzig oder hundert Jahre lang, vielleicht noch länger, als Denkmäler der Barbarei ihrer Eroberer stehen bleiben. Die hingeschlachteten Menschen werden vergessen sein, die Greuel der Kon-

[200] Sheila K. Johnson, The Japanese through American Eyes, 1988, S. 40ff; freundlicher Hinweis von Astrid Eckert. [201] Liddell Hart 1947/80, S. 10 [202] s.o. 5g! [203] a.O., 74f [204] a.O., S. 90; J.M. Spaight, Air Power and the Cities, 1930 [205] Liddell Hart 1947/80, S. 27f; 92 [206] a.O., S. 85

zentrationslager und Gaskammern werden im Lauf der Jahre aus dem Gedächtnis schwinden; aber die Ruinen werden bleiben um die kommende Generation der Deutschen zur Rache aufzurufen.«[207] Fünfzig Jahre nach dieser Prognose dürfen wir feststellen, daß sie falsch war – zumindest aus deutscher Sicht. An dem Verlust von Kunstwerken und Denkmälern tragen wir weniger schwer als an den deutschen Judenmorden in Polen. Gewalt gegen Wehrlose kulminiert hier. Während der Wiederaufbau die Ruinen zum größeren Teil beseitigt hat, ist die Erinnerung an den Rassenmord eher im Wachsen als im Sinken und macht eine Wiederholung dieser Untaten ebenso unvorstellbar wie einen Rachekrieg gegen die Alliierten. Gegenüber Fullers Pessimismus verweist Liddell Hart, hierin einig mit Harris, darauf, daß eine Steigerung und Wiederholung dieser Kulturzerstörung nur durch einen Weltstaat zu vermeiden sei, eine »World Federation« mit zentraler Exekutive.[208]

*

5w. Der Kulturvandalismus im Frieden blieb im Zeitalter der Weltkriege vergleichsweise gering, doch gibt es in den totalitären Systemen Kunstverlust zu beklagen. Die Grundeinstellung war nicht gleich. Die Rechte in Deutschland war im allgemeinen konservativ eingestellt, verhielt sich daher vorwiegend kulturschonend gegenüber Altem; Neuem gegenüber jedoch zeigte sie sich (anders als der italienische Faschismus) eher ablehnend oder gar destruktiv, zumal wenn es sich um »links« eingestufte Werke handelte. Umgekehrt beim Linksradikalismus. Seine zukunftsoffene Euphorie brachte zumindest in den zwanziger Jahren eine enorme Bereicherung der Formenwelt im Zeichen des Expressionismus; der Staatskommunismus bedrohte später aber sowohl den überlieferten Kulturbestand, soweit er als fortschrittsfeindlich empfunden wurde, als auch eigenständige Stilrichtungen, die sich der Kulturstrategie des Regimes widersetzten. Die Staatsgewalt hinter dem völkischen Naturalismus unter Hitler und hinter dem sozialistischen Realismus unter Stalin blockierte alle spontane Fortentwicklung in Malerei und Skulptur.

Was der Kommunismus für die Kulturgeschichte bedeutet, ergibt sich aus der Lehre von der Kunst als Herrschaftsinstrument und Überbauphänomen. Marx selbst hat zwar 1859 die Formel geprägt, das gesellschaftliche Sein bestimme das Bewußtsein;[209] doch sah er,

[207] Fuller 1947/50, S. 482 [208] a. O., S. 110 [209] Marx und Engels, Werke XIII, 1974, S. 9

daß die Kunst in keinem festen Verhältnis zu ihrer materiellen Grundlage steht. Sein Beispiel waren die Griechen, deren Schöpfungen trotz ihrer längst veralteten Sklavenhalterei zeitlos schön, ja »unerreichbare Muster« seien.[210] Die Frage nach dem Ewigkeitswert von Kunst wurde von Marx' Anhängern nicht immer gestellt, sie hatte statt dessen den Forderungen der Stunde zu genügen. Die Große Sozialistische Oktoberrevolution beendete die auch in Rußland grassierende Vorliebe für die »dekadente Kunst der kapitalistischen Länder«. Stalin forderte, »Kultur müsse dem Inhalt nach sozialistisch und der Form nach national« sein, bildende Künste und Literatur erlangten »staatspolitische Bedeutung und wurden Gegenstand der Fürsorge von Partei und Staat«. Denn diese sahen darin ein »wirksames Hilfsmittel der kommunistischen Massenerziehung«, die man dann doch nicht dem 1917 gegründeten ›Proletkult‹ überlassen wollte. In dem zunächst akzeptierten Expressionismus erkannte man ein »anarchisches Rebellentum«, das »objektiv gesehen nur die Kehrseite der bürgerlichen Kunstentwicklung« gewesen sei.[211]

Die sozialistischen Umstürze waren vielfach mit Vandalismus gepaart. Vom Atlantik bis zum Gelben Meer ein ähnliches Bild: Die Relikte der feudalen und klerikalen Vergangenheit störten die Erben der Sansculotten auch in unserem Jahrhundert. Nach 1924 schlossen die Sowjets buddhistische Schreine und Tempel in Ulan Bator, Moscheen und Medresen in Buchara. Unter der Herrschaft der »Griechischen Befreiungsfront« 1946 bis 1949 wurden die von den Türken verschonten Meteora-Klöster von Kommunisten heimgesucht, die Altargeräte eingeschmolzen, die Ikonen mit Waffen traktiert. Vor allem der Nonnenkonvent Hagios Stephanos hatte zu leiden.[212] Auch in Spanien zeigen sich die Spuren bis heute: Unter der Regierung des Sozialisten Manuel Azana (1936 bis 1939) wurden die Kirchen und Klöster Kataloniens systematisch demoliert. Die Zahl der lädierten Gotteshäuser wird mit zehntausend angegeben, unter den beschädigten und verbrannten Bildern ragen die von El Greco heraus.[213] Die als symbolischer Akt durchgeführte Zerstörung der Kathedrale von Vic am 21. Juli 1936 und die Bombardierung des Alcazar von Toldeo, den die Phalange von diesem Tage bis zum 27. September 1936 erfolgreich verteidigte, erlaubte es Franco, sich als Hüter der Kultur gegen die »Söhne Kains« darzustellen.

Die radikalsten Konsequenzen hat Mao Tse-tung gezogen, der schon am 2. Mai 1942 auf der Konferenz für Literatur und Kunst in

[210] a. O., S. 8f; S. 640ff [211] Große Sowjetenzyklopädie II, 1952, S. 1570ff
[212] Autopsie 26. Mai 1964 [213] Randa 1948, S. 245

Yen-an die Einheit von Kunst und Politik forderte, also beides in den Dienst der Revolution stellte. Mao formierte die »Streitkräfte der Kultur« für die »Kulturfront«. Literatur und Kunst müßten ein Teil »des Ganzen der Revolutionsmaschine« werden. Unter den Bedingungen der Klassengesellschaft seien auch Liebe, Wahrheit und Kunst entweder klassengebunden oder illusionär.[214] Dies Programm fand seinen Höhepunkt, als Mao am 8. August 1966 die »Sechzehn Punkte der Großen Proletarischen Kulturrevolution«[215] ausrufen ließ. Millionen von Rotgardisten traten an zum Kampf sowohl gegen die als feudalistisch-reaktionär interpretierte alte chinesische Tradition als auch gegen die als kapitalistisch entlarvte europäisch-amerikanische Kultur. Es ging gegen »Geister und Monster der Konterrevolution«, gegen Buddha und Beethoven. Diesen beiden war freilich weniger anzuhaben als den Tempeln und Gräbern, Skulpturen und Bildern, die damals von den »Satansschlägern« zerschmettert wurden.[216] Wieder wurden Bücher verbrannt und Straßennamen verändert. Am 31. August forderte der Verteidigungsminister und Stellvertreter Maos in spe, Lin Piao, die Roten Garden auf, nicht länger mit Brachialgewalt vorzugehen. Am 5. September wurde der Aufruf wiederholt. Der Machtkampf gegen die Gruppe um den Staatspräsidenten Liu Schao-tschi wurde getragen von einem proletarischen Ressentiment gegen Kultur als Oberschichtenphänomen und geführt unter dem ideologischen Konzept einer tabula rasa für das erhoffte Arbeiter- und Bauernparadies. Nicht nur Prometheus, auch Phönix braucht das Feuer.

5x. Ein auch in Deutschland unter den »Achtundsechzigern« diskutierter Gedanke war, daß die gegenwärtigen Mißstände das Ergebnis der gesamten Geschichte der Menschheit seien, deren Folgen sich von Generation zu Generation vererbten, wenn nicht ein radikaler Bruch mit der Vergangenheit vollzogen würde. Kultur schien im wesentlichen Selbstdarstellung und Selbstrechtfertigung der Ausbeuter, mithin eine sublime Waffe im Klassenkampf, die unschädlich gemacht werden müßte.

Woanders gab es dazu Versuche. In der Sowjetischen Besatzungszone wurde noch vor der Gründung der Deutschen Demokratischen Republik mit der friedlichen Beseitigung störender Kulturdenkmäler aus der feudalistischen, kapitalistischen und nationalsozialistischen

[214] Mao Tse-tung, Ausgewählte Schriften, hg. von Tilemann Grimm, 1964, S. 164ff [215] Text: The Great Cultural Revolution in China, Hongkong, 1967, S. 393ff; Klaus Mehnert, Maos Zweite Revolution, 1966, S. 56ff [216] Gargi Dutt/V. P. Dutt, China's Cultural Revolution, 1969, S. 49f

Vorzeit begonnen. Überwiegend, aber keineswegs ausschließlich handelte es sich um kriegsbeschädigte, leergeplünderte und ausgebrannte Bauwerke, deren Außenmauern eine Wiederherstellung erlaubt hätten. Es begann 1948 mit Canitz, Hoyerswerda, Schweta und Wiesa.[217] Viele Schlösser, Herrensitze und Kirchen mußten verschwinden, so die Marienkirche in Wismar, die Jakobikirche in Rostock, die Sophienkirche nebst dreizehn weiteren Kirchenruinen in Dresden. In Sachsen allein wurden von 397 unter Denkmalschutz stehenden Bauten 129 abgetragen, eine Zusammenstellung für die DDR insgesamt fehlt noch.[218] Ungezählte Kriegerdenkmäler, Hohenzollern- und Bismarck-Monumente und Feldkreuze wurden von der Freien Deutschen Jugend verstümmelt oder zerschlagen. Das Kyffhäuserdenkmal und Hodlers *Auszug der Jenenser Studenten* blieben im Zeichen der russisch-deutschen Waffenbrüderschaft gegen Napoleon verschont.

In »Berlin, Hauptstadt der DDR«, so die offizielle Bezeichnung für Ostberlin, planierte das Politbüro 1950 das Schloß, das auf den ersten in Berlin residierenden Hohenzollern, Kurfürst Friedrich II Eisenzahn (1440–70) zurückgeht und in der Folgezeit mehrfach erneuert und erweitert wurde, prägend durch Andreas Schlüter ab 1698, ergänzt im 19. Jahrhundert durch Schinkel, Stüler und Schadow. Im Luftangriff vom 3. Februar 1945 war es ausgebrannt, aber die Fassaden standen. Der Bau, in dem Friedrich der Große geboren wurde, verschwand, lange bevor der Platz wieder genutzt wurde. Während die Polen, Tschechen und Ungarn die Denkmäler aus der Feudalzeit, auch wenn sie deutschen Ursprungs waren, unter kommunistischen Machthabern als Teil ihrer kulturellen Vergangenheit ansahen, folgte man im sozialistischen Deutschland eher dem Vorbild der Jakobiner und Communarden in Frankreich.

Wie das Hohenzollernschloß fiel auch das 1708 durch den livländischen Baumeister Eosander von Gøthe errichtete Barockschloß Monbijou an der Spree. 1958 wurde es eine Spielwiese. Noch im Herbst 1975, als man begann, die Denkmalskirche des Berliner Doms zu planieren, wurde mit Zustimmung der staatlichen Denkmalpflege der DDR Bismarcks Grabmal von Reinhold Begas vernichtet. Wie in Berlin, so wirkte der »erste sozialistische Arbeiter- und Bauernstaat auf deutschem Boden« auch in Potsdam. 1959 begann die Abtragung des Stadtschlosses, 1960 der Heiliggeistkirche, 1966 des von Langhans

[217] Randa 1948, S. 210ff [218] Ingrid Bock/Heinrich Magirius, Denkmalpflege in Deutschland. In: Mitteilungen der Alexander von Humboldt-Stiftung, Juli 1997, S. 15ff

Seit der Französischen Revolution kam es wiederholt zu ideologischem Vandalismus. Vor allem sozialistische Systeme hatten mit den kulturellen Zeugnissen aristokratischer und kirchlicher Herkunft ihre Schwierigkeiten. Sie wurden als bedrohlich für die eigene Botschaft empfunden und daher so weit wie möglich beseitigt. Hunderte von Schlössern, Herrenhäusern, Kirchen und Denkmälern der »herrschenden Klasse« mußten verschwinden.

Zu den aufsehenerregenden Gewaltakten in der DDR-Zeit gehört nach dem Abriß der Schlösser in Berlin und Potsdam und der dortigen Garnisonskirche auch die Sprengung der 1240 erbauten Leipziger Pauliner-Kirche (Universitätskirche), die den Krieg ohne Schaden überstanden hatte, am 30. Mai 1968. Sie fällt in eine Zeit, als die Besinnung auf das »kulturelle Erbe« bereits eingesetzt hatte, und erregte beträchtliche Empörung.

errichteten Schauspielhauses und 1968 der Garnisonskirche, wo 1786 Friedrich der Große beigesetzt worden war.

Dem aktiven Vandalismus entsprach der passive. In berechneter Gleichgültigkeit ließ man Residenz und Frauenkirche in Dresden, die Georgenkirche in Wismar und Tausende von historischen Bauwerken verfallen. Bonjour tristesse! Ja, man half nach. Am 2. August 1958 wurde Bismarcks Stammschloß Schönhausen gesprengt.[219] Am 30. Mai 1968 fiel die gotische Paulinerkirche auf dem Augustusplatz in Leipzig.[220] Sie war 1240 als Predigerkirche der Dominikaner errichtet worden, hatte den Krieg überstanden und wurde nun beseitigt. Angeblich brauchte man Platz für die Verwaltung der Karl-Marx-Universität. Die Postkarten mit der Kirche wurden aus dem Verkehr gezogen, ihr Andenken in den Reiseführern gelöscht. Drei Jahre später verschwand die Christuskirche in Rostock.

Das Feindsymbol der Marxisten war noch dasselbe wie bei den Sansculotten: die längst vergangene feudale und klerikale Herrschaft, deren als Inspirationsquelle immer noch gefürchtete Denkmäler nicht mehr in die sozialistische Kolchosenlandschaft paßten. Der im unrühmlichen Wettbewerb mit der Bundesrepublik[221] betriebene »vandalisme restaurateur« besorgte den Rest: Für Magistralen, Kulturpaläste und Aufmarschplätze brauchte man Freiraum. Der Wiederaufbau Magdeburgs hat die Stadt mehr Kultursubstanz gekostet als der Bombenteppich vom 16. Januar 1945, der neun Zehntel der Innenstadt zerstörte. Dabei blieb wenigstens die Straßenführung erhalten. Der Kommunismus hat Magdeburg, »auferstanden aus Ruinen«, für Jahrhunderte zum Schandmal sozialistischer Urbanistik gemacht. Der Bruch war gewollt. Ein neues Straßennetz hat Königsberg in Kaliningrad verwandelt, hier haben nationale sozialistische Beweggründe gesteigert.

Das Finale furioso des Roten Vandalismus vollzog die rumänische Staatspolizei, als die Securitate drei Tage nach dem am 22. Dezember erfolgten Sturz von Ceauşescu zu Weihnachten 1989 in aussichtsloser Lage ins Nationalmuseum von Bukarest stürmte, Feuer legte und die Gemälde der Alten Meister mit Maschinenpistolen zerfetzte.[222] Diesen Rachegeist kennen wir von den letzten Tagen der Commune in Paris.[223] Aus dem »Après nous le déluge« der Pompadour wurde ein »Nous sommes le déluge«.

[219] Konrad Breitenborn, Das Bismarck-Museum in Schönhausen. In: J. Dülfer/H. Hübner (Hg.), Otto von Bismarck, 1993, S. 268 [220] Freundlicher Hinweis von Andreas Goltz. [221] s. u. 6e! [222] Vier Bilder von Niederländern wurden 1990 in Holland restauriert: Bulletin van het Rijksmuseum (Amsterdam) 39, 1991, Extra-Ausgabe. Freundlicher Hinweis von Cathleen Haff. [223] s. o. 5g!

Politische Umstürze trafen immer auch die Denkmäler des gerade beseitigten Regimes. Der Denkmalsturz begann als Akt des Volkszorns und wurde fortgeführt auf behördliche Anordnung des neuen Systems. Die letzte Welle der Beseitigung unerwünschter Erinnerungsmale traf die Monumente des Sozialismus im Ostblock. Unser Bild zeigt die Demontage des Lenindenkmals in Berlin-Friedrichshain am 13. November 1991.

5y. Die einstweilen letzte Welle ideologisch motivierter Kulturvernichtung galt schließlich den Denkmälern der totalitären Systeme nach deren Untergang. Nach der Kapitulation der Wehrmacht durch Admiral Dönitz am 8. Mai 1945 dekretierte der Alliierte Kontrollrat die Beseitigung der nationalsozialistischen Symbole. Der Kontrollratsbefehl Nr. 4 vom 13. Mai 1946 verlangte die Zerstörung von »literature and material of a Nazi and militarist nature«. Wieder gab es Bücherverbrennungen und Denkmalstürze. Da Altpapier kostbar ist, bevorzugte der Wiener Bundesrat das Einstampfen brauner Literatur.[224] In München verschwanden die Kriegerdenkmäler am Königsplatz, die nun doch nicht »Ewige« Wache, und in der Golzheimer Heide bei Düsseldorf tilgte man das Denkmal für Schlageter und die im Ruhrkampf Gefallenen, das aus dem Jahre 1930 stammte.[225] Ebenso mußte das Kriegerdenkmal der Universität Erlangen von 1930 auf alliierten Befehl verschwinden.

Die Zerbombung von Hitlers Berghof bei Berchtesgaden bereits am 14. März 1945 durch die Amerikaner, die Sprengung von Karinhall in der Schorfheide und der Neuen Reichskanzlei an der Wilhelmstraße durch die Russen – die ergänzend eingesetzten Preßlufthämmer mußten im Westsektor angemietet werden, aus dem Material wurde das sowjetische Siegesdenkmal in Treptow errichtet[226] –, all das ist politisch ebenso begreiflich wie der Abriß des Sportpalastes durch die Schöneberger Bauverwaltung nach der Abrißparty am 30./31. März 1973. Er war 1910 als »größter Eispalast der Welt« eingeweiht worden, diente für Eislauf- und Wassersportveranstaltungen, seit 1911 für das Sechstagerennen und jede Art von Massensport. In den zwanziger Jahren redeten hier Politiker aller *couleur,* von Thälmann bis Hindenburg – aber am 18. Februar 1943 fragte Goebbels hier seine Zuhörer »Wollt ihr den totalen Krieg?«[227] Das Prinz-Albrecht-Palais (gesprengt am 27. April 1949), wo die Zentrale des Reichssicherheitshauptamtes der SS saß, die Kunstgewerbeschule (gesprengt am 15. Juni 1956),[228] wo die Geheime Staatspolizei residiert hatte, und der Anhalter Bahnhof (abgebrochen 1959), wo die Massen Hitler bejubelt hatten – würde man sie auch heute noch beseitigen?

Wesentlich gelassener ist man in Italien mit den Sinnbildern des Faschismus umgegangen. Zwar wurden an den Bronzelaternen um die Piazza della Repubblica und an der Piazza Venezia in Rom die Wolfs-

[224] Rafetseder 1988, S. 74; 275 [225] Deutsche Nationaldenkmale 1790 bis 1990, 1993, S. 122ff [226] O. Groehler, Die Neue Reichskanzlei, 1995 [227] A. Arenhövel, Arena der Leidenschaften. Der Berliner Sportpalast und seine Veranstaltungen 1910–1973, 1990 [228] R. Rürup (Hg.), Topographie des Terrors, 1987, S. 191ff

köpfe und die Beile der Fasces ausgemeißelt, auch verschwand die Tafelserie, die das Wachstum des wiedererstandenen Impero an der Nordseite der Via Imperiale demonstrierte – nur das antike Vorbild an der Südseite blieb erhalten. Doch prangt Mussolinis Name noch heute auf dem Obelisken vor dem Foro Italico, und die Rutenbündel auf den Kanaldeckeln werden erst verschwinden, wenn wir sie mit unseren Schuhsohlen abgetreten haben.

5z. Ungefilterte Schadenfreude bereitete der Denkmalsturz bei der Entstalinisierung unter Chruschtschow. Es begann in Ungarn. Populäre Gewalt empörte sich symbolisch gegen militärische. Die Zerstückelung des Stalin-Kolosses auf dem Platz der von den Kommunisten abgetragenen Kirche Regnum Marianum in Budapest am 23. Oktober 1956 war lodernder Volkszorn, ein Signal, das der um Hilfe gebetene Westen, besorgt um sein eigenes Wohlergehen, nicht verstehen wollte. Der Mut der Ungarn gegenüber der Supermacht Moskau war bewundernswert, aber erfolglos. Weniger Courage erforderte die Zertrümmerung der Marx- und Leninmonumente nach der Wende.[229] Als die Berliner Mauer beseitigt wurde, herrschte Volksfeststimmung: Die Lust der ersten Stunde tobte sich an Symbolen aus. Genüßlich wurde ein Wachturm nach dem anderen umgebaggert. All das aber entgeht damit kaum der Subsumtion unter den Vandalismusbegriff. Man könnte ihn den »pädagogischen« nennen: eine Abrechnung mit totalitärer Hybris. Darunter fiele, horribile dictu, auch ein Abbruch des 1973 bis 1976 von Graffunder errichteten Palastes der Republik in Berlin. Ist er kein Zeugnis deutscher Geschichte? Seine Beseitigung wäre nur dann vertretbar, wenn hier wieder das Berliner Stadtschloß erstünde. Ein beliebiges anderes Bauwerk auf dieser Stelle kann den Vorwurf nicht entkräften, daß Kultursubstanz wegmodernisiert worden ist.

Eine gelungene Metamorphose erlebte das russische Siegesdenkmal bei Dreilinden, dem Autobahnkontrollpunkt bei der Einfahrt nach Westberlin. Der auf hohem Sockel martialisch drohende Sowjetpanzer wurde von Spaßvögeln durch eine rosa angepinselte Erntemaschine ersetzt. Sie steht für Arbeit statt für Krieg, für Zukunft statt Vergangenheit, für Kultur statt Vandalismus.

[229] Eine Zusammenstellung: Erhalten – Zerstören – Verändern? Denkmäler der DDR in Ost-Berlin. Eine dokumentarische Ausstellung, 1990

6. Formen und Gründe

a. Verbreitung und Vermehrung
b. Gegenstände und Formen
c. Fahrlässiger Vandalismus im Kriege
d. Selektive Denkmalpolitik im Kalten Kriege
e. Modernisierung im Frieden

f. Gezielter Vandalismus
g. Zwei Formen:
h. Vergeltung
i. Bekehrung und Fortschritt
j. Demokratie und Tyrannei
k. Erziehungsvandalismus
l. Künstlerneid: Bandinelli
m. Noch ein Grenzfall: Kyoto 1950

n. Normendissens
o. Sprachkompetenz – Anspruch
p. Biel 1980: der arglose Gärtner
q. Nachtattacke der Eidgenossen

r. Destruktionskunst
s. Postmoderne
t. Situationismus
u. Faschismusvorwurf
v. Vandalismus als Rechtsproblem
w. Badewanne von Leverkusen
x. Übervandalismus in Wien
y. Künstlerische Gewalt gegen Tiere
z. Kunstwerk Hiroshima

Les peuples les plus civilisés sont
aussi voisins de la barbarie
que le fer le plus poli l'est de la rouille.
Les peuples, comme les métaux n'ont
de brillant que les surfaces.
Rivarol

6a. Der Mensch hat sich im Lauf der Jahrtausende sichtlich verändert – das heißt: an der Oberfläche. Man hüte sich aber, daran zu kratzen! Schon kommt der Barbar zum Vorschein. In wem steckt kein Vandale? Gewalt gegen Kultur begegnet überall, wo es Kultur gibt. Die beiden Kulturzentren Europas, Rom und Paris, können auch am meisten über Vandalismus erzählen. Die Täter stammen aus allen sozialen Schichten. Wir finden unter ihnen nicht nur gemeines Volk, das in Rage gerät, sondern auch Intellektuelle, Könige und Präsidenten, die planmäßig handeln. Radikalität ist nüchtern am schlimmsten. Es gibt den Vandalismus von unten und den von oben, den Vandalismus aus Ignoranz und den aus Berechnung, Vandalismus als spontanen Gefühlsausbruch und als geplante Großaktion, die Einzeltat und den Massenrausch.

Vandalismus als Verhalten ist unabhängig von der Zivilisationsstufe der Täter. Nicht nur »wilde« Barbaren, sondern auch hochentwickelte Völker haben teils unbeabsichtigt, teils bewußt Kunstschätze und Denkmäler vernichtet. Aus großer Distanz läßt sich sogar ein Gegenlauf erahnen, so als ob Vandalismus geradezu mit dem Fortschritt zugenommen hätte. Das beginnt auf der Ebene der Motivation mit dem Übergang Echnatons zum Monotheismus,[1] der im Bewußtsein des einzig wahren Glaubens die Namen der anderen Götter als Quellen des Irrtums meinte beseitigen zu sollen, und endet auf der Ebene der Technik mit der Perfektion der interkontinentalen Zerstörungspotentiale. Fatal wurde für die Kulturgeschichte die Erfindung und Verwendung des Schießpulvers. Es zeigte seine Wirkung zum ersten Male zu Beginn des Großen Abendländischen Schismas, als der Söldnerführer des französischen Papstes Clemens (VII) gegen den italienischen Papst Urban VI von der Engelsburg aus Geschütze auf Rom richtete und »cum bombardis seu pixidibus aeneis« Bauwerke umlegte. Gravierender war freilich die Folge, als die Franzosen

[1] s. o. 3b!

Die Erfindung des Schießpulvers hatte für die Zerstörung von Kultur fatale Folgen. 1687 explodierte durch eine venezianische Bombe der Parthenon in Athen, der in eine Moschee umgewandelt worden war und im Hinterraum ein Pulvermagazin enthielt. Die Venezianer unter Morosini versuchten damals, ihre Seeherrschaft über Griechenland zu behaupten, die sie jedoch 1718 verloren.

abzogen und die Römer das Mausoleum Hadrians am 30. April 1379 bis auf den Kern mit der Gruftkammer einrissen.[2] Das nächste Fanal für den *diabolus ex machina* gab jene Granate, die bei der Belagerung der Türken in Athen durch die Venezianer unter Morosini am 26. September 1687 das Pulvermagazin im Parthenon getroffen und zur Explosion gebracht hat.[3] Es war die »größte Katastrophe, die je die Kunst betroffen hat«, so Martin Schede 1922.[4]

6b. Versuchen wir nun nach dem chronologischen Durchgang eine systematische Ordnung, eine Morphologie des Kulturvandalismus zu ermitteln, so sind zunächst die Gegenstände als Opfer vandalistischer Akte zu betrachten. Öfter als Gemälde und Kleinkunst sind Bauten und Skulpturen gefährdet. Das beruht auf ihrem größeren Umfeld, ihrer Sichtbarkeit und Auffälligkeit. Prominenz provoziert den Zerstörungstrieb. Auch unter den Bildern werden solche bevorzugt attackiert, die durch ihren Namen, ihre Bedeutung und ihren Ort herausragen, das heißt publik sind, wohingegen Kleinkunst öfter geraubt als zerstört wird. Dies gilt nicht für Briefmarken und Münzen, die umlaufen. Ihre Symbole können reizen. Die Marken der Bundesrepublik, die an die Vertreibung der Deutschen aus den Ostgebieten erinnern, wurden in der DDR offiziell geschwärzt. Der Kopf von Queen Elizabeth auf cyprischen Münzen wurde von griechischen Freiheitskämpfern vielfach mit dem Hammer malträtiert.

Besehen wir die Formen des Vandalismus, so lassen sich zunächst zwei unterscheiden: passiver durch Gewährenlassen von Gewalt und aktiver durch Anwendung von Gewalt; mit anderen Worten fahrlässiger Gebrauchsvandalismus und gezielter Gesinnungsvandalismus.

6c. Fahrlässige Kulturzerstörung erfolgt aus Gleichgültigkeit gegen den Kulturwert, der ignoriert oder bagatellisiert wird. Dies gibt es im Kriege wie im Frieden. Vandalismus begeht eine Kriegsführung, die um militärischer Vorteile willen kulturelle Güter aufs Spiel setzt, die dann zwar nicht wegen, aber trotz ihres Wertes als Kunstwerk oder Denkmal vernichtet werden. Dies geschieht namentlich im Kampf um Städte, wenn der Angreifer ohne Rücksicht auf Tempel und Kirchen, Museen und Klöster sein Zerstörungswerk vollzieht. Der Verteidiger provoziert dies, wo er sich in Heiligtümern verschanzt oder von Glockentürmen aus beobachtet.[5] Die Erwartung, der Feind werde mit Rücksicht auf die Kultur den Schuß scheuen, ist so frivol, wie deren Durchkreuzung zynisch ist. Niederträchtig ist es, die Zerstörung

[2] Gregorovius Rom VI, S. 498ff [3] F. Gregorovius, Geschichte der Stadt Athen im Mittelalter, 1889/1980, S. 559 [4] M. Schede, Die Burg von Athen, 1922, S. 129 [5] Der bekannteste, wenn auch umstrittene Fall betrifft die Kathedrale von Reims 1914, s.o. 5l!

von Kultur herauszufordern, um den Gegner als Vandalen denunzieren zu können.

Die Einbeziehung kultischer und kultureller Monumente ins Kriegsgeschehen ist epochenspezifisch unterschiedlich. In den antiken Städten stand der Haupttempel gewöhnlich an der sichersten Stelle der Stadt, wo er bis zuletzt verteidigt werden konnte: in Athen auf der Akropolis, 480 v. Chr. von den Persern erstürmt; in Rom auf dem Capitol, 386 v. Chr. gegen die Kelten behauptet; in Karthago auf der Byrsa, 146 v. Chr. von Scipio genommen, und in Jerusalem auf dem Tempelberg, 70 n. Chr. durch Titus erobert. Im christlichen Mittelalter hingegen rechnete man mit dem Respekt des Angreifers vor geweihten Räumen und baute die Klöster an die Stadtmauer (Konstanz), vorzugsweise in deren Ecken (Marburg) und setzte die Burgkapelle über das Tor, die am meisten gefährdete Stelle (Münzenberg). Wer hier ein Sakrileg beging, mußte mit dem päpstlichen Bannstrahl rechnen, der mehr schreckte als die Rache der Götter im Altertum.

Vandalismus aus der Defensive war es schließlich, wenn in hoffnungsloser Lage während der letzten Kriegswochen von der deutschen Heeresleitung nicht zu verteidigende Städte wie Königsberg (zerstört 26./29. August 1944), Danzig (zerstört 9.–26. März) und Breslau zu »Festungen« erklärt und damit samt ihrem noch erhaltenen Bestand an Kulturgütern der Kriegsfurie in den Rachen geworfen wurden. Wohldokumentiert ist das Schicksal von Breslau, wo ganze Häuserzeilen von den Deutschen selbst flachgelegt wurden, um Schußfeld zu schaffen. Der Pfarrer Paul Peikert, der dies minutiös als Zeuge notiert hat, kommentiert: »Die Zerstörungswut eines deutschen Staates (sic), der Vandalen, hat den Namen dieses Volksstammes geschändet für alle Zeiten. Adolf Hitler und seine Generäle haben den deutschen Soldaten wiederum zum Vandalen erniedrigt.«[6] Was Peikert nicht wußte: Schlesien verdankt seinen Namen den Vandalen.[7]

6d. Fahrlässiger Kulturzerstörung begegnen wir auch zur Zeit Kalter Kriege: die Monumente des überwundenen Gegners werden der Verwahrlosung durch den Zahn der Zeit überlassen. Selektive Denkmalpflege ist Bewußtseinspolitik, sie bereinigt das Geschichtsbild gemäß der jeweils herrschenden Doktrin. Hier sprechen ideologische Motive mit, so bei den modernen Griechen, wenn sie die Moscheen, Koranschulen und Brunnenanlagen aus der Türkenzeit verfallen ließen, weil sie als Monumente der Fremdherrschaft nicht die Pflege

[6] H. G. W. Gleiss, Breslauer Apokalypse 1945, 1986 ff; P. Peikert, Festung Breslau in den Berichten eines Pfarrers, 22. Januar bis 6. Mai 1945, hg. von Karol Jonca und Alfred Konieczny, 1993, S. 175 [7] s. u. 7n!

durch die Nachkommen der Unterdrückten verdienten, oder in den Ostblockstaaten, wo man Kirchen und Schlösser als Relikte der klerikal-feudalen Ausbeuterklasse verkommen ließ. Etwas anders steht es mit den nationalsozialistischen Repräsentativbauten in Deutschland. Zwar hätten sie als vorletzte Form des Klassizismus – der Stalinismus setzte ihn fort – ein architekturgeschichtliches Interesse und somit Erhaltung verdient, doch erfüllt sich, wo sie verfallen, die von den Erbauern bedachte »Theorie vom Ruinenwert«.[8] Das weitgehend erhaltene Nürnberger Parteitagsgelände – nur die Türme wurden geschleift – vermittelt davon einen Eindruck.

6e. Häufiger ist in Friedenszeiten der ideologiefreie Gebrauchsvandalismus. Er richtet sich weder gegen den Künstler noch gegen den Eigentümer, fragt nicht nach Herkunft und Bedeutung des Denkmals, sondern speist sich allein aus mangelnder Ehrfurcht vor dem Werk oder aus dem Interesse an Material und Areal, ist mithin bloße Nebenfolge von Mentalitätswandel oder Verwertungsvorgängen. Ein solches, am kurzfristigen Nutzen ausgerichtetes Banausentum ist ebenfalls unabhängig vom Bildungsgrad: Wir finden es schon im Altertum bei neugierigen Touristen, die den wundersamen Leinenpanzer des Amasis im Athenatempel von Lindos so lange befingert haben, bis nichts mehr von ihm übrig war,[9] in der Neuzeit bei schlichten Gemütern, deren Sinn für den Wert eines Altarbilds von Matthias Grünewald so gering entwickelt ist, daß sie es als Stalltür verwenden, aber auch bei Intellektuellen, die sich zum Entrümpeln berufen fühlen, und bei Ingenieuren, die einen historischen Friedhof wie in Wilna oder einen barocken Schloßgarten wie in Mannheim dem Straßenverkehr opfern. Wo bei ihnen Skrupel über das Werk ihrer Bagger und Bulldozer aufdämmern, wirkt der Stolz auf die Modernisierung als Sedativ.

Gewinn und Verlust beim Modernisierungsvandalismus sind freilich oft schwer abzuschätzen, sie werden kontrovers behandelt und unterliegen Schwankungen. Wir begrüßen es, daß die phantastischen Umbaupläne, die Napoleon durch Valadier in Rom, Hitler durch Albert Speer in Berlin ausführen wollte, durch den Sturz der Machthaber vereitelt wurden. Aber den Klagen über die Beseitigung des mittelalterlichen Paris unter Napoleon III[10] und über die Umgestaltung Roms nach dem Risorgimento[11] stehen Stimmen gegenüber, die das Ergebnis gutheißen. Über die Verwandlung Roms aus einer Ziegel- in eine Marmorstadt durch Augustus[12] hören wir keine Be-

[8] s.o. 5u! [9] Plinius, Naturalis Historia XIX 12 [10] s.o. 5j! [11] s.o. 5j! [12] Sueton, Augustus 28, 3

schwerde. Nicht immer gestatten die örtlichen Verhältnisse die Lösung, die Schaubert, Klenze und Gärtner für das moderne Athen fanden. Dort blieb die verwinkelte Altstadt am Nordhang der Akropolis, die Plaka, weitgehend erhalten. Nur die Burg selbst wurde von nachklassischen Zutaten befreit. 1874 ließ Heinrich Schliemann den zinnengekrönten »Frankenturm« auf dem Südflügel der Propyläen auf eigene Kosten abreißen,[13] nachdem die Griechen schon die Minarette abgebrochen hatten. Türme verkörpern immer auch ideologische Ansprüche, weshalb z.B. auch das SED-Regime in Ostberlin dafür gesorgt hat, daß die Türme des Frankfurter Tores am Ende der Stalinallee alle Kirchtürme rundum überragen.

Der Modernisierungsvandalismus ist eine Begleiterscheinung der Zivilisation und rechtfertigt sich mit dem Verweis auf den Fortschritt: Man zerstöre nutz- und wertlos gewordene Sachen, um größere Werke zu schaffen oder höhere Werte zu retten. Modernität fordere ihren Preis, das Alte dürfe das Neue nicht blockieren. Der Vandalismus zugunsten des eigenen Lebensstandards gibt sich als »vandalisme utilitaire« im Namen des Fortschritts, namentlich des Verkehrs. Im 19. Jahrhundert verlangte die Eisenbahn, im 20. Jahrhundert die Autoindustrie ihren Tribut. Gut, daß wir meist gar nicht mehr wissen, was dort stand, wo sich heute Parkplätze befinden.[14] Die Schäden, die zudem durch Abgase an den städtischen Monumenten angerichtet werden, sind schleichender Vandalismus eines Kollektivsubjekts. Die durch Schlote und Auspuffrohre freigesetzten Abgase bilden in der Großstadtatmosphäre Schwefelsäure, die an Kalkstein zu Kalziumsulfaten und so der Sinterhaut schadet – die Koren vom Erechtheion in Athen sprechen für Tausende zerfressener Kunstwerke.[15] Der bei der Fertigstellung des Kölner Doms verwendete Sandstein zerbröselt unaufhaltsam und muß Stein um Stein durch widerstandsfähigere Basaltlava ersetzt werden, so daß die Kathedrale allmählich materiell völlig erneuert wird.

Aber auch Bronzewerke leiden durch Luftverschmutzung. Ihretwegen mußte die ehemals vergoldete Reiterfigur Marc Aurels im Januar 1981 ihren von Michelangelo entworfenen Sockel auf dem Capitolsplatz in Rom verlassen, wo sie Papst Paul III am 25. Januar 1538 besichtigt hatte,[16] und in einen Glaskasten umziehen, den sie nach menschlichem Ermessen nicht mehr verlassen wird. So läßt uns die Industrialisierung nur noch die Wahl zwischen Formen des Van-

[13] Judeich 1931, S. 107 [14] In meinem Heimatdorf Lindheim in Hessen wurde 1973 die erhalten gebliebene Judenschule von 1701 mit Zustimmung aller Behörden abgerissen und in einen Parkplatz verwandelt. [15] s.o. 51! [16] Marco Aurelio. Storia di un monumento e del suo restauro, 1989, S. 177

dalismus: Verunstalten wir den Platz oder das Standbild? Seit dem 21. April 1997 aber tröstet uns eine perfekte Replik. Wo die Technik amputiert, da sorgt sie für Prothesen. Die alte Prophezeiung, wenn das letzte Gold abgewittert sei, komme der Tag des Herrn, kann nun nicht mehr in Erfüllung gehen.

Kulturopfer für den Fortschritt wecken gemischte Gefühle. Der Respekt vor dem Alten bewahrt nicht vor Verführung durch das Neue. Hätte man, um die historische Rheinfront von Bacharach und Oberwesel zu bewahren, auf die Eisenbahn verzichten sollen? Muß der Ausbau der Untergrundbahn in Athen mit Rücksicht auf die Archäologie eingestellt werden? Der »vandalisme ferroviaire« läßt sich gewiß hier und da, schwerlich aber überall vermeiden. Physische Mobilität verlangt zugleich geistige Beweglichkeit. Sie wird bisweilen durch »höhere« Gewalt erleichtert, wenn Bombenschäden zur Modernisierung genutzt werden. Dabei muß freilich halb Zerstörtes vollends abgeräumt werden, so daß der kriegsbedingte Vandalismus im Frieden vollendet wird. Dies ist nach 1945 reichlich geschehen. 1975 bemerkte der damalige Bundespräsident Walter Scheel, in Deutschland sei nach dem Kriege mehr Schutzwürdiges zerstört worden als während des Krieges. Das war zwar historisch anfechtbar, aber politisch korrekt, weil es die Alliierten entlastete und die Deutschen anklagte, die tatsächlich beim Wiederaufbau mehr weggebaggert haben, als nötig war – jedenfalls in Berlin, der *Gemordeten Stadt*, wie Wolf Jobst Siedler 1961 in »reaktionärem Frohmut« beziehungsweise »ironischer Melancholie« formulierte.[17] Der *Abschied von Preußen* wurde mit Bagger und Spitzhacke betrieben.[18]

*

6f. Gravierender als der hingenommene ist der gezielte Vandalismus, der die Beseitigung von Kunstwerken und Denkmälern nicht bei der Verfolgung beliebiger Zwecke – mit oder ohne Bedauern – in Kauf nimmt, sondern sie bewußt und planmäßig durchführt. Stellvertretend für einen Feind, dem sie kostbar sind, werden sie beschädigt oder vernichtet. Zugrunde liegt zumeist ein bipolares Denken, das nur ein Entweder-Oder zuläßt, um das Entweder zu begründen. Freund oder Feind, gut oder böse, Gott oder Teufel, Fortschritt oder Reaktion, rechts oder links, und wie die Alternativsimplifikationen alle heißen mögen. Die Lehre des gnostischen Propheten Mani, der

[17] W. J. Siedler/Elisabeth Niggemeyer, Die gemordete Stadt, 1961/93 [18] Siedler 1991

solchen Dualismus zum Prinzip erhoben hatte, wurde in einer tausendjährigen Verfolgung ausgerottet, aber die von ihm gepredigte Denkform scheint unsterblich.

6g. Der als Kampf gegen die Inkarnation des Bösen motivierte bewußte Vandalismus ist zeitlos. Er tritt in Krisenzeiten auf, äußert sich als Volkszorn im Massenrausch der ersten Stunde und wird fortgeführt von intellektuellen Minderheiten, denen es gelingt, das Volk längerfristig zu fanatisieren bzw. den Zeitgeist für sich zu gewinnen. Zwei Grundformen stehen nebeneinander: der reaktive Vergeltungsvandalismus und der aktive Bekehrungsvandalismus. Beide treten auch gemeinsam auf und werden als Erziehungsmaßnahmen gerechtfertigt.

6h. Der Vergeltungsvandalismus, der auf Objekte zielt, um Subjekte zu treffen, zieht sich durch alle Jahrhunderte. Der Gegner wird gedemütigt, indem seine Werke vernichtet werden. In der Regel ist diese Kultursünde mit Kriegen verbunden; von Troja bis Hiroshima hat die Rache an der Sache vornehmlich Städte getroffen. Ausnahmsweise finden wir Vernichtungsbefehle auch im Rechtswesen, wenn es sich um politische Prozesse handelt. Die Beseitigung von Kulturgütern, die ja Erinnerung tragen, ist eine widersinnige Form der Strafe, die doch in Erinnerung bleiben muß, wenn sie abschrecken oder erziehen soll. Die Aktion verfehlt ihren Zweck, sofern das Gedächtnis nicht auf anderem Wege bewahrt wird. Im spätmittelalterlichen, von Adelsfehden geschüttelten Genua zur Zeit von Andrea Doria hat man das Problem so gelöst, daß man die Paläste der unterlegenen Gegner abgerissen, dort aber durch Inschriften an diese Strafaktion erinnert hat. Strafe, die Kultur vernichtet, überschreitet ihr Maß, weil sie auch die Nachwelt schädigt. Vergeltung müßte sich eigentlich darauf beschränken, dem Gegner nur so viel anzutun, wie man selbst erlitten hat, mithin nach dem biblischen Prinzip »Auge um Auge, Zahn um Zahn«[19] verfahren. Ein solches Gebot der Mäßigung aber wurde selten respektiert. Zorn ist nicht zu zügeln, solange er sich als gerecht empfindet. Daher hat der Angegriffene in der Wahl der Waffen meist weniger Skrupel als der Angreifer.[20] Die Michael-Kohlhaas-Mentalität kennen wir auch aus der Kulturgeschichte.

6i. Anders verhält es sich mit dem missionarischen Vandalismus. Ihm geht es um die Beseitigung der Zeugnisse einer religiösen oder politischen Teufelei, um »Säuberung«. Voraussetzung für diesen Gesinnungsvandalismus ist der Glaube des Täters an seine alleinseligmachende Religion, die gegen Verstockte und Verblendete durchgesetzt werden muß, oder seine politische Überzeugung, die den

[19] 2. Mose 21, 24 [20] Liddell Hart 1947/80, S. 100

Fortschritt zu fördern glaubt und gegen die Mächte der Reaktion antritt. Die frühesten Beispiele hierfür sind im religiösen Bereich der Kampf des orientalischen Monotheismus gegen die Kultmale der jeweiligen Andersgläubigen, auf politischem Gebiet ist es der Umgang der griechischen Demokraten mit den Denkmälern der Tyrannis. Seit dem Vorgehen der christlichen Missionare gegen die mit dem altgläubigen Kult verbundene Kultur gewinnt das Fortschrittsbewußtsein Bedeutung für vandalistisches Verhalten. Schon der Apostel Paulus (und nach ihm Luther) sah in den Zeitaltern *ante legem* (vor dem jüdischen Gesetz, während der Vielgötterei), *sub lege* (unter dem Gesetz des Moses) und *sub gratia* (nach der Auferstehung Christi, unter der Gnade) drei Stufen, die von der Schöpfung zum Jüngsten Gericht führen. Die späteren, innerchristlichen Krisen begriffen sich als Wiederherstellung des wahren Glaubens, so die Gewaltakte des griechisch-orthodoxen Ikonoklasmus, der römisch-katholischen Kreuzzüge und des Bildersturms der Reformation.

Ein säkulares Fortschrittsdenken brachte die Aufklärung. Sie führte zu beträchtlichen ideologisch motivierten Kulturverlusten in der Französischen Revolution, zu geringeren nach der Säkularisation 1803 in Süddeutschland. Seitdem grassiert in Europa der politische Missionsvandalismus. Seine radikalste Form war bisher die rassistisch motivierte Zerstörung des Judentums und seiner Kultur durch die Nationalsozialisten, wobei es nicht mehr um Bekehrung, sondern um Vernichtung des »Weltfeindes« ging. Diese Kontinuität vom religiösen zum politischen Bildersturz entspricht der These Carl Schmitts, die Theologie sei zur politischen Orthodoxie säkularisiert worden.[21] Aus der christlichen Heilserwartung hat sich die Hoffnung auf den irdischen Fortschritt gebildet, der in eine durch Frieden und Freiheit getragene Weltgesellschaft führen soll. Die Zukunftserwartung verlagerte sich vom Himmel auf die Erde, vom Jenseits ins Diesseits.

6j. Bannerträger dieser Idee sind die demokratischen Systeme, die vor Sünden an der Kultur immer dann wenig Skrupel haben, wo diese dem Fortschrittsbewußtsein im Wege zu stehen scheint, während monokratische Staaten weniger Bedenken bei Verbrechen gegen die Menschlichkeit zeigen. Wenn im antiken Syrakus oder im klassischen Athen der Demos im Rausch der Freiheit mit den Relikten der Zwangsherrschaft rigoros aufräumte,[22] so rächte er sich damit symbolisch für die durchlebte Schmach, die wahrscheinlich vor dem Tyrannensturz kaum empfunden wurde und erst mit der Möglichkeit des Racheaktes zutage trat. Es gibt Erscheinungen, die erst Gestalt

[21] C. Schmitt, Politische Theologie, 1922 [22] s. o. 2i; 2l!

gewinnen, indem sie verschwinden. Auch moderne demokratische Bewegungen haben in Krisenzeiten wenig Respekt vor Kulturgut gezeigt. Noch während der »Hexenjagd« auf Linke in der Zeit von McCarthy um 1953 kam es in den Vereinigten Staaten zu einer Woge von »book-burning, real and symbolic«.[23] Indem Demokraten für ihre Idee mehr Napalm und Dynamit einsetzen, als zur Herstellung eines Dialogs erforderlich ist, lassen sie sich in der Methode auf die Ebene ihrer Gegner herab und geben jenen recht, die da meinen, das Böse triumphiere in den Formen seiner Bekämpfung. Totalitäre und liberale Systeme unterscheiden sich nicht in der Bezeichnung ihres höchsten Zieles – das ist allemal »das Glück« –, sondern darin, daß die totalitären Systeme zu wissen behaupten, wie das Glück aussehe, während demokratische Systeme dies offenlassen und die Entscheidung darüber dem Bürger anheimstellen.

6k. Sowohl der religiös als auch der politisch motivierte Vandalismus verfügt bisweilen über das unanfechtbare Alibi, durch Gewalt gegen Kultur Gewalt gegen Menschen zu verhindern oder zu vermindern. Dabei kann man sich mitunter auf eine Humanisierungsabsicht berufen, wenn der Gegner Menschenrechte verletzt, beispielsweise seinen Göttern Menschen opfert, Witwen verbrennt oder Sakralprostitution betreibt, wenn er Schwarze versklavt, Dissidenten hinter Stacheldraht bringt und »Untermenschen« in Gaskammern ermordet. Gegenüber solchen Feinden fühlen sich ein Scipio, ein Sherman, ein Harris in der Position moralischer Überlegenheit, wo der Zweck die Mittel heiligt. Hier könnte man von einem Erziehungs- oder Umerziehungsvandalismus sprechen. Er dient der Beseitigung des Bösen und der Belehrung der Guten und damit der Besserung aller. Wenn Menschlichkeit, Freiheit und Gerechtigkeit auf dem Spiele stehen, heißt es, dürfe, ja müsse man »bloße« Sachwerte bedenkenlos opfern. Seelenheil und Menschenrechte gehen vor. Der Appell an den unbestreitbaren Vorrang von Menschenleben und Menschenrechten ersetzt den Nachweis für das Erfordernis von Rücksicht auf Kultur. Kurz geschlossen heißt dies: Die höchsten Werte rechtfertigen den größten Verlust.

6l. Unentschuldbar, aber selten bleiben Zerstörungen von Kunstwerken aus Künstlerneid. Das berühmteste Beispiel ist wahrscheinlich sogar unhistorisch:[24] 1508 arbeitete Michelangelo an einem Karton für den Saal des Großen Rates im Signoriapalast zu Florenz. Das Bild zeigte eine Episode aus dem Krieg gegen Pisa, eine Gruppe badender Soldaten. Der Karton, der den florentinischen Künstlern lange als Vorbild für Körperdarstellungen galt, soll von Baccio Bandinelli

[23] Rafetseder 1988, S. 274 [24] Frey 1907, S. 270

aus Neid zerrissen worden sein. Cellini hat ihn 1518 noch gesehen. Wo er geblieben ist, scheint unbekannt. Die »böse Natur«, die Cellini seinem Konkurrenten Bandinelli nachsagt – er nennt ihn »das verruchteste Schwein, das jemals zur Welt gekommen« –, ist wohl ihrerseits das Produkt von Künstlerneid.[25]

6m. Kulturzerstörung wird wie aus einer optimistisch-progressiven Grundhaltung so auch aus einer pessimistisch-resignativen Lebenslehre heraus begangen. Jenes beruht auf Massenbasis, letzteres beschränkt sich auf Einzelfälle. Zu den schönsten Schreinen von Kyoto gehört der 1397 durch den Fürsten Yoshimitsu Ashikaga erbaute Tempel des Goldenen Pavillons (Kinkakuji im Garten Rokuonji).[26] Die schwingenden Dächer seiner drei Geschosse spiegeln sich in bezaubernder Eleganz in einem See vor einer hügeligen Koniferen-Kulisse; die UNESCO konnte kaum ein würdigeres Objekt japanischen Formensinnes zum Weltkulturerbe erklären. Der heutige Bau ist indes eine Rekonstruktion aus dem Jahre 1955. Fünf Jahre zuvor hatte ein Mönch namens Mizoguchi den Schrein niedergebrannt. Die Tat verarbeitete Yukio Mishima 1959 in seinem Roman *Der Tempel der Morgendämmerung*, aus dem Claus H. Henneberg ein Libretto für die Oper *Kinkakuji* des Komponisten Toshiro Mayuzumi gestaltete.

Kurzgefaßt läßt sich die Logik des Anschlags folgendermaßen rekonstruieren: Mizoguchi war als Knabe feinfühlig veranlagt. Er liebte die Einsamkeit und versenkte sich in die Schönheit der Natur. Diese Neigung wurde dadurch bestärkt, daß er stotterte, weswegen er immer verspottet und überall ausgeschlossen wurde. Er zog sich zurück in eine Traumwelt, in deren Mittelpunkt der ihm von seinem Vater, einem armen Dorfpriester, geschilderte Goldene Tempel stand. Mizoguchi wird Priester, sieht den Bau und ist überwältigt. Ihm kommt der Gedanke, daß es die Schönheit sei, die ihn sprachlos gemacht habe, und daraus erwächst eine Haßliebe zu dem Tempel, deren Spannung ihm unerträglich wird. Er sucht sie meditierend zu bewältigen und findet die Lösung in der Lehre Buddhas, daß Leben Leiden heiße. Widerspricht dieser Einsicht aber nicht die Schönheit eines solchen Kunstwerks? Es zwingt zur Bewunderung und täuscht den gebannten Betrachter über den wahren Unwert des Roten Staubes hinweg. Somit muß der Wunderbau im Namen der Freiheit und der Wahrheit verschwinden. Ist dieser Tempel die höchste Vollendung des Irdischen, dann ist seine Zerstörung der kürzeste Weg ins Nirwana, die letzte Vollendung. »Triffst du den Buddha, so töte den Buddha!« –

[25] Goethe, Ausg. letzter Hand XXXV, a.O., S. 197; 243; 314 [26] Kindlers Neues Literatur-Lexikon, Bd. 11, S. 759f; Hinweise von Michael Redies und Sven Kellerhoff.

das ist die Erlösung des über sich selbst Erhabenen. Ein Ende versprechen die amerikanischen Bomber. So wie sie die japanischen Städte vernichten, so werden sie auch den Goldenen Tempel zerstören, und Mizoguchi wird gemeinsam mit ihm untergehen. Wider Erwarten aber wird der Tempel nicht getroffen. Wird der Widerspruch ewig dauern? Der Mönch entschließt sich selbst zur Tat, er will mit dem Tempel sterben – aber der Anblick des Brandes bringt ihm Genesung. Die Flamme wird zum Fanal: Der äußere Glanz verwandelt sich in inneren Frieden. Was keine Sprache zu sagen vermag, besagt diese Tat. Der Anblick des brennenden Tempels bietet die Quintessenz des Lebens, die Nichtigkeit des Daseins wird in ihrer Erkenntnis überwunden. Der Mönch mildert den eigenen Schmerz, indem er anderen Menschen Schmerzen bereitet, die auch ihnen zur Einsicht verhelfen sollen. So lautet der letzte Satz des Brandstifters: »Ich wollte leben.« Mizoguchi kam vor Gericht und verschwand in einer geschlossenen Psychiatrie. Der Romanautor beging 1970 Harakiri.

*

6n. Der im Schicksal des Goldenen Tempels von Kyoto vorliegende seltene Fall von philosophischem Vandalismus ist an zwei Voraussetzungen gebunden, die im buddhistischen Kulturkreis erfüllt sind, bei uns jedoch nicht mehr: die Überzeugung von der Unüberwindbarkeit des Leidens und der Glaube an die Erkennbarkeit des Schönen. Wir opfern Kultur um eines besseren Lebens willen, und an dieses glauben wir um so fester, je weniger wir wissen, was »Kultur«, was »Denkmal«, was »Kunst« heißen soll. Die Bereitschaft zum Kulturverzicht wird erleichtert durch den in unserem Jahrhundert verlorenen ästhetischen Normenkonsens.[27] Die Abkoppelung der künstlerischen Leistung vom Urteil der Allgemeinheit liegt freilich schon in der Formel »L'art pour l'art«, mit der Benjamin Constant am 11. Februar 1804 ein Gespräch mit einem Schüler von Schelling zusammenfaßte. Doch traten die Folgen erst ein Jahrhundert später zutage.

Im Fin de siècle erhob sich abermals eine Bewegung, die mit der bürgerlichen Ordnung auch deren kulturelle Symbole überwinden wollte. Der Protest gegen die Kultur wurde vom Altmeister des Anarchismus, Michail Bakunin, als Schritt zur Befreiung verstanden: »Die Erneuerung kann nur aus der Zerstörung geboren werden.« Sie wird als schaffende Lust gepriesen. Bei Alexander Herzen wird der Sozialismus zum Henker der Vergangenheit erhoben, und Filippo Tom-

[27] Riegl 1903/1927, S. 147

Zu den schönsten Schreinen von Kyoto zählt der 1397 erbaute Goldene Tempel. Er wurde 1950 durch einen buddhistischen Mönch niedergebrannt, weil er die Schönheit des Bauwerks nicht ertragen konnte. Die Tat war Grundlage für einen Roman des japanischen Schriftstellers Yukio Mishima und eine Oper des Komponisten Toshiro Mayuzumi. Der heutige Tempel ist eine Rekonstruktion aus dem Jahre 1955.

Dringend gesucht

14 alte Fernsehbildröhren

(einheitliches Format 59×29) zur Wiederherstellung einer nicht als solche erkannten und deshalb irrtümlicherweise in die Schuttdeponie abtransportierten Skulptur der Plastikausstellung.

Sich bitte melden bei

Oscar Fischer, Gärtnermeister
Tulpenweg 4 Biel

Unfreiwillig Vandalismus begeht ein pflichtbewußter Ordnungshüter, wenn der Dada-Künstler sein Werk nicht mit dem Warnschild: »Nicht berühren! Dies ist Kunst« versieht und so ein tragisches Mißverständnis heraufbeschwört, das als Indiz für das Ende der für jede Kultur grundlegenden Ehrfurcht vor dem Meisterwerk werden könnte. Das belegt eine private Anzeige im »Bieler Tageblatt« vom 25. Juni 1980.

maso Marinetti fordere in seinem *Futuristischen Manifest* vom 20. Februar 1909 geradezu die Vernichtung der Kulturmetropolen Venedig, Rom und Florenz.[28] Marinetti feierte jede Form von Gewalt »Nur im Kampf ist Schönheit ... Wir wollen den Krieg preisen, diese einzige Hygiene der Welt ... Wir wollen die Museen, die Bibliotheken zerstören ... Laßt sie doch kommen, die guten Brandstifter mit den karbolduftenden Fingern ... Nehmt Spitzhacke und Hammer ... Denn Kunst kann nur Gewalt, Grausamkeit sein.«[29]

Marinettis Vorhersage des kommenden Weltkrieges klingt wie die Ankündigung eines ästhetischen Ereignisses. Dessen unmenschliches Gesicht machte aus den Kulturstürmern dann aber Pazifisten. Am 15. Mai 1916, während in der »Mühle vor Verdun« das Inferno militärischer Gewalt allen ethischen und ästhetischen Werten hohnsprach, annoncierte Hugo Ball in Zürich die *Revue Internationale* »Dada«, um »über den Krieg und die Vaterländer hinweg an die wenigen Unabhängigen zu erinnern, die anderen Idealen leben«.[30] Im Gefühl, daß eine tausendjährige Kultur zusammenbreche, die Entwertung aller Werte in vollem Gange sei und das Leben nur noch als Kampf mit dem Irrsinn lohne, packte Dada die kriegslüsterne Gesellschaft am Portepee ihres Stolzes und verulkte die Kunst – keine bestimmte, sondern die Kunst als solche – durch die Schaffung von Antikunst unter der Parole *mort de l'art.* Aber die Kunst war nicht totzukriegen. Sie vereinnahmte Dada. Dada gefiel das. Dada war jetzt selber Kunst. Der Protest gegen die Kunst wurde zu einer Stilrichtung derselben, deren Neuheit darin bestand, daß alles erlaubt ist. Stolz bemerkte Kurt Schwitters: Was der Künstler macht, ist Kunst, selbst wenn er an die Wand rotzt.[31]

60. Das Problem ist seither: Woran erkennt man Antikunst? Ein dadaistisches »Kunstwerk« erweist sich nicht dadurch, daß den Betrachter wie einst den Kauz Palmström »unvermittelt nackt Ehrfurcht vor dem Schönen packt«, sondern hängt am Rahmen. Ihn zimmert die Sprachregelung der Expertenkompetenz. Sie aber ist erschlichen. Kunst ist ein Wort der Umgangssprache, und daher muß sich niemand vorschreiben lassen, es für Gegenstände zu verwenden, die er beim besten Willen nicht als Kunst erkennen kann. Der Verzicht auf die eigene Sprachkompetenz bedeutet eine Selbstentmündigung. Die Autonomie der Kunst gegenüber der Öffentlichkeit führt zu ihrer Abhängigkeit vom Expertenkartell. In Einzelfällen äußert sich der spon-

[28] Randa 1948, S. 200 [29] Marinetti; Manifest des Futurismus, in: Der Sturm 2, Nr. 104, 1912, S. 828f [30] H. Ball, Der Künstler und die Zeitkrankheit, 1984, S. 38. Freundlicher Hinweis von Georg Kamphausen. [31] Gamboni 1983, S. 86

tane Widerspruch gegen die Forderung nach Respekt vor dem Antikünstler gewaltsam – als Gegenulk oder als satirischer Vandalismus, der zur Sprache der Sprachlosen wird. Wer hier allein Intoleranz und Rowdytum erkennt, übersieht die Genese der Aktion. Kunst, die provozieren will, muß mit Erfolg rechnen.

6p. Ein Musterfall ist die Verwüstung der »Septième Exposition Suisse de Sculpture« 1980 in Biel.[32] Es begann mit einem Irrtum. Der Gärtner des Parks, in dem die Ausstellung stattfand, beseitigte vierzehn dort liegende alte Fernsehbildschirme, die er für wilden Müll hielt, die aber zu den Exponaten zählten. Erschrocken über den angerichteten Schaden, setzte er am 25. Juni 1980 die vorstehend abgebildete Anzeige ins Bieler Tageblatt. Es kam zum Prozeß. Der Künstler war mit der Summe von 4 000 Franken, die von der Haftpflichtversicherung des Ordnungsmannes angeboten wurden, nicht einverstanden. Er forderte das Fünffache.

6q. Dem Vandalismus wider Willen folgte der Vandalismus in voller Absicht: unbekannte Täter aus der Region, als Eidgenossen gegen den Vorwurf des Neonazismus gefeit, malträtierten in einer Nachtattacke die übrigen Objekte im Bieler Kunstpark. Das Resultat macht ratlos. Die Fotodokumentation erlaubt es dem Betrachter nicht, zwischen intakten und demolierten Kunstwerken zu unterscheiden, er kommt aus der Rolle des Gärtners nicht heraus. Selbst wenn eine kugelähnliche Holzfigur, aus der eine Ecke herausgesägt wurde, das Schild trägt: »Beschädigt. Bitte dieses Stück zurückbringen«, hat er keine Gewähr dafür, daß nicht der Bildhauer selbst gesägt hat und das Schild als Teil seiner künstlerischen Aussage betrachtet. Warum sollte er nicht selbst der Vandale gewesen sein? Wenn die Organisatoren der Ausstellung keine Strafanzeige gegen Unbekannt gestellt haben, waren weniger pragmatische als prinzipielle Erwägungen im Spiel, da Gewalt gegen Kunst als Form von Kunst längst anerkannt ist. Selbst die Übermalung von Picassos *Guernica*[33] wird inzwischen als artistisches Ereignis gewertet.[34]

*

6r. Bahnbrechend für die Gleichberechtigung von Schöpfer und Zerstörer war der Erfolg von Robert Rauschenberg, der 1953 eine Zeichnung seines Lehrers Willem de Kooning ausradierte und das *Erased DeKooning Drawing* getaufte Relikt mit seiner Signatur in

[32] Gamboni 1983. Freundlicher Hinweis von Thomas Gaehtgens. [33] s. o. 50!
[34] Pickshaus 1988, S. 61

goldenem Rahmen kunstwürdig zu machen verstand.[35] Mit diesem »sublimierten Vatermord« war nicht nur eine neue Stilrichtung geboren, sondern Ikonoklasmus als Form von Kunst etabliert, Destruktion zur Schwester von Konstruktion aufgestiegen. Rauschenberg wollte de Kooning nicht herabsetzen, sondern feiern. Seine Entschuldigung lautete: »Being a good artist is like committing the perfect crime.«

Demonstriert wurde Destruktion am 17. März 1960, als Marcel Duchamp seine *Hommage à New York* vor einem Publikum verbrannte. Er opferte ein Kompositobjekt, genannt *Readymade*, und zeigte, wie man ein Kunstwerk »fertig macht.« Das Autodafé aber mißlang, es gab eine Stichflamme. Der Brandkünstler alarmierte den Feuerwehrmann des Museums, der einschritt, aber nun seinerseits von den Zuschauern als Vandale mißverstanden wurde. Duchamps Devise »Einen Rembrandt als Bügelbrett benützen« erinnert an die Legionäre, die auf den Tafelbildern aus Korinth würfelten.[36] Im September 1966 fand in London das erste »Destruction Art Symposium« statt, als Protest gegen Rüstung, Elend und Kapital. Die Aktion »Kunst und Revolution« am 7. Juni 1968 an der Universität Wien versäumte sodann keinen Tabubruch, um das Publikum zu schockieren, einschließlich der blutigen Lustfolter. Die Protagonisten der »Auto-Destructive Art« übersehen, daß zur Existenzbedingung dieses Kulturmasochismus der Mißerfolg gehört. Ritter Leopold hätte die Schreibweise »Wandalismus« vorgezogen. Peitschen werden beim Peitschen abgenutzt und aufgebraucht. »Flagellum flagellando conteritur«, heißt es bei den Kirchenvätern.

6s. Wenn der Begriff des Kulturgutes ins Wanken gerät, verliert auch der Tatbestand des Kulturfrevels seine Konturen. Diese Konsequenz ergibt sich aus dem »anything goes« der Postmoderne, deren liberalistischer Gleichheitsgedanke jede geistige Rangordnung verwirft und das Happening als ein Kulturereignis eigenen Rechts anerkennt, wobei der im Getöse des Medienspektakels offenbarte Reizwert sich aus dem Ansehen des mißhandelten Objekts und dem Ausmaß der Mißhandlung zusammensetzt.

6t. Wenn der Akt der Deformation keine bleibenden Schäden erzeugt, kann das Objekt der Deformation durch seinen Rang den Publizitätserfolg bewirken, so bei der Verhüllung des Berliner Reichstages am 17. Juni 1995.[37] Hätte Christo das stillgelegte Gaswerk von

[35] Pickshaus 1988, S. 58f [36] s. o. 30! [37] Dazu die Sondernummer der Zeitschrift Copernicus mit dem Titel: Project wrapped reichstag – unwrapped, 1995

Seitdem die Dadaisten den überlieferten Kunstbegriff in Frage gestellt haben, ist er nicht mehr an das Werk, sondern an den Künstler gebunden, selbst wenn dieser nicht konstruktiv, sondern destruktiv arbeitet. Gewalt gegen Kunst wird zur Kunstform. Das im Januar 1997 in einem Amsterdamer Museum von einem russischen Dekonstruktionskünstler mit einem Dollarzeichen übersprühte Gemälde von Malewitsch dokumentiert selbst aus der Sicht des geschädigten Museums ein künstlerisches Ereignis.

Treptow oder den baufälligen S-Bahnhof Halensee verpackt, so wäre kein Mensch hingegangen. Die von ihm verhüllte Porta Pinciana in Rom wurde vom Publikum ignoriert, man hielt das für eine konservatorische Maßnahme. Während ich dies schreibe, meldet die Presse,[38] daß am 4. Januar 1997 der russische Künstler Alexander Brener in Amsterdam ein Gemälde des Expressionisten Malewitsch von 1927 attackiert hat. Die Tat ist nicht originell, da Brener bereits in Stockholm und Berlin, wo er das Publikum mit Coca-Cola-Flaschen bewarf, »einschlägig« aktiv war, aber die Kommentare sind aufschlußreich. Brener hielt Malewitsch vor, westliche Kunst imitiert und sein Russentum verraten zu haben. Daher übersprühte er das anspruchslose Bild – ein dunkelweißes Kreuz auf hellgrauem Grunde – mit einem grünen Dollarzeichen. Das brachte ein wenig Sinn in das »Gemälde«. Selbst der Leiter des betroffenen Stedelijk Museums wertete Breners Akt als – wenn auch nicht großes – »künstlerisches Ereignis« und zeigte damit Verständnis für die von anderen Experten entschiedener verteidigte Kunst des Situationismus, die in der Zeitschrift »Flash Art« vertreten wird.

6u. Die Festschreibung der Schuld wird davon abhängen, an wem der auch in der Kunstgeschichte seit dem Streit zwischen Karl Hofer und Will Grohmann um die abstrakte Kunst im Ping-Pong gedroschene Vorwurf des »Faschismus« haftenbleibt: an Brener, der Gewalt gegen Kunst übt, oder an dem Ankläger, der die Staatsmacht zur Unterdrückung avantgardistischer Geisteshaltung einsetzen will.[39] Dem Vorwurf des Kryptofaschismus ist ebenso schwer zu entkommen wie dem des Kulturvandalismus. Seit das Übermalen von Gemälden eine anerkannte Kunstform ist, ist der Restaurator, der die Farbe Breners beseitigt, ebenso vandalisch wie Brener, der Malewitsch übersprüht.[40] Wiederum haben wir offenbar nur noch die Wahl zwischen Varianten des Vandalismus.

6v. Die sprachliche Unterscheidung zwischen Gewalt gegen Kunst und Kunst durch Gewalt gewinnt Gewicht, wenn es um Geld und Recht geht. Von dem übersprühten Malewitsch wurden Postkarten hergestellt. Wem gehören die Rechte? Dem blitzartig handelnden Photographen? Dem Sprayer? Den Erben des Malers? Dem Museum? Klar ist das Eigentumsdelikt und der Anspruch auf Schadensersatz, aber unklar ist der Straftatbestand, der sich erst aus dem Vorsatz, Schaden zu stiften, ergibt, wenn nämlich der Vandale keinesfalls

[38] Frankfurter Allgemeine vom 10. Januar 1997, S. 29: Alexander Sokolov, Barbarentat in Amsterdam. Ein Russe schändet Malewitsch. Freundlicher Hinweis von Heinrich Schlange-Schöningen [39] Die Presse meldet inzwischen (20. März 1997) eine Haftstrafe für Brener von 10 Monaten. [40] s. o. 6t!

Schaden anrichten will, sondern sich seinerseits als Künstler aufspielt und darin auch noch die Anerkennung des Geschädigten erhält. Grundsätzlich wird damit sogar der ökonomische Schaden fraglich, sofern Publizität den Wert eines Werkes hebt. Die Höhe des Schadens wird gemindert durch den Ruhm des Schädigers, der durch einen Prozeß noch gesteigert würde. Daher ist die Warnung doppelzüngig, eine Bestrafung Breners wäre ein »Martyrium«. Führt dieser Gedanke zum Verzicht auf den Prozeß, so passiert dem Täter nichts, und er wird zur Wiederholung ermuntert. Wird er verurteilt, gewinnt er an Ansehen. Der Kläger könnte die Warnung jedoch auch umdrehen und sie als kunstpolitische Kompensation auslegen, denn das Martyrium sollte man dem Täter nicht vorenthalten. Den Märtyrer macht nicht der Richter, sondern die Gemeinde.

6w. Der hier nur angedachte Vorgang ist indessen bereits durchgespielt worden im Fall der verschmierten Badewanne von Joseph Beuys. Besagte Kinderbadewanne, mit Heftpflaster, Schmieröl und ähnlichen Ingredienzien 1969 zum Kunstwerk geadelt, war 1976 als Leihgabe eines Sammlers vom Wuppertaler Von-der-Heydt-Museum in Leverkusen ausgestellt worden. Im gleichen Bau tagte der SPD-Ortsverein, der die Wanne zum Bierkühlen mißbrauchte, nachdem Putzfrauen sie zuvor gereinigt hatten. Unfreiwilliger Vandalismus? Das erinnert an den Ordnungssinn des Bieler Gärtners. Dagegen spricht das zugehörige Schild: »In dieser Badewanne wurde Joseph Beuys gebadet«, versehen mit dem ketzerischen Zusatz: »Offenbar zu heiß«. Der Sammler klagte. Die Frage, ob das Kunstwerk von Beuys restauriert werden könnte, wurde von den Kunstjuristen verneint, das ergäbe vielmehr ein neues Original oder eine bloße Replik. Das Landgericht verurteilte die Stadt Wuppertal zum Schadensersatz von 80 000 Mark.[41] Der ökonomische Aspekt verhindert, daß die Unterscheidung zwischen konstruktiver und destruktiver Gewalt in der Kunst verschwindet.

6x. Die Frage von Martin Heidegger, ob die Kunst den Künstler oder der Künstler die Kunst mache,[42] wird zur Zeit im Sinne von Kurt Schwitters beantwortet. Damit verschiebt sich das Problem auf die Frage: Wer macht den Künstler? Die Selbsternennung wird mit der Formel vom »anerkannten« Künstler unterlaufen, das heißt mit dem Rekurs auf Anerkennung, als dessen Subjekt eine kollektive, flexible Instanz von »Sachverständigen« auftritt, die durch Amt und Besitz medienwirksam Macht ausübt. Ohne sie ist heute weder Kunst noch Vandalismus bestimmbar. Wenn ein Arnulf Rainer, der »Lust-

[41] W. Hamann, in: Film und Recht 1976, S. 166ff; freundlicher Hinweis von Klaus Adomeit. [42] M. Heidegger, Holzwege, 1950/52, S. 7

mörder der Kunst«,[43] bibliophile Bücher mit schwarzer Farbe vollschmiert,[44] ist diese »ekstatische Verneinung« Kunst-auf-Kunst und nur deswegen kein Vandalismus, weil es sich um einen »anerkannten Künstler« handelt. Wenn aber eine Gruppe von Wiener Studenten diese Bücher anschließend rot übermalt, dann ist diese Übermalung der Übermalung, dieser Übervandalismus kriminell, weil hier (noch) nicht anerkannte Künstler am Werke waren – sofern es sich nicht um eingeschriebene Kunststudenten handelt, die sich experimentell fachspezifisch betätigen und daher vor einer zukunftsorientierten Strafkammer Anwartschaft auf Gleichstellung mit dem zum Untermaler degradierten Überarbeiter beanspruchen können. 1960 allerdings saß dieser selbst als »bilderstürmender Barbar« in Haft.[45]

6y. Die Konsequenzen artistischer Gewalt aber gehen weiter. Wenn Gewalt als Ausdrucksmittel der Kunst akzeptabel wird, dann folgt auf die Gewalt gegen Sachen die Gewalt gegen Tiere. Am 4. Juni 1962 wurde auf der Performance *Die Blutorgel* in Wien ein Lamm zerfleischt; die Show der *Chicken Destructions* ging in Serie.[46] In einem kalifornischen Museum präsentierte 1977 eine Künstlerin einen Käfig voller Ratten, den sie mit Benzin übergoß und anzündete.[47] Der Museumsleiter wurde daraufhin entlassen, aber die Künstlerin blieb unbehelligt. Gewalt gegen Menschen in Form artistischer Folter erfolgt auf der Bühne bisher nur auf freiwilliger Basis. Gut imitierte Grausamkeiten wie Augenausstechen und Selbstkastration, aber auch echt inszenierte Verletzungen und Verstümmelungen verzücken ein Publikum, das alles hinter sich hat.[48] Wir kennen das aus der Antike von der bei Lukian beschriebenen inszenierten Selbstverbrennung eines Peregrinus Proteus unter Marc Aurel 167 n. Chr. während der olympischen Spiele, nach dem Vorbild von öffentlichen Selbstverbrennungen von Indern unter Augustus[49] und Alexander.[50] Die Brutalität gegen Tiere und Menschen als Form der Freizeitgestaltung war in der römischen Arena ein Massenvergnügen, unterhält heute aber nur eine intellektuelle Minderheit. Psychologisch erleben wir hier die bis zum Geht-nicht-mehr erhöhte Reizschwelle eines ausgelaugten, abgestumpften Publikums, dem nichts mehr Eindruck macht, nichts mehr teuer ist. Psychohistorisch gesehen aber war es vielleicht nur eine zeitbedingte Reaktion auf den atomaren Overkill und die zivilisatorische

[43] Ursula Bode in: Die Zeit Nr. 25, 13. Juni 1997, S. 52 [44] O. Sandner (Hg.), Arnulf Rainer. Enzyklopädie und Revolution. Ein Katalogbuch, 1990 [45] Jutta Schütt, Arnulf Rainer, Überarbeitungen, 1994, S. 55 [46] Hoffmann 1995, S. 36ff [47] Elsen 1977 [48] Eindrucksvolle Zusammenstellungen der Kunstprodukte von Wolf Vostell, Jean Tinguely und Niki de Saint Phalle bei Hoffmann 1995 [49] Plutarch, Alexandros 79 [50] Diodor XVII 107; Strabon XV 717

Umweltzerstörung, eine apokalyptische Endzeitneurose, in der alles befürchtet werden muß, alles gewagt werden kann.

Die Angst vor dem Ende des immer Gleichen verbindet sich mit der Sehnsucht nach dem völlig Anderen. Das war die seelische Konstellation der Chiliasten aller Zeiten. Anders als bei der ikonoklastischen Orgie der Wiedertäufer in Münster 1534[51] war die Zerstörung der zivilisierten Welt in der heißen Phase des Kalten Krieges eine ernstzunehmende Gefahr. Sie wird spielerisch verarbeitet. Nietzsches Wort, die Welt sei nur als ästhetisches Phänomen gerechtfertigt, gilt auch für ihren Untergang, indem er vorausgreifend gespielt und gestaltet wird. Die Form liefert das griechische Drama. Die Tragödie der Weltgeschichte endet mit einem Satyrspiel. Die Katharsis ist vollendet, wenn nichts mehr da ist. Die Vollendung aber ist nicht von Dauer. Im kommenden Jahrtausend dürfte sich das Klima wieder abkühlen.

6z. Die frivole Ironie fand ihren bisherigen Höhepunkt im Umgang mit Hiroshima. Die Zerstörung der Stadt wurde schon 1951 von de Kooning ästhetisch gerechtfertigt, ja als Akt christlicher Nächstenliebe gedeutet: Das Licht der Atombombe sei ein wahrhaft christliches Licht gewesen, es habe Engel aus allen gemacht, die es sahen.[52] Wenn Künstler unserer Zeit die militärische Katastrophe als die perfekte Provokation, als die »vielleicht höchste Ausdrucksform der Kunst« bezeichnen und die Ruinen von Hiroshima zum Erdkunstwerk erklären, dann war der Atombomber ein »excellent equipment for sculpture, to bomb it into existence«.[53] Vandalismus ist restlos in Ästhetik überführt, die Kultur ihrem Interpreten nicht nur verbal, sondern auch real zum Opfer gebracht. Die ästhetisch sanktionierte »kreative Destruktion« macht keinen Unterschied mehr zwischen dem Hammer Michelangelos, der die vatikanische *Pietà* 1500 vollendete, und dem des Psychopathen, der sie am 21. Mai 1972 zertrümmerte.[54] Herostrat wird zum Baumeister, der zerborstene Tempel von Ephesus zum »offenen Kunstwerk«, freilich anders als Rembrandts geschlachteter Ochse. Die Vernichtung von Originalen als Beweis von Originalität gipfelt in der Akzeptanz von Sprengstoff als *artiste démolisseur.* Hegels fortschrittliche Deutung des Schießpulvers[55] bewährt sich in der Kunstgeschichte. Diese höchste Form der Ereigniskunst kann nur noch durch die (in diesem Sinne) kulturschonende Neutronenbombe verhindert werden.

[51] s. o. 4s! [52] Ich verweise hier dankbar auf die noch ungedruckte Habilitationsschrift von Gregor Stemmrich, Der amerikanische *Literalism,* die mir Thomas Gaehtgens zugänglich gemacht hat. Sie behandelt den Fall ausführlich. [53] Hoormann 1996. Freundlicher Hinweis von Gert Mattenklott. [54] Pickshaus 1988, S. 189ff; Chartier 1991, S. 167ff [55] s. u. 7j!

7. Sinngebung des Sinnlosen?

a. Theodor Lessing: Sinngebung
b. Deutungsgeschichte
c. Darwinismus
d. Naturkatastrophen als Götterzorn
e. Höhere Vergeltung: antik
f. Geißeln Gottes: christlich
g. Renaissance: Zeitenwechsel
h. Machiavelli: Entschlackung

i. Humboldt: Veredelung
j. Hegel: Geschichte als Schlachtbank
k. Ludwig von Bayern: Romantik
l. Burckhardt: Ökonomie des Bösen
m. worst case scenario
n. Zwecke des Unglücks
o. Kompensation für Kunstverlust
p. Preis der Sibyllinen
q. Gewinn an Freiraum
r. Kant: Die Last der Geschichte
s. Trostbedürfnis

t. Goncourt: Kinderei
u. Baudelaire: Palimpsest
v. Nietzsche: Stoffwechsel im Geiste
w. Freud: Zerstörungstrieb
x. Benjamin: destruktiver Charakter
y. Woher das Böse?
z. Perspektive wechseln!

Though this be madness,
yet there's method in't.
Hamlet

7a. 1916 veröffentlichte Theodor Lessing sein Buch *Geschichte als Sinngebung des Sinnlosen.* Er wollte mit dem provozierenden Titel zeigen, daß die Historiographie das substantiell irrationale Geschehen nachträglich und unberechtigt als vernünftig zu erweisen suche. Das Bemühen um ein Verständnis von Vergangenem schließt eine solche Gefahr fraglos ein; schon die der Geschichtsschreibung unerläßliche Formgebung des Formlosen kann ihr erliegen. Dann werden Zusammenhänge verdichtet, Ereignisfolgen geglättet, vielschichtige Erscheinungen vereinfacht und vereinheitlicht. Die Ergebnisse verfälschen die Ursprünge, das Gesamtbild bestimmt die Einzelteile, die Phantasie konturiert das Phänomen. Insbesondere unerfreuliche Geschehnisse, zu denen auch Kulturzerstörung zählt, unterliegen einer derartigen Prägnanzverformung, indem sie ignoriert oder bagatellisiert werden, entschuldigt durch gute Absichten, widrige Umstände oder erfreuliche Nebenfolgen. Man verweist auf die Untaten anderer, auf branchenübliche Verhaltensweisen und auf zwingende Umstände. Ist die Untat nicht zu leugnen, so lädt man sie einem Sündenbock auf, der alle anderen entlastet und nun umgekehrt ins Schwarze verfärbt wird. So wird das *factum brutum* ummantelt und der Sinn des Geschehens gerettet. Klio behandelt Störfaktoren wie die Auster das Sandkorn.

7b. Gewalttaten gegen Kulturschöpfungen gehören zu jenen Ereignissen, die um so schwerer zu begreifen sind, je länger wir über sie nachdenken. Vandalismus ist ein anthropologisches Rätsel. Er wird oft als »sinnlose« Zerstörung gebrandmarkt, dies ist er aber weder aus der Sicht der Täter noch aus der aller Betrachter. Die Zerstörer waren selten gezwungen, sich zu rechtfertigen, doch wäre ihnen das kaum schwergefallen. Sie hatten meist ihre Gründe, die dem Denken ihrer Zeit entsprachen. Es gibt eine Deutungsgeschichte des Phänomens, das bei Tätern und Betrachtern von archaischen Denkfiguren bis zu hochsophistischen Sinngebungsversuchen reicht. Diese Theorien verdienen Beachtung, wenn wir uns darum bemühen, einer Lösung näher zu kommen. Geschichtsphilosophen und Anthropologen stehen hier vor einer schwierigeren Frage als bei der Erklärung von Gewalt gegen Menschen. Das lehrt ein Seitenblick auf die Natur.

7c. Zu Krieg, Mord und Vertreibung bietet die Evolution im Tierreich eine gewisse Analogie. Die innerspezifische Selektion äußert sich im Rivalenkampf der Hirsche um die Hindinnen, hier geht es um Fortpflanzung, um Maximierung der *Hamilton-Fitness* innerhalb der eigenen Art, sozusagen Familienpolitik. Die außerspezifische Selektion, der Kampf zwischen den Arten, zeigt sich, gleichsam im Zeitraffer, in der Verdrängung der australischen Beuteltiere durch die mit den Europäern gekommenen höheren Säuger, die gewandter und stärker sind. Die schwächeren Tiere teilen das Los der Naturvölker: Sie verlieren Lebensraum. Die Natur bietet indessen keinerlei Verständnishilfe für die Gewalt in der Kulturgeschichte, sofern wir nicht die Graffiti als Duftmarken interpretieren.[1] Kulturzerstörung trägt zur Kulturentfaltung nichts bei (wenn wir, wie billig, die Perfektionierung der Legitimationsversuche der Täter und ihrer Adoranten beiseite lassen). Das Storchenpaar, das ein fremdes Nest in Besitz nimmt, wirft wohl die Eier hinaus, ruiniert aber das Nest nicht. In der Zerstörung seiner Werke tritt nicht das Tier im Menschen zutage – hier handelt der Mensch nicht als Bestie, sondern ganz als Mensch. Kulturvernichtung ist ein Kulturphänomen.

7d. Eine Entwicklung findet sich wo nicht im Verhalten, so vielleicht doch in den dafür abgegebenen Erklärungen. Ein archaisches Gemüt erblickt in jeder Gewalt eine höhere Macht, so daß auch Kulturverlust als Strafe der Gottheit für menschliche Hybris erscheint. Die Beispiele reichen zurück bis in die ältesten Werke der Literatur. Mit dem Turmbau zu Babel wollten die Nachkommen Noahs Zusammenhalt gewinnen und sich bei der Mit- und Nachwelt »einen Namen machen«. Da griff Gott ein.[2] Er strafte sie für ihre Überheblichkeit, indem er ihre Sprache verwirrte. Die Menschen wurden zerstreut in alle Lande; der Turm blieb als warnende Ruine stehen. Die Städte Sodom und Gomorrha vertilgte Gott wegen ihrer Neigung zur Knabenliebe mit Feuer und Schwefel.[3] Naturkatastrophen zeigen Götterzorn und weisen den Menschen in seine Schranken. Diese Denkweise begegnet uns ganz ähnlich bei den Griechen: Zeus entfesselt den trojanischen Krieg, um die übervölkerte Erde zu entlasten, so Hesiod.[4] Die Götter spinnen den Menschen den verderblichen Untergang Ilions zu, damit er den künftigen Generationen zum Gesang werde, so Homer.[5] Zeus ergötzt sich am Schauspiel des Krieges.[6] Die Achäer vor Troja schützten ihre Schiffe mit einer Mauer, aber Poseidon spülte sie hinweg, um den Griechen den Ruhm zu nehmen.[7] Das

[1] s.o. 1g! [2] 1. Mose 11 [3] 1. Mose 18f [4] Hesiod, Kyprien fr. 1 [5] Homer, Odyssee VIII 579 [6] Homer, Ilias XI 81ff [7] Homer, Ilias VII 445ff

Ruinen haben stets die Phantasie beflügelt. Sie wurden zum Schauplatz epischer, romantischer und religiöser Literatur. Die sichtbare Vergänglichkeit des für die Ewigkeit Geschaffenen verlangte Erklärung. Man fand sie in der Regel nicht in historischen Vorgängen, sondern in moralischen Verfehlungen. Das früheste Beispiel dieser Art ist die Geschichte vom Turmbau zu Babel in der Genesis. Die Menschen wollen sich durch dieses Monument einen Namen machen, doch Gott greift ein und verwirrt die Sprachen: Kulturelle Hybris erregte Zorn des Allmächtigen, die Ruine dient der Warnung, so auf diesem Gemälde von Pieter Brueghel dem Älteren von 1563.

ist der Neid der Götter. Ihn beklagt Kalypso, ihn bekommt Kroisos zu spüren.[8] In der rationaleren Denkwelt der römischen Kaiserzeit treten solche Interpretationen zurück: Für den Vesuvausbruch des Jahres 79 n. Chr. und den Untergang von Herculaneum und Pompei suchte man nicht mehr nach einer metaphysischen Erklärung.[9]

7e. Götterzorn bedient sich nicht nur natürlicher, sondern auch menschlicher Gewalt. Die Eroberung Trojas durch Agamemnon war für Herodot eine Strafe der Götter, die damit zeigen wollten, daß eine große Untat eine große Strafe verdient.[10] Den Untergang von Sybaris 510 v. Chr. – die Sieger leiteten einen Fluß über die zerstörte Stadt – verhängten die Götter, nachdem die Demokraten die Anhänger der Tyrannis im Heratempel getötet hatten, so schreibt Herakleides von Pontos.[11] Entsprechend erscheint die Niederlage des Xerxes in den Perserkriegen schon bei Aischylos als Resultat der Hybris. Bei den Römern ging es ebenfalls vorwiegend um verlorene Kriege, die man nie mit militärischen oder politischen Fehlern erklärte, sondern stets als Folge moralischen Versagens deutete, das von den höheren Mächten geahndet wurde.[12]

7f. In jüdisch-christlicher Zeit blieb das Denkmodell akut. Die biblischen Propheten erblickten in den Feinden Israels die Vollstrecker göttlicher Strafe für den Abfall des Volkes vom Gesetz – so Jesaja[13] und Jeremia[14] –, die Kirchenväter erkannten in Attila und den Hunnen die Geißel Gottes.[15] Unglück ist das Werk der »ultrix divina maiestas«, der rächenden Majestät Gottes – so bei Gregor von Tours.[16] Sie dient nicht allein der Züchtigung für Sünder, sondern ebenso der Erziehung der Guten zur Geduld. So lehrt Augustinus: »Flagellum Dei ad patientiam erudit bonos.«[17] Die Zerstörung der Ketzerstadt Beziers durch die Katholiken erschien diesen als Rache Gottes – die Lehre ist aus der Sicht der Täter dieselbe wie im Blick der Opfer.[18] Das Denkmodell ist an keine bestimmte Religion gebunden. Auch Tschingis-Khan und Timur Lenk haben sich offenbar in dieser Rolle gesehen: Ihr Erfolg bewies ihnen die Schuld ihrer Gegner.[19]

7g. In der Renaissance begegnet uns wieder der antike Trostgrund: die Vergänglichkeit alles Irdischen. Bei Petrarca verbindet er sich mit tiefer Trauer. In seinem *Ruinenbrief* vom 30. November 1350 an

[8] Homer, Odyssee V 118; Herodot I 32 [9] Plinius, Briefe VI 16 und 20 [10] Herodot II 120 [11] Athenaios 521 F; Strabon VI 1, 13 [12] A. Demandt, Historische Selbstentlastung in der Antike, in: B. Loewenstein (Hg.), Geschichte und Psychologie. Annäherungsversuche. 1992, S. 115ff [13] Jesaja 10, 26; 14, 5; 28, 18f [14] Jeremia 51, 20 [15] Helene Homeyer, Attila, 1951, S. 192 [16] Gregorius Turonensis, Historia Francorum VII 3 [17] Augustin, De civitate Dei I 8 [18] s.o. 4r! [19] s.o. 4l!

Johann Colonna beschreibt er, wie er auf dem Gewölbe des Diocletianspalastes – gemeint sind die Thermen – gesessen und die Trümmer betrachtet habe, von deren Größe die Bewohner keine Ahnung besäßen: »Nusquam minus Roma cognoscitur quam Rome.«[20] Auch wenn alle Bauten zerfallen seien, spräche die unbesiegte Majestät der Stadt doch noch aus dem letzten Stein.[21] Pius II Piccolomini beklagte das Unverständnis der Bewohner Roms, die den Marmor zu Kalk brennen, so daß in dreihundert Jahren keine Spur der vergangenen Größe mehr übrig sein werde.[22] Die Vorstellung vom Neid der Götter wird bei Vasari umformuliert in eine Feindschaft zwischen dem Glück und der Kunst:[23] Äußere Umstände hindern Kunstwerke daran, ihre Vollendung zu finden oder zur Wirkung zu gelangen.

7h. Eine bemerkenswerte Überlegung zum Kulturumbruch verdanken wir Niccolo Machiavelli. In seinen *Discorsi sopra la prima deca di Tito Livio* (II 5) meditiert er über die von der römischen Macht ausgelöschte Kultur der Etrusker und findet, daß die Erinnerung an vergangene Zeiten periodisch unterbrochen werde, teils durch menschliches Tun, teils durch die Macht des Himmels. Als Beispiel für den ersten Fall nennt er den Versuch der Christen, die Einrichtungen und Bräuche der antiken Heiden auszurotten, wie man zumal am Götzensturz des heiligen Gregor ersehe.[24] Dies aber sei nur teilweise gelungen, doch müßten für weiter zurückliegende Kulturbrüche schärfere Zäsuren angenommen werden. Die natürlichen Gründe für Kontinuitätsschwellen findet Machiavelli in der Annahme wiederholter Flutkatastophen, aus denen sich nur wenige Bergbewohner gerettet hätten. Diese Theorie stammt von Platon.[25]

Originell ist Machiavellis Metapher: Wie die Natur die Leiber der Lebewesen reinigt, in denen sich überflüssige Stoffe angesammelt haben, so säubert sie auch den Körper des Menschengeschlechts als ganzen von Zeit zu Zeit, sobald sich die Menschen und ihre Werke allzusehr vermehrt haben. Der regelmäßige Kulturverlust sei heilsam und vernünftig. Machiavelli dachte an die Masse der Monumente in den spätgriechischen Heiligtümern und im spätantiken Rom; uns tritt die Unmenge an Sakralkunst im Spätmittelalter und an Denkmälern im Spätkapitalismus vor Augen, so daß sein Ja zur periodischen Dezimierung nachvollziehbar ist. Um jedes einzelne verlorene Monument

[20] F. Petrarca, Familiares VI 2, 14f = Opera XI 1948, S. 58 [21] F. Petrarca, Ad Clementem Sextum 187ff = B. Kytzler, Roma Aeterna, 1972, S. 454 [22] bei Kytzler, a.O. S. 464; s.o. 5a! [23] Vasari 1568/1910, S. 376 [24] s.o. 4d! [25] Platon, Gesetze 676 AB

müssen wir trauern, aber können wir wünschen, daß sich alle Kunstwerke hätten erhalten sollen, kein Denkmal hätte verschwinden dürfen?

*

7i. Zeigte die Geschichtsauffassung der Renaissance-Humanisten eine zyklische Grundstruktur, in die sich auch die Kulturvernichtung einfügte, so wurde diese zum Problem, als sich in der Aufklärung die Fortschrittsidee durchsetzte. Am 15. Oktober 1764 hatte Edward Gibbon, vom Capitol die Trümmer Roms betrachtend, beschlossen, *Decline and Fall* zu schreiben.[26] Dabei zog er die Wiederholung einer solchen Kulturkatastrophe durchaus in Betracht, sah darin aber keinen Einwand gegen einen langfristigen Fortschritt: die Keime der Zivilisation wüchsen weiter.[27] Auch in Deutschland dominierte der Optimismus. Mit Lessing und Herder sah Wilhelm von Humboldt in der Geschichte eine Veredelung des Menschengeschlechts. In seinen 1812 bis 1814 in Wien verfaßten *Betrachtungen über die Weltgeschichte*[28] heißt es: »Aber plötzlich wird wieder das Edelste ... verschlungen von Naturbegebenheiten oder Barbarei ... das ist die Unbarmherzigkeit der Weltgeschichte. Aus den Revolutionen gehen aber wieder neue Formen hervor, die Fülle der Kraft tritt in immer wechselnden und sich immer veredelnden Gestalten auf, und die Endabsicht wie das Wesen alles Geschehenden besteht nur darin, daß sie sich ausspricht und sich aus chaotischen Fluten zur Klarheit bringt ... Drum ist in jedem Untergang Trost und in jedem Wechsel Ersatz.«[29] Wie Gibbon behandelt Humboldt den Kulturverlust als Oberflächenerscheinung: Die Bewegung der Wellen kann die Richtung des Stromes nicht ändern. Welch ein Optimismus! 1799 hatte Humboldt in seinem zweiten Brief an Goethe über das *Musée des Petits Augustins* in Paris die letzten, dorthin geretteten Grabstatuen der französischen Könige aus Saint-Denis beschrieben, die in der Revolution geschändet worden waren[30] – das beirrt ihn ebensowenig wie die naheliegende Möglichkeit, daß eine Kulturkatastrophe keinen Geschichtsschreiber findet, der das Ereignis »zur Klarheit bringt«.

7j. Wirkt Humboldts Zuversicht naiv, so ist diese bei Hegel zynisch. Er sah in der Geschichte den Fortschritt des Weltgeistes, dessen Geschäftsführer »manche unschuldige Blume zertreten, manches zertrümmern« müßte. Die »Ruinen von Karthago, Palmyra, Persepolis,

[26] E. Gibbon, Memoirs of my Life, 1796/1969, S. 136 [27] Demandt 1984, S. 132ff [28] W. v. Humboldt, Werke, hg. von A. Flitner und K. Giel 1960/80 I, S. 567ff [29] a.O., S. 572 [30] a.O., S. 532

Rom«, bewiesen ihm nur, daß der Geist sich gehäutet hat. »Gewaltsamen Todes kann ein Volk nur sterben, wenn es natürlich tot in sich geworden.« Einen wirklichen Rückschlag kann es nicht geben, Hegel betrachtete »Rückgänge als äußerliche Zufälligkeiten«, alles andere widerspräche der von ihm gebotenen Theodizee. Aber indem Hegel die »Geschichte als diese Schlachtbank«, die »begriffene Geschichte« gar als die »Schädelstätte des absoluten Geistes« betrachtete, erkannte er im Selbstbewußtsein der Freiheit den Endzweck, dem »diese ungeheuersten Opfer« gebracht wurden, und versöhnte sich mit den Verlusten. Kritik an Geschehenem wäre Schulmeisterei des Weltgeistes.

Im Gefolge des frühchristlichen Bellizismus, der Lehre vom gottgewollten Kriege,[31] hat Hegel gegen militärische Gewalt keine grundsätzlichen Vorbehalte. Der Krieg ist ihm ein unabdingbarer Motor der Dialektik und überhaupt erforderlich für die »sittliche Gesundheit der Völker ... wie die Bewegung der Winde die See vor der Fäulnis bewahrt, in welche sie eine dauernde Ruhe, wie die Völker ein dauernder oder gar ein ewiger Friede, versetzen würde«. Glückliche Kriege sichern den Gemeinsinn und stärken die Staatsmacht; unglückliche beweisen die »Eitelkeit der zeitlichen Güter und Dinge, die sonst eine erbauliche Redensart zu sein pflegt«. Selbst das Schießpulver baute Hegel in seine Fortschrittslehre ein. Wie bereits Bodin[32] rechnete er es zu den Kriterien der Überlegenheit der Neueren über die Alten. Seither werde der Feind nicht mehr konkret, sondern abstrakt gefaßt, man zielt (recht philosophisch) unpersönlich ins Allgemeine.[33] Krieg frei von Haß! Dies hatte Luther am 19. März 1537 anders gesehen: »Buchsen und das Geschütz ist ein grausam, schädlich Instrument ... Ich gläube, daß des Teufels in der Hölle eigen Werk sey ... Wenn Adam das Instrument gesehen hätte, das seine Kinder hätten gemacht, er wäre fur Leide gestorben«.[34]

7k. Romantisch gestimmte Gemüter urteilen anders als Hegel über die Kulturbarbarei in Geschichte und Gegenwart. Ausdruck einer ganzen Generation bieten die Gedichte, die Ludwig von Wittelsbach, der spätere I, König von Bayern hinterließ. Auf seinen drei Italienreisen 1804, 1816 und 1820 schrieb er zahlreiche Elegien, in denen er das Land seiner Zeit mit der alten Römergröße verglich. Er sah »in diesem Kontrast als Medium der Sühne zwischen Einst und Jetzt, als

[31] D. Kurze, Krieg und Frieden im mittelalterlichen Denken, in: ders., Klerus, Ketzer, Kriege und Propheten. Ges. Aufsätze, 1996, S. 344ff [32] J. Bodinus, Methodus ad facilem historiarum cognitionem, 1566/1967, S. 322 [33] Hegel 1831/1961, S. 56, 64, 78, 108, 129, 132, 542; ders., Phänomenologie des Geistes, 1807/1952, S. 564; ders., Grundlinien der Philosophie des Rechts, 1821/1930, S. 263f [34] M. Luther, Tischreden III, S. 403 Nr. 3552

Lehre, die aus den Trümmern spricht: die ewige Dauer der Kunst und ihr siegreicher Durchbruch über den Vandalismus der Ungeweihten wie selbst über die Verschlingungen des vesuvischen Kraters«.[35] Namentlich die Elegien *Tivoli* und *Campagna di Roma* sprechen diese Lehre von der Vergänglichkeit aus. Zugleich eifert der Kronprinz gegen den »polirten Kunstvandalismus« und den »furor habendi« bei Lord Elgin und Napoleon. Es blieb also nicht beim Weltschmerz, bei der »lypē kosmikē«, die schon der Kirchenvater Nilus von Ancyra unter die Todsünden rechnete.

7l. Gedanken Hegels mit denen Luthers verbindend hat Jacob Burckhardt das Problem des Kulturverschleißes zu deuten versucht. In seinen Ausführungen über *Glück und Unglück in der Weltgeschichte*[36] entwickelt er das »Kompensationsgesetz« der Geschichte: »Bei allen Zerstörungen läßt sich aber immer eins behaupten: Weil uns die Ökonomie der Weltgeschichte dunkel bleibt, wissen wir nie, was geschehen sein würde, wenn etwas, und sei es das Schrecklichste, unterblieben wäre. Statt einer weltgeschichtlichen Woge, die wir kennen, wäre wohl eine andere gekommen, die wir nicht kennen, statt eines schlimmen Unterdrückers vielleicht ein noch böserer.« Jacob Burckhardt war als Historiker zu gewissenhaft und zu bescheiden, um die Frage nach unverwirklichten Unglücksfällen, angesichts derer uns die eingetretenen tragbar erscheinen könnten, selbst zu beantworten. Er hat das Gedankenspiel der ungeschehenen Geschichte angedacht, aber nicht ausgeführt.

7m. Setzen wir uns dennoch über seine wohlbegründeten Bedenken hinweg und lassen der historischen Phantasie freien Lauf, so ist durch ein *worst-case-scenario* wie alles Leid so auch jeder Kulturverlust gedanklich zu kompensieren – selbst der aus dem Letzten Weltkrieg. Wir würden den Krieg samt seiner Vorgeschichte in Deutschland aus dem Geschehen herausnehmen und fragen, was dann Platz gegriffen hätte. Da die bürgerliche Rechte, an deren Spitze Hitler trat, den Sieg der Kommunisten im Weimarer Bürgerkrieg verhindert hat, wird ein solcher nun denkbar. Der erste sozialistische Arbeiter- und Bauernstaat auf deutschem Boden wäre dann nicht 1949, sondern bereits 1919 entstanden, und zwar nicht ganz von der Maas bis an die Memel, aber vielleicht von der Etsch bis an den Belt. Wir würden weiter denken und eine Bruderschaft zwischen den deutschen und den russischen Marxisten unterstellen, die bald zu einem Übergewicht Stalins geführt hätte. Deutschland wäre die Speerspitze des kommunistischen Ostens gegen den demokratischen Westen gewesen. In Frank-

[35] Joh. Baptist Rousseau, Kunststudien, 1832, S. 97ff [36] J. Burckhardt 1868/1936, S. 249ff

reich, Spanien und Italien hätten sich bei einer solchen Großwetterlage die Kommunisten gleichfalls durchgesetzt, und Europa wäre dauerhaft kommunistisch geworden. Wem dies als das kleinere Übel erscheint, verglichen mit der wirklichen Entwicklung, dem sei die Möglichkeit eines Konfliktes – vielleicht um die bedrohte Lage Englands – zwischen dem liberalen Amerika und dem sozialistischen Eurasien vor Augen geführt. Setzen wir ihn in die fünfziger Jahre, so dürfen wir ihn uns mit Kernwaffen vorstellen. Anstelle des Zweiten hätte der Dritte Weltkrieg stattgefunden und die Menschheit an den Rand des Atomtodes geführt. Er ist noch immer denkbar, aber er hat an Wahrscheinlichkeit verloren – die Bedingungen, unter denen er ausgebrochen wäre, lassen sich gleichwohl lückenlos rekonstruieren.

7n. Neben dem Gedanken, daß alles noch viel schlimmer hätte kommen können, tröstet sich Burckhardt mit der Einsicht, daß auch das Böse sein Gutes hat. Sein Schlüsselsatz lautet: Das »Böse auf Erden« ist ein »Teil der großen weltgeschichtlichen Ökonomie«, die uns Menschen grundsätzlich verschlossen bleibt. Es äußert sich in der Gewalt, die für Burckhardt »an sich böse« ist,[37] aber »vorgebildet in demjenigen Kampf ums Dasein, welcher die ganze Natur erfüllt«. In diesem Gedankengang greift Burckhardt über Darwin auf die christliche Tradition zurück, wo es heißt: »Der Fürst dieser Welt, wie saur er sich stellt«, ist der Satan,[38] und Gottes Wege sind unerforschlich.[39] Burckhardt fragt, wenn auch schlechten Gewissens, ob das Unglück in der Weltgeschichte nicht doch eine positive Funktion habe. So hat sich Mephisto dem Faust präsentiert: als »Teil von jener Kraft, die stets das Böse will und stets das Gute schafft«. Gäbe es nur nicht daneben die umgekehrte Kraft, die stets das Gute will und doch das Böse tut! Welcher Bilderstürmer hat sich nicht im Recht gefühlt? Angesichts des Versuchs der Commune, Paris in Schutt und Asche zu hinterlassen, schrieb Burckhardt am 2. Juli 1871 an Preen: »Ja das Petroleum in den Kellern des Louvre und die Flammen in den übrigen Palästen sind auch eine Äußerung dessen, was der Philosoph ›Willen zum Leben‹ heißt.« Schopenhauer hätte schwerlich widersprochen, ebensowenig dem Schluß Burckhardts: Nach allem »war das Herostratische im Grunde die Haupttriebfeder«. Aber: was ist damit erklärt?

Burckhardts halbherzige Antworten überzeugen uns ebensowenig wie ihn selbst, so wenn er bedauert, »daß in der Völkerwanderung so unendlich vieles von den höchsten Errungenschaften des menschlichen Geistes unterging«, sich aber damit tröstet, »daß die Welt dabei erfrischt wurde durch neuen gesunden Völkerstoff«. Hätten die Van-

[37] Eunap, Fragment 46 (Blockley): *esti kakon exousia* [38] Martin Luther nach dem Evangelium Johannis 12, 31; 16, 11 [39] Jesaja 55, 8f

dalen ihre erfrischende Wirkung nicht auch daheim an der Waterkant oder auf halbem Wege in Schlesien entfalten können? Mephisto hätte auch Hitlers Judenvernichtung legitimiert, die den schleichenden Antisemitismus in Westeuropa untergrub und den ins Exil nach Amerika Entkommenen eine erheblich größere Entfaltung ermöglichte, die dem Staat Israel Geburtshilfe leistete und den Rechtsradikalismus definitiv diskreditierte.

7o. Unter den Unglücksfällen stellt Burckhardt die Kunstverluste obenan: »Die allergerechtesten Klagen jedoch, welche man, wie es scheint, gegen das Schicksal sollte erheben dürfen, beziehen sich auf den Untergang hoher Werke der Kunst und Dichtung.« Sie sind Opfer der Ignoranz und der Barbarei geworden. Dachte Burckhardt an die Meisterwerke griechischer Skulptur, die uns nur in römischen Kopien erhalten blieben, oder an die antike Tafelmalerei, die völlig verlorenging, oder an die hellenistische Literatur, die dem Stilideal der späteren Griechen widersprach und einfach nicht mehr kopiert wurde? Als mögliche Trostgründe nennt Burckhardt dreierlei: Es ist zum ersten die »unerfüllte Sehnsucht nach dem Untergegangenen«, von dem wir freilich wissen müßten, was wir an ihm verloren haben. Es ist zum zweiten die schwundbedingte Wertsteigerung des dennoch Überlieferten, dem vielleicht Unrecht geschähe, wenn ihm das Verlorene vorgezogen würde. Die Klage über das Verlorene geht auf Kosten einer Zuwendung zum Erhaltenen. Entspräche dem objektiven Verlust ein subjektiver Zuwachs, so höbe sich der Vandalismus selbst auf.

7p. Burckhardts Gedankengang erinnert an die Sage von der Herkunft der Sibyllinischen Bücher in Rom. Eines Tages erschien vor dem König Tarquinius Priscus eine alte Frau – es war Amalthea, die Sibylle von Cumae – und bot ihm für den Preis von 300 Goldstücken neun Buchrollen an. Dem König war das zu teuer. Darauf warf die Frau drei Bücher ins Feuer und verlangte dieselbe Summe für die restlichen sechs. Tarquinius erklärte die Frau für übergeschnappt. Wortlos verbrannte sie nochmals drei Rollen, forderte trotzdem den ganzen Preis für die drei restlichen. Jetzt gab der König nach und kaufte die Bücher.[40] Sie gehörten fortan zu den heiligen Unterpfändern der römischen Herrschaft und wurden in allen kritischen Lagen befragt, bis auch sie in christlicher Zeit dann von dem – tatsächlich – vandalischen Heermeister Stilicho dem Wunsch der Kirche gemäß verbrannt wurden.[41]

7q. Als dritten Trostgrund nennt der Basler den Freiraum, den der Untergang hinterlasse, »damit eine neuere Kunst unbefangen schaffen könne«. Der Wunsch zu entrümpeln, um nicht im wachsenden

[40] Lactanz, Divinae Institutiones I 6, 10f, nach Varro [41] Rutilius II 52

Berg von Kultur zu ersticken, tritt als Motiv des Abräumens oft zutage. Burckhardt zieht in Erwägung, daß die plötzliche Entdeckung einer größeren Anzahl von griechischen Kunstwerken im 15. Jahrhundert Leonardo und Michelangelo entmutigt haben könnte oder daß der Flor der deutschen Poesie um 1800 sich nicht entfaltet hätte, wenn kurz zuvor die verlorenen griechischen Lyriker aufgetaucht wären. Burckhardt ist sich der Fragilität dieser Argumentation bewußt, indem er einräumt, daß eine solch lähmende Wirkung ausgeblieben wäre, wenn die verlorenen Meisterwerke allzeit präsent geblieben wären. Schließlich haben sie spätere Künstler in der Regel eher angespornt als abgeschreckt. Weder haben Homer und Vergil die epische Dichtung unmöglich gemacht noch Pindar und Horaz die lyrische. Das Absterben des Alten ist keine notwendige Voraussetzung für das Aufblühen des Neuen. Noch gibt es Platz. So lautet Burckhardts letztes Wort über das Unheil: »Die einzige Lehre aus gelungener Missetat ist die, daß man das Erdenleben überhaupt nicht höher schätze, als es verdient.«

7r. 1784 hatte Kant im Neunten Satz seiner *Idee zu einer allgemeinen Geschichte in weltbürgerlicher Absicht* das Problem des Zuwachses allgemeiner gefaßt. Angesichts der sich mehrenden Menge des historischen Stoffes fragt er, »wie es unsere späten Nachkommen anfangen werden, die Last von Geschichte, die wir ihnen nach einigen Jahrhunderten hinterlassen möchten, zu tragen«. Er dachte dabei weniger an die Denkmäler als an die in ihnen gespeicherte Erinnerung. Sein Vorschlag heißt: aussondern! Als Kriterium für Geschichtswürdigkeit empfiehlt er die Fortschritte bei der »bürgerlichen Vereinigung in der Menschengattung«, diese seien überliefernswert. Angesichts der ebenso wachsenden Last an Kultur wäre nach einem entsprechenden Auswahlprinzip zu suchen, um den blinden Vandalismus zu kanalisieren, doch wäre das wohl noch schwerer zu finden als im Bereich der Geschichte, wo freilich Burckhardt gleichfalls dem Königsberger sein Veto entgegengesetzt hätte.

Läßt sich der Zuwachs nicht sinnvoll beschränken, so drohen Verluste durch Elementargewalten. Die Bevölkerungsexplosion, das Ozonloch, die nächste Eiszeit – das Unvermeidliche müssen wir hinnehmen, müssen es aber nicht begrüßen. Theodor Lessing zitiert einen Historiker, der herausfand, warum die Explosion des Südseevulkans Krakatau am 26. August 1883 sinnvoll war: der um die ganze Erde ziehende Aschenschleier habe zu Dämmerungserscheinungen geführt, die Farbenverfeinerungen in der Landschaftsmalerei ermöglichten.[42]

[42] Th. Lessing 1916/27/62, S. 233

7s. Indem Burckhardt das Neue als Folge des Verlustes alter Werke deutet, will er den Schmerz mindern, nicht die Zerstörer rechtfertigen, die ja die Folgen nicht voraussehen konnten. Wenn ein Bauwerk schöner wieder aufgebaut wird, als es vorher war, wie Timagenes das für Rom erwartete,[43] dann ist das kein Beweis für die Kreativität des Vandalismus. Das Trostbedürfnis verführt zur Unredlichkeit, darum empfiehlt Burckhardt, »mit diesem aus der Kompensation zu gewinnenden Troste sparsam umzugehen«, und spricht damit nur jene an, die nicht ganz darauf verzichten können. Er zitiert selbst Flavius Blondus, der seine *Roma instaurata* Papst Eugen IV (gest. 1447) widmete und ihm als Trost für die Ruinen Roms den Reichtum an Reliquien anbot.[44] Die Schätze im Himmel sind kostbarer als die Schätze auf Erden. Gewiß! Der Historiker ist aber kein Seelsorger; er sucht nicht Trost, sondern Erkenntnis und wendet sich damit an jene Menschen, denen Einsicht über ihre Artgenossen mehr bedeutet als Wohlgefallen an ihnen.

*

7t. Seit Mitte des 19. Jahrhunderts versucht man zunehmend, menschliche Gewaltbereitschaft psychologisch zu deuten. Eine grundlegende Beobachtung findet sich im *Journal* der Brüder Goncourt zum 16. November 1859: »Le sentiment de la destruction inné dans l'homme« – die angeborene Lust an der Zerstörung dieses unbegabten Tieres (»animal mal doué«), das schon als Kind durch nichts stärker fasziniert wird als durch Waffen und solche sehen, besitzen und benutzen möchte.[45] Das Kind spürt das organische Wachstum seiner Kräfte und erkennt im Werkzeug die Möglichkeit einer Beschleunigung dieses Vorgangs. Die Waffe bricht den Willen des Gegners – und dies wünscht sich das Kind. Gewöhnlich besteht der schmerzhafteste Teil des Heranwachsens darin, die Grenzen des eigenen Willen gegen den der anderen, der älteren und stärkeren zu bestimmen. Daher die Folge: »Un pistolet, une arme quelconque est son grand jouet, sa grande envie.« Die im Zerstören erscheinende Kraft bietet tatsächlich eine Selbstbestätigung, die junge Menschen in irgendeiner Form in besonderem Maße nötig haben. Daher wirkt der unnötige Gewaltakt gegen Sachen so infantil.

7u. Ist der Zerstörungstrieb natürlich, so ist die Klage über ihn ungerecht, ja sogar, wenn Charles Baudelaire recht hat, gegenstandslos.

[43] s.o. 3z! [44] J. Burckhardt 1860/1938, S. 169 [45] Edmond et Jules de Goncourt, Journal III, 1956, S. 168

In seinen *Visions d'Oxford* von 1860 findet sich der Text *Le Palimpseste*, worin der Dichter das menschliche Gehirn mit einem Pergament vergleicht, das beschriftet, abgewaschen, wieder beschriftet, erneut abgewaschen wird usw. »Qu'est-ce que le cerveau humain, sinon un palimpseste immense et naturel?«[46] Baudelaire war beeindruckt von den Fortschritten der Paläographie, der es mit wachsendem Erfolg gelang, abgewischte und überschriebene Texte wieder lesbar zu machen, so daß er darin ein Modell für das Gedächtnis des Menschen erkannte: Neue Erinnerungen überlagern alte, die aber nicht völlig verlorengehen, sondern unter bestimmten Umständen wieder zutage treten. Nichts Geschaffenes verschwinde, nicht einmal das ins Feuer geworfene ungedruckte Lebenswerk eines Genies, »cet effroyable holocauste«. Diese Speichertheorie überträgt Baudelaire auf die materielle Kultur: »Dans le spirituel non plus que dans le matériel, rien ne se perd.« Danach könnte es so etwas wie Vandalismus gar nicht geben. Es machte keinen Unterschied, ob ich ein Pergament abwasche oder anzünde. Das Zeitkonzept von Geschichte, wonach Neues kommt und Altes verschwindet, ist ersetzt durch ein Raumkonzept, in dem alles erhalten bleibt. Dies war das Weltbild Marc Aurels, der Verlust als Verwandlung deutete, aber auch Schöpfung als solche sah, so daß zwar nichts Altes verschwände, aber auch nichts Neues hinzukäme. Diese Konsequenz zieht Baudelaire nicht – bei ihm gibt es Schöpfung, und alles was einmal existiert hat, existiert immer.

7v. Ist bei Baudelaire Vandalismus unmöglich, so wird er für Nietzsche unvermeidlich. Er verfocht ein blindes Ja zum Leben, das einem sehenden Nein zur Kultur bisweilen bedenklich nahekommt. Hatte Hegel den Kulturfrevel bagatellisiert, Burckhardt ihn kompensiert, so wird er bei Nietzsche bewußt einkalkuliert. Seine zyklische Auffassung von der Geschichte als Nullsummenspiel steht unter dem Zauberwort der »Vitalität«: damit das Leben überhaupt weitergehen könne, müsse Verzicht geleistet werden. Wer Neuland sucht, muß Abschied nehmen. Der Naturprozeß von Geburt und Tod wird auf die Kulturgeschichte übertragen: Vandalismus ist nun eine Art Stoffwechsel im Geiste, ein ganz natürlicher Vorgang ohne Anlaß zur Melancholie. Wer ihn bekämpft, übt Vandalismus an der Zukunft. 1874 protestierte Nietzsche in seiner zweiten *Unzeitgemäßen Betrachtung* gegen die »Überwucherung des Lebens durch das Historische, gegen die historische Krankheit«. Wer handeln wolle, müsse vergessen können und lernen, »sich der Vergangenheit wie einer kräftigen Nahrung

[46] Œuvres complètes de Charles Baudelaire, IV, 1928, S. 177ff

zu bedienen«. Nietzsche kokettiert wieder mit Mephisto: »Denn alles, was entsteht, ist wert, daß es zu Grunde geht.«[47]

1887 formulierte Nietzsche sein Bekenntnis zur »blonden Bestie (à propos: welche Haarfarbe hatte Nietzsche?) auf dem Grunde aller vornehmen Rassen«, die sich von Zeit zu Zeit aus dem Haus- und Herdentier, zu welchem sie im Lauf der Kulturgeschichte degeneriert ist, in das prachtvolle Raubtier zurückverwandelt, welches ihrer Natur zugrunde liegt. Dann offenbart sie »ihre entsetzliche Heiterkeit und tiefe Lust am Zerstören« und schafft jenes Bild vom Barbaren, vom Goten, vom Vandalen, vor dem eine dekadente Zivilisation zittert.[48] Ehe sie klagt, sollte sie sich ihres Ursprungs entsinnen: »Die ganze Vergangenheit der alten Kultur ist auf Gewalt, Sklaverei, Betrug, Irrtum aufgebaut.«[49] Wenn hinter der Kunst nicht »unentrinnbare Mächte« walteten, die dem Belieben des Volkes entzogen sind, dann wäre die »bilderstürmerische Vernichtung der Kunstansprüche« durch die arbeitenden Klassen ein Akt der Gerechtigkeit, »der die Mauern der Kultur umrisse«. Auf dem Grunde jeder Kultur liege Grausamkeit, ebenso »im Wesen jeder mächtigen Religion und überhaupt in der Natur der Macht, die immer böse ist«. Für den »ersten Immoralisten« ist das kein Einwand, denn er konstatiert fatalistisch: »Leben und Morden ist eins«, so schon 1872.[50] Vandalismus ist bei Nietzsche ein Ja zur Bewegung, das in gesunden Zeiten jeder Adel verkörpere, ist ein Zeichen von Kraft, ist »Wille zur Macht«. Schöpfung und Zerstörung von Kultur sind beides Ausdrucksformen von Aktivität und daher zu begrüßen, wie alles, was mit Schwung geschieht. Aus diesem Grunde sind auch Zeilen aus dem Nachlaß wie die folgenden doppeldeutig: »Sie werfen die Bilder um und sagen: Es gibt nichts Hohes und Anbetungswürdiges – weil sie selber kein Bild und keinen Gott schaffen können. Erbarmt euch ihrer! Hört doch die Verachtung aus ihrer Wut gegen die Bilder – die große Verachtung gegen sich selber!«[51] Das schreibt der Prediger gegen das Mitleid, der Schlächter Gottes, der selber sich Verachtende! Nietzsches Position fand Nachfolger – was kommen sollte, hat er indessen weniger verursacht als gewittert.

7w. Nietzsches Machtpsychologie wurde verwissenschaftlicht durch Sigmund Freud in seiner 1930 abgeschlossenen Schrift *Das Unbehagen in der Kultur* und in dem Brief an Einstein von 1932 zur

[47] F. Nietzsche, Vom Nutzen und Nachteil der Historie für das Leben; ed. Schlechta I, S. 209ff [48] F. Nietzsche, Genealogie der Moral I Nr. 11; in: Nietzsche, ed. Schlechta II, S. 786 [49] F. Nietzsche, Menschliches Allzumenschliches I Nr. 452; a.O. I, S. 672 [50] a.O. III, S. 278f [51] F. Nietzsche, Die Unschuld des Werdens (Kröner) Nr. 556

Frage *Warum Krieg?* Auch für Freud ist der Reiz zum Zerstören durchaus normal, ja in der Spezies *Homo sapiens* biologisch verankert. Freud stellte dem Liebes- und Lebenstrieb einen Zerstörungs- und Todestrieb gegenüber, der sich mit jenem »die Weltherrschaft teilt« und als Aggressions- und Destruktionslust in Erscheinung tritt. In ihr macht sich das »Unbehagen an der Kultur« Luft; es beruht auf der Gewalt der sozialen Normen gegenüber den natürlichen Regungen des Einzelnen. Der Destruktionstrieb wäre demnach wesenhaft defensiv motiviert, wäre Widerstand der Natur in uns gegen die Gewalt der Kultur über uns.

Damit gewinnt der Bildersturm als periodischer Rückfall in den Urzustand Ventilfunktion, ähnlich den Saturnalien, dem Karneval, der im Jahresrhythmus ritualisierten »verkehrten Welt«. Wenn, wie Freud meint, Sittlichkeit nicht auf einem angeborenen Gefühl beruht, sondern als Konvention und Kontrolle durch die Gesellschaft erzwungen wird, so ist Gewalt gegen Kultur eigentlich Gegengewalt. Die Lust am Kaputtmachen entspringt der »angeborenen Neigung des Menschen zum Bösen«, die Freud im Gefolge Nietzsches entmoralisiert, genauer: der Entrüstung entzieht, indem er sie in die Genese des Gewissens einbaut, das er aus einer nach innen, auf sich selbst gerichteten Aggression ableitet, nietzscheanisch: aus dem Willen zur Macht *über* den Willen zur Macht. Diese Verinnerlichung, »mit der Domestikation gewisser Tierarten vergleichbar«, gelinge leider nicht vollkommen, mache aber Fortschritte. Die wenn auch gedämpfte Hoffnung auf die Verhaustierung des *Homo sapiens* unterscheidet Freud von Nietzsche.[52]

Zu einer vandalistischen Episode hat Freud 1917 eine eigene Deutung geliefert: zum »Scherbengericht« des jungen Goethe.[53] Eine Entbindung der Frau Aja war für Freud der Anlaß zur Annahme, der Familienzuwachs habe in dem kleinen Johann Wolfgang die Angst geweckt, die Zuwendung seiner Mutter mit einem neuen Geschwisterchen teilen zu müssen, und diese Verstimmung habe er mit der »magischen Handlung« des Hinauswerfens abreagiert und kompensiert.[54] Die Lust am Klirren sei gegenüber dem Eliminationsakt unwesentlich. Freud kannte ähnliches Verhalten aus Berichten seiner Patienten. Da bei Goethe aber das Zerdeppern die Pointe darstellt und der Beifall der Nachbarskinder den Spaß erhöht, überzeugt die Eifersuchtshypothese für den Akt nicht. Besser erklärt ihn Freuds eigene Lehre vom Destruktionstrieb.

[52] S. Freud, Kulturtheoretische Schriften, 1986, S. 248ff; 280ff [53] Zur Sache s.o. 1f! [54] S. Freud, Eine Kindheitserinnerung aus Dichtung und Wahrheit, in: Ders., Gesammelte Werke XII, 1947

7x. An Gedanken von Nietzsche und Freud angelehnt scheint Walter Benjamins Essay *Der destruktive Charakter* aus der »Frankfurter Zeitung« vom 20. November 1931.[55] In der Art von Theophrasts *Charakteren* wird hier ein Typus beschrieben, der nach einer empirischen Logik Wesenszüge vereint, die als psychische Disposition für den Vandalismus, zumal für dessen friedliche Erscheinungsformen erhellend sind. »Der destruktive Charakter kennt nur eine Parole: Platz schaffen; nur eine Tätigkeit: räumen.« Ein solcher Mensch sei heiter und hoffnungsvoll, »denn Zerstören verjüngt«. Mit den Spuren der Vergangenheit verschwinden die Zeichen des Alters. Die »Einsicht, wie ungeheuer sich die Welt vereinfacht, wenn sie auf ihre Zerstörungswürdigkeit geprüft wird«, schafft einen »apollinischen« Destrukteur, einen Morgenmacher, einen Lucifer im Ursinne. Er kommt dem Vernichtungswerk der Natur zuvor, eilt der Zeit und ihrem Zahn voraus. Liquidieren heißt flüssig, verfügbar machen – Tauwetter. Der destruktive Charakter denkt und handelt historisch: Alles fließt, egal wohin. Er schlägt Schneisen, bahnt Wege, schafft Bahn und Baugrund für den konstruktiven Charakter, den Bauenden, den wir uns zu Benjamins Räumendem symmetrisch hinzudenken müssen, um die Kulturgeschichte in Gang zu halten. Das Psychogramm des destruktiven Charakters hat Sartre 1939 in seinem *Hérostrate* lebendig gemacht.[56]

7y. Der Rückgriff auf eine gattungseigene Anlage zum Zerstören oder einen gegebenen Typus des Zerstörers wird dann erforderlich, wenn sich die zur Erklärung gebotene Zweckrationalität des Kulturvandalismus als Schein entpuppt und eine Begründungslücke aufreißt, die nur durch die Annahme einer unzivilisierbaren Restsubstanz im Menschen zu schließen ist. Benjamins Destruktionstypus besagt nichts über die Notwendigkeit oder auch nur über die Wünschbarkeit einer solchen Existenz. Der Verweis auf die Natürlichkeit der Lust am Bösen diente Freud nicht dazu, diese zu entschuldigen, sondern dazu, Handlungen zu erklären, die uns andernfalls ratlos ließen. Die Frage nach der »unfaßlichen Evidenz des Bösen«[57] ist unabweisbar, die Antworten sind es nicht. Viele liegen vor. Sigmund Freud suchte sie in der Kulturgenese der Seele, Konrad Lorenz[58] in der arterhaltenden Aggressivität der Tiere, der Apostel Paulus[59] in der Erbsünde von Eva und Adam, Platon[60] dagegen in einem überwindbaren Mangel an Einsicht, denn niemand handele absicht-

[55] W. Benjamin, Gesammelte Schriften, 1974ff, IV 1, S. 396ff [56] s.o. 1n; 3j! [57] C. Colpe/W. Schmidt-Biggemann (Hgg.), Das Böse, 1993, S. 7 [58] K. Lorenz, Das sogenannte Böse, 1963 [59] Römerbrief 5, 8ff [60] Platon, Gorgias 509 E

lich böse. Er hoffte auf den Erfolg einer Erziehung zum Guten, sobald die Erzieher selbst zum Guten erzogen sein würden. Wer nach der Herkunft des Bösen fragt, tut so, wie wenn sich das Gute von selbst verstünde.

7z. Die Kultur hat das Schicksal, in Konfliktfällen zu unterliegen: gegenüber dem Willen zum Siege, gegenüber dem Eifer für Gott, gegenüber den Bedürfnissen der Bequemlichkeit. Der Wille zur Tat schafft den Glauben an das eigene Recht: Wer handelt, genehmigt sich das. Schlechtes Gewissen stört die Aktion. Vandalismus zeigt sich nur von außen, nur in der Sicht des Betrachters – für den Vandalen gibt es keinen Vandalismus. Um zu erkennen, daß eigenes Handeln unter Umständen böse ist, muß man von der Praxis zur Reflexion, von der Innen- zur Außenperspektive übergehen oder überzugehen genötigt werden. Die Sicht von außen kann ein zunächst als berechtigt empfundenes Handeln nachträglich durchaus als böse wahrnehmen, so daß die Erkennbarkeit des Bösen auf der Fähigkeit zum Perspektivenwechsel beruht. Grundsätzlich ist dieser wohl lehrbar, aber »die Verhältnisse, die sind nicht so«. Die Erfahrung rechtfertigt Freuds Pessimismus. Hätte er die Bilder aus dem Letzten Weltkrieg gesehen, so hätte er seinen Kritikern hohngelacht. Wie immer wir über die Humanisierbarkeit des Menschen denken – die 1945 vollendete Evidenz der Bereitschaft zum Zerstören spiegelt einen masochistisch anmutenden Selbsthaß der Menschheit. Dies bestätigt der schon bei Thukydides (VII 68,1) sprichwörtliche Satz »Rache ist süß« und verkehrt das Wort des Herrn in: Fürchte deinen Nächsten wie dich selbst!

8. Gewalt in der Kultur

a. Gewalt als Willensbrecher
b. Gewalt als Konsumartikel
c. Kultur durch Gewalt
d. Gewalt durch Kultur
e. Kultur im Dienste der Politik
f. List der Kultur
g. Gewalt durch Natur
h. Symbol Colosseum
i. Kultur statt Gewalt
j. Schopenhauer: Kontinuität

k. Rationalisierungen: Notwendigkeit fingiert:
l. Krieg
m. Frieden
n. Tribut an die Gegenwart?
o. Mensch oder Sache?
p. Dignität der Dinge
q. Symbolfurcht
r. Rettung des »Menschen«
s. Neuzeitliche Bildmagie
t. Deutschland

u. Epochenwechsel
v. Ende des Vandalismus?
w. Jahr 2000
x. Gegenromantik
y. Destruktion der Destrukteure?
z. Die Hütte von Ktesiphon

Wer weinte nicht, wenn das Unsterbliche
vor der Zerstörung selbst nicht sicher ist?
Tasso 1589

8a. Vandalismus hat seinen systematischen Ort in der Phänomenologie der Gewalt, die in vielfältigen Varianten und Graden die Kulturgeschichte begleitet.[1] Die damit verbundenen Schmerzen und Schäden lassen nach den Gründen fragen, und hier fehlt es an Antworten nicht: Kriege dienen zur Durchsetzung von Machtinteressen, Strafen zur Erhaltung der Ordnung. Legale oder kriminelle Gewalt wird geübt, um den Willen anderer zu brechen und eigene Wünsche gegen Widerspenstige durchzusetzen. Wo wir nicht überzeugen, nicht überreden oder überlisten können und uns dennoch nicht fügen wollen, da gebrauchen wir die Fäuste, da wird geschlagen, gestochen und geschossen. Einzelne und Banden kämpfen zu ihren eigenen Gunsten, Gemeinschaften aber auch für allgemeine Ziele: für Sicherheit und Wohlstand, für Frieden und Fortschritt. Gewalt macht Ungleichheit sichtbar, regelt Ränge und befestigt Herrschaft, sie beweist Stärke und Schwäche und erscheint so als Element der *condition humaine*. »Ich bin nicht gekommen, Frieden zu bringen, sondern das Schwert«, sprach Jesus.[2] War denn das noch nötig? Er meinte wohl: Unter den Kindern Kains ist Gewalt so gewöhnlich wie Not und Tod, Leid und Streit.

8b. Gewalt als Teil der gesellschaftlichen Normalität begegnet in manifester wie in kryptischer Form, zur Abschreckung, zur Belehrung, ja als Nervenkitzel und Konsumartikel auch im Frieden, denken wir an die Blutorgien in der römischen Arena, diese bestialische Kehrseite der *Pax Romana*, weiter an die durch Heiligenlegenden und Malereien allgegenwärtigen Leidensdarstellungen Christi und der Märtyrer, die bisweilen unerträglich realistisch sind, aber erbaulich wirken sollten, oder heute an die zum »Relaxen« des gestreßten Bürgers produzierte Unterhaltungskriminalität in Film und Fernsehen. Das Spiel mit dem Tode ist der höchste Einsatz des *Homo ludens*, es vollzieht sich auf verschiedenen Ebenen nach überkommenen, schwer zu ändernden Regeln und vermittelt ein Gefühl für das Leben. Was Wunder, wenn dabei auch Kulturgüter ruiniert werden?

8c. Kultur ist freilich nicht nur Opfer von Gewalt, sondern oft genug auch Gegenstand oder Ergebnis von Gewalt, jener schmerzhaften

[1] Gay 1993 [2] Matthäus 10, 34

Schwester der Macht. Gewalt als Vorlage für künstlerische Gestaltung reicht in der europäischen Literatur zurück bis auf Homers Ilias, die eine Episode aus dem blutigen Kampf um Troja erzählt. Epen und Tragödien haben bevorzugt Gewaltkonflikte dargestellt, ebenso die Geschichtsschreiber, und schließlich tut dies auch ein Buch über den Vandalismus. Gewalt gegen Kultur wurde Gegenstand von Kunst in Händels *Alexanderfest*, in Giulio Romanos Gregor-Gemälden, in der HEIDELBERGA DELETA Medaille Ludwigs XIV.[3] Freilich kann und will die kulturelle Sublimierung von Gewalt diese nicht rechtfertigen – sie macht im Gegenteil auf sie aufmerksam, bewahrt sie im Gedächtnis und ermöglicht damit ihre Bändigung. Dies ist die Absicht von Picassos Bild *Guernica*, von Cecil Beatons Fotos vom »Blitz« über London[4] und Zadkines Denkmal *Die zerstörte Stadt*.[5]

Gewalt erscheint in der Kultur ebenso im Zwang zur Mitarbeit an Großprojekten. Sie sind Gemeinschaftswerk, beruhend auf einem einheitlichen Willen, der sich kaum jemals durch bloßes Zureden erzeugen läßt. »Damit es einen breiten, tiefen und ergiebigen Erdboden für eine Kunstentwicklung gebe, muß die ungeheure Mehrzahl im Dienste einer Minderzahl über das Maß ihrer individuellen Bedürftigkeit hinaus der Lebensnot sklavisch unterworfen sein.«[6] Mit dieser These überzeichnet Nietzsche 1872 die Entstehungsbedingungen für Kunst insofern, als die Arbeit nicht nur im Dienste der kulturbewußten Oberschicht, sondern ebenso im Dienste einer Idee steht, an der auch die Steinhauer und Lastenträger teilhaben. Wenn der Stolz auf das Werk, der Glaube an den Gott und das Empfinden für die geschaffene Schönheit nicht ebenso bei den Arbeitern angenommen werden dürfte, wäre es schwer zu erklären, daß sie sich immer wieder zu solchen Diensten bereit fanden. Der gewiß gleichfalls wirksame Zwang ist eher für einzelne Widerstrebende anzunehmen. Soweit diese zur Mitarbeit gezwungen werden, verkörpert das Resultat nicht nur Leistung, sondern auch Leid, das gewissermaßen in der Lust der Zerstörung frei wird und so seinen Ausgleich sucht. Allzuleicht vergessen wir den Anteil von Kummer und Schuld beim Zustandekommen von Kultur, der üblicherweise um so höher ist, je mehr Geld sie gekostet hat. Die Pyramiden, der Parthenon, der Petersdom – stünden sie auch dann, wenn Kultur durch Gewalt verpönt gewesen wäre?

8d. Als Mittel von Gewalt tritt Kultur dort in Erscheinung, wo sie Gewalthaber stützt. Und wo tut sie dies nicht? Seit der Zeit der Hünengräber und Hinkelsteine präsentiert sich Macht in Kulturleistungen, in Mausoleen und Palästen, in Tempeln und Amphitheatern. In

[3] s.o. 3k; 4d! [4] s.o. 5o! [5] s.o. 5o; 5s! [6] F. Nietzsche, ed. Schlechta III, S. 277

der Macht über den Stoff spiegelt sich die Macht über Menschen. Die optische Präsenz der Gestaltung dokumentiert die Gewalt des Präsentierten oder auch des Präsentierenden. Bilder als Herrschaftszeichen begegnen uns in den Königsstatuen des Alten Orients und Ägyptens. Macht demonstrierte bei den Griechen die Ehrung von Politikern durch Statuen in angesehenen Heiligtümern. Das beginnt bereits mit Alkibiades und Lysander im 5. Jahrhundert v. Chr. und erweist sich als Ausdruck eines Herrschaftsanspruches, wenn die Gegner ihn dadurch zurückweisen, daß sie die Bilder stürzen, so die von Philipp II, Alexanders Vater, in Ephesos und Eresos auf Lesbos.[7]

Die *Pax Romana* sodann überzog die Mittelmeerwelt mit einem Netzwerk von Bauten und Bildern, in denen sich die neue Ordnung unübersehbar darstellt.[8] Seit Augustus zeigen die im gesamten Reich kursierenden Münzen keinen anderen Sterblichen als den Kaiser (bisweilen seine Frau), sein Porträt zierte die Ringe seiner Großen,[9] seine Statuen standen auf jedem Marktplatz, in jedem Legionslager. Wo wessen Kopf öffentlich gezeigt werden durfte, das regelte das *ius imaginum*. Die Städte im Osten wetteiferten um die Gunst, einen Kaisertempel errichten zu dürfen. Der Rundtempel für Roma und Augustus vor dem Parthenon auf der Akropolis zeigt durch seine Kleinheit Respekt vor der griechischen Kultur, aber durch seinen provokant prominenten Standort Roms Anspruch auf Herrschaft, ähnlich dem Agrippa-Monument vor den Propyläen für den Sieger von Actium. Mitten auf die Agora baute dieser sein Odeion: auf dem Platz, wo die Griechen bisher sich der Politik gewidmet hatten, sollten sie sich fortan mit den Musen befassen.[10]

8e. Gewalt durch Kultur geht weiter im Mittelalter. Während die Herren durch Burgen, die Kirche durch Dome, die Städte durch Rathäuser ihre Macht zeigten, spiegelt sich der Absolutismus in barocken Palästen und geometrischen Gärten mit ihrer künstlichen Symmetrie und den beschnittenen Büschen und Bäumen, wie sie schon die römischen Kaiser schätzten.[11] Die Herrschaft über die Natur verkündet die Herrschaft über die Menschen – im Gegensatz zum naturnahen englischen Garten, der eher liberalen Geist atmet. Das bürgerliche Zeitalter schließlich forderte Denkmäler an sichtbarer Stelle, die Geschichte bewußt halten und Tatendrang wecken sollten. Turnvater Jahn beneidete die Römer um ihre Kaisermonumente, das Ende des Imperiums beruhe auf dem Geschichtsverlust der späten

[7] Taeger I, S. 174 [8] P. Zanker, Augustus und die Macht der Bilder, 1987
[9] Plinius, Naturalis Historia XXXIII 41 [10] Judeich 1931, S. 256f; 216; 350
[11] Plinius, Naturalis Historia XII 13

Römer.[12] »So ist es stets allen Völkern in allen Zeitaltern ergangen. Wenn die Taten der Väter ein Raub der Zeit werden und die erwärmende Geschichte erlischt, so stirbt der Baum ab, der vormals die schönsten Früchte des Patriotismus, der Helden-, der Bürger- und der Regententugend trug.« Jahn forderte im Jahre 1800 als 22jähriger Student Gedenktage und Gedenkstätten und hatte mittelfristig beträchtlichen Erfolg.[13]

Im 19. Jahrhundert wuchsen die Denkmäler wie Pilze aus dem Boden, man könnte die politische Geschichte allein an den Monumenten ablesen. Die Penetranz der Denkmalwut war eine kaum noch sublimierte Form von visueller Gewalt – oder ahnte sie die Fragilität dessen, was da für denkwürdig und erhaltenswert propagiert wurde?[14] Zum 200. Jubeljahr der am 18. Januar 1701 gestifteten preußischen Königswürde wurden in deutschen Landen über 360 Denkmäler für Wilhelm »den Großen« errichtet, von denen fast 200 noch (oder wieder) stehen.[15] Von Cheops bis Stalin war es der Ehrgeiz der weltlichen und geistlichen Herren, durch Monumente der Mit- und Nachwelt zu imponieren. Der Tyrann, so hören wir, mißbraucht die Kultur, indem er seine Politik mit ihr schmückt und tarnt, denn Schmuck versteckt das Geschmückte.

8f. Im gleichen Maße, wie wir den Gewalthaber verabscheuen, werden uns die ihm dienstbaren Musen verdächtig. Sollte die Kunst nicht, statt die Gewalt zu verherrlichen, die Politik zu humanisieren versuchen? Wo sie dies will, ist es löblich; wo sie es nicht tut, verzeihlich. *Non olet* – Geld stinkt nicht, weder für den, der die Steuern einnimmt, noch für den, der die Subventionen erhält. Machtgier, Eitelkeit, Aberglaube – was wäre die Kunst ohne sie? Die Instrumentalisierung der Kultur durch die Gewalt aber läßt sich auch andersherum denken: Ist es nicht die List der Kultur, daß sie Herrschafts- und Geltungsdrang als Hebel ihrer Selbstverwirklichung verwendet, indem sie niedere Neigungen höheren Zielen zuführt? Das zu erkennen erfordert einen Perspektivenwechsel ähnlich dem, der uns das eigene Böse zeigt. Wir benötigen die Fähigkeit, den Sichtpunkt des Auftraggebers oder auch des Meisters mit dem des unbeteiligten, unbefangenen Betrachters zu vertauschen, das Werk aus seinem Entste-

[12] Diese Erklärung ist den von mir gesammelten 222 Faktoren für den Untergang Roms hinzuzufügen: Demandt 1997, S. 236 [13] Jahn 1800, S. 15 [14] Th. Nipperdey, Gesellschaft, Kultur, Theorie, 1976, S. 133ff; W. Speitkamp, Die Verwaltung der Geschichte. Denkmalpflege und Staat in Deutschland 1871–1933, 1996 [15] F. Abshoff, Deutschlands Ruhm und Stolz. Unsere hervorragendsten vaterländischen Denkmäler in Wort und Bild, 1903. Freundlicher Hinweis von Donat Schober.

hungs- und Zweckzusammenhang zu lösen und uns auf die ästhetische Autonomie des Kunstwerkes einzulassen, die nicht davon berührt ist, wieviel Betrug und Gewalt das Zustandekommen begleitet hat.

Die schönsten Münzen des antiken Griechenland wurden von den sizilischen Tyrannen geprägt, die schönsten in Rom von Nero – seine Porträts gehören zum Besten, was die römische Kunst geschaffen hat. Für den Charakter des Dargestellten ist sie nicht verantwortlich. Dagegen sind die Prägungen des demokratischen Athen ebenso anspruchslos wie die des republikanischen Rom. Jedes echte Kunstwerk ist ein ästhetisches Subjekt eigenen Rechts. Unter diesem Aspekt ist es unangebracht, die Werke für die Sünden ihrer Schöpfer oder Auftraggeber zu strafen. Sie nämlich haben ihren Lohn empfangen. Was der Himmelstempel in Peking seinem Erbauer, was die Pfalzkapelle zu Aachen Karl dem Großen, was die Peterskirche den Päpsten politisch-propagandistisch bringen konnte, wurde längst erbracht, aber das war nur ein Bruchteil der Strahlkraft dieser Monumente. Kultur kann nur darum Einfluß und Ansehen verschaffen, weil sie über ihren Zweckbezug hinaus allgemein Gefallen findet. Nur darum ist sie für Gewalthaber nützlich, denn ihrem Wesen gemäß wirkt sie nicht durch Zwang und Furcht, sondern durch den unvermittelten Eindruck, den das ihr zugrundeliegende Können macht.

8g. Die in der Kulturgeschichte wirksame Gewalt wird nicht nur von Menschen ausgeübt, sondern ebenso durch die Elementarmächte.[16] Wo Deiche gebrochen und Brände gelegt werden, verbindet sich Gewalt durch Natur mit der durch Menschen. Der Archäologe kann nicht entscheiden, ob der Tempelturm von Borsippa bei Babylon durch Brandstiftung oder durch Blitzschlag gelitten hat; selbst bei Erdbebenschäden bleibt oft unklar, ob sie die Ursache für die Zerstörung waren oder erst nach der Räumung eingetreten sind, wie etwa beim Palast von Knossos. Um dies zu entscheiden, benötigen wir schriftliche Zeugnisse, wie sie für das Ende des Kolosses von Rhodos vorliegen. Die Helios-Statue stürzte bei dem Beben von 226 v. Chr. und blieb aufgrund eines Orakels liegen.[17] Gut dokumentiert sind die Naturkatastrophen in Konstantinopel.[18]

Kulturopfer durch Elementargewalten haben indessen oft die paradoxe Folge, daß sie zur Konservierung beigetragen haben. Die erhal-

[16] G.H. Waldherr, Erdbeben. Das außergewöhnliche Normale. Zur Rezeption seismischer Aktivitäten in literarischen Quellen vom 4. Jahrhundert v. Chr. bis zum 4. Jahrhundert n. Chr., 1997 [17] Polybios V 88, 1; Strabon XIV 2,5 [18] Unger 1878, S. 74ff

tenen altorientalischen Tontafeln wurden in Brandkatastrophen gehärtet, ebenso die Linear-B-Tafeln der mykenischen Kultur und die Ziegel der genannten Zikkurat von Borsippa. Unter der Asche des Vesuvs hat sich Pompeji, unter der Lava Herculaneum erhalten. Vulkane haben den Borobudur dem Bildersturm der Moslems entzogen.[19] Verderblicher als die Katastrophe ist die sanfte Gewalt, die Verwitterung, der nagende Zahn der Zeit, dem sich der kulturelle Wille, Dauerhaftes zu leisten, entgegenstemmt. So wird Kultur zur Gegengewalt gegen die Natur. Es geht um Macht über die Zeit. Insbesondere sind es Werke aus Stein und Metall, die den Machtanspruch von Kulturträgern offenbaren. Aus Stein baut man Mauern und Türme, aus Metall macht man Schwerter und Kanonen. Aus Stein und Metall sind ebenso die Statuen der Mächtigen. Metall ist kostbarer, Stein ist dauerhafter – *aere perennius*.

8h. Wollte man die Rolle der Gewalt von Mensch und Natur an der Geschichte eines einzigen Monuments aufzeigen, so wäre das Colosseum in Rom dafür zu empfehlen. Alle Gesichtspunkte kämen zum Tragen. Mit der Errichtung dieses größten Bauwerks der Römerzeit auf dem Gelände von Neros megalomaner Stadtvilla, der *Domus Aurea,* setzte Vespasian ein Zeichen für seine volksnahe Baupolitik gegen den privaten Luxus des gestürzten Vorgängers. Die Erinnerung an ihn sollte getilgt werden.[20] An den Bauarbeiten des *Amphitheatrum Flavianum* war ein Heer von Sklaven, großenteils Gefangene aus dem Jüdischen Krieg, beteiligt. Zur Einweihung im Jahre 80 ließ Kaiser Titus, berühmt für seine Menschenfreundlichkeit (sein Beiname: *amor et deliciae generis humani*[21]) hundert Tage lang insgesamt fünftausend wilde Tiere abschlachten. Wie viele Gladiatoren, Todeskandidaten und Märtyrer später in der Arena verblutet sind, wissen wir nicht. Der Gewalt gegen die Natur folgte die Gewalt durch die Natur. 218 und 252 wurde der Bau durch Feuer; in den Jahren 442, 470 und 1231 durch Erdbeben beschädigt. Im Mittelalter diente er römischen Adelsgeschlechtern, erst den Frangipane, dann den Anibaldi als Stadtburg, bis Kaiser Heinrich VII im Jahre 1312 die Ruine dem Senat und dem Volk von Rom übereignete. Aus dem Schauplatz von Gewalt gegen Menschen wurde nun ein Opfer der Gewalt gegen Kultur: ein Steinbruch für Travertin und Baumetall. 1451/52 ließ Papst Nikolaus V insgesamt 2522 Wagenladungen Steine abfahren. Unter Sixtus V (1585 bis 1590) entstanden Textilwerkstätten in den Gewölben, 1675 wurde dort Dung aufbewahrt, der Salpeter für eine päpstliche Pulverfabrik lieferte. 1703 erhielt der

[19] s. o. 4k! [20] s. o. 3r; 3v! [21] Sueton, Titus 1

Ripetta-Hafen am Tiber Baumaterial vom Colosseum.[22] Die Bemühungen von Humanisten und Päpsten, die Reste des Denkmals zu erhalten, waren bisher erfolgreich.[23] Sollte es gelingen, das Monument auch vor dem Fraß der Industrieabgase zu schützen, so würde es schließlich zum Symbol der gebändigten Gewalt, des überwundenen Vandalismus, zum Wahrzeichen dessen, was Kultur eigentlich sein sollte.

8i. Cultura ist ursprünglich Pflege, Bändigung von Wildwuchs im Bereich der Triebe. Kultur beruht auf Gewalt gegen Natur gemäß dem Auftrag Gottes: »Machet euch die Erde untertan!«[24] Ausgehend von der Zähmung von Tieren und der Züchtung von Pflanzen wurde die Idee der *cultura agri* schon von Cicero[25] übertragen auf die *cultura animi*, Bändigung der Laster durch die Philosophie: *extrahit vitia radicitus*, auf die Kontrolle der Affekte, von denen Wut und Gewalt am dringendsten des Zügels bedürfen. Musterfall ist Hektors Lösung bei Homer: Priamos fleht um die Herausgabe seines toten Sohnes, und der trotzige Held Achill bezwingt seinen Zorn.[26] Humanität ist Verzicht auf rächende Gewalt. Sie ist der Kultur nur tatsächlich, d.h. akzidentiell, nicht notwendig, essentiell eigen. Kultivierung bedeutet Humanisierung, und sie besteht in der Überwindung der uns angeborenen Leidenschaften, die sich ohne Rücksicht auf die Folgen austoben und Gewalt üben wollen. Wie immer man Schillers Glauben an die ästhetische Erziehung des Menschengeschlechts durch das Schöne einschätzt – der zeitlose Auftrag wird durch zeitbedingte Mißerfolge nicht außer Kraft gesetzt. Bündig formulierte ihn Tolstoi: »Kunst muß Gewalt beseitigen.«[27]

8j. Die Überwindung roher Sitten und ungezügelter Leidenschaften durch Kultur ist eine Gemeinschaftsleistung aller Zeiten und Völker, sie erwächst aus einer umfassenden Kommunikation. Darin sind sich sonst einander durchaus fremde Geister einig. Für Schopenhauer[28], der wahrlich wenig für die Geschichte übrig hatte, lag der »wahre Wert der Geschichte« in deren Fähigkeit, das Selbstbewußtsein des Menschengeschlechtes zu einem Ganzen zu einen, indem die Schrift und die Bauten Nachrichten über die Zeiten und Grenzen tragen. »Daher ist es schändlich, wenn man sie zerstört oder verunstaltet, um sie niedrigen, nützlichen Zwecken dienen zu lassen.« Und der Turnvater Jahn bemerkte am 18. September 1848 in seiner urigen *Schwa-*

[22] G. Lugli, Das flavische Amphitheater, 1962 [23] s.o. 5b! [24] 1. Mose 1, 28 [25] Cicero, Tusculanen II 13 [26] s.o. 3f, Homer, Ilias XXIV! [27] L. Tolstoi, Was ist Kunst?, 1902, S. 308 [28] A. Schopenhauer, Die Welt als Wille und Vorstellung (1819) II 3,38

nenrede: »Kein Zeitalter spinnt aus sich allein sein Gewebe. Jedes Tatenwerk ruht in der Vergangenheit Grund und Boden.« Der Versuch, sie zu verbannen, »führt auf geradem Wege zur Verdammnis. Ein Volk soll kein Blatt aus seiner Geschichte ausstreichen.« Wer es versuchte, verlöre die Besinnung. »Als Vergegenwärterin der Vorzeit umschwebt mit einem Geisterhimmel das Weltgewühl – die Erinnerung.«[29] Sie überlebt das Erinnerte. Eine Vision Ludwig Wittgensteins von 1930 malt die Landschaft der Zukunft nach der Ekpyrosis der Kultur: Aus der »Kultur wird ein Trümmerhaufen und am Schluß ein Aschenhaufen werden, aber es werden Geister über der Asche schweben«.[30]

*

8k. Gewalt gegen Kunstwerke und Denkmäler betrifft keine zum alsbaldigen Verbrauch bestimmten, beliebig ersetzbaren Konsumgüter, sondern Ausdrucksformen des Könnens und Wollens, des Denkens und Fühlens ihrer Schöpfer. Sie waren jeweils nur in einem einzigen Augenblick möglich, darum sollten sie bewahrt werden und Zeugnis geben. Perikles, schrieb Plutarch, schuf die Bauten der Akropolis für alle Zeiten.[31] Kulturgüter sind Bedeutungsträger, sie übermitteln Botschaften der Toten an die Ungeborenen und verbinden, wie Belisar an Totila schrieb,[32] die Vergangenheit mit der Zukunft. Es ist die Einheit des Geistes, die den Mensch zum Menschen macht. Das deutsche Wort »Mensch« ist verwandt mit lateinisch *mens*; der Mensch ist das Wesen mit Gedächtnis, mit Erinnerung.

Gewalt gegen kulturelle Erinnerung verurteilt sich selbst. Die schärfste Kritik am Vandalismus ist die kommentarlose Beschreibung des Tatbestandes. Da dieser aber vielfach im voraus überlegt oder im nachhinein gerechtfertigt worden ist, bedürfen auch diese Rationalisierungen einer Kritik. Sie sind in der Regel Töchter der Kompensationstheorie. Der Täter sieht den Schaden durchaus, aber legitimiert ihn mit dem Erfordernis eines angeblich höheren Gutes. Man beruft sich auf eine sogenannte Notwendigkeit, die den Ausschlag einer Güterabwägung unangreifbar machen soll, könnten sich doch beim Nachwägen auch andere Ergebnisse zeigen. An die Notwendigkeit appelliert nur, wer mit seinem Witz am Ende ist und seine Bedenken beschwichtigen will. Denn die Mittel entheiligen den Zweck.

[29] Jahn 1896, S. 152f [30] L. Wittgenstein, Vermischte Bemerkungen, 1987, S. 15f [31] Plutarch, Perikles 13; s.o. 1 p! [32] s.o. 4c!

8l. Der Appell an die Notwendigkeit ruft wie jede Beschwörung einen Geist aus der Unterwelt. Die dadurch verdunkelten Alternativen treten bei erneutem Hinsehen durchaus zutage, im Krieg wie im Frieden. Der Kampf gegen Menschen muß nicht gegen Sachen geführt werden. Der Sieger raubt sich selbst die Beute, wie der chinesische Militärautor Sun Tzu aus dem 4. Jahrhundert v. Chr. in seinen *Dreizehn Kapiteln über die Kriegskunst* erkannte. Er forderte eine Strategie der geringsten Verluste, auch beim Feinde, der taktisch auszumanövrieren und politisch zu spalten sei. Insbesondere die Zerstörung von Städten schien ihm töricht.[33]

Die taktische Argumentation zugunsten eines Kulturopfers ist selbst in der literarischen Bearbeitung des militärischen Vandalismus nicht hinreichend. Bei Heinrich Böll[34] zerstört Robert Fähmel die Abtei nicht, wie vorgegeben, weil er Schußfeld braucht, sondern weil er die Mönche strafen will. Er hätte die Bauten verschonen können. So auch in der Praxis: Um die Kirchen und Bibliotheken einer eingeschlossenen Stadt zu bewahren, läßt man diese nicht beschießen, sondern zieht die Belagerung in die Länge. Fehlen dazu die Kräfte, so heißt die zynische Frage: Wie viele Menschenleben sind die verschonten Kulturgüter wert? Wollen wir Kunstwerke für die Zukunft oder Frieden sofort, um jeden Preis? Gewiß muß bei der Wahl zwischen Kultur und Menschenleben zugunsten letzterer, d.h. auf Kosten ersterer entschieden werden. Aber die Frage ist schief. Sie lautet genauer: Sicherer Kulturverlust oder mögliche Menschenopfer? Und hier ist die Erhaltung der Kultur ein Risiko wert. Kultur ist Lebens-Aufgabe.

8m. Im Frieden ist die Wahl weniger kraß. Steht ein alter Park einer Trassenplanung im Wege, mache man eben einen Bogen darum. Bauplatzmangel resultiert aus Standortwünschen. Kann man nicht ausweichen? Wo es an Steinen fehlt, da bricht oder brennt man sie, aber stiehlt sie nicht. Das schonendere Verfahren kostet Zeit und Geld, doch ist ein solches Opfer wohl grundsätzlich dem Bequemlichkeitsvandalismus vorzuziehen. Wenn nach einem Systemwechsel ein Autor oder ein Buch diskreditiert ist, dann erläßt man kein Verbot, sondern folgt dem Beispiel Caesars, der, statt die auf seinen Todfeind Cato von Cicero verfaßte Lobschrift zu konfiszieren, eine Gegendarstellung, den *Anticato*, verfaßte.[35] Sobald nach einem Macht- oder Glaubenswechsel der Anblick eines Denkmals unerträglich geworden ist, dann muß man es nicht in Stücke schlagen, sondern errichtet ein

[33] Sun Tzu, The Art of War, 1963 [34] H. Böll, Billard um halbzehn, 1959. Freundlicher Hinweis meiner Frau. [35] Tacitus, Annalen IV 34

Gegendenkmal wie die Vietnam-Veteranen auf der *Mall* in Washington oder die Kriegsgegner in Hamburg-Dammtor, man versetzt es in einen Hinterhof oder begrünt es mit Efeu. Daß man verhaßte Monumente doch wieder brauchen kann, lehrt der *Erdblitz* in Weimar[36] oder der Alte Fritz von Christian Rauch Unter den Linden, abtransportiert am 13. Juli 1950, zurückgebracht im Zuge der »Preußen-Renaissance« gemäß der Ankündigung Honeckers vom 4. Juli im Spätherbst 1980. Denkmäler sind Meilensteine des Geistes. Mitunter wandert er zurück.

8n. Ebenso anfechtbar wie die Berufung auf die Notwendigkeit ist der Hinweis, daß die Erfordernisse der Gegenwart nicht an den Hindernissen aus der Vergangenheit scheitern dürften. Denn die momentanen Bedürfnisse sollten nicht die der Zukunft verbauen, zumal wenn es um unwiderrufliche Entscheidungen geht. Was die Gegenwart heischt, ist oft genug bloß eine Laune des Augenblicks. Schon morgen denken wir anders. Die alte Sandsteinbrücke in der Ortsmitte, die vorgestern einer Betonkonstruktion weichen mußte, und die schönen Linden, die einer Straßenverbreiterung zum Opfer fielen, hätten wir heute gerne wieder, da es seit gestern eine Umgehungsstraße gibt. Das Kulturopfer war umsonst.

8o. Nicht weniger schief ist die These, daß der Mensch wichtiger sei als die Sache. Wer hätte jemals das Gegenteil behauptet? Doch ist der Fall selten akut. Eine Entscheidung zwischen Mensch und Sache stellt sich allenfalls bei Belagerung oder Brandrettung, sonst wählen Menschen zwischen verschiedenen Menschen oder zwischen verschiedenen Sachen. Gegenstände haben keine Dignität eigenen Ursprungs. Wenn wir gleichwohl Denkmälern und Kunstwerken einen Eigenwert zumessen, erliegen wir einem wenn auch nur formalen Irrtum. Bei der Betrachtung der Gewalt gegen Kultur ist es schwer, sich einem Eindruck zu entziehen, der angesichts von Gewalt gegen Menschen selbstverständlich ist: daß wir im Opfer der Gewalt ein Subjekt sehen, ein Wesen eigenen Rechts. Ein zerrissenes Bild, eine zerschossene Kirche erregt Mitleid, so als ob der beschädigte Gegenstand selbst Leid empfände. Indem wir ihn wiederherstellen, die Blessuren entfernen, haben wir den Eindruck, seine Wunden zu behandeln, ihn zu heilen. Wird eine Statue entstellt, ein Gemälde eingekellert, so überwältigt uns das Gefühl, hier geschehe Unrecht, wie wenn das Werk ein individuelles und subjektives Recht auf Integrität und Publizität besäße. Wir spüren seine Forderung, respektiert, präsentiert und konserviert zu werden, wie die eines Mitwesens, das

[36] s.o. 5m!

Hilfe benötigt und Schutz verdient. Die Magazine unserer Museen sind die Kerker der Kultur. Tausende von Kunstwerken werden hier wohl gehütet – in lebenslanger Dunkelhaft. So klagen wir über das Zerstörte, anstatt das Erhaltene zu würdigen.

8p. Machen wir uns aber klar, daß es sich bei den Opfern des Vandalismus um tote Sachen handelt, die keine Dignität eigenen Rechts besitzen, daß wir unzulässig personifizieren, so geraten wir in Konflikt mit unseren uneigennützigen Gefühlen dem Objekt gegenüber, in einen Zwiespalt, der jedoch lösbar ist, wenn wir seinen Gründen nachgehen. Natürlich hat keine Sache ein Recht. Sofern sie uns aber Genuß und Gewinn im Geiste verschafft und uns Achtung und Dank abnötigt, erkennen wir, daß dies anderen ähnlich ergehen könnte. Und sie sind es, die Menschen der Mit- und Nachwelt, die wir respektieren, wenn wir den Dingen, die uns imponieren, ein Daseinsrecht einräumen, wenn wir Mitleid mit ihnen empfinden, wo sie vernachlässigt, verstümmelt oder vernichtet werden. Ein frommes Herz verehrt in ihnen die Schönheit der Schöpfung, ein Humanist betrachtet sie mit den Augen seines Neben-Ich und erkennt in ihnen das Wohlgefallen, das andere an ihnen haben. Die Würde des Menschen begründet die Würde der Dinge, begrenzt sie aber zugleich. Indem ich Kulturgüter respektiere, achte ich alle, denen sie teuer sind. Respekt vor Kultur gilt dem Genius, der sie schuf, und würdigt all jene, denen sie ebenfalls am Herzen liegt. Viele Kulturschöpfungen sind mit hohen Opfern, auch solchen an Menschen, zustande gekommen. Sie werden sinnlos, wenn das Ergebnis ausradiert wird. Zerstören wir ein wehrloses und unschuldiges Bild, nur weil wir den Dargestellten verachten, so schaden wir nicht diesem, sondern entladen unseren Unmut am *locus minoris resistentiae.*

8q. Die Abkehr vom praktizierten Vandalismus bedeutet Ehrfurcht vor den Bildern und Furchtlosigkeit gegenüber ihrem Anspruch. Respekt verlangt Distanz, und diese ermöglicht Souveränität und Toleranz gegenüber Zeichen. Sie fehlt den Ikonoklasten. Für ihren missionarischen Vandalismus sind die bekämpften Kult- und Kulturobjekte dämonische Manifestationen des Bösen. Deren Beseitigung nimmt exorzistische Züge an. Ist Symbolfurcht nicht eine Variante des Animismus? Rechtfertigungsversuche für Symbolzerstörung sind *a limine* suspekt. Der Zerstörer erklärt sich selber vielleicht für frei von solchen Zwangsvorstellungen, handelt aber in selbstgewählter Verantwortung für andere, die Opfer magischer Bildgewalt werden könnten. Das nähert sich einer Geschäftsführung ohne Auftrag. Gewöhnlich erfolgt der Denkmalsturz in einem politischen Klima, in dem auch das unbeschädigte Monument seine Wirkung längst eingebüßt hat. Deshalb könnte man es genausogut stehen lassen. Götzendienst *und* Götzensturz beruhen auf dem Glauben an die Macht von Götzen.

8r. Kritik ist zumal geboten, wo gezielte Gewalt gegen Kultur sich auf die Rettung »des« Menschen beruft. Denn dabei handelt es sich gewöhnlich nicht um den *Homo sapiens*, der dem Begriff Humanität seinen Namen gegeben hat, sondern um ideologisch spezifizierte Menschen, d.h. um Menschenbilder: um Angehörige des wahren Glaubens, des richtigen Systems, des eigenen Volkes, die man schonen und fördern will, während die Bilder des Gegners als Mächte des Bösen empfunden werden. Es gibt hochintelligente Menschen, die bei einem »Grüß Gott!« zusammenzucken und sich weigern, einen Raum zu betreten, in dem ein Kruzifix hängt. Die psychische, ja physische Reaktion auf den Machtanspruch, der in Symbolen liegt oder, genauer, in ihnen gesehen wird, bezeugt eine magisch anmutende Wehrlosigkeit gegenüber bloßen Figuren, die als optischer Angriff perhorresziert werden. Sie werden als Aufruf empfunden, der erstickt werden muß, selbst wenn ihr informativer und ästhetischer Gehalt dabei zugrunde geht. Auch dies ist Sinngebung des Sinnlosen. Die intellektuelle Unfähigkeit zur Entmythisierung des Fetischs wird offen eingeräumt, wenn das Zerstören von Symbolen geboten oder, spiegelbildlich dazu, ihr Zeigen strafrechtlich geahndet wird.

8s. Die Türken haben alle Kreuze in den Kirchen ausgemeißelt, die zu Moscheen umgewandelt wurden, und den geduldeten Gemeinden das Glockenläuten verboten. Das galt der akustischen Symbolik. Cromwells Puritaner wüteten gegen die Wappen und Monogramme der englischen Könige – selbst Prunkporzellan wurde zerschlagen.[37] Die Sansculotten hämmerten das barocke £, das Königsmonogramm Ludwigs, und die bourbonischen Lilien aus den Wappen an den Bauten der Könige; wer Bücher, Medaillen oder sonstige mit Lilien gezierte Gegenstände besaß, setzte sich dem Verdacht einer royalistischen Gesinnung aus, während gemäßigte Stimmen daran erinnerten, daß die Lilien nicht nur für Despotismus, sondern ebenso für Frankreich stünden.[38] Die Griechen entfernten nach dem Ende der Turkokratia den Halbmond von den Brunnen und den Moscheen und stürzten alle Minarette. Erhalten blieben sie nur auf den Inseln Kreta und Rhodos, die erst 1913 beziehungsweise 1947 zu Griechenland kamen.

8t. Die Deutschen sind nicht weniger gründlich. Ihr geltendes Strafgesetzbuch verbietet das Verwenden von Kennzeichen verfassungswidriger Organisationen (auch wenn es diese gar nicht mehr gibt),[39]

[37] Randa 1948, S. 190 [38] Sprigath 1980, S. 521 [39] Strafgesetzbuch § 86a

so daß Hunderttausende von Büchern, Landkarten und Graphikblättern, die Eigentumsstempel öffentlicher Bibliotheken, Archive und Museen mit einem Hakenkreuz zeigen, sozusagen desinfiziert werden mußten. Nur die Briefmarkensammler blieben bisher verschont. Selbst das seit dem 18. Jahrhundert bezeugte Wort »Hakenkreuz«[40] wird von manchen Leuten tabuisiert und durch altindisch *Svastika* ersetzt.[41] Die Bildmagie ist mit dem antiken *crimen laesae maiestatis*[42] und dem mittelalterlichen Geßler-Hut auch aus der Neuzeit nicht verschwunden. Symbole können selbst nach Jahrhunderten der Aufklärung noch Panik auslösen. Ihre Beseitigung ist eine Verdrängung, jedenfalls die bequemste Weise, sich der Auseinandersetzung mit einer unerwünschten Vergangenheit zu entziehen. Das bezeugt ein elementares Mißtrauen in die Überlegenheit der eigenen Position. In der Legitimation des politischen Vandalismus fassen wir atavistische Denkstrukturen, die sich bis zum Analogiezauber der Höhlenmaler im Jungpaläolithikum zurückverfolgen lassen. Schon sie haben auf Bilder an der Wand geschossen, um Tiere im Freien zu treffen.[43]

*

8u. So gewiß die grundsätzliche Bereitschaft zur Kulturzerstörung eine anthropologische Konstante darstellt, so deutlich ist es, daß sie, in Formen und Gründen nach Völkern und Zeiten unterschiedlich in Erscheinung tritt. Augenfällig ist die Koinzidenz der großen Wogen des Vandalismus mit den epochalen Umbrüchen in der Geschichte. Die erste Woge beobachten wir beim Übergang von der Antike zum Mittelalter in den Gewaltakten der Germanen und Christen gegen das mediterrane Kulturerbe. Die Germanen handelten in Ignoranz, die Christen aus Intoleranz. Die zweite Woge begleitet die beiden Bewegungen, die aus dem Mittelalter in die Neuzeit führen, die (eher mittelalterliche) Reformation, bei der es um den Bilderkult ging, und die (eher neuzeitliche) Renaissance mit ihrem steten Schwanken zwischen Handlungen auf Kosten und solchen zugunsten der Antike. Die dritte Woge wurde ausgelöst durch die Französische Revolution, sehr kurz, aber sehr intensiv und augenscheinliche Nebenfolge des mit

[40] verzeichnet bei J. Chr. Adelung, Grammatisch-kritisches Wörterbuch der hochdeutschen Mundart, 1774ff, s. v. [41] Ich entsinne mich einer alten Waschfrau, die in Marburg über uns wohnte. Sie hatte vor 1933 den SA-Männern die Hemden gewaschen, dafür das Goldene Parteiabzeichen erhalten und mußte sich 1946 vor der Spruchkammer unter anderem dafür verantworten, einmal Hakenkreuz-Plätzchen gebacken zu haben. [42] s.o. 3v! [43] Deonna 1930, S. 330

diesem Zeitensturz verbundenen Modernisierungsschubs. Der damals eröffnete Kampf gegen das feudale und klerikale Kulturerbe wurde in der Säkularisation 1803 aufgenommen und im Sozialismus fortgesetzt bis zu dessen Ende. Die durch die Perfektion der Technik ermöglichten Verwüstungen der Kulturlandschaft in unserem Jahrhundert hängen eng mit den Kriegen gegen die totalitären Systeme zusammen, die ihre eigenen Kulturideen durchsetzen wollten und dafür Opfer gefordert und Opfer verursacht haben, wie sie die Geschichte bislang nicht gesehen hat.

8v. Die jüngste Entwicklung ist gegenläufig. Einerseits wird alles zum Denkmal. Großmutters Bügeleisen steht im Museum. Hier begegnete ich vor zwanzig Jahren der Kindheit meiner Eltern, vor zehn Jahren meiner eigenen und neuerdings der meiner Kinder. Werden doch dort bereits die unlängst ausgemusterten Rechner gezeigt! Mit dem Tempo der Modernisierung steigt das der Musealisierung. Neben den Einkaufsparadiesen florieren die Flohmärkte. Dort verkauft man den Müll von morgen, hier den von gestern. Die Kurzlebigkeit des Neuen steigert den Wert des Alten. Die Deponie wird zum Museum, das Museum zur Deponie – sie ist unfreiwillig ein Hort des Vandalismus. Andererseits will niemand mehr wissen, was »Kunst« heißen darf, seitdem Zerstörungsakte selbst Kunstwert beanspruchen und zugebilligt bekommen. Kreative Destruktion macht Kunst zu Müll und Müll zu Kunst. Wird Gewalt gegen Kultur zur Form von Kultur, so ist mit der Kunst auch der Vandalismus am Ende. Die Hoffnung aber scheint mir verfrüht.

8w. Die Kulturgeschichte war immer mit Kulturverschleiß verbunden. Ist er unvermeidlich, so kann er doch, mit Augenmaß gehandhabt, sinnvoll sein. Der Aderlaß ist kein Heilmittel mehr, aber der beschnittene Weinstock bringt größere Trauben. Der Schnitt freilich erfordert Geschick. Mit der Verbesserung der Waffentechnik und der Aufblähung der Industrieproduktion – sie hat sich im letzten Jahrhundert verfünfzigfacht – wurde die Verbindung von Produktion und Destruktion aber so dicht, daß eine Überwindung des Vandalismus erst nach dem Ende der Geschichte zu erhoffen ist. Diese Möglichkeit wird denkbar, seitdem ein globaler Kulturtod durch einen atomaren Krieg der Supermächte nicht mehr zu befürchten ist. Soweit die apokalyptischen Stimmen durch die nahe Jahrtausendwende hervorgerufen sind, werden sie wieder abklingen, sobald sie hinter uns liegt und wir uns im neuen Millennium zu Hause fühlen. Die Magie der runden Zahl könnte dann allerdings als Denkschwelle wirken, indem alles, was im jetzt vergehenden, dann vergangenen Jahrtausend geschah, durch dieses chronologische Etikett eine gleichartige Tinktur erhält, so wie für uns auch die historischen Jahrhunderte ein jeweils einheitliches Gesicht haben, wenn wir vom Geist des 19. oder vom Stil des 18. Jahrhunderts reden. Wie aber wird diese Tinktur aussehen?

8x. Das Bedürfnis nach Neuem, das in der Kulturgeschichte selten so laut geäußert, nie so gründlich gestillt wurde wie am Abend des alten Jahrtausends, könnte den nahenden Zeitenmorgen für ein verjüngtes Selbstbewußtsein nutzen. Man blickt in den Spiegel und macht Toilette: Falten und Runzeln müssen verschwinden. Die Milleniumsgrenze wird zur Bewußtseinsschwelle. Der geistige Umzug in das neue Gehäuse wird erleichtert, indem die Mängel der verlassenen Behausung zu Wesensmerkmalen derselben erhoben werden. Das kulturelle Gedächtnis bevorzugt die Wahrnehmung der abstoßenden Züge des Zeitalters, das man glücklich hinter sich weiß. In einer Art Gegenromantik verlagert sich das Interesse an der Geschichte von den Heldentaten und Glanzleistungen auf Greuel und Katastrophen, auf Unrecht und Unterdrückung, auf Grausamkeit und Gewalt in allen Varianten. Demgemäß ist man auch dem Thema Vandalismus gegenüber aufgeschlossen. Er gehört zu jenen Erscheinungen, die uns den Abschied aus der Geschichte erleichtern. Er wird seit langem verkündet, die Stimmen mehren sich, wie wenn er herbeigeredet werden könnte.[44]

8y. Zu begrüßen wäre der Wille zum Anfang dann, wenn das Bewußtsein vergangener Kultursünden deren Wiederholung vermiede. Abbé Grégoire hoffte, durch Prägung des Begriffs *Vandalisme* die Sache zu beseitigen; das gelang ihm ebensowenig, wie es einer historischen Darstellung gelingen kann. Der Preis wäre auch zu hoch: die Kulturgeschichte selbst. Sie war immer mit Kulturverbrauch verbunden. Wir müssen mit dem Vandalismus irgendwie leben. Eine Destruktion der Destrukteure endet in der Selbstdestruktion. Da sie ohnehin unvermeidlich ist, sollten wir sie nicht noch beschleunigen, sondern mit dem Alten behutsam verfahren, wenn wir Neues schaffen. Gewalt *gegen* Kultur ist ebenso verwerflich wie Gewalt *für* Kultur. Berechtigt ist allein Gewalt gegen Gewalt.

8z. Wie Kultur mit Menschlichkeit vereinbar ist, lehrt eine Anekdote aus der Spätantike. Eine byzantinische Gesandtschaft wurde durch den neuerbauten Palast des Perserkönigs in Ktesiphon geführt. Die Gesandten bestaunten den grandiosen Bau, beanstandeten jedoch, daß in einer Ecke des prachtvollen Schloßhofes noch eine schä-

[44] K. Vondung, Die Apokalypse in Deutschland, 1988; Demandt 1993; L. Heidbrink (Hg.), Entzauberte Zeit. Der melancholische Geist der Moderne, 1997

bige Hütte stand. Darauf erklärte ihnen der Perser: »Diese Hütte gehört einer alten Kriegerwitwe, die mit Geld und guten Worten nicht zu bewegen war, ihr Haus zu räumen. So beschloß der Großkönig, es stehen zu lassen.« Daraufhin erklärten die Gesandten: »Dieser Verzicht verdient mehr Bewunderung als der ganze Palast!«[45]

[45] Masudi bei A. Christensen, L'Iran sous les Sassanides, 1944, S. 376

Manches Herrliche der Welt
ist in Krieg und Streit zerronnen;
Wer beschützet und erhält,
hat das schönste Los gewonnen.
Goethe

9. Thesen

1. Begriff

Vandalismus im weiteren Sinne bezeichnet jede Form von mutwilliger Zerstörung. Im engeren Sinne verstehen wir darunter Gewalt gegen Kultur: die Beschädigung oder Vernichtung von Kunstwerken und Denkmälern, die von oder für Gemeinschaften geschaffen wurden und diesen ihren Ort in der Erinnerung der Menschheit zuweisen. Der gewaltsame Eingriff in das kulturelle Gedächtnis richtet sich gegen die geistige Existenz nicht nur der Urheber oder Besitzer der ruinierten Werke, sondern ebenso gegen all jene, denen sie etwas bedeutet haben, heute bedeuten und in Zukunft bedeuten könnten. Mnemosyne ist die Mutter der Musen. Kulturgüter leisten über ihre identitätstiftende Funktion für das jeweilige Kulturvolk hinaus einen historischen Beitrag zur Kulturwelt als ganzer, daher bedrohen Kulturschäden die Kontinuität und Integrität des Geistes überhaupt. Man kämpft nicht eigentlich gegen Kulturgüter als solche, sondern gegen Menschen, denen sie teuer sind. Sie sollen bestraft, bezwungen oder gar aus der Erinnerung getilgt werden.

Gewalt gegen Kultur ist eine gesteigerte Form von Gewalt gegen Menschen.

2. Grenzfälle

Der Gewalt- und Kulturbegriff grenzt an eine Grauzone. Außerhalb liegt der Kunstraub, denn er richtet sich nicht gegen die Sache, sondern gegen ihren Besitzer. Kunstraub kann für das Werk segensreich sein und kunstgeschichtlich fruchtbar werden (Pferde von San Marco). Auf der Grauzone liegt die Wiederverwendung von Raum und Material alter Kunst für neue Kunst (Neubau von Sankt Peter). Innerhalb der Grenze liegt Gewalt gegen Tote: Grabfrevel und Leichenschändung richten sich gegen Erinnerung und sind daher Akte des Vandalismus.

3. Antike

Die Antike kennt bereits alle Formen des Vandalismus: Kulturzerstörung aus religiösem Eifer (Echnaton), aus Geltungsdrang (Herostrat), aus Rache (Alexander in Persepolis), aus politischem Vernichtungswillen (Scipio in Karthago), in modernisierender Absicht (Polygnots Alexanderbild), als Form der Strafe (*damnatio memoriae*). Gewalt gegen Kunst galt als barbarisch, darum haben einzelne Feldherren auf militärische Vorteile verzichtet, um Denkmäler des Feindes zu schonen (Lysander, Demetrios). Daß auch Meisterwerke fremder Kulturen Anerkennung fanden, lehrt der Kanon der Sieben Weltwunder.

4. Mittelalter

Die Kulturverluste des Mittelalters waren überwiegend Folgen von Glaubenskriegen. Einem religiös geprägten Denken fällt die Trennung von kultischer Funktion und ästhetischer Qualität im Kunstwerk schwer. Darum war die Auseinandersetzung mit anderen Konfessionen (Ikonoklasten, Hussiten, Calvinisten) und fremden Religionen (Moslems, Juden, Heiden) oft mit Bildersturz gepaart. Die Sorge um das Seelenheil machte jeden Verlust an zeitlichen Gütern verschmerzbar. Dennoch hat es stets Bewunderer heidnisch-römischer, ja sogar fernöstlicher Kunst gegeben (Marco Polo).

5. Neuzeit

Die Wertschätzung von Kunst als Kunst wuchs bei den Humanisten Roms angesichts der zu Kalk verschmorten Marmorskulpturen und ist seit dem Ende der Glaubenskriege unter Gebildeten wieder selbstverständlich. Sie aber hatten nur selten das Sagen. Die Dämonisierung von Kultursymbolen verlagerte sich im 18. Jahrhundert von der religiösen auf die politische Ebene. Der zivilisatorische und intellektuelle Fortschritt hat die Zerstörungstechnik perfektioniert, den Neuerungsbedarf gesteigert und die Legitimation vandalistischer Akte verfeinert: Die säkularisierte Heilsgewißheit progressiver Bewegungen richtete sich gegen die Symbole reaktionärer Ideologien. Kunstwerke feudaler und klerikaler Provenienz wurden von Jakobinern der Vernichtung, von Aufklärern dem Verfall preisgegeben. Nationalsozialisten zerstörten Kulturgüter aus jüdischem Umfeld, Demokraten Denkmäler totalitärer Systeme. Im Frieden hat die Modernisierung, im Kriege das Bombardement Kulturopfer von bisher beispiellosem Ausmaß gefordert – vor allem während des Letzten Weltkriegs in den Städten.

6. Formen und Gründe

Gewalt gegen Kultur ist älter als das Bewußtsein von Kultur. Stellvertretende Vernichtung von Identitätssymbolen reicht zurück bis in die Bildmagie des steinzeitlichen Jägers, der das Zeichen für die Sache nimmt und vor der Jagd das Wild in effigie tötet. Seitdem findet sich Bildersturz in allen Zeiten, allen Völkern, allen sozialen Schichten, unabhängig von Religion und Zivilisation.

Kultur wird weniger von äußeren Barbaren oder wallendem Volkszorn bedroht als durch planende Intellektuelle, die sich der Zerstörungslust ihrer Anhänger bedienen, um ihre Macht zu sichern oder ihr Programm durchzusetzen. Die Kultur des Gegners gilt als Manifestation des Bösen, daher erfreut man sich eines gereinigten Gewissens.

Religiöser Vandalismus erwächst aus monotheistischem Sendungsbewußtsein. Er beginnt mit dem Sonnenkult Echnatons und dem Kampf der Propheten gegen den Baalskult, kulminiert im Mittelalter mit dem »Götzensturz« christlicher Missionare, byzantinischer Ikonoklasten und fanatischer Moslems, richtet sich in den Kreuzzügen gegen Andersgläubige und endet mit dem Bildersturm der Reformierten in Westeuropa.

Politischer Vandalismus dient einerseits der Erhaltung oder der Steigerung der eigenen Macht, indem der Gegner durch die Zerstörung seiner höchsten Leistungen erniedrigt wird, andererseits der Verbreitung der eigenen Ideologie und der Umerziehung des Gegners durch die Beseitigung seiner Identitätssymbole.

Im Kriege gibt es Kulturvernichtung als Mittel zur Schwächung des Feindes, als Form der Rache, der Einschüchterung oder der Erpressung. Im Frieden kommt es zu fahrlässigem Vandalismus, der Kulturwerke ignoriert oder bagatellisiert und ruiniert. Er begleitet Perioden intensiver Modernisierung, ausgeprägt im Rom der Renaissance, im gesamten Europa während der Industrialisierung und beim Wiederaufbau nach dem Letzten Weltkrieg. Verwahrlosung zerstört weniger als Bauwut.

Seit dem Fin de siècle sind Kulturnormen umgekehrt worden : Décadence als Kunstreligion, Dada als Antikunst, Destruktion als Avantgarde und Dekomposition als *dernier cri* der Filosofen: das Ende der Kultur?

7. Sinngebung

Täter rechtfertigen Kulturzerstörung als unausweichlich angesichts übergeordneter Werte. Der Rückgriff auf sogenannte Notwendigkeit aber beweist lediglich Mangel an Phantasie. Wo Vandalismus als unvermeidlich deklariert wird, dient das nicht nur der Legitimation alter, sondern auch der Vorbereitung neuer Kultursünden. Der Hinweis auf höhere Ziele gibt vor, daß man Kulturschätze wie Gebrauchsgüter taxieren könne. Dies täuscht: Die Inspirationskraft eines Kunstwerks entfaltet sich bisweilen erst nach Jahrhunderten. Hätte Totila das Pantheon abgetragen, so besäßen wir Palladios Rotonda nicht und nicht die ungezählten davon angeregten Villen, Kirchen und Kapitole.

Interpreten des Vandalismus erklären Kulturverluste als Strafe des Himmels, der damit freilich überwiegend Unschuldige trifft; als Zeugnis für Kulturzyklik (Machiavelli), so als ob dazu Beihilfe erforderlich sei; als bedeutungslose Begleiterscheinung des Fortschritts (Hegel), nicht einmal als dessen Kosten. Nietzsche sah im Vandalismus den Willen zur Macht, der allerdings auch für das Kulturschaffen förderlich ist; Burckhardt tröstete sich mit dem durch Verlust gesteigerten Wert des Verbliebenen, das doch gegen das Verlorene gar nicht mehr abgewogen werden kann; Freud rechnete mit einem allgemeinmenschlichen Zerstörungstrieb, einem angeborenen Hang zum Bösen, obschon er sonst die Botschaft der Bibel verwirft. Kurz: Den meisten Scharfsinn verwenden wir auf Ausreden.

8. Gewalt in der Kultur

Gewalt gegen Kultur ist ein anthropologisches Paradoxon: Der Mensch zerstört, was ihn zum Menschen macht. Selbst dabei zeigt er sich als Mensch, denn Tiere kennen dieses Dilemma nicht. Wo Natur Natur vernichtet, bleibt Natur übrig. Wo aber Kultur Kultur beseitigt, führt das zurück zur Barbarei. Gewalt widerspricht in jeder Form dem gesitteten Umgang zivilisierter Menschen. Da aber die Zivilisation, wie es scheint, weder als Prozeß noch als System auf Zwang verzichten kann, wird dieser selbst zu einem Element der Kultur. Deren augenfälligste Gemeinschaftsleistungen, die Großbauten, verkörpern die Macht kollektiven Selbstbewußtseins, das als kulturelle Kraft durch nichts zu ersetzen ist. Daher ist Gewalt aus der Kultur nicht schlechterdings zu verbannen. Sie gehört gebändigt.

Klagen über Vandalismus werden auch in Zukunft ertönen, nicht nur weil die Vorräte an Material und Raum begrenzt sind und nicht jede Dampflok als Denkmal, nicht jede Bogenbrücke als Kunstwerk erhalten werden kann, sondern vor allem weil das Bewußtsein von Kulturwerten schwankt. Immer stehen Menschen, die das bedrohte Alte dem geplanten Neuen vorziehen, gegen solche, die Baufreiheit für ihre Werke fordern, denen dann irgendwann ein gleiches Schicksal droht. Dieser Konflikt bringt eine tragische Note in die Kulturgeschichte. Kulturzerstörung ist ebenso unvermeidlich wie unentschuldbar.

Der Umgang mit Kultur stellt uns in dieselbe Zwickmühle wie der Verbrauch von Umwelt. Die Forderung nach Rücksicht läßt sich so hoch schrauben, daß keine Handlung mehr möglich ist, und so weit absenken, daß jede Handlung erlaubt ist. Hier muß ein Ausgleich gesucht werden. Kulturverluste zugunsten des Neuerungsbedarfs lassen sich vermindern. Kulturvernichtung zum Zweck der Vergeltung, der Demütigung oder der Bekämpfung unerwünschter Denkweisen aber kann vermieden und sollte verhindert werden.

*

Im Prado zu Madrid hängt ein 1823 fertiggestelltes Bild von Goya, das Saturn (Kronos) wiedergibt, wie er seine eigenen Kinder verschlingt. Ist nicht dies das Urbild des Vandalismus: die Zerstörung dessen, was man selbst hervorgebracht hat? Der antike Mythos bietet das Bild und auch seine Deutung. Kronos handelt aus Furcht, von einem Sohn das zu erleiden, was er selbst seinem Vater Uranos mit scharfer Sichel angetan hat. Die Angst, zum Opfer der eigenen Geschöpfe zu werden, ist ebenso berechtigt wie töricht, denn die Gewalt des Vaters vermochte nichts gegen die List der Mutter. Statt des jüngsten Sohnes verschlingt Kronos einen von Rheia listigerweise in Windeln gewickelten Stein; das Kind aber, Juppiter (Zeus), wird gerettet. Er setzt seinen Vater ab, nachdem er gegen ihn und dessen Brüder den Gigantenkampf gewonnen hat. Kronos ist schon früh mit Chronos gleichgesetzt worden, mit *tempus edax*,[1] der gefräßigen Zeit. Die Zeit aber, so predigte Augustin,[2] das sind wir selbst: »Tempora nos sumus, bene vivamus et bona sunt tempora!«

[1] Rutilius I 410 [2] Migne, Patrologia Latina V, S. 498

Kalender

Vandalismus tilgt Erinnerungen. Um dem entgegenzuwirken, sei im folgenden das Hilfsmittel des Kalenders eingesetzt. Der Jahrestag eines Ereignisses verleiht diesem eine vorrangige Präsenz im Bewußtsein. Darum werden die oben im Text genannten Tagesdaten im folgenden in der kalendarischen Reihung aufgeführt. Der Vollständigkeit halber sind nicht nur jene Ereignisse verzeichnet, die vandalistische Akte darstellen, sondern auch solche, die mit ihnen in Zusammenhang stehen.

JANUAR	1793	Befehl zur Zerstörung der Symbole der Despotie etc. in Frankreich	5e
	1915	Wilhelm II gestattet Luftangriff auf London	5l
	1943	Casablanca-Konferenz	5r
	1965	Anschlag auf die Leda von Pontormo in Florenz	4x
	1981	Reiterfigur Marc Aurels auf dem Capitolsplatz demontiert	6d
Anfang Januar	897	Leichensynode in Rom	2y
1. Januar	1975	Kulturzerstörung ist Tatbestand im Strafgesetzbuch	1t
2. Januar	1791	Abbé Grégoire leistet den Eid auf die neue Verfassung	1a
4. Januar	1997	Brener besprüht in Amsterdam ein Gemälde Malewitschs	6t
5. Januar	1534	Wiedertaufer ziehen in Münster/Westfalen ein	4s
8. Januar	1828	Friedrich Prinz von Preußen gegen Speculations-Geist und Vandalismus	5i
10. Januar	1794	Abbé Grégoire verwendet zum ersten Mal den Begriff *vandalisme*	1a
13. Januar	532	Ausbruch des Nika-Aufstandes in Konstantinopel	4f
15. Januar	1842	Friedrich Wilhelm IV veranlaßt Einrichtung der Denkmalpflege	5i
16. Januar	1529	Zürich fordert Konstanz zum Bildersturz auf	4s
	1945	Magdeburg wird zerbombt	5x
17. Januar	730	Edikt Kaiser Leons III zur Beseitigung von Christusbildern	4m
20. Januar	1942	Wannseekonferenz: »Endlösung der Judenfrage«	5u
	1944	Stalin erobert Nowgorod zurück	5u
20./21. Januar	1945	Tannenberg-Denkmal durch Oskar von Hindenburg gesprengt	5u

21. Januar	1529	Bildersturz in Konstanz	4s
	1761	Friedrich d. Gr. befiehlt Christoph von Saldern die Verwüstung von Hubertusburg	5d
	1793	Ludwig XVI wird enthauptet	5e
23. Januar	1798	Schiller verwendet den Begriff Vandalismus in einem Brief an Goethe	1c 2a
	1810	Graffito von Lord Byron auf Kap Sunion	1i
24. Januar	1260	Aleppo wird von Hulagu eingenommen	4l
	1524	Stadtrat von Wittenberg beschließt Bildersturz	4s
25. Januar	1538	Paul III besichtigt Marc Aurel auf dem Kapitol	6e
	1802	Enteignung der Bettelorden in Bayern	5f
27. Januar	1944	Belagerung von Leningrad aufgehoben	5u
29. Januar	399	Söhne des Theodosius wiederholen Befehl Valentinians, Kunstwerke zu erhalten	4e
	1646	Innozenz X wiederholt Erlaß von Urban III über Ausfuhrverbot antiker Kunstwerke	5a
30. Januar	1661	Karl II läßt die Leichen von Cromwell und seinen Helfern exhumieren und ausstellen	4u
	1997	Der Rest von Gandhis Asche wird in den Ganges gestreut	2z
FEBRUAR	1651	Antrag auf Abbruch aller Kathedralen Englands scheitert im Unterhaus	4u
2. Februar	1837	Victor Hugo schreibt sein Gedicht *À l'Arc de Triomphe*	2u
	1945	Schwerster Luftangriff auf Berlin: Zerstörung der Museen	5t
3. Februar	1945	Schloß in Berlin brennt nach Luftangriff aus	5w
6. Februar	1923	Abschluß der Verhandlungen über die Haager Luftkriegsregeln	5k
7. Februar	1497	Savonarola läßt irdische Zeichen der Eitelkeit in Florenz verbrennen	4v
	1528	Beseitigung der Bilder in den Kirchen Berns	4t
9. Februar	1941	70 Kirchen in Genua durch Luftangriff zerstört	5r
10. Februar	753	Kaiser Konstantinos V beruft Konzil nach Hieria	4m
	1258	Hulagu zerstört Bagdad	4l
11. Februar	1804	Benjamin Constant notiert die Formel *l'art pour l'art*	6n
12. Februar	1529	Sakrale Kunst vor dem Baseler Münster verbrannt	4t

	13. Februar	1945	Dresden wird durch britische Bombenangriffe vernichtet	5r
	14. Februar	1944	Bischof Bell von Chichester protestiert im Unterhaus gegen Zerstörung europäischer Kultur in Deutschland	5r
	15. Februar		Amerikaner vernichten Monte Cassino	5u
	16. Februar	448	Theodosius II und Valentinian III verfügen die Verbrennung sämtlicher unorthodoxer Schriften	4i
	18. Februar	1405	Timur Lenk wird in Samarkand beigesetzt	4l
		1943	Goebbels im Sportpalast: »Wollt ihr den totalen Krieg?«	5y
	19. Februar	842	Ende des Bilderstreits in der Ostkirche: Kaiserin Irene veranlaßt Rückführung der Ikonen in die Kirchen	4q
	20. Februar	1909	Manifest des Futurismus von Marinetti	6n
		1736	Uraufführung von Händels *Alexanderfest*	3k
		1797	Pius VI liefert Napoleon Kunstwerke aus	2a
	21. Februar	1804	Büchervernichtung bei der Säkularisation von Rottenbuch	5f
	22. Februar	1519	Abbruch der Synagoge in Regensburg	4r
		1881	Vanderbilts Obelisk in New York wird eingeweiht	1q
	23. Februar	1534	Wiedertäufer erlangen in Münster per Ratswahl die Macht	4s
		1942	Arthur Harris wird Commander-in-Chief des Bomber Command	5p
		1944	Luftangriff auf Stockholm	5u
	25. Februar	1803	Reichsdeputationshauptschluß in Regensburg	5f
		1947	Land Preußen wird aufgelöst	1l
	26. Februar	386	Theodosius I verbietet, Heilige zu exhumieren und ihre Gebeine zu verkaufen	2y
		1959	Anschlag auf Bild von Rubens in München	1j
	27. Februar	1529	Reformator Vadianus und der Magistrat von St. Gallen vernichten Kunstwerke und Glocken des Klosters	4t
		1933	Reichstagsbrand in Berlin	3l
	28. Februar	1974	Picassos *Guernica* wird übersprüht	5o
MÄRZ	März	1220	Tschingis-Khan zerstört Buchara	4l
		1942	Beginn des Flächenbombardements deutscher Altstädte durch die Engländer	5t
	1. März	1978	Charles Chaplins Sarg wird gestohlen	2z
		1943	Hedwigskirche Berlin zerstört	5p
	2. März	1689	Heidelberg geht in Flammen auf (Pfälzischer Krieg)	5d

3. März	1945	Engländer bombardieren Den Haag	5u
6. März	1944	Beginn der amerikanischen Tagesangriffe auf Berlin	5t
	1945	Hitler befiehlt die Evakuierung der Kunstschätze aus Berlin	5t
7. März	1835	Friedrich Wilhelm III legt Sorge für historische Bauten in die Hände des Ministerium der geistlichen-, Unterrichts- und Medizinal-Angelegenheiten	5i
8. März	1943	Altstadt Nürnbergs zerstört	5p
	1982	Bronze-Pferde von San Marco in Berlin ausgestellt	2b
9. März	1943	Münchner Museen zerstört	5p
9.–26. März	1945	Zerstörung Danzigs	6c
10. März	1208	Innozenz III ruft zum Kreuzzug gegen die Albigenser auf	4r
	1914	Suffragetten beschädigen Rockeby-Venus von Velázquez in London	1j
	1945	Tokio durch Amerikaner bombardiert	5v
11. März	1803	Säkularisation der landständischen Klöster in Bayern	5f
	1944	Padua wird bombardiert	5u
14. März	1939	Hitler droht im Falle von Widerstand mit der Zerstörung Prags	5o
	1945	Hitlers Berghof bei Berchtesgaden wird durch die Amerikaner zerbombt	5y
15. März	1534	Wiedertäufer veranstalten auf dem Markt von Münster ein Autodafé sakraler Kunst	4s
16. März	597 v. Chr.	Nebukadnezar erobert Jerusalem zum ersten Mal	3e
	37	Kaiser Tiberius gestorben	2x
	1945	Würzburg wird zerbombt	5u
17. März	1960	Marcel Duchamp verbrennt seine *Hommage à New York*	6r
18. März	1871	Commune ergreift die Macht in Paris	5g
	1941	Erlaß über Luftschutz für Kunst	5t
	1945	Luftangriff auf Vicenza	5a
19. März	1537	Tischrede Martin Luthers gegen das Schießpulver	7j
	1945	Hitlers Nerobefehl	5u
20. März	1939	»Entartete Kunst« in der Berliner Feuerwache verbrannt	2e, 5m
22. März	1848	Aufbahrung der Märzgefallenen auf dem Berliner Gendarmenmarkt	2s
	1944	Goethe-Haus Frankfurt zerbombt	5t
	1945	Hildesheim wird zerbombt	5u

23. März	1944	Florenz wird bombardiert	5u
24. März	1241	Mongolen zerstören Krakau	4l
	1803	Reichsdeputationshauptschluß ratifiziert	5f
26. März	1162	Barbarossa läßt Mailand zerstören	4r
	1945	Danzig und die Marienburg werden zerbombt	5u
27. März	1162	Senatsbeschluß stellt Trajanssäule unter Denkmalschutz	5a
28. März	1933	Abbruch des Düsseldorfer Kriegerdenkmals durch die Nationalsozialisten	5m
	1942	Lübeck wird zerbombt	5q
		Marienkirche in Lübeck brennt aus	2p
	1945	Churchill äußert sich kritisch zur Bombardierung Dresdens	5r
30./31. März	1973	Abrißparty im Berliner Sportpalast	5y
31. März	1945	Rothenburg ob der Tauber wird zerbombt	5u
APRIL	1977	Ausschachtungsarbeiten in Paris fördern Skulpturen-Fragmente von Notre-Dame zutage	5e
1. April	1803	Brief von Johann Christoph von Aretin zur Säkularisation	5f
	1918	Royal Air Force als eigenständige Waffengattung geschaffen	5n
	1944	Briten bombardieren Schaffhausen, Allerheiligenkloster zerstört	5u
3. April	33	Kreuzigung Christi	2x
	1241	Mongolen zerstören Breslau	4l
	1525	Zerstörungen durch aufständische Bauern in Kempten	4s
	1944	Russen bombardieren Budapest	5u
4. April	896	Papst Formosus stirbt	2y
5. April	1167	Barbarossa läßt Salzburg verwüsten	4r
	1566	Namengebung der Geusen	4t
	1909	Der Lord Mayor von London präsidiert der Aerial League	5n
7. April	1820	»Lex Pacca« zum Denkmalschutz in Rom	5b
9. April	1943	Hitler befiehlt systematische Fotodokumentation der Kunstbestände	5t
10. April	1571	Erste Annullierung der Denkmalschutzgesetze durch Pius V	5a
12. April	769	Papst Stephan II exkommuniziert Ikonoklasten	4m
	1204	Eroberung von Konstantinopel im 4. Kreuzzug	1v, 4r
	1871	Marx an Kugler zur Niederlage der Pariser Commune	5g

	14. April	1945	Potsdam und Bayreuth werden zerbombt	5u
	16. April	1763	Winckelmann wird Commissario delle Antichità	5b
	18. April	1506	Neubau von Sankt-Peter in Rom wird begonnen	2j
		1947	Sprengung der Insel Helgoland	1y
	19. April	1944	Venedig wird bombardiert	5u
	20. April	1791	Bildersturz in Paris legalisiert	5e
	21. April	1220	Tschingis-Khan zerstört Nishapur	4l
		1997	Replik der Reiterfigur Marc Aurels bezieht den Capitolsplatz	6d
	22. April	1946	Mussolinis Leiche wird von Faschisten entführt	2z
	23.–26. April	1942	Britische Luftangriffe auf Rostock	5q
	25. April	1826	Selbstopfer der Griechen in Missolunghi	2v
		1945	Prenzlau wird abgebrannt	5u
	26. April	1937	Bombenangriff der Luftwaffe auf Guernica	5o
	27. April	1949	Prinz-Albrecht-Palais in Berlin wird gesprengt	5y
	28. April	1462	Pius II erläßt ein Denkmalschutzgesetz	5a
		1983	Der »Stern« beginnt mit der Veröffentlichung der ›Hitlertagebücher‹	2p
	29. April	1944	Briten bombardieren Toulon	5u
		1945	Kunstklausel in Hitlers Testament	2c
	30. April	1379	Mausoleum Hadrians wird eingerissen	6a
MAI	2. Mai	1942	Mao Tse-tung fordert auf der Konferenz für Literatur und Kunst in Yen-an Einheit von Kunst und Politik	5w
		1944	Florenz wird bombardiert	5u
	3. Mai	1544	Graf Hertford in Schottland: Zerstörung von Klöstern beginnt	4u
	4. Mai	1871	Verlaine verhindert den Abbruch von Notre-Dame	5g
	5./6. Mai	1945	Berliner Flakbunkerbrand: Vernichtung von Bildern und Skulpturen	5t
	6. Mai	1527	Sacco di Roma	1v
	8. Mai	1945	Dönitz kapituliert	5y
	10. Mai	1933	»Undeutsche Schriften« werden den Flammen übergeben	5m
		1940	Churchill wird Premierminister	5q
		1952	Lothar Malskat erstattet Selbstanzeige	2p
	11. Mai	1940	Das britische Kabinett beschließt Bombenkrieg gegen das deutsche Hinterland	5q
	13. Mai	1946	Kontrollratsbefehl Nr. 4 verlangt die Beseitigung militaristischer Symbole	5y

14. Mai	1940	Drei-Stunden-Angriff der Luftwaffe auf Rotterdam	5o
	1943	Briten bombardieren Antwerpen	5u
	1944	Luftangriff auf Vicenza	5u
	1954	Haager Abkommen zum Kulturschutz im Kriege	1t
15. Mai	1524	Bildersturm in Zürich	4t
	1871	Die Commune stürzt die Vendôme-Säulen	5g
	1916	Hugo Ball annonciert in Zürich die »Revue Internationale Dada«	6n
	1953	In Rotterdam wird das von Ossip Zadkine geschaffene Denkmal *Die zerstörte Stadt* eingeweiht	5s
16. Mai	1797	Napoleon zerstört den *Bucintoro* in Venedig	5f
17. Mai	1942	Hitler befiehlt Sicherstellung von Kulturgut	5t
	1944	Deutsche Truppen verlassen Monte Cassino	5u
18. Mai	1539	Philipp der Großmütige öffnet den Schrein der Heiligen Elisabeth	2y
	1879	Der Khedive schenkt Vanderbilt den Obelisken für New York	1q
19. Mai	1757	Friedrich d. Gr. läßt Prag mit glühenden Kugeln beschießen	5d
20. Mai	1631	Tilly erobert Magdeburg	5d
	1936	Im Heizkeller des Kronprinzenpalais »entartete Kunst« verbrannt	5m
21. Mai	1972	Psychopath zertrümmert Michelangelos Pietà	6z
22. Mai	1693	Heidelberg steht während des Pfälzischen Kriegs zum zweiten Mal in Flammen	5d
	1944	Goethe-Haus in Frankfurt zerbombt	5t
23. Mai	1498	Savonarola wird in Florenz als Ketzer verbrannt	4v
	1871	Die Commune verwüstet die Tuilerien	5g
25. Mai	1943	Düsseldorf wird zerbombt	5q
26. Mai	1915	Sieben Tote bei deutschem Luftangriff auf London	5l
	1945	Schatz des Priamos von den Sowjets aus dem Zoo-Bunker abtransportiert	2c
27. Mai	1235	Elisabeth von Thüringen wird heiliggesprochen	2y
	1693	Ludwig XIV läßt in Notre-Dame ein Tedeum für die Zerstörung von Heidelberg singen	5d
28. Mai	1084	Normannen in Rom	1v
29. Mai	1453	Türken erobern Konstantinopel	1v, 4j
	1660	Einzug Karls II in London, Ende des puritanisch-calvinistischen Bildersturms	4u

	29. Mai	1689	Speyer wird im Pfälzischen Krieg verwüstet	5d
	30. Mai	1968	Paulinerkirche in Leipzig wird gesprengt	5x
	31. Mai	1942	»Tausend-Bomber-Angriff« auf die Altstadt von Köln	5q
		1992	Denkmal für Arthur Harris in London enthüllt	5s
	Ende Mai	1772	Fregatte zu Anschauungszwecken für den Maler Philipp Hackert vor Livorno zur Explosion gebracht	2h
JUNI	2. Juni	455	Geiserich nimmt Rom ein	1d
		1525	Niederlage der Bauern in Oberdeutschland	4s
	3. Juni	1239	Papst Gregor IX fordert Vernichtung der jüdischen Literatur in Frankreich	4r
	4. Juni	1944	Alliierte Truppen besetzen Rom	5u
		1962	Auf der Performance *Die Blutorgel* wird ein Lamm zerfleischt	6y
	6. Juni	1792	Denkmalschutzgesetz des Konvents	5e
	7. Juni	1816	Britisches Parlament kauft die *Elgin Marbles*	5i
		1968	Aktion »Kunst und Revolution« an der Wiener Universität	6r
	8. Juni	1946	Interview mit dem Hiroshima-Piloten in der »Saturday Evening Post«	5v
	9. Juni	68	Nero begeht Selbstmord	3r
	15. Juni	1796	Statuen von Notre-Dame werden als Baumaterial versteigert	5e
		1956	Kunstgewerbeschule in Berlin wird gesprengt	5y
	17. Juni	1953	Aufstand im Ostsektor Berlins wird niedergeschlagen	1l
		1995	Reichstagsverhüllung durch Christo und Jeanne-Claude	6t
	19. Juni	1790	Abschaffung der Standesprivilegien durch die Constituante	5e
	20. Juni	1531	Bilderstürmer in Ulm	4s
		1830	Erlaß Friedrich Wilhelms III zum Schutz mittelalterlicher Stadtbefestigungen	5i
	um den 21. Juni	794	Frankfurter Synode Karls d. Gr.	4q
	22. Juni	1941	Churchill kündigt Zerstörung deutscher Städte aus der Luft an	5q
	23. Juni	1853	Baron Haussmann wird von Napoleon III zum Seine-Präfekten ernannt	5j
	24. Juni	1693	Liselotte von der Pfalz beklagt die Zerstörung Heidelbergs	5d
	28. Juni	1535	Ende der Wiedertäufer in Münster	4s
	29. Juni	983	Liutizen erobern Havelberg	4d

	30. Juni	1943	Churchill erklärt, die deutschen Zerstörungen in England um das 35fache übertroffen zu haben	5r
JULI		587 v. Chr.	zweite Eroberung Jerusalems durch Nebukadnezar	3e
	1. Juli	1843	Friedrich Wilhelm IV ernennt Ferdinand von Quast zum ersten Konservator der Kunstdenkmäler	5i
	2. Juli	1871	Burckhardt an Preen zum Vandalismus der Commune	7n
		1936	Tausendster Todestag von Heinrich I, Himmler übernimmt den Dom von Quedlinburg	2k
	3. Juli	1530	Zwingli erklärt Bilder und Musik für unchristlich	4t
		1571	Zweite Annullierung der Denkmalschutzgesetze durch Pius V	5a
	4. Juli	1980	Honecker verspricht die Rückführung der Statue Friedrichs d. Gr. Unter die Linden	8m
	5. Juli	663	Raubzug des Kaisers Constans II nach Rom	1d
		1770	Russische Flotte siegt über die Türken bei Tschesme	2h
		1827	Goethe zu Eckermann über künftige Denkmalzerstörungen	2l
	6. Juli	83 v. Chr.	Tempel des Juppiter Optimus Maximus brennt ab	3r
		455	Papst Leo hält Dankespredigt nach Abzug der Vandalen und Mauren	1d
		1415	Jan Hus in Konstanz verbrannt	4v
		1944	Caen von den Alliierten bombardiert	5u
	8. Juli	1940	Churchill beschließt, den Krieg aus der Luft zu gewinnen	5q
		1941	Hitler befiehlt die Zerstörung von Leningrad	5o
	10. Juli	601	Gregor d. Gr.: Tempel am alten Ort durch Kirchen ersetzen!	2j
	12. Juli	1882	Gladstone läßt Alexandria beschießen	5g
	12./13. Juli	1943	Bombenangriff auf Mailand und Turin	5u
	13. Juli	1950	Statue Friedrichs d. Gr. wird von ihrem Platz Unter den Linden entfernt	8n
	14. Juli	1760	Friedrich d. Gr. beginnt mit Bombardement auf Dresden	5d
		1789	Bastille wird erstürmt	2r, 5e
		1882	Alexandria wird von Royal Navy besetzt	5g
	15. Juli	1099	Kreuzfahrer erobern unter Gottfried von Bouillon Jerusalem	1l

17. Juli	1203	Vierter Kreuzzug: Erste Brandstiftung in Byzanz durch die Franken	4r
	1943	Westmächte bombardieren Neapel	5u
18. Juli	387 v. Chr.	Dies ater Alliensis – Kelten in Rom	2a, 6c
	452	Attila zerstört Aquileia	4a
19. Juli	1182 v. Chr.	Zerstörung Trojas (Eratosthenes/Lykophron)	3f
	64	Brand Roms unter Nero	3r
	1760	Preußen zerstören die Kreuzkirche in Dresden	5d
	1937	Wanderausstellung »Entartete Kunst« in München eröffnet	5m
	1940	Reichstagsrede Hitlers u.a. zum Luftkrieg	5o
	1943	Westmächte bombardieren Rom	5u
20. Juli	1944	Hitler verbietet, einsturzgefährdete Kulturdenkmäler abzureißen	5t
21. Juli	356 v. Chr.	Herostrat steckt Dianatempel von Ephesos in Brand (Tag unsicher)	3j
	1773	Auflösung des Jesuitenordens	1l
	1936	Zerstörung der Kathedrale von Vic im spanischen Bürgerkrieg	5w
	1941	Beginn der deutschen Luftangriffe auf Moskau	5o
22. Juli	1209	Béziers im Albigenserkrieg zerstört	4r
	1540	Papst Paul III genehmigt Verwendung antiker Steine für den Bau der Peterskirche	5a
nach 24. Juli	1167	Città Leonina von Barbarossa zerstört; Sankt Peter verschont	4r
25. Juli	1792	Koblenzer Manifest zur Vernichtung von Paris	5e
26. Juli	1760	Friedrich d. Gr. zur Zerstörung Dresdens	5d
27. Juli	1798	Napoleon raubt die Bronze-Pferde von San Marco	2b
	1943	Dreitausend-Bomber-Angriff auf Hamburg	5q
31. Juli	1547	Proklamation im Namen Edwards VI gegen Bilderdienst	4u
AUGUST	1420	Hussiten vernichten in und um Prag Kirchen und Klöster	4v
1. August	1793	Barère beantragt die Beseitigung der Denkmäler der Königszeit	2z
		Konvent beschließt, Erinnerung an die Monarchie auszulöschen	5e
2. August	1958	Bismarcks Stammschloß Schönhausen wird gesprengt	5x
3. August	435	Theodosius II und Valentinian III ordnen die Verbrennung aller der Orthodoxie widersprechenden Schriften an	4i

4. August	1943	Alliierter Bombenangriff auf Neapel	5u
	1944	Die deutschen Truppen räumen Florenz, Brücken gesprengt	5u
5. August	1789	Säkularisierung des französischen Kirchengutes	5e
6. August	1571	Bragadino ergibt sich in Famagusta den Türken	2y
	1647	Cromwell besetzt London	4u
	1793	Gebeine der französischen Könige in die Seine geworfen	2z
	1945	Atombombe auf Hiroshima	5v
8. August	1535	Bildersturm in Genf	4t
	1945	Unterzeichnung des Londoner Abkommens über Verbrechen gegen die Menschlichkeit	5v
	1966	Mao läßt die »Sechzehn Punkte der Großen Proletarischen Kulturrevolution« ausrufen	5w
9. August	1945	Atombombe auf Nagasaki	5u, 5v
10. August	1792	Tuilerien werden erstürmt, Königsstatuen gestürzt	5e
	1802	Canova wird Ispettore generale delle Antichità e Belle Arti	5b
11. August	1792	Bildersturz wird von der Assembleé Nationale Législative bestätigt	5e
12. August	1204	Konstantinopel brennt zum zweiten Mal während des vierten Kreuzzugs	4r
12./16. August	1943	Bombenangriff auf Mailand und Monza	5u
13. August	1521	Cortez zerstört den großen Tempel von Mexiko	4y
14. August	1792	Bildersturz in Paris gemäß den Fünf Artikeln	5e
14./15. Aug	1900	Plünderung Pekings während des Boxeraufstands	5h
16. August	1763	Winckelmann wird Commissario delle Antichità	5b
17. August	1560	Schottisches Parlament beschließt Reformation	4u
	1571	Bragadino von Lala Mustafa vor Famagusta geschunden	2y
	1815	Schinkel beantragt Schutz für Denkmäler und Altertümer in Preußen	5i
	1942	Britische Luftangriffe auf Rouen	5u
	1227	»Himmelfahrt« Tschingis-Khans	4l
18. August	1203	Moschee in Konstantinopel abgebrannt	4r
19. August	1458	Aeneas Silvius Piccolomini wird zum Papst geweiht	5a
	399	Theodosius' Söhne wiederholen Befehl zum Schutz von Kunstdenkmälern	4e

20. August	1792	Befehl zur Zerstörung königlicher Embleme in Frankreich	5e
	1911	Leonardos *Mona Lisa* wird zum ersten Mal gestohlen	1j
21. August	1837	Wiedereröffnung des purifizierten Bamberger Doms durch Ludwig I	2j
22. August	1914	Zerstörung der Bibliothek von Löwen durch die Deutschen	5l
23. August	1942	Hitler befiehlt abermals, Leningrad zu vernichten	5o
	1944	General von Choltitz verweigert Befehl, Paris zu zerstören	5u
23./24. August	1572	Bartholomäusnacht	4t
24. August	410	Alarich nimmt Rom ein	4b
	1814	Briten landen in Washington: Capitol angezündet	5g
	1793	Prudhomme bejubelt die Zerstörung von Denkmälern	5e
25. August	1940	Erster Nachtangriff auf Berlin durch britische Bomber	5o
26. August	1883	Ausbruch des Südseevulkans Krakatau	7r
	1939	Beginn deutscher Maßnahmen zum Kulturschutz: Luftwaffen-Dienstvorschrift Nr. 755	5t
	1944	Königsberg zerstört	6c
26/29. August	1515	Papst Leo X ernennt Raffael zum Präfekten über Marmor und Mauern	5a
27. August	1870	Preußen beginnen, Straßburg zu beschießen	5g
	1794	Grégoires Bericht über die Zerstörung von Kunstwerken im Konvent	1a
29. August	70	Jerusalemer Tempel brennt	3s
	1533	Aztekenkönig Atahualpa wird erdrosselt	4z
	1655	Papst Alexander VII erneuert Erlaß seiner Vorgänger zum Ausfuhrverbot antiker Kunstwerke	5a
30. August	1794	Grégoires Bericht zum Vandalismus erscheint im Druck	1a
31. August	1966	Lin Piao fordert Rotgardisten auf, nicht mit Brachialgewalt gegen Kulturgüter vorzugehen	5w
SEPTEMBER	1814	Royal Navy beschießt Baltimore	5g
	1966	Erstes »Destruction Art Symposium« in London	6r
2.–5. September	1807	Kopenhagen wird von Briten beschossen	5g
2. September	1870	Sieg über Napoleon III bei Sedan	1l
	1939	Regierungserklärungen aus London, Paris und Berlin, nur militärische Ziele zu bombardieren	5p

2. September	1940	Hitler beginnt mit Luftangriffen auf London	5o
3. September	1914	Beschuß der Kathedrale von Reims durch die Deutschen	5l
4. September	1700	Auftrag zum Abriß der karolingischen Basilika in Fulda	2j
	1917	Fundament des Londoner Obelisken durch deutsche Bombe beschädigt	5l
5. September	1942	Rouen bombardiert	5u
	1966	Aufruf von Lin Piao gegen die Satansschläger	5w
6. September	1693	Heidelberger Schloß wird gesprengt	5d
7. September	1830	Sturm auf Schloß Braunschweig	5i
	1944	Aufruf zum bedingungslosen Widerstand im »Völkischen Beobachter«	5u
9. September	1940	Hitler: »Wir werden ihre Städte ausradieren!«	5o
ab 10. September	1793	Den Statuen von Notre-Dame werden die Kronen abgemeißelt	5e
13. September	1878	Londoner Obelisk am Nordufer der Themse errichtet	1q
15.–20. September	1812	Das von Napoleon besetzte Moskau brennt	5f
16. September	1792	Der Konvent befiehlt die Unterscheidung zwischen Relikten der Despotie und schutzwürdigen Kunstwerken	5e
18. September	96	Domitian wird ermordet	3t, 3v
	1848	Turnvater Jahns *Schwanenrede*	8j
20. September	1792	Kanonade von Valmy	5e
	1870	Garibaldi erobert Rom	5j
22. September	1792	Beginn der Revolutionsära, rückwirkend festgelegt	1l
24. September	787	Zweites Konzil von Nicaea	4n
	1934	Barlachs Kriegerdenkmal aus dem Magdeburger Dom entfernt	5m
etwa 25. September	480 v. Chr.	Xerxes erobert die Akropolis in Athen	3g
25. September	1846	Jakob Grimm spricht in Frankfurt über »Die ungenauen Wissenschaften«	1n
	1943	Alliierter Bombenangriff auf Florenz	5u
	1944	Die Briten überschreiten den Rubikon	5u
26. September	1687	Pulvermagazin im Parthenon explodiert durch venezianische Granate	6b
	1688	Liselotte protestiert gegen die systematische Verwüstung der Pfalz	5d
	1938	Appell des Berliner Denkmalschutzes an Albert Speer	5t

27. September	1936	Entsatz des ruinierten Alcazars von Toledo	5w
	1938	Erste Luftschutzkonferenz der Berliner Museumsdirektoren	5t
	1939	Warschau von Hitler bombardiert und besetzt	5o
	1941	Churchill zweifelt am Bombenkrieg als »decisive factor in the present war«	5s
OKTOBER	600	Papst Gregor d. Gr. tadelt den Bildersturz in Marseille	4m
	1792	Freiheitsstatue in Paris auf dem Postament des Reiterbildes von Ludwig XV	2i
	1830	Kleist verbrennt seinen *Robert Guiscard* in Paris	1u
1. Oktober	1574	Erlaß Papst Gregors XIII zum Denkmalschutz	5a
	1815	Die Pferde von San Marco werden vom Arc de Triomphe genommen	2b
	1894	Christian Morgenstern rügt die Feigenblätter in der Glyptothek	4x
2. Oktober	1802	»Lex Doria Pamfili« zum Denkmalschutz im Kirchenstaat	5b
	1944	Zweiter Aufstand in Warschau durch die SS niedergeschlagen	5u
4. Oktober	1815	Denkmalschutzorder Friedrich Wilhelms III	5i
5. Oktober	1624	Urban VIII erläßt Ausfuhrverbot für antike Kunstwerke	5a
	1977	Rembrandts *Jakobssegen* in Kassel attackiert	1j
8. Oktober	1786	Notiz Goethes zu den Pferden von San Marco	2b
9. Oktober	1793	Lyon kapituliert vor den Revolutionstruppen	5e
10. Oktober	1792	Verbot des Kunstexportes durch den Konvent	2e
	1944	Athen von General Felmy zur offenen Stadt erklärt	5u
12. Oktober	1861	Menzel bricht seine Arbeit am Gemälde »Friedrich der Große vor der Schlacht bei Leuthen« ab	2s
	1944	Deutsche Truppen unter General Felmy verlassen Athen	5u
15. Oktober	1689	Beschuß von Bonn im Pfälzischen Krieg	5d
	1764	Gibbon auf dem Capitol	7i
	1880	Einweihung des Kölner Doms	2r
18. Oktober	1775	Lichtenberg verunstaltet Shakespeares Stuhl	1i
	1907	Zweite Haager Friedenskonferenz zum Schutz von Kulturgut	5k
19. Oktober	1812	Napoleon befiehlt, den Kreml in Moskau zu sprengen	5f

19. Oktober	1817	Feuergericht der Jenenser Studenten nach dem Wartburgfest	2f
21. Oktober	1982	Churchill-Biograph Gilbert interviewt Harris	5q
22. Oktober	362	Apollontempel von Daphne brennt ab	3l
23. Oktober	1793	Pariser Magistrat beschließt, die Standbilder von Notre-Dame abzubrechen	5e
	1860	Kaiser von China kapituliert vor den Engländern in Peking	5h
	1956	Stalin-Denkmal in Budapest demontiert	5z
	1991	Serbische Artillerie beschießt Altstadt von Dubrovnik	Vorw.
24. Oktober	1942	Luftangriff auf Mailand	5u
25. Oktober	1518	Hutten an Pirkheimer über die »Lust zu leben«	5a
	1836	Obelisk auf der Place de la Concorde errichtet	1q
26. Oktober	1792	Jacques-Louis David empfiehlt die Umarbeitung der Königsdenkmäler in Monumente für die Revolution	2l
	1821	Bülow und Altenstein bitten Friedrich Wilhelm III um die Erhaltung von Monumenten seit der Römerzeit	5i
27. Oktober	1572	Coligny in effigie hingerichtet	2z
	1793	Totenfeier für Marat mit Verbrennung von Gemälden	5e
28. Oktober	312	Sieg Constantins an der Milvischen Brücke	3u
	1425	Öffentliche Verbrennung irdischer Eitelkeiten in Perugia	4v
	1943	Beginn der Auslagerung deutscher Kunstschätze	5t
29. Oktober	1628	Hugenotten in La Rochelle ausgehungert	4t
30. Oktober	1940	Churchills Weisung für Nachtangriffe auf deutsche Städte	5q
31. Oktober	1512	Michelangelo beendet Fresken in der Sixtinischen Kapelle	2u

November

1. November	346	Constantius schützt ländliche Heiligtümer	4e
	397	Tempelspolien für Nutzbauten freigegeben	2m
	731	Papst Gregor III verurteilt die Bilderfeindlichkeit	4m
3. November	1939	Speer beschwichtigt die Denkmalschützer	5t
7. November	1945	»Wiesbadener Manifest« amerikanischer Kunstschutzoffiziere gegen den Abtransport deutscher Kunstwerke	2c
9. November	1817	Friedrich Wilhelm III befiehlt die Wahrung des Äußeren beim Umbau von Schlössern in Kasernen	5i

9. November	1936	Denkmal für Felix Mendelssohn Bartholdy vor dem Leipziger Gewandhaus entfernt	5m
	1938	Zerstörung von Synagogen und Judenfriedhöfen während der sogenannten »Reichskristallnacht«	5m
	1989	Berliner Mauer fällt	1i
14. November	1940	Coventry durch die Luftwaffe zerbombt	5o
15. November	408	Befehl zur Beseitigung der Götterbilder und Altäre im Römischen Reich	4d
	1864	Sherman läßt Atlanta nach Plünderung niederbrennen	5g
	1966	Zweites Vaticanum schafft »Index librorum prohibitorum« ab	4x
16. November	1532	Pizarro nimmt Atahualpa gefangen	4z
	1859	Notiz der Brüder Goncourt zur Gewalt	7t
17. November	1793	Jacques-Louis David plant Herkules-Koloß auf dem Pont Neuf	2l
18. November	1918	Reiterbild Wilhelms I in Metz eingeschmolzen	5l
20. November	1931	Benjamins Essay *Der destruktive Charakter* in der »Frankfurter Zeitung«	7x
22. November	1697	Drydens Ode *Alexander's Feast* zum Caecilientag aufgeführt	3k
	1943	Kaiser-Wilhelm-Gedächtniskirche durch Bomben beschädigt	2r
	1944	Bombenangriff auf Merseburg	5u
26. November	1793	Konvent verkündet den Republikanischen Kalender	1l
27. November	1095	Urban II ruft in Clermont zum 1. Kreuzzug auf	4r
28. November	1534	Papst Paul III ernennt Manetti zum Kommissar für Altertümer	5a
30. November	1350	Petrarcas *Ruinenbrief* an Johann Colonna	7g
DEZEMBER	1944	Kampf um Akropolis zwischen Briten und Kommunisten	5u
2. Dezember	1916	Athen wird von den Franzosen beschossen	5g
3. Dezember	1563	Tridentiner Konzil erläßt »Index librorum prohibitorum«	4x
4. Dezember	1942	Luftangriff auf Neapel	5u
6. Dezember	167 v. Chr.	König Antiochos IV Epiphanes weiht den Jerusalemer Tempel dem Zeus Olympios	3m
8. Dezember	1806	Napoleon nimmt die Quadriga vom Brandenburger Tor	2b
10. Dezember	1520	Luther verbrennt Bannbulle in Wittenberg	2f
11. Dezember	1922	Beginn der Verhandlung über die Haager Luftkriegsregeln	5k

13. Dezember	1749	Benedikt XIV erläßt Abrißverbot für das Colosseum	5b
	1797	Napoleon nimmt die Rosse über dem Portal der Marcuskirche herab	2b
	1815	Rückkehr der Pferde nach San Marco	2b
14. Dezember	164 v. Chr.	Tempelkult in Jerusalem wiederhergestellt	3m
15. Dezember	167 v. Chr.	Einführung des Herrscherkults durch Antiochos IV Epiphanes in Jerusalem	3m
	1823	Preußische Regierung erläßt auf Betreiben Schinkels eine Verfügung zum Schutz von Denkmälern	5i
16. Dezember	1897	Wilhelm II droht den Chinesen »mit gepanzerter Faust«	5h
	1992	Moskau verpflichtet sich zur Rückgabe der Kunstbeute aus Deutschland	2c
17. Dezember	546	Totila erobert Rom	4c
	1961	Einweihung des Neubaus der Kaiser-Wilhelm-Gedächtniskirche in Berlin durch Bischof Dibelius	2r
18. Dezember	1944	Klenze-Saal der Münchener Glyptothek durch Bomben zerstört	2t
20. Dezember	69	Kaiser Vitellius wird ermordet	3v
	1940	Erste Bomben auf die Berliner Museumsinsel	5q
22. Dezember	1864	Sherman zieht in Savannah ein, Ende des »march through Georgia«	5g
	1985	Harich beantragt die Planierung von Nietzsches Grab	2z
	1989	Ceauşescu wird gestürzt	5x
23. Dezember	1832	Antwerpen wird von den Franzosen besetzt	5g
	1953	Berija wird hingerichtet	2q
24. Dezember	1935	Goebbels gegen die Namen gefallener Juden auf Kriegerdenkmälern	2z
26. Dezember	1561	Beginn des Bildersturms der Hugenotten in Saint Marceau	4t
27. Dezember	1870	Moltke beschießt die Vorwerke von Paris	5g
28. Dezember	1793	Georg Forster an seine Frau über die »Lava der Revolution«	5e
30. Dezember	1511	Michelangelos Bronzestatue für Papst Julius II in Bologna gestürzt	2l
31. Dezember	1870	König Viktor Emanuel bezieht den Quirinalspalast in Rom	2j

Literatur

Im folgenden wird Literatur von allgemeinerem Interesse für unser Thema genannt. In den Anmerkungen wird sie abgekürzt, d.h. meist nur mit Name und Datum angegeben. Spezialwerke erscheinen dort mit vollem Titel. Antike Autoren sind, wie üblich, nach Buch, Kapitel und Paragraph zitiert. Soweit von ihnen nur ein einziger Titel überliefert ist (wie bei Livius), wird dieser nicht genannt.

H. Belting, *Bild und Kultur,* 1990
Simone Bernard-Griffiths, (u.a.; edd.), *Révolution française et vandalisme révolutionnaire*, 1992
K.H. Bernhardt, *Gott und Bild. Ein Beitrag zur Begründung und Deutung des Bilderverbots im Alten Testament*, 1956
H. Beseler/N. Gutschow, *Kriegsschicksale deutscher Architektur*, I/II 1988
E. Biehahn, *Vandalismus und Vandalen,* in: Germanien N.F. Bd. 2, 1940, S. 16f
Bilanz des Zweiten Weltkriegs, 1955
P.M.S. Blackett, *Angst, Krieg und die Atombombe*, 1948/1950
H. Boog (Hg.), *Luftkriegführung im Zweiten Weltkrieg. Ein internationaler Vergleich*, 1993
J.H. Breasted, *Geschichte Ägyptens,* 1909/1936
H. Bredekamp, *Kunst als Medium sozialer Konflikte. Bilderkämpfe von der Spätantike bis zur Hussitenrevolution*, 1975
W. Brückner, *Bildnis und Brauch*, 1966
Jacob Burckhardt, *Weltgeschichtliche Betrachtungen*, 1868/1936
Ders., *Die Kultur der Renaissance in Italien*, 1868/1938
L. Canfora, *Conservazione e perdita dei classici*, 1974
D.A. Chartier, *Les créateurs d'invisible. La destruction des oeuvres d'art*, 1989/91
F. Coarelli, *Guida Archeologica di Roma*, 1974
Ch. Courtois, *Les Vandales et l'Afrique*, 1955
A. Demandt, *Der Fall Roms. Die Auflösung des Römischen Reiches im Urteil der Nachwelt*, 1984
Ders., *Die Spätantike*, 1989
Ders., *Ungeschehene Geschichte. Ein Traktat über die Frage: Was wäre geschehen, wenn ...?*, 1986
Ders. (Hg.), *Macht und Recht. Große Prozesse in der Geschichte*, 1990
Ders., *Endzeit. Die Zukunft der Geschichte*, 1993
Ders. (Hg.), *Das Attentat in der Geschichte*, 1996
Ders. (Hg.), *Das Ende der Weltreiche*, 1997
W. Deonna, *L'image incomplète ou mutilée*, in: Revue des Etudes Anciennes 32, 1930, S. 321ff
Dokumente deutscher Kriegsschäden, I, 1958

G. Douhet, *Luftherrschaft*, 1935
G. Eckardt (Hg.), *Schicksale deutscher Baudenkmale im Zweiten Weltkrieg. Eine Dokumentation der Schäden und Totalverluste auf dem Gebiet der Deutschen Demokratischen Republik*, I/II 1978
A. Elsen, *Bomb the Church? What We Don't Tell Our Students in Art*, in: Art Journal 37, 1977, S. 28ff
A. Esch, *Spolien. Zur Wiederverwendung antiker Baustücke und Skulpturen im mittelalterlichen Italien*, in: Archiv für Kulturgeschichte 51, 1969, S. 1ff
R. Fabian, *Die Fotografie als Dokument und Fälschung*, 1976
H. Feld, *Der Ikonoklasmus des Westens*, 1990
W. Feldmannn, *Geflügelte Worte*, in: Zeitschrift für deutsche Wortforschung, 9, 1907, S. 301ff
Ders., *Die Vandalen als Kunstfrevler*, in: Zeitschrift des Allgemeinen Deutschen Sprachvereins 25, 1910, S. 345ff
K. Frey, *Die Briefe des Michelagniolo Buonarroti*, 1907
J.F.C. Fuller, *Der Zweite Weltkrieg 1939–1945*, 1947/50
D. Gamboni, *Un Iconoclasme moderne. Théorie et practique contemporaine*, 1983
Ders., *The Destruction of Art. Iconoclasm and Vandalism since the French Revolution*, 1997
Peter Gay, *The Cultivation of Hatred*, 1993/95
F. Geerds, *Kunstvandalismus*, in: Archiv für Kriminologie 163, 1979, S. 129ff
H.-J. Gehrke, *Die Griechen und die Rache*, in: Saeculum 38, 1987, S. 121ff
Edward Gibbon, *History of the Decline and Fall of the Roman Empire*, 1776ff/1838ff
M. Gilbert, *Winston S. Churchill*, VI 1983; VII 1986
E. Götz (Hg.), *Schicksale deutscher Baudenkmale im Zweiten Weltkrieg. Eine Dokumentation der Schäden und Totalverluste auf dem Gebiet der Deutschen Demokratischen Republik*, 1978
A. Grabar, *L'Iconoclasme Byzantin*. Dossier Archéologique, 1957
Henri Grégoire in: Moniteur 3. Sept. 1794
Ders., *Mémoires*, I 1837
Ferdinand Gregorovius, *Der Umbau Roms* (1886), in: Ders., *Kleine Schriften zur Geschichte und Kultur*, I 1887, S. 286ff
Ders., *Römische Tagebücher 1852–1889*, 1991
Ders., *Geschichte der Stadt Rom im Mittelalter*, 1859ff
Claus Grimm, 1991, s. Kirmeier/Treml!
Herman Grimm, *Die Vernichtung Roms* (1886), in: Ders., *Fünfunddreißig Essays*, o.J., S. 250ff
O. Groehler, *Bombenkrieg gegen Deutschland*, 1990
Arthur T. Harris, *Bomber Offensive*, 1947
Ch. J. Hefele/H. Leclercq, *Histoire des Conciles*, 1907ff
G.W.F. Hegel, *Vorlesungen über die Philosophie der Geschichte*, ed. F. Brunstäd, 1831/1961
H. von Hentig, *Der jugendliche Vandalismus*, 1967
Justin Hoffmann, *Destruktionskunst*, 1995
Anne Hoormann, *Schutt-Erde, Zivilisatorische Katastrophen und geologische Prozesse. Zu den Pionierwerken der Land Art*, in: Paragrana 5, 1996, S. 224ff

E. Howald, *Die Plünderung des Museums* (1956), in: Ders., Humanismus und Europäertum, 1957, S. 51ff
J. Irmscher (Hg.), *Der byzantinische Bilderstreit*, 1980
Friedrich Ludwig Jahn, *Kleine Schriften*, hg. v. H. Rühl, 1896
W. Judeich, *Topographie von Athen*, 1931
C. Kinnaird (ed.), *It happened in 1945*, 1946
J. Kirmeier/M. Treml (Hg.), *Glanz und Ende der Alten Klöster. Säkularisation im bayerischen Oberland 1803*, Ausstellungskatalog Benediktbeuren 1991
A. F. Kleinschmidt, *Über den sogenannten Vandalismus*, in: Programm des Gymnasiums zu Torgau, 1875, S. 1ff
P. Kurz (Hg.), Georg Forster, *Das Abenteuer seines Lebens*, 1923
B. Kytzler (Hg.), *Roma Aeterna*, 1972
P. Leisching, *Roma Restauranda. Versuch einer Geschichte des päpstlichen Denkmalschutzrechtes*, in: E. Gatz (Hg.), Römische Kurie etc., I 1979, S. 425ff
Theodor Lessing, *Geschichte als Sinngebung des Sinnlosen*, 1916/1927, Nachdruck 1962
C. Lévy-Leboyer (Hg.), *Vandalism. Behavior and Motivations*, 1984
B.H. Liddell Hart, *The Revolution of Warfare*, 1947/1980
Ders., *Geschichte des Zweiten Weltkriegs I/II*, 1970/72
H. Mackowsky, *Michelangelo*, 1931
N. Macmillan, *The Royal Air Force in the World War*, I–IV, 1942–1950
MGH. SS., *Monumenta Germaniae Historica, Scriptores*
C. Mirbt, *Quellen zur Geschichte des Papsttums*, 1911
Ch. F. de Montalembert, *Du Vandalisme en France. Lettre à M. Victor Hugo*, in: Revue des deux Mondes, 1. März 1833
Patria: Th. Preger (Hg.), *Scriptores Originum Constantinopolitanarum*, 1901
Th. Pekary, *Das römische Kaiserbildnis in Staat, Kult und Gesellschaft*, 1985
PG = *Patrologia Graeca*, ed. Migne
John Phillips, *The Reformation of Images. Destruction of Art in England 1535–1660*, 1973
P.M. Pickshaus, *Kunstzerstörer*, 1988
PL = *Patrologia Latina*, ed. Migne
H. Rafetseder, *Bücherverbrennungen*, 1988
A. Randa, *Dämonie der Zerstörung*, 1948
L. v. Ranke, *Deutsche Geschichte im Zeitalter der Reformation I/II*, 1847/1957
L. Réau, *Histoire du vandalisme. Les monuments détruits de l'art français*, 1959/1994
Alois Riegl, *Der moderne Denkmalkultus. Sein Wesen und seine Entstehung* (1903), in: Ders., Gesammelte Aufsätze, 1929, S. 144ff
H. Rumpf, *Der hochrote Hahn*, 1952
Ludwig Schmidt, *Geschichte der Wandalen*, 1942
H. Schmökel, *Ur, Assur und Babylon*, 1958
P. Schreiner, *Legende und Wirklichkeit in der Darstellung des byzantinischen Bilderstreites*, in: Saeculum 17, 1976, S. 165ff
A. Schurig, *Die Eroberung von Mexiko durch Ferdinand Cortes*, 1923
W.J. Siedler, *Abschied von Preußen*, 1991
W. Sofsky, *Traktat über die Gewalt*, 1996
J.M. Spaight, *Bombing Vindicated*, 1944

A. Speer, *Erinnerungen*, 1969

W. Speitkamp (Hg.), *Denkmalsturz*, 1997

E. Spetzler, *Luftkrieg und Menschlichkeit. Die völkerrechtliche Stellung der Zivilpersonen im Luftkrieg*, 1956

W. Speyer, *Büchervernichtung und Zensur des Geistes bei Heiden, Juden und Christen*, 1981

B. Spuler, *Geschichte der Mongolen*, 1968

Gabriele Sprigath, *Sur le vandalisme révolutionnaire (1792–1794)*, in: Annales historiques de la Révolution Française 52, 1980, S. 510ff

F. Taeger, *Charisma*, I 1957; II 1960

H. Tegel, *Kunstvandalen*, in: Kriminalistik 22, 1968, S. 103f

W. Treue, *Kunstraub*, 1957

H. Ullrich, Das Schicksal der Bau- und Kunstdenkmäler in den Ostgebieten des Deutschen Reiches und im Gebiet von Danzig, 1963, Dokumente 1958

F. W. Unger, *Quellen der byzantinischen Kunstgeschichte*, 1878

United States Strategic Bombing Survey V

K. Unverhau, *Der Schutz von Kulturgut in bewaffneten Konflikten*, 1955

Mechthild Unverzagt, *Materialien zur Geschichte des Staatlichen Museums für Vor- und Frühgeschichte zu Berlin während des Zweiten Weltkrieges – zu seinen Bergungsaktionen und seinen Verlusten*, in: Jahrbuch Preußischer Kulturbesitz 25, 1988, S. 313ff

Giorgio Vasari, *Lebensbeschreibungen der ausgezeichnetsten Maler, Bildhauer und Architekten der Renaissance* (1550/1568), deutsch herausgegeben von E. Jaffé, 1910

F. Vittinghoff, *Der Staatsfeind in der römischen Kaiserzeit*, 1936

J. von Végh, *Die Bilderstürmer*, 1915

C. F. de Volney, *Les Ruines*, 1791/1824

C. Ward (ed.), *Vandalism*, 1973

M. Warnke (Hg.), *Bildersturm. Die Zerstörung des Kunstwerks*, 1973

E. Weis, *Die Säkularisation der bayerischen Klöster*, 1802/03, 1983

P. Wescher, *Kunstraub unter Napoleon*, 1976

Register

erstellt von Karl Feld und Thomas Gerhardt

B

Abbildungsnachweis

Archiv für Kunst und Geschichte, Berlin 163, 181
Dietmar Berthold, Dresden 65
dpa, Frankfurt am Main 228
Kunsthistorisches Museum Wien 237
Kurpfälzisches Museum der Stadt Heidelberg 151
Gottfried Lindig, Leipzig 202, 203
Otto E. Nelson, New York 87
Staatliche Museen zu Berlin – Preußischer Kulturbesitz
– Antikensammlung in Charlottenburg 105 (Photo Johannes Laurentius)
– Nationalgalerie 68
Ullstein Bilderdienst, Berlin 205 (Photo Harry Hampel)

Folgende Abbildungen wurden aus Publikationen entnommen:
96, 122 (André Godard, L'art de l'Iran, Paris 1962)
174 (History Under Fire. 52 Photographs of Air Raid Damage to London Buildings, London 1941)
155 (Die Könige von Notre Dame, o. Verf., Biel 1977)
55, 93, 212 (Gerhart Rodenwaldt, Akropolis, Berlin 1930)

Alle übrigen Abbildungen stammen aus dem Besitz des Verfassers.

Die Deutsche Bibliothek – CIP-Einheitsaufnahme
Demandt, Alexander:
Vandalismus: Gewalt gegen Kultur/
Alexander Demandt.
1. Aufl. – Berlin: Siedler, 1997
ISBN 3-88680-624-3

Der Siedler Verlag
ist ein Unternehmen der Verlagsgruppe Bertelsmann.

Schutzumschlag: Rothfos + Gabler, Hamburg,
unter Verwendung eines Photos von
Collectie Gm. Archiefdienst Rotterdam
Satz: Ditta Ahmadi, Berlin
Reproduktionen: Michael Dittberner, Berlin
Druck und Buchbinder: fgb, Freiburg
Printed in Germany 1997
ISBN 3-88680-624-3
Erste Auflage